근대중국사상의 흥기 3

现代中国思想的兴起

汪晖 著, 生活·读书·新知三联书店, 2008年 出刊本

근대중국사상의 흥기 3
하권—제1부 공리와 반공리

왕후이 지음
양일모, 백지운, 김영진 옮김
윤영도 감수

2024년 7월 15일 초판 1쇄 발행

펴낸이 한철희 | 펴낸곳 돌베개 | 등록 1979년 8월 25일 제406-2003-000018호
주소 (10881) 경기도 파주시 회동길 77-20 (문발동)
전화 (031) 955-5020 | 팩스 (031) 955-5050
홈페이지 www.dolbegae.co.kr | 전자우편 book@dolbegae.co.kr
블로그 blog.naver.com/imdol79 | 트위터 @Dolbegae79 | 페이스북 /dolbegae

편집 이경아
표지디자인 김민해 | 본문디자인 이은정·이연경
마케팅 심찬식·고운성·김영수·한광재 | 제작·관리 윤국중·이수민·한누리
인쇄·제본 영신사

ISBN 979-11-92836-75-1 (94150)
      979-11-92836-71-3 세트

책값은 뒤표지에 있습니다.

이 책은 중국 칭화대학교의 출판 지원을 받아 제작되었습니다.

근대중국사상의 흥기 3

下

現代中國思想的興起 3

하권 ── 제1부

공리와
반공리

왕후이汪暉 지음
양일모, 백지운, 김영진 옮김/ 윤영도 감수

돌베개

차 례

일러두기

1   이 책은 왕후이의 『現代中國思想的興起』(北京: 生活·讀書·新知三聯書店, 2004.7)의 재판본(重印本, 2008.3) 하권 제1부를 번역한 것으로, 제8장은 양일모, 제9장은 백지운, 제10장은 김영진이 번역하였다.

2   원서의 제목은 '현대중국사상의 흥기'지만, 여기서 '현대'는 우리말의 '근대'에 해당하므로, '근대중국사상의 흥기'로 서명을 바꾸었다.

3   고유명사 표기 원칙
    — 중국 인명의 경우 신해혁명(1911)을 기준으로 그 이전에 사망한 사람은 한자 독음으로, 이후까지 생존한 사람은 원어 발음으로 표기하였다.
    — 중국 지명의 경우 한자 독음으로 표기하였다.
    — 여타 국가의 인명과 지명의 경우 원어 발음으로 표기하였다.
    — 중국 서명은 고문인 경우 한자 독음에 한자를 병기하였고, 백화문이나 다른 언어인 경우 번역된 제목과 한자를 병기하였으며, 여타 언어의 서적인 경우는 원어명으로 표기하되, 국내에 번역된 책인 경우 한국어명도 병기하였다.
    — 서명은 『 』, 편명은 「 」으로 표기하였다.
    — 고유명사의 한자 병기는 장별로 처음 나올 때만 병기하였고, 그 이후로는 한자 독음으로만 표기하는 것을 원칙으로 하였다.

4   개념어 번역 원칙
    — 원어의 개념이 최대한 손실되지 않는 범위 내에서 번역어가 있는 경우 이를 사용하되 원어의 한자를 병기하였으며, 원어의 개념에 적합한 번역어가 없거나 의미 손실이 크다고 판단되는 경우는 원어의 한자 독음을 그대로 사용하되 한자를 병기하였다.
    — 개념어가 장별로 처음 나올 때만 한자를 병기하는 것을 원칙으로 삼되, 개념어가 한 글자이거나 다른 의미의 한글 단어와 의미가 혼동될 우려가 있는 경우 모두 한자를 병기하였다.
    — 원서에서 사용하고 있는 '현대'라는 용어는 경우에 따라 국내 담론 체계의 의미 맥락에 맞게 '근대'로 바꾸어 번역하였으며, 나머지 경우에는 '현대'로 번역하였다.

5   인용문
    — 원서에서 인용문 문단으로 되어 있거나 본문 내에 직접 인용으로 삽입된 인용문의 경우, 독자의 이해와 학술적 검토의 편의를 위해 고문인 경우에 한하여 번역문 다음에 원문을 병기했으며, 백화문의 경우는 번역문만 실었다.

6   각주 및 미주
    — 저자 원주는 미주로, 역주는 각주로 달았으며, 미주는 번호로, 각주는 •로 구분했다. 단, 왕후이가 쓴 '한국어판 서문'의 경우, 저자 왕후이의 원주를 각주로 달았다.
    — 간단한 단어 설명의 경우, 본문 내에 '(-역자)'의 형태로 설명을 삽입했다.
    — 원주에 있는 중국 서적의 저자명과 서명은 번역하지 않고 원문대로 표기했으며, 여타 언어의 서적인 경우는 원어명에 중국어명을 병기하되, 국내에 번역된 책인 경우 한국어명도 병기했다.

제8장

우주 질서의 재구축과 자연의 공리

작게는 벌레와 초목에서부터, 크게는 해·별·하늘·땅에 이르기까지,
은미하게는 정신과 사고, 지각과 인식 등의 옳고 그른 작용에서부터,
두드러지게는 정치와 풍속, 문물과 제도의 변혁에 이르기까지,
한마디로 말하면 모두 '천연'天演이라 할 수 있다.
— 옌푸

옌푸의 세 가지 세계관

1. 번역과 문화 읽기

만청晚淸 시기의 사대부들에게 청일전쟁(1894~1895)에서의 패배는 상징적인 사건이었다. 이는 양무운동洋務運動이 내걸었던 개혁의 실패를 의미했으며, 또한 설령 전통적인 제도와 종래의 지식을 개량한다 할지라도 그것으로는 준엄한 현실에 대응할 수 없다는 것을 의미하는 것이었다. 사대부들이 심리적으로 심각한 좌절을 맛본 상황에서, 새로운 세계관과 지식 체계를 재건하고 나아가 제도의 개혁을 위한 이론적 전제를 확립하는 것은 절박한 임무로 다가왔다. 만청 시기의 사상에서 옌푸嚴復(1853~1921)의 특수한 위치와 공헌은 여기에 있다. 즉 그는 진화론과 근대 과학의 방법을 배경으로 하나의 체계적인 새 우주관을 건립하고, 유럽의 자유주의 사상을 토대로 변혁의 방안을 제시했으며, 이를 통해 새로운 세대 지식인들의 심리적 불안과 시대적 도전에 강력하게 대응했다.

그렇지만 옌푸의 사상 활동이 지니는 의의가 충분히 드러나는 데는 시간이 필요했다. 그와 동시대 사람들이 보기에 옌푸의 영향력은 주로 번역 능력과 서양 근대 사상에 대한 깊은 이해에서 온 것이었다. 량치차오梁啓超는 "지다오幾道(옌푸의 자字—역자) 옌푸 선생은 청대 서양 문화 수입의 일인자[1]라 칭했으며, 우루룬吳汝綸은『천연론』天演論의 번역 원고를 처음으로 읽고서 "중국에서 서양 서적을 번역한 이래로 이처럼 뛰어난 작품은 없었다. '천연의 학문'(天演之學: '진화론'을 가리킴—역자)이 최초로 중국에 소개되었을 뿐만 아니라, 번역자의 손을 거쳐 이처럼 뛰어난 문장이 되었다"[2]라고 감탄했다. 당시의 사상계에서 번역은 특수한 의미를 지니고 있었는데, 옌푸의 공헌은 다음과 같다. 즉 그는 번역 활동을 통해 근대 유럽의 사상과 관념을 중국어라는 광대한 언어 공간 속에 편입시켰으며, 두 언어 사이에 일종의 특수한 문화를 창출하였다. 옌푸가 번역한 개념 중 절대다수가 결국에는 일본에서 건너온 새로운 명사로 대체되었고, 상무인서관商務印書館에서 옌푸가 번역한 8종의 명저에 부록으로 단「중서 번역 용어표」(中西譯名表)에 수록된 482개의 단어 중에서 학술계에 받아들여진 것이 겨우 56개뿐이긴 하지만,[3] 고전 언어로 외래어를 번역하는 방식은 분명 동시대인들에게 깊은 인상을 남겼다.

옌푸의 번역, 특히 스펜서Herbert Spencer, 헉슬리Thomas Henry Huxley, 밀John Stuart Mill, 스미스Adam Smith의 저작에 대한 번역은 거의 중국 고전의 어휘를 망라하고 있으며, 그중 상당 부분의 어휘는 만일 서양 서적의 번역에 사용되지 않았더라면 이미 소멸되었을 것이다. 이것은 창조적인 과정이다. 즉 서양 사상은 오래된 한어 어휘에 생명을 부여하였을 뿐만 아니라, 내포가 풍부한 한어는 서양의 개념을 개조하였다. '천연', '자요'自繇(liberty, '자유'에 해당—역자), '내주'內籀(induction, '귀납'에 해당—역자), '공리'公理(axiom), '군학'群學(sociology, '사회학'에 해당—역자), '저능'儲能(potentiality, '잠재력'에 해당—역자), '효실'效實(development, '발전'에 해당—역자), '물경'物競(struggle for existence, '생존경쟁'에 해당—역자), '천택'天擇(natural selection, '자연 선택'에 해당—역자), '적자생존'適者生存 등은 옌푸에게는 고립된 개념과 번역 용어가 아니었다. 이러한 용어들은 전통적 한어 세계와 긴장을 지니면서도 내재적으로 연관된 것이었다. "새로운 이론이 연이어 제시되면서 명칭이 복잡해졌다. 중국어에서 같은 의미의 명칭을 찾아도 도저히 찾을 수가 없고… 하나의 번역을 만들어 내기 위해 열흘에서 한 달씩 주저하고 고민하였다. 나에 대한 비판이나 이해는 현명한 독자들의 몫이다."[4] 전아한 문장은 낯설지 않으면서도 또한 사람들을 놀라게 하는 사상 공간을 구축하였는데, 나는 이를 '명名의 세계'로 부르고자 한다. 이러한 '명의 세계'는 결코 개념의 퇴적물이 아니라, 그들 상호 간에 내재적 논리 관계를 지니고 있다. 그것은 마치 부적과도 같이 만청 시기의 사대부와 다음 세대의 젊은 학자에게 그들의 생활과 세계를 새롭게 만들어 주었으며, 외부의 자연으로부터 내적인 도덕에 이르기까지, 그리고 사물의 유래로부터 인류의 역사에 이르기까지, 일상화된 익숙한 경험처럼 신속하게 새로운 논리, 새로운 구조, 새로운 운동 속으로 흡수되어 갔다. 새로운 개념과 그것이 포함하고 있는 내재적 논리의 조직력은 사람들을 놀라게 하였으며, 변혁의 필요성은 더 이상 증명을 필요로 하지 않았다. 왜냐하면 변혁은 이러한 세계상 속에서 국부적인 매개 규정에 불과하였기 때문이다. 이러한 세계관의 변화(혹은 사상사에서 패러다임의 전환) 속에 처한 사람들이 느끼게 된 내면의 충격이 얼마나 강렬했던가를 우리는 이해할 수 있을 것이다. 즉 "인간이 자연을 제어하고 인간의 통치가 날로 새로워지면 종족을 보존할 수 있다고 한 헉슬리의 주장은 함의가 풍부하고 말은 위태롭다. 독자들이 놀라워하면서 변화의 필요성을 느낀다면, 국가의 대계를 논하는 데 도움이 되지 않겠는가. 이러한 취지에 나 또한 현혹된 바이다."[5]

외국 학자의 관점에서 보면, 옌푸의 의의는 다른 곳에 있는 듯하다. 마치 미국인에게 있어서 토크빌Alexis de Tocqueville(프랑스 정치철학자—역자)이 그러하였듯이, 서양 학자들의 눈에 옌푸는 동양에서 온 서양 평론가였다. 서양인들은 옌푸로부터 자신들이 이미 잊어버렸던 모습을 발견하며 놀라워한다. 벤저민 슈워츠Benjamin Schwartz는, "옌푸는 근대적 변화를 거치지 못한 중국 문화의 입장에서 유럽의 저작들 속에 서술되어 있는 '집단적 에너지'(collective energy)를 단번에 발견하고 이해하였다"[6]고 주장했다. 그는 상세한 비교 분석을 통해 다음과 같이 결론을 내렸다. 즉 옌푸는 에너지와 관련된 개념을 충분히 드러냈으며, 아울러 개인주의를 이러한 에너지를 실현하는 수단으로 삼고 또한 '공심' 公心(public spirit, 즉 공공 정신)을 자유사상의 중심에 두었다. 슈워츠는 이러한 측면이 분명 대체로 국가라는 목표에 대한 옌푸의 지나친 관심에서 비롯된 것이며, 자유주의에 대한 왜곡과 오해를 불러일으키게 했다고 파악했다.[7] 그러나 슈워츠의 더 중요한 결론은 유럽 사상가의 이론과 논리 중에서도 이러한 오해와 왜곡이 언제나 포함되어 있지만 유럽의 사상가는 결코 그러한 점을 이해하지 못했다는 것이다. 예컨대 에너지는 이미 문예부흥 시기의 중심적 논제였지만, 이러한 에너지가 이미 승리를 획득한 상황에서 에너지에 대한 관심은 거의 더 이상 계속될 필요가 없게 되었다. 슈워츠의 논의에 따르면, '공심'은 말할 필요도 없이 국가의 목표와 관련되어 있으며, 따라서 이러한 문제는 개인과 국가의 관계 속에서 논의되어야 한다. 그러나 옌푸는 분명 '공심'을 국가보다 더 광범한 문제로 다루고 있으며, 그것은 개체 자유의 관념과도 결코 충돌하지 않는다.[8]

루이스 하츠Louis Hartz는 벤저민 슈워츠의 걸작 『부와 권력을 찾아서』의 서문에서 슈워츠의 관점을 다음과 같이 설명하고 있다. 즉, "옌푸는 서양의 저자들이 말한 '개인주의' 혹은 '방임주의'를 제쳐 두고, '집단적 에너지'라는 주제가 유럽의 근대화 운동을 구현했다고 생각했다. 그렇지만 서양의 평론가들은 이러한 주제에 특별히 관심을 가지지 않았다. 왜냐하면 그것은 언제나 다른 개념을 통해 표명되었기 때문이다. 그러나 오늘날 서양은 이미 어느덧 새로운 환경에 처하게 되었으며, '근대사'를 겪은 여러 국가와 관계를 맺지 않을 수 없게 되었다. 따라서 새로운 환경에 처한 서양은 자신의 사상사에서 이러한 문제를 돌아보지 않을 수 없게 되었다. 옌푸의 견해는 결국 상당 정도 우리의 견해가 될 수도 있을 것이다."[9] 옌푸는 자유사상에 관한 자신의 관점을 수미일관하게 적절히 드러낼 수 없었다. 왜냐하면 그가 의거한

경험 대상('서양')은 이처럼 불확실하고 불균등하며 다양했기 때문이
다. 그렇지만 그는 이러한 특수한 개념을 통해 전체적인 '서양' 이미지
를 구축했다. 슈워츠는 오늘날의 여러 이론가처럼 옌푸의 '옥시덴탈리
즘'occidentalism을 비판하지 않고, 오히려 옌푸의 관점 속에서 유럽의
역사 속에 깊이 내장된, 그렇지만 거의 망각된 집체의 기억을 찾아냈
다. 즉 서양 사상에서 드러나는 조직적인 역본설力本說(권력 본원주의―역
자)이야말로 서양의 특징과 충격력의 관건이라는 것이다. 바꾸어 말하
면, 자유에 대한 옌푸의 도구화된 이해야말로 자유주의와 전체주의라
는 두 형식 사이를 배회하는 서양 사회를 드러내 보여 주고 있다는 것
이다. "산업주의는 그동안 결코 국가(혹은 초국가)적 역량에 대한 관
심과 분리되었던 적이 없었다. 만일 자유주의 혹은 사회주의의 가치
가 근대 사회의 '합리화'의 부산물이라고 한다면, 그러한 가치는 필연
적으로 합리화의 여러 방면(정치적, 군사적, 경제적)과 관련될 것이
다. 국력과 군사력의 성장은 산업화의 발전과 비례한다." 이러한 의미
에서 "부강을 실현하는 수단이 곧 자연적으로 위계적이며 권위주의적
이라는 점은 이미 충분히 증명되었다."[10] 냉전의 분위기 속에서 슈워
츠는 옌푸를 통해 '서양 정신' 가운데 깊이 내장된 국가주의와 권력을
숭상하는 특성을 찾아냈다. 그는 자유가 도구적 가치가 아니라 절대적
자주적 가치임을 거듭 천명하면서 '서양 정신'에 내재된 과도한 역본
설을 극복하고자 시도한 것이다. 우리는 옌푸에 대한 슈워츠의 관찰이
사회와 국가, 자유와 간섭, 개인과 조직 등 자유주의 사회 이론의 기본
범주 위에서 이루어진 것이라고 추론할 수 있을 것이다. 이러한 기본
패러다임은 16세기로부터 19세기에 이르는 유럽의 자산계급과 봉건국
가 사이에 진행된 투쟁의 역사에서 시작되었으며, 또한 스펜서의 사회
학, 밀의 정치론, 스미스의 경제학 속에서 이론적으로 표명된 것이다.
그러나 이러한 기본 패러다임이 근대 중국 사회의 변혁을 위한 이론이
될 수 있는가 하는 것은 완전히 다른 역사적 조건에 달려 있다. 따라서
옌푸의 번역 해석 활동은 이중의 패러다임 전환을 거치게 된다. 하나

는 슈워츠가 이미 지적한 중국 사상의 패러다임 전환이며, 또 하나는 '서양 이론' 자체의 패러다임 전환이다. 후자는 슈워츠의 시각에서는 이미 '서양 이론'에 대한 옌푸의 왜곡과 오해로 해석되었다.[11]

2. '집단적 에너지'와 '허'虛로써 사물을 받아들이고 '무'無로써 용用을 삼는 '중앙집권'

옌푸가 '집단적 에너지'에 관심을 가진 것은 이해하기 어렵지 않다. 이는 국가의 간섭 문제를 둘러싼 유럽의 자유주의 논의와 그리 관련성이 있는 것도 아니었다. 스펜서와 밀의 사상에 내재된 논리가 그로 하여금 역본설과 국가주의의 결론으로 나아가게 한 것이라기보다는, 자유주의적 자본주의의 역사와 그로 인해 형성된 국제적 관계가 그로 하여금 그러한 결론으로 나아가게 한 것이라 할 수 있다.[12] 그럼에도 불구하고 슈워츠의 결론은 여전히 고려할 만한 가치가 있다. 즉 옌푸는 '왜곡'과 '오해'를 통해서 직접 유럽의 저자조차도 이해할 수 없었던 내재적 논리를 파악할 수 있었다는 것이다. 이는 옌푸가 이러한 사상과 이론을 깊이 연구한 결과가 아니며, 수많은 '왜곡'과 '오해'가 그것을 증명하고 있다. 국가를 멸망에서 구하는 것이 급선무라는 생각이 그의 서양 이해에 지극히 중요하게 작용한 것이지만, 그렇다고 해서 그러한 생각이 이와 같은 통찰력을 제공할 수 있었다는 것 또한 믿기 힘들다. '서양'과 서양의 이론에 대한 옌푸의 해석은 일관된 논리와 체계를 갖추고 있으며, 따라서 우리는 하츠가 언급한, 그러나 심도 있게 서술하지 못한 "근대적 변화를 아직 거치지 않은 중국 문화의 입장"으로 되돌아가지 않을 수 없다. 부강의 실현과 위계 제도, 그리고 권력주의의 관계는 근대성의 논리 속에서 형성된 것이지만, 그렇다고 해서 "근대적 변화를 아직 거치지 않은 중국 문화의 입장"이 반드시 위계 제도나 권력주의와 일치하는 것인가? 옌푸는 확실히 자유주의에서 이해하는 방식대로 자유와 평등의 가치를 생각하지는 않았다. 그러나 그의 '서양' 이해를 지배하고 있는 사유 방식, 예컨대 '공심'의 관념에는 위계 제도나 권력주의와 대립하는 가치가 숨어 있지는 않은가? 이는 옌푸의 '군群의 세계'(즉 사회)가 다루는 주요 문제 중의 하나이다.

옌푸는 만년에 "완전히 새로운 지식을 갖고 있지만 낡은 방식 속에 빠져 있는"[13] 일군의 지식인을 보고 탄식했다. 슝시위熊錫育(자는 순여純如―역자)에게 보내는 편지에서 그는 장자莊子가 말한 평생의 즐거움을 언급하면서, 자신의 사상이 "때로는 장자의 범위를 넘어서지 못했다"고 말했다. 그는 새로운 지식인의 특징을 다음과 같이 말했다.

옌푸는 『노자』老子에 주석을 달면서 일찍이 중앙집권의 문제에 대해 재미있는 설명을 하였다. 그는 "최근 사람들이 자못 중앙집권 정책을 높이 사는데, 『노자』를 읽고서 '허'虛로써 사물을 받아들이고 '무'無로써 용用을 삼는 것이 곧 중앙집권이라는 것을 알았다"[14]고 말했다. 이는 당연히 그가 말하는 '공심'의 표현이라고 할 수 있는데, 이러한 '중앙집권'을 국가주의로 볼 수 있을까? 그는 '황로黃老 사상'(도가의 기원이 되는 황제와 노자의 사상을 가리킴―역자)과 군주의 '유술'儒術을 대비시키고, 이러한 대비를 민주제와 군주제의 대비와 연계하면서 분명 일종의 방임주의 경향을 드러냈다. 이러한 경향은 그가 국가의 존망에 관심을 가진 것과 전혀 모순되지 않는다.[15] 옌푸가 중국과 서양을 비교하면서 근대 서양 사상의 특질을 설명할 때, '중국'은 대체로 부정적 이미지와 가치를 띠고 있지만, 좀 더 깊이 관찰해 보면, 이러한 '부정적' 이미지와 가치가 그의 '긍정적 서양' 이해 속에 여전히 스며들어 있음을 알수 있다. 옌푸는 유럽의 사상가가 미처 깨닫지 못했던 전제, 즉 역본설과 국가주의를 제시했지만, 그것은 결코 옌푸 자신의 사상을 전체적으로 드러내는 것이 아니다. 옌푸가 구축한 세계관 속에는 이러한 전제와 직접적으로 충돌하는 모종의 가치와 논리가 들어 있다. 그가 노자와 중국의 전통 문헌에서 일종의 독특한 '자유' 이념을 발견해 냈다 하더라도,[16] 이러한 가치와 논리는 자유주의의 가치와는 어떠한 관련도 없는 것이었다.

> 최근 중국의 사대부는 구학舊學을 표면적으로 이해할 뿐 근본을 충분히 이해하고 있지 않다. 그들은 또한 중국의 윤리·정치의 뛰어난 근본을 모르고 있다. 따라서 새로운 학설에 무리하게 집착하는 완고함을 보이거나, 시대의 변화에 영합하며 따라간다. 왜냐하면, 그들의 마음속에 주관이 없기 때문이다. …이러한 무리가 비록 수는 많을지라도, 대부분 소극적 도덕만 많고 적극적 용기는 부족하다.[17]

만년의 옌푸가 "서양 사상을 버리고 중국의 전통으로 회귀한 것" 같지만, 슈워츠는 옌푸의 만년 사상이 스펜서, 밀, 젱크스Edward Jenks를 이해하던 초기의 방식과 일맥상통하며, '서양을 버렸다'는 주장은 적확하지 않다는 것을 매우 강력하게 논증했다.[18] 보다 중요한 것은 옌푸가 초기에 전통을 공격했다고 해서 그가 전통의 밖에 있었던 것은 결코 아니며, 반대로 '본국의 윤리와 정치의 뛰어난 근원'이 바로 그가 유럽 사상가들의 저작을 해석하는 기본 배경이었다는 점이다. 이러한 배경은 당시의 사대부에게는 결코 신기한 일이 아니었다. 그렇지만 마치 서양의 독자가 스펜서와 밀의 저작 속 깊이 내재된 논리를 이미 잊어버렸던 것처럼, 당시 사대부들은 옌푸가 서양을 이해하고 있다고만 보았지, 이러한 옌푸의 이해 속에 내재된 논리와 결론은 보지 못하였다. 따라서 이처럼 그 안에 내재된 논리는 존재하였을 뿐만 아니라 이러한 논리를 떠나서는 옌푸 사상에서 더욱 기본적인 측면들을 밝혀낼 수 없다.

더 중요한 것은 개인의 자유, 공심, 국가 사이의 관계에 대한 옌푸의 해석이 노장老莊 사상이나 '역학'易學적 우주관에 근거한 것일 뿐만 아니라, 근대 중국의 역사적 형세에 깊이 뿌리박고 있다는 점이다. 다음으로 상세하게 다루게 될 문제 중의 하나는 청말 중국의 담론 속에서 '군'群 혹은 '사회'라는 범주가 민족국가를 창조하는 역사적 임무와 직접적으로 관련되었다는 것이다. 바꾸어 말하면, 근대 중국의 변혁은 근대 국가의 창조뿐만 아니라 근대 사회의 창조와도 관련된 것이며, 이들 양자의 관계는 서로 의존하고 있다는 것이다. 서양의 사회 이론과 경제 이론 가운데 이러한 사회/국가 이원론은 자산계급이 시민사회를 차지하고서 귀족 국가에 맞섰던 역사에 기원하고 있다. 그런데 청말의 중국에서 사회라는 범주는 근대 국가 창조라는 역사적 요청에 부응한 것이다. 이러한 맥락에서 봤을 때, 근대 유럽의 역사 속에서 형성된 사회/국가 이원론으로는 청말 시기 중국의 역사적 조건을 설명할 수 없다. 옌푸가 스펜서, 스미스, 밀의 사상을 어느 정도 개조한 것은 이러한 역사적 배경의 차이 속에서 비로소 이해될 수 있을 것이다.

3. '명名의 세계'와 '역易의 세계'

따라서 새로운 시각에서 옌푸를 바라보지 않을 수 없다. 이러한 시각은 량치차오나 우루룬과 같은 전통적인 관점과 다르며, 또한 슈워츠나 하츠의 자유주의와도 같지 않다. 이는 "근대적 변화를 아직 거치지 않은 중국 문화의 입장"이라기보다는 근대화로의 변화를 지금 막 거치고 있는 중국 문화의 입장이라고 할 수 있다. 옌푸는 『천연론』과 『밀의 명학』(穆勒名學: 존 스튜어트 밀의 저서 A System of Logic을 번역한 옌푸의 번역서—역자)에 붙인 서문과 해설 가운데서 『주역』의 이치를 통해 서양의 학문을 설명하였다. 대부분의 사람은 이를 고대 불경을 번역할 때의 '격의'格義로 이해했으며, 단지 하나의 기술적 혹은 도구적 문제에 불과한 것처럼 보았다. 이와는 달리 학술사 연구자인 첸지보錢基博는 1936년에 출판한 『경학통지』經學通志라는 저작에서 옌푸를 만청 시기 경학을 대표하는 인물로 보아 놀랍게도 '역학가'易學家의 반열에 세웠는데, '역학' 분야에서 옌푸의 대표 저작은 『천연론』이었다.[19] 강남 지역 세족 출신이요 보수적인 색채를 드러내는 학자였던 첸지보의 견해는 진부하고 기괴해 보이기는 하지만, 하츠가 말한 "근대적 변화를 아직 거치지 않은 중국 문화의 입장"과 청대 학술의 전통적 관점을 반영하고 있으며, 또한 옌푸 자신의 자기 이해와도 어느 정도 부합한다.[20] 물론 첸지보처럼 『천연론』을 '역학' 관련 저작으로 볼 수는 없다. 그렇지만 '역학의 세계관'은 근대 서양 사상에 대한 옌푸의 이해를 관통하면서 일종의 체계적 논리를 구성하고 있다. 그리고 이러한 논리와 옌푸가 분명하게 해석한 가치 사이에 어떤 관계가 있는지 깊게 연구할 만한 가치가 있다.

자요自繇(자유), 평등, 천연(진화), 군학(사회학) 등의 개념이 사회운동 속에서 특별한 '조직력'을 지녔고 또한 새로운 세계상과 운동 방향을 구축했다고 한다면, 이는 옌푸 자신의 사상과 번역이라는 실천 속에서도 또 다른 '조직력'을 지니고 있었다. 이 개념들은 귀납법, 개인주의, 중상주의, 집체주의, 민족 사상 등의 상호 충돌하는 사상 요소를 결합하여 하나의 체계적인 구조로 만들어 낸다. 이러한 '조직력'은 옌푸의 사상 체계가 드러내는 '세계관'의 특성이다. 이는 당시에도 여전히 살아 있던 문화 방식에 뿌리박고 있으면서, 또한 두 언어 사이를 오가던 옌푸의 사유 방식에 강력한 근거를 제공했다. 옌푸가 의거하고 있는 문화적 시각에서 봤을 때 비로소 근대 유럽의 자유사상의 배후에 숨겨져 있던 역본설과 국가주의가 이처럼 선명하게 드러난 것이다. '명名의 세계'와 '역학적 우주론'은 둘이면서 하나이다. 전자를 통해 세계의 전체적 관계를 이해해야 하며, 후자를 통해 '명의 세계'가 구축하고 있는 기본적 규칙을 이해해야 한다.

옌푸의 번역 활동과 그가 창조한 '명의 세계'와 '역易의 세계'라는 이중 구조는 근대 중국 사상을 관찰하는 이론적 방식의 문제를 제기하였다. 청말의 중국 사상은 보편적으로 일종의 칸트주의적 관점을 수용하였다. 즉 우리가 세계를 인식하고 진리를 파악할 수 있는 것은 다만 정신이 오성을 위해 범주를 규정하고, 또한 이러한 범주를 통해 경험 속에 부여된 사물을 조직해 낼 수 있기 때문이다. 사물의 확실성과 그 관계는 사유가 세계에 부여한 개념 구조에 기원을 두고 있다. 이러한 개념 구조는 무형식의 사물에 확정된 형식을 부여한다. 그렇지만 번역의 실천 속에서는 시간이 없고 변화가 없는 범주의 관점이 도전을 받게 된다. 왜냐하면 칸트가 확정한 선험적 범주는 번역 활동을 통해 또 다른 언어(문화) 체계 속으로 이식되기 때문이다. 보다 중요한 것은 특정한 시대를 해석하는 범주가 이 시대를 해석하는 사상 구조와 혼동될 수 없다는 점이다. 사상 구조를 설명하기 위해서는 전체 역사로 소급되어야 하며, 즉 인지와 자아 인식 두 방면이 생성되는 역사를 드러내야 한다. 범주의 생성과 사상 구조의 관계는 역사적으로 형성된 것으로서 이들은 분리될 수 없지만, 분석 과정 중에서는 결코 혼동하지 말아야 한다.

옌푸가 번역 활동을 통해 만들어 낸 것은 새로운 우주관뿐만 아니라 각종의 새로운 명명을 통해 조직한 세계상이다. 근대 과학 사상이 수입되는 중요한 하나의 고리는 논리학의 부흥이다. 묵자의 명학名學(서구 '논리학'에 대한 옌푸식 번역어 — 역자)을 재발견하는 것에서부터 밀의 논리학을 번역하고 소개하는 데 이르기까지, 새로운 세계의 구상을 표현하는 것은 모두 새로운 개념 체계에 의존하고 있다. 옌푸는 중국의 언어가 지나치게 애매하다고 비판하면서, "언어의 혼란이 여기에까지 이르게 되면, 그러한 언어를 가지고 일말의 구차함도 없이 치지致知와 궁리窮理를 하기란 지극히 어렵다. …과학을 연구하는 자는 종종 일상의 명사를 버리고 별도로 새로운 명칭을 만들어 말과 사유가 정도에서 벗어나지 않도록 하는데, 이는 참으로 어쩔 수 없는 일이다"[21]라고 하였다. 비록 중국에 훈고의 전통이 있지만, 개념을 정의하는 방식은 없었다고 그는 지적했다. 따라서 그는 한어 속에서 연원을 찾을 수 있고 또한 일반 언어와 혼동을 일으키지 않는 일종의 명사 체계를 한어의 세계 속에서 만들어 내고자 노력하였다. 『천연론』, 『군학이언』, 『밀의 명학』, 『국부론』 등을 번역하고, 그리고 '명사名詞 연구회'를 주재하면서, 옌푸는 독특한 '명名의 세계'를 만들어 냈으며, 개인·종족·자연·사회의 각 방면은 모두 이러한 '명의 세계' 가운데서 자세하게 정의되어야 했다. '명의 세계'는 중국인이 자신의 세계를 다시 이해하고 통제하기 위한 방식이었을 뿐만 아니라, 근대적 사회체제가 형성되고 건립되는 기본 전제이기도 했다. 다만 이러한 의미에서 우리는 옌푸의 논적 장빙린章炳麟(호는 태염太炎)이 유식학唯識學과 '제물론'齊物論의 세계관에 입각하여 '명의 세계'에 대항한 참된 함의를 이해할 수 있을 것이다. 장빙린의 '제물齊物의 세계'는 옌푸의 '명名의 세계'와 전혀 다른 세계 구상이다. '명의 세계'는 지식의 합리화를 통해 도달하고자 하는 합리적 세계 체제이며, '명'名 관계의 정의는 주로 사물의 기능 관계에서 건립된다. 한편 '제물의 세계'는 '명'에 대한 철저한 방기이며, 따라서 실제로는 사물 사이의 기능적 관계를 부정한다. '명의 세계'는 기능적 관계를 정의함으로써 세계의 각종 관계를 제어하고 또한 그것들을 일종의 위계 구조로 배치한다. 한편 세계의 기능 관계에 대한 설정을 방기한다는 것은 일체의 위계 구조에 대한 부정을 의미하며, 따라서 일체의 제도적인 실천에 대한 부정이기도 하다. 매우 분명한 것은 옌푸에게서 '명의 세계'가 광범한 포용성을 지니고 있다는 점이다. "그러므로 명학名學이 다루는 것은 과학만이 아니며, 일상적인 일도 명학과 관련되지 않은 것이 없다." 여기서 말하는 명학은 그의 '명의 세계'에 적용하더라도 매우 적절하다.[22]

여기서 언급해 둬야 할 것은, 옌푸에게 있어서 '명의 세계'는 과학의 세계이고, '역의 세계' 역시 마찬가지로 과학의 세계였으며, '군群의 세계'는 그러한 과학적 방법과 과학 지식의 계보 속에서 그 내재적 구조를 드러내고 있다는 점이다.

이 장에서는 이러한 시각에서 옌푸의 '인지를 중심으로 건립된 정치와 도덕, 자연을 포함한 일체의 공리관公理觀'을 연구하고자 한다. 나는 이러한 '공리관'의 함의와 논리를 다음과 같이 세 방면에서 살펴보고자 한다.

1. '역易의 세계': '천연' 개념과 민족국가의 근대성 방안

2. '군群의 세계': 실증적 지식 계보와 총체성 문제

3. '명名의 세계': 귀납법과 격물의 과정

　시간적 순서로 보면, 옌푸의 번역 활동은 헉슬리의 『천연론』에서 시작하여, 다음에 스펜서의 『군학이언』, 그리고 『밀의 명학』이다. 이 세 방면의 문제와 그들의 상관관계는 옌푸가 1895년에 발표한 몇 편의 주요 논문 속에 이미 갖춰져 있을 뿐만 아니라, 그가 번역한 『천연론』에도 초보적으로 드러나 있다.

제2절

'역易의 세계': '천연' 개념과 민족국가의 근대성 방안

1. '천연' 개념과 '역학'의 우주관

1.1. 사회진화론에 관하여

근대 과학 사상의 중대한 발견으로서 '천연' 혹은 진화의 문제는 옌푸 사상의 중심 문제를 구성하는 것이지만, 바로 이 문제가 그를 사회진화론*과 연계시키고 있다. 자연과 사회에 관한 옌푸의 관점은 결국 공리를 핵심으로 하는 우주론과 세계관으로 귀결된다. 옌푸의 '군群'과 '군학群學 개념은 사회를 일종의 도덕적 실재로 이해하고 있으며, 그의 귀납법적 과정과 천리와의 관계 또한 우주의 도덕성을 가정하고 있다. 옌푸의 '과학'은 일종의 형이상학 체계일 뿐만 아니라, '군학'을 중심으로 건립된, '군'의 위계 관계를 기초로 하는 구조-기능 체제이다.

• 사회진화론: 찰스 다윈(Charles Robert Darwin)의 생물진화론을 인간 사회에까지 적용하여 사회가 적자생존과 자연도태의 원리에 따라 단순한 것으로부터 복잡한 것으로 발전 진화한다는 사회학 이론을 말한다. 허버트 스펜서(Herbert Spencer) 등이 주장하여 19세기 말부터 크게 유행했는데, 사회·인종·민족·문화·국가 간에 우열이 있음을 주장하는 이러한 담론은 이후 제국주의나 나치즘과 같은 정치적 이데올로기와 주장을 정당화하는 이론으로 활용되거나, 인종차별이나 우생학과 같은 사회적 담론과 학술 논의에까지 영향을 주었다.

이러한 특수한 공리관은 원리상 사회진화론과는 상호 대립적임이 분명한데, 왜 옌푸는 스펜서주의에 그렇게 흥미를 느꼈을까?

슈워츠의 저작 가운데 가장 훌륭한 부분은 아마도 옌푸과 스펜서의 관계, 그리고 옌푸가 번역한 『천연론』에 관해 논의한 부분이다. 사회진화론자로서의 옌푸의 이미지 또한 옌푸과 스펜서, 헉슬리 사이의 복잡한 착종 관계 속에서 만들어진 것이다. 슈워츠는 옌푸의 모든 관점이 스펜서 사상 체계의 몇몇 구성 부분과 관련되어 있음을 명확히 지적했다.[23] 그렇지만 그가 논증하고자 한 중심적인 문제는 사상 체계의 차원에서 옌푸과 스펜서의 관계를 살펴보는 것이 아니라, 국가의 부강에 대한 옌푸의 관심, 그리고 그것이 스펜서 학설 중의 자유주의적 논제와 어떤 관계를 갖는지에 관한 것이었다. "옌푸는 개인의 '재능'을 해방시키고자 하는 스펜서의 관점 속에서 인간의 자유 개념을 찾았다. 민중의 도덕적, 지적, 신체적 능력은 자유로운 제도와 간섭이 없는 경제 영역에서의 생존경쟁이 이루어질 수 있는 환경 속에서 싹트고 성장한다. 동시에 이렇게 해방된 능력은 하나로 조직 융합되고, 그들의 '통합된 의지'(合志)는 사회유기체, 즉 민족국가의 부강을 위해 작용하고, 민족국가 또한 사회유기체 간의 생존경쟁을 하지 않을 수 없다.[24] 바꾸어 말하면, 강렬한 민족주의와 사회진화론의 경향으로 인해 그는 스펜서의 방임적 자유주의와 자유주의의 개인 가치 존중을 제대로 이해하지 못했고, 스펜서 사상의 가장 심오한 부분인 주관 감각의 가치 관념들을 왜곡하였다.[25] 슈워츠는 이러한 기본적 판단에서 출발하여, 옌푸가 번역한 『천연론』의 기본 경향이 헉슬리의 『진화와 윤리』와 완전히 상반되고 대립하는 것이라고 생각했다. 이러한 대립은 일종의 왜곡된 스펜서주의와 헉슬리의 윤리 중심주의의 충돌로 이해될 수 있으며, 사회진화론과 이를 비판하는 윤리관의 충돌로 이해될 수도 있을 것이다.[26]

슈워츠의 논술은 지극히 복잡하지만 설득력이 강하다. 그는 옌푸의 문장과 주석에 근거하고 있을 뿐만 아니라, 복잡한 인류 사회에 생물학을 유비적으로 적용한 스펜서에 대한 헉슬리의 비판을 증거로 삼고 있다. 따라서 슈워츠의 결론을 점검하기 위해서는 옌푸의 구체적 관점을 연구해야 할 뿐만 아니라, 헉슬리와 스펜서의 관점을 새롭게 해석해야 하며, 그리고 이들 삼자 사이의 관계를 비교해야 한다. 이러한 분석에 들어가기 전에 먼저 지적해 두고자 하는 것은 슈워츠가 분명 하나의 기본적 사실을 소홀히 다루고 있다는 점이다. 즉 스펜서와 헉슬리의 주요 관심은 하나의 사회 내부의 생존 투쟁과 윤리이며, 방식에서는 차이가 매우 크지만, 이들이 다루고 있는 문제는 마르크스가 자본주의 사회 속의 계급 관계를 다루고 있는 것과 매우 가깝다는 것이다. 이들에게서 개인/국가의 관계는 우선 어떠한 기초 위에서 사회 공동체의 동일성을 확립할 것인가를 다루는 문제이다. 그렇지만 옌푸가 직면한 문제는 식민주의라는 세계적 조류 속에서 어떻게 생존 권리의 방식을 확정할 것인가 하는 것이었다. 외래의 침략에 직면한 역사적 상황에서 자유주의가 가정하고 있는 국가/사회의 이원론은 거의 효과가 없었다. 왜냐하면 자주적인 민족국가를 형성해야만 '사회'를 보호할 수 있고, 동시에 '사회'적 동일성을 형성해야만 비로소 국가의 부강을 위한 조건을 만들 수 있기 때문이다. 헉슬리는 자신의 저작 중에서 식민지를 농원의 경영에 대비했는데, 실제로는 토착 주민을 '인위人爲의 세계' 밖의 우주의 과정에 속한다고 결론지었다. 도덕적 격정이 흘러넘치는 그의 강연이 '원예園藝의 세계'로서의 식민지를 다루면서는 그리도 평온한 어조를 띠고 있다는 것을 어렵지 않게 찾아볼 수 있다.[27] 이러한 어조는 부강을 갈구하는 옌푸의 절박한 정서와는 확실히 첨예한 대조를 이룬다. '토착'의 곤경에서 벗어나 자신을 '원예의 세계'로 올려놓고자 노력하는 옌푸에게 가장 중요한 것은 당연히 '원예의 세계' 내부의 규칙이 아니라, 어떻게 '원예의 세계'를 형성해서 '사회의 과정'에 진입할 수 있는 권리를 획득하느냐 하는 것이었다. 진화론이나 사회유기체론이 모두 옌푸에게는 외부 세계와의 권력관계 속에서 국가와 사회의 동일성을 규정하는 데 이용되었다고 하는 슈워츠의 판단은 결코 틀리지 않다. 만일 민족주의라는 개념이 노예의 지위에서 벗어나 민족의 동일성을 만들어 내고 주권 국가를 건립하고자 애쓰는 지식인을 가리키는 것이라고 한다면, 옌푸는 민족주의자이다. 그렇지만 슈워츠의 착오는 이러한 의미의 민족주의가 사회진화론과 필연적으로 관련된 것은 아닐 뿐만 아니라, 자유주의 이론에서의 사회/국가 관계와도 그렇게 큰 관련이 없다는 점이다.

1.2. 헉슬리의 순환적 진화와 스펜서의 단선적 진화

옌푸과 스펜서 그리고 헉슬리 사이의 사상적 관계를 보면, 우리는 세 가지 복잡한 사상 체계에 부딪히게 된다. 어떤 개별적인 관점상의 차이도 구조적인 관계를 덮어 버릴 수 있고, 구조적인 유사점도 구체적인 관점의 대립을 은폐할 수 있다. 예컨대 헉슬리는 확실히 스펜서가 우주 과정에 적합한 원리를 사회 과정에 적용하는 것을 반대했지만, 그 또한 인류가 일종의 동물이라는 기본적인 사실을 망각하는 위험에 충분히 주의하였다. 따라서 그는 '적자생존'이라는 생물학적 원리로써 경제 경쟁의 야만적 체계의 정당성을 논증하고자 하는 경제학자로부터 공격을 받았다. 한편으로 그는 진화론을 수용하면 도덕의 기초가 무너질 것이라고 생각하는 도덕주의자의 비판에 부딪혔다.[28] 이러한 의미에서 우리는 옌푸과 헉슬리, 스펜서 이들 세 사상가의 관점의 차이를 이해해야 할 뿐만 아니라, 그것을 이해하기 위한 틀을 만들어야 그들 사이의 관계를 구조적으로 이해할 수 있을 것이다.

헉슬리가 이미 명확히 밝힌 바 있듯이, 그의 『진화와 윤리』는 "많은 사람이 장애물이라 이미 증명하였던 것처럼 보이는 문제, 즉 윤리적 본성은 우주적 본성의 산물이지만 필연적으로 그것을 산생한 우주적 본성과 대립한다는 표면적인 반론에 대해 해명하기 위한 것이다."[29] 그리고 그는 보충해서 다음과 같이 말했다. "만일 우주적 과정에 의해 조종되는 우리 선조로부터 유전되어 온 천성이 없다면, 우리는 속수무책이 될 것이다. 이러한 천성을 부정하는 사회는 반드시 외부로부터 파멸될 것이다. 만일 이러한 천성이 지나치게 많아도 속수무책이 되는 데, 이러한 천성에 의해 통치되는 사회는 반드시 내부로부터 멸망할 것이다."³⁰ 여기에서 헉슬리가 지적한 것은 우주 과정 중의 생존경쟁의 본능이며 그는 이것을 '자기 긍정'(self-assertion)이라고 불렀다. 헉슬리의 강연은 그리스 비극의 성향과 시각을 지니고 있다. 그리스 비극에는 깊이를 헤아릴 수 없는 사물의 본질적인 부조리 이외에 어떤 공동의 주제가 있겠는가? 본인이 직접 야기하거나, 혹은 타인의 치명적인 죄악으로 인해 야기된 무고한 자의 파멸을 보여 주는 것 이외에 사람들이 진실이라고 깊이 느낄 수 있도록 하는 것이 또 무엇이 있겠는가?³¹ 스펜서의 자유주의적 윤리를 비판하기 위해 헉슬리는 윤리의 심판석 위에서 우주를 단죄하였지만, 그의 사상과 그리스 비극식의 태도에 대해 좀 더 깊이 이해하게 된다면 문제는 훨씬 복잡해진다.

헉슬리가 다윈의 '불도그'로 불리기는 했지만, 그의 진화 개념은 생물학적 및 인종학적 개념이 아닐 뿐만 아니라 오래된 순환론의 특징을 지니고 있다. 많은 사람이 이 점을 망각하곤 한다. 『진화와 윤리』에서 진화론이 가리키는 것은 우주의 총체적 변천 혹은 자연 상황의 불안정성이며, 지식상으로는 적어도 기원전 6세기의 갠지스 강변과 에게해와 아시아 연안의 문명 발상지까지 소급될 수 있다. 헉슬리는 그리스 이오니아학파와 인도 초기 철학자의 사상 중에서 현상세계를 다양하게 변화하고 시작도 끝도 없는 것으로 보았던 견해나, 우주 과정과 인류 정의에 대한 해석을 진화 이론의 선구로 간주하였다. 따라서 모든 문명사와 철학 학파는 진화의 문제와 연관된다. 그들은 각자 자신의 이론에서 출발하여 우주 과정을 변호하거나 단죄하고, 또한 끊임없이 대우주에 관한 연구에서 소우주에 관한 연구로 전향하면서 각기 다른 윤리학을 발전시켰다. 따라서 실체, 브라만, 아트만, 윤회, 열반, 카르마 등 오래된 개념은 모두 우주 진화에 대한 해석으로 간주될 수 있다.

고대 사상의 매우 중요한 특징은 변이와 윤회와 관련된 관념이다. 만일 이러한 사상을 통해 진화 개념을 해석한다면, 가장 분명한 하나의 결론은 직선적 진화의 이념을 철저하게 개조하는 것이다. 사실상 헉슬리의 진화 개념 자체는 순환론적인 특징을 상당히 지니고 있으며, 장빙린이 말한 '구분진화론'俱分進化論*에 접근하고 있다. 우주 과정의 진화는 비교적 단일한 정황에서 비교적 복잡한 정황으로 점차적으로 변화하는 전진적 발전으로 나타나지만, 그 함의는 이미 퇴화와 분화의 현상, 즉 비교적 복잡한 정황에서 비교적 단일한 정황으로 전개되는 현상까지 포괄하는 것으로 확장되어 있다.[32] 진화론은 천년왕국의 예측을 결코 장려하지 않는다. 만일 우리의 지구가 억만년의 상승 곡선을 밟아 왔다면, 언젠가는 최고점에 도달하고 다시 하강 방향으로 내려가기 시작할 것이다. 아무리 대담한 상상을 하더라도 인간의 능력과 지혜가 천체의 운행을 저지할 수 있다고 생각할 수는 없다.[33] 바꾸어 말하면 진화의 과정은 다만 일체의 사물이 모두 '변이의 경향'을 드러낼 뿐이라는 것이다. 그렇지만 이러한 진화 개념은 창조론 혹은 그 밖의 초자연적 간섭의 존재를 배제할 뿐만 아니라 우연성의 개념도 배제한다. 진화는 우주 과정에 대한 해석이 아니라 그 과정의 방법과 결과에 대한 종합적 서술일 뿐이다. 무에서 유로 나아가든, 간단한 것에서 복잡한 것으로 나아가든, 혹은 유에서 무로 나아가든, 복잡한 것에서 간단한 것으로 나아가든, 우주의 변화는 모두 질서의 지배를 받고 있으며, 이러한 질서는 무한한 시간과 무한한 공간 속에서 끊임없는 변화를 생성한다. 그런데 지식에서 생겨나는 신념은 일종의 영원한 질서 속에서 자신의 목표, 즉 일체의 사물은 모두 각자 진화의 예정된 과정을 완성하고자 노력하고 있다는 것을 찾아낸다.[34] 따라서 헉슬리는 단선적 진화의 개념을 부정하면서, 동시에 우주 과정이 질서와 목적에 제약을 받는다는 판단을 결코 부정하지 않았으며, 다만 그 이후의 과

• 구분진화론(俱分進化論): 동명의 장빙린의 저서가 있다. 이 이론은 서구에서의 진화론이 한 방향으로만 발전하는 것을 가리키는 것과 달리 선과 악이 함께 진화한다는 장빙린의 진화론을 주장하였다.

정에서 초자연적 간섭을 엄격하게 배제하였을 따름이다.

헉슬리의 이러한 순환적 진화 개념은 스펜서의 주요 개념인 '진화' 와 첨예하게 대비된다. 스펜서의 진화 개념은 간단한 것에서 복잡한 것으로 끊임없이 분화하고 결합하는 과정이며, 따라서 이는 결코 순환적이 아니다. 스펜서가 『제1원리』(First Principle), 『종합철학』(Synthetic Philosophy), 『사회학 원리』(Principles of Sociology) 등의 저서에서 서술한 진화 개념은 광범한 체계성을 지니고 있으며, 이는 주로 무기진화(천문학 문제, 지구의 기원 등), 유기진화(각종 위계의 생물군, 식물, 동물에서 나타나는 물리 현상, 그리고 특수한 정신 현상), 초超 유기진화 (즉 사회 현상) 등 세 방면의 내용을 다루고 있다.[35] 여기에서 가장 중요하고 주목할 만한 것은 초 유기진화에 관한 설명이다. 파슨스Talcott Parsons는 "스펜서의 사회사상에는 주요하고도 기본적인 세 가지 실증주의적 관념이 포함되어 있다. 첫째 사회를 자기 조절의 체계로 간주하는 관념, 둘째 기능 분화의 관념, 셋째 진화의 관념이다. 이 세 가지 신념은 그가 이 책을 저작하던 무렵과 마찬가지로 지금도 여전히 중요성을 지니고 있다"[36]고 말하였다. 스펜서의 진화 개념은 사회를 자기 조절적인 체계로 보는 관념과 기능 분화로 보는 관념과 밀접하게 관련되어 있기 때문에, 그는 진화의 개념을 갈수록 증가하는 분화(즉 기능의 특수화)와 결합(즉 구조적으로 분화된 부분 사이의 의존과 기능 협조)의 과정으로 표현하였다. 그는 이렇게 이해되는 진화가 무생물을 포함하는 우주의 모든 영역의 자연 속에서 관찰될 수 있다고 믿었다. 그렇지만 우리는 이러한 우주론적 문제를 더 이상 깊이 고찰할 필요가 없다. 왜냐하면 이러한 진화 개념이 물리학 혹은 천문학과 관련되어 있든 그렇지 않든 간에, 인류의 역사에 적용될 수 있는지 없는지를 예단할 수 없기 때문이다. 생물학적 관점에서 보면, 오늘날 아무도 이러한 관점에 도전하지 않는다. 즉 분화와 결합 정도가 비교적 높은 유기체는 수 세대에 걸친 복잡한 과정을 거치면서 간단한 유기체로부터 발전해 온 것이다.

그런데 스펜서의 관점에서는 인류 사회와 제도가 간단한 것에서 복잡한 것으로 진화하는 추세는 유기체의 진화에 비해 더 분명하다. 개체 발생한 유사 사회는, 회사에 새로운 기구가 확장되고 군대에 새로운 부대가 세워지는 것과 같이, 조직 단위가 기존의 형식에 근거하여 복제되는 과정이다. 이러한 복제 외에도 우리는 간단한 것에서 복잡한 것으로 전화되는 과정을 볼 수 있다. 사회의 구조에서 새로운 유형이 만들어질 때, 그것은 종의 계통 발생과 매우 유사하며, 그 구조는 그것을 배태한 구조에 비해 더 복잡하다(분화와 결합 정도가 더 높다). 이는 산업과 군사 조직 방면에서도 관찰될 수 있다. 유기체의 진화 또한 간단한 것에서 복잡한 것으로 나아가지만, 후자가 전자를 대신하는 것은 결코 아니다. 인류의 사회조직 진화 과정이 더 주목을 끄는 특징은 이것과는 상반된다는 점이다. 즉 간단한 구조로부터 복잡한 구조가 발전되어 나온 것일 뿐만 아니라, 후자가 흡수와 절멸의 방식을 통해 전자를 대신한다는 것이다. 예컨대 국가는 부락으로부터 발전해 온 것이지만, 그것을 대신하고 더 이상 부락을 독립된 정치적 실체로 간주하지 않는다.[37] 스펜서는 정치와 경제 기구, 그리고 총체적 사회구조의 진화 과정에 관해 많은 논의를 전개하였는데, 간단한 것에서 복잡한 것으로 나아가는 과정이란 점에서는 확실히 틀림없어 보인다. 그렇지만 우리가 가족,* 가정 그리고 도덕, 종교, 예술 등의 문화 변천을 관찰해 보면, 그의 서술이 지닌 약점이 쉽게 드러난다. 예컨대 중앙 국가의 형성은 가족 네트워크의 쇠퇴와 연계된 것이며, 언어에서 어법이 간략하게 되는 것도 하나의 예로 볼 수 있다. 아마 스펜서는 다음과 같이 변명할 것이다. 즉 가족의 단순화는 다른 사회적 네트워크의 복잡화와 직접적으로 연관되어 있으며, 따라서 이것이 총체적 사회구조의 단순화를 증명하는 것은 아니다. 그는 빅토리아 시대의 가정 형태를 인류 혼인의 최종 형식으로 간주하였으며, 잡혼, 일부다처 혹은 일처다부제

* 원서에서는 이 부분에 '宗教'가 중복되는데 이는 오류로 보인다.

로부터 일부일처제에 이르는 연속적 관계를 개괄하였다. 그렇지만 인류학자가 이미 증명하였듯이, 이러한 혼인 형태는 다른 역사 시기에도 모두 있었을 뿐만 아니라, 그것도 거기에 상응하는 복잡한 정치 형식에 수반되는 것이었다.[38]

1.3. '천연' 개념으로 구성된 '역학'의 논리

옌푸는 진화 문제에서 헉슬리와 스펜서의 차이점을 어떻게 처리한 것일까? 『천연론』「자서」自序에서 옌푸는 『주역』「역전」易傳과 『노자』, 그리고 송명宋明 이학理學의 언어를 이용하여 독특한 해석을 전개했으며, 일종의 특수한 논리로 진화 문제에 관한 헉슬리와 스펜서의 차이를 해결했다. 슈워츠는 주로 스펜서의 천지 만물에 대한 상상과 중국 우주론의 사유 방식이 서로 유사하다는 점에서 이 문제를 해석하고 있지만, 옌푸의 견해와 헉슬리의 관계를 거의 다루고 있지 않다. 스펜서의 모호한 범신론적 자연주의, 내재적 일원론 속에서는 각종의 다양한 현상이 모두 유심론적인 '절대 실재'로부터 배태되며, 공간·물질·시간·운동·힘과 같은 재미있는 범주를 통해 서로 연관되어 있는데,[39] 이 모든 것이 특히 고대 중국의 전아한 문장으로 번역되기에 적합하였다고 슈워츠는 지적하였다. 그렇지만 헉슬리는 『진화와 윤리』에서 이미 옌푸를 위해서 고대 사상과 진화론을 이어 주는 교량을 찾아냈다. 스토아학파의 본성 혹은 자연(nature) 개념 외에도 그리스의 로고스, 중국의 도道, 인도의 브라만과 아트만 같은 궁극적이고 영원한 실체는 우주의 원천일 뿐만 아니라 도덕의 기원이었다.[40] 헉슬리가 해석한 스토아학파의 nature 개념이 지니고 있는 본성과 자연이라는 이중적 의미로부터 계시를 받으면서, 옌푸가 자연과 윤리라는 이중적 의미를 지닌 '천연' 개념을 통해 evolution 개념을 번역한 것은 매우 자연스러운 일이었다. 이들 모든 것이 옌푸에게 중국 고대 사상의 영원한 가치를 강렬하게 암시하였으며, 직접적으로 옌푸가 헉슬리와 스펜서의 상충하는 진화 개념을 자신의 '역易의 세계' 속에 함께 받아들일 수 있도록 하였다. 그는 『천연론』「자서」에서 서양의 학술을 중국의 학술에 부회하는 설명을 반대하는 태도에서 일단 돌아서서 "오늘날 중국에서 육경六經은 하늘에 떠 있는 해와 달이나 땅 위를 흐르는 장강과 황하처럼 만고불변의 진리로 받아들여지고 있다. …최근 200년 동안 유럽에서는 학술이 부흥해서 고대를 훨씬 능가하게 되었다. 새롭게 찾아낸 논리와 공리는 모든 분야에서 탁월하고 확고한 지위를 차지하고 있다. 그러나 때로는 유럽보다 먼저 고대 중국인들이 만들어 낸 것이 있다. 이는 견강부회로 자신을 뽐내고자 하는 말이 아니다"라고 중국의 학술을 충심으로 찬미했다.[41]

엔푸가 이처럼 자신의 문화에 자신감을 가진 것은 분명히 헉슬리와 스펜서의 영향을 받았다. 그는 독특한 논리로 헉슬리와 스펜서의 진화 이론을 새롭게 해석했지만, 진화 문제에 있어서 그들 사이의 분기점에 대해서는 전혀 이해하지 못했다. 이는 그가 헉슬리와 스펜서 사이의 모순을 이해하지 못했기 때문이 아니라, 그의 '역학'적 우주론과 해석의 논리가 그러한 모순을 완전히 해소할 수 있었기 때문이다. 『주역』은 괘상卦象과 효상爻象의 변화에 의거하여 사람의 운명을 미루어 헤아리는 것인데, 그중에는 논리적 추론과 이지적 분석이라는 요소가 포함되어 있을 뿐만 아니라 음양과 변화의 법칙으로 우주와 인류 생활의 모든 문제를 해석한다. 밀의 논리학에 대한 엔푸의 이해를 논할 때, 나는 그의 '귀납 논리'와 이학에서 말하는 '격물의 과정' 사이의 관계를 상세하게 논의했다. 주의할 점은 송명 도학道學의 체계가 의거하고 있는 사상 자료와 이론적 사유 양식이 '역학'을 통해 형성되고 발전되었다는 것이다. 이학에서 '격물의 과정'이 구체적인 사물의 이치에서 출발하여 성리性理를 추출하고 나아가 최종적으로 천리에 도달할 수 있는 것은 천도와 인사를 서로 관련시키는 '역학'적 우주론의 논술 방식을 수용하였기 때문이다. "송명 도학을 '인학'人學 혹은 '인학'仁學으로 간주하고 중국 철학의 특징을 간단히 윤리에 관한 철학으로 간주하는 것은 송명 철학의 체계 속에서 차지하는 '역학'의 위치를 무시하거나 경시하였기 때문에 발생한 단편적인 견해이다."[42] 역易의 세계에서 태극, 건곤乾坤, 음양, 도기道器, 이사理事, 이기理氣, 형이상과 형이하, 상수象數, 언의言意, 신화神化 등의 주요 범주는 모든 중국 사상에 매우 심원한 영향을 끼쳤다. "한 번은 양이 되고 한 번은 음이 되는 것을 도라고 한다"라는 변화의 법칙을 중심으로 '역학' 사상은 역사적으로 끊임없이 새로운 해석을 추구해 왔으며, 취상설取象說·취의설取義說·상수학파象數學派·의리학파義理學派는 모두 '역학'의 범주를 통해 각각 세계에 대한 전체적인 해석을 구축하였다. 옌푸는 학술사 연구자에 의해 청말 민국 초기의 '역학자'로 간주되었다. 이는 그가 헉슬리와 스펜서 그리고 밀 등의 이론을 이용하여 '역학'의 이치를 새롭게 해석하고, 새로운 지식의 조건과 사회 상황에서 '역학'의 우주론을 발전시켰기 때문이다.

역학의 우주론이라는 틀 속에서 옌푸는 진화 개념을 '천연'의 범주로 해석하였으며, 귀납(內籀: 영어 induction의 옌푸식 번역어임 —역자)과 추리(外籀: 영어의 deduction의 옌푸식 번역어로, 한국어 문맥상 '연역'에 해당함 —역자)의 과학적 방법을 주역의 상수학과 관련시켰다. 옌푸는 음양 변화의 논리를 이용하여 각종의 전통적 범주와 현대적 개념을 '천연'의 과정에 포함시켰으며, 일종의 특수한 방법으로 밀, 헉슬리, 스펜서의 학설을 새롭게 해석하였다. '천연'의 범주 속에서 이러한 학설의 차이는 사라지고, 일종의 내재적 동일성과 상관성이 그것을 대신하였다. 옌푸의 추론 과정은 명확한 단계를 포함하고 있는데, 첫 단계는 '역학' 이론 중의 은현隱顯 관계와 밀의 귀납과 연역의 논리를 연계시킨 것이다.

공자는 육경 가운데 『주역』과 『춘추』가 가장 엄밀하다고 했다. 사마천은 "『주역』은 보이지 않는 것으로부터 보이는 것으로 나아가고, 『춘추』는 보이는 것을 미루어 보이지 않는 것으로 나아간다"•고 말했다. 이는 매우 훌륭한 말이다. 처음에는 나는 '보

• 『주역』은~나아간다: 원문은 "易本隱而之顯, 春秋推見至隱"으로 『사기』「사마상여

이지 않는 것으로부터 보이는 것으로 나아간다'는 것은 상象과 계사繫辭를 보고 길흉을 점치는 것이고, '보이는 것을 미루어 보이지 않는 것에 나아간다'는 것은 주의誅意*와 포폄이라고 생각했다. 그런데 서양의 논리학을 보고 나서, 서양의 학문 연구 방법에 귀납법(內籀之術)과 연역법(外籀之術)이 있음을 알게 되었다. 귀납법은 개별적인 것들을 살펴서 전체를 파악하고 특수한 것들을 모아 종합하는 것이다. 연역법은 공리에서 출발하여 모든 일을 판단하는 것이고, 정해진 규칙을 통해 미래를 예측하는 것이다. 나는 책을 밀치고 벌떡 일어나서 다음과 같이 말했다. "이런 일도 있구나. 이것은 본래 중국의 『주역』과 『춘추』의 가르침이다. 사마천이 말한, 보이지 않는 것으로부터 보이는 것으로 나아가는 것은 연역법이고, 보이는 것을 미루어 보이지 않는 것으로 나아간다는 것은 귀납법이다. 그 말이 마치 서양의 논리학을 얘기하는 듯하다." 이 두 가지는 사물에 나아가 이치를 탐구하는 가장 중요한 방법이다. 그런데 후세 사람들은 이를 응용하여 널리 사용할 줄 모르고, 지금까지 이러한 방법을 직접 사용하지도 않았으며, 또한 이에 대해 연구해 본 적도 없었다.[43]

여기에서 중요한 것은 귀납과 연역의 논리를 '보이지 않는 것으로부터 보이는 것으로 나아간다'와 '보이는 것을 미루어 보이지 않는 것으로 나아간다'는 것과 연결시킨 방법론뿐만이 아니다. 보다 중요한 것은 귀납과 연역의 논리를 음양, 은현, 유무의 변화 과정으로 이해한 것이다. 음양·은현·유무가 우주 변화의 법칙이라면, 과학적 방법으로서 귀납과 연역은 곧 이러한 변화의 법칙이 지식으로 표현된 것이다. 따라서 귀납과 연역의 논리는 필연적으로 특수한 우주론을 전제로 삼고

열전」에 보인다.
• 주의(誅意): 사건의 결과가 아니라 동기의 잘잘못을 평가하는 것을 말한다.

있는 것이다.

과학적 방법을 변역變易의 우주 법칙과 연관시키면서 변역의 과정을 파악하고 제어하는 인식 방식으로서의 과학적 세계관은 '역학' 우주론과 직접적으로 연계되는 것이었다. 이것이 두 번째 단계이다. "무릇 서양의 학문에서 실제에 가장 부합하고, 그 법칙을 이용해서 다양한 변화를 설명해 낼 수 있는 것은 논리학·수학·화학·물리학 등 네 분야이다. 중국의 『주역』은 논리학과 수학을 날줄로 삼고 화학과 물리학을 씨줄로 삼고 있으며, 이를 합쳐서 역이라고 부른다. 우주 안에서 물질과 운동의 상호작용은, 물질이 없으면 운동이 보이지 않고 운동이 없으면 물질을 드러낼 수 없다. 대체로 운동이란 모두 건괘의 작용이며, 물질이란 모두 곤괘의 작용이다. 뉴턴의 세 가지 운동 법칙 중 첫째는 '정지한 것은 스스로 움직이지 않고, 움직이는 것은 스스로 정지하지 않는다. 운동의 경로는 반드시 직선이며 운동의 속도는 반드시 동일하다'는 것이다. 이것은 지금까지 아무도 생각하지 못했다. 이러한 법칙이 제시된 이후로 자연과학이 발전하고 인류 사회에 혜택을 가져왔다. 『주역』에서는 '건괘는 정지해 있을 때는 전일하고, 운동할 때는 곧다'•고 한다."[44] 논리학·수학·화학·물리학•은 과학의 전문 분과일 뿐만 아니라 우주를 구성하는 기본 역량인데, '역학' 우주론의 내재적 구조가 그들 사이의 관계를 새롭게 구축하였다. 따라서 사람들은 이러한 전문 지식과 그들 사이의 상관관계를 이용하여 우주 변화의 방식과 경로를 파악하고 추론할 수 있다. 우주의 변화 과정 중에서 힘과 물질과 같은 물리학 개념은 건곤, 동정動靜, 은현의 대명사이다. 귀납과 연역의 논리가 논리학·수학·화학·물리학 등의 지식 영역에 적용될 수 있는 것은 그것들이 우주의 음양 변화를 표현하기 때문만이 아니라, 우주론적 의미에서 동일성을 지니고 있기 때문이다.

• 건괘는~곧다: 『주역』「계사전 상」의 해당 원문은 "乾其靜也專, 其動也直"이다.
• 논리학·수학·화학·물리학: 원서의 名數炙力은 名數質力의 오기이다.

역학 우주론의 음양, 동정, 건곤, 은현의 범주 및 이러한 틀 내에서 이해된 귀납/연역, 물질/힘 등의 관련 개념은 우주에 대한 순환론적 이해를 드러내고 있다. 이런 점에서 보면, 옌푸의 '역학'적 세계관은 순환론적 특색을 지닌 헉슬리의 '우주 과정'과 완전히 일치한다. 한편 '역학' 우주론이 운용되는 범위는 스펜서의 진화론과 유사하며, 이들은 모두 변화의 과정과 관련된 서술을 우주, 세계와 인류의 사회생활 등 모든 영역에까지 관철시키고 있다. 이 점에서 '역학'적 우주론은, 우주 과정과 사회 과정 사이의 상호 대립을 주장하는 헉슬리의 관점과는 상호 모순되지만, 스펜서의 진화 개념에는 더 근접하고 있다. 옌푸가 스펜서에게 흥미를 느낀 것은 일정 정도 스펜서가 진화 개념을 우주, 세계와 인류의 모든 영역에 적용했기 때문이다. 그리고 단순한 것에서 복잡한 것으로 진행하는 스펜서의 진화 개념이 사람들의 주목을 끈 것은 바로 사회 과정에 그것을 적용한 점이다. 여기에서 다음과 같은 난관에 부딪히게 된다. 즉 '역학'적 우주론은 단순한 것에서 복잡한 것으로 나아가는 스펜서의 진화 개념과 서로 충돌하며, 헉슬리의 순환적 우주 과정에 더 근접하지만, 동시에 천지인天地人을 관통하는 '역학' 우주론의 구조가 자연의 법칙을 윤리의 영역에 적용하는 것을 반대한 헉슬리의 사상과는 서로 충돌하고, 스펜서의 종합철학의 원리와 유사하다는 점이다.

따라서 이 두 방면의 모순을 어떻게 극복할 것인가 하는 것이 '천연' 개념을 형성하는 세 번째 단계이다.[45] 옌푸는 다음과 같이 말한다.

> 200년 후 스펜서는 자연의 진화 법칙으로 변화를 설명하고, 저술과 논문을 통하여 하늘과 땅, 인간을 통틀어 하나의 원리로 설명했다. 이 또한 근세의 뛰어난 성과이다. 그는 진화에 대해, "닫힘(翕) 작용에서는 물질의 통합이고 열림(辟) 작용에서는 운동의 분산이며, 단순한 것에서 시작하여 복잡한 것으로 끝난다" 라고 정의하였다. 『주역』에서 "곤괘는 정지해 있을 때는 안으로

끌어들이고, 움직일 때는 밖으로 민다"*라고 하였다. 운동량 보존 법칙이 있지만, 『주역』의 자강불식은 그보다 먼저 제기되었다. 『주역』에서 말하는 소멸과 증가의 이론은 작용과 반작용 법칙보다 빠르다. 그리고 "역을 볼 수 없으면, 건곤의 작용이 거의 소멸될 것이다"*라고 한 말은, '열에너지가 균형을 이루게 되면 세계가 소멸한다'라는 서양의 학설과 서로 상응하고 있다. 어찌 이 모든 것이 우연의 일치이겠는가?⁴⁶

옌푸는 우선 '천지인을 하나로 관통하는' 스펜서의 논리를 긍정하지만, 단순한 것에서 복잡한 것으로 나아가는 진화의 과정에 대해서는 새롭게 정의를 내린다. 그는 "단순한 것에서 시작하여 복잡한 것으로 끝난다"는 진화관을 역학의 '닫힘'과 '열림' 개념으로 받아들이면서, 최종적으로는 다시 우주를 동動과 정靜이 서로 이어지는 과정으로 파악하고, 에너지 보존의 법칙이 이러한 순환 관정에서 새로운 본체론적 근거로 작용하고 있다고 보았다.⁴⁷ 이는 스펜서의 진화 개념에 대한 긍정이라기보다는 오히려 개조라 할 수 있을 것이다. 위에서 서술한 과정을 이해해야 비로소 우리는 '천연' 개념의 실질적인 내용을 이해할 수 있을 것이다.

이와 같은 자연 운행의 이치야말로 변화의 기틀이 끝없이 지속되는 근본적 이유이다. 차분히 관찰한다면, 어디에서든지 찾아낼 수 있다. 작게는 벌레와 초목에서부터 크게는 해·별·하늘·땅에 이르기까지, 은미한 것으로는 정신과 사고, 지각과 인식 등의 옳고 그른 작용에서부터 두드러진 것으로는 정치와 풍속, 문물과 제도의 변혁에 이르기까지, 한마디로 말하면, 모두 '천연'이

---

* 곤괘는~민다: 『주역』 「계사전 상」의 해당 원문은 "坤其靜也翕, 其動也辟"이다.
* 역을~것이다: 『주역』 「계사전 상」의 해당 원문은 "易不可見, 則乾坤或幾乎息矣"이다.

라고 할 수 있다.[48]

'천연' 개념은 일반적으로 생각되는 것보다 더 복잡한 연역 과정을 거치면서 만들어졌다. 이 개념은 일반적으로 진화 개념으로 환원될 수 없을 뿐만 아니라, 여러 측면에서 진화 개념과 상충되기도 한다. 이 것은 '역학'의 논리를 틀로 삼고 있으며, 동과 정이 서로 이어지는 순환론을 특징으로 하며, 천지인의 통합 구조를 내포하고 있으며, 귀납과 연역 논리를 지식의 형식으로 갖추고 있으며, 현대 물리학의 물질과 힘의 관념을 과학적 근거로 삼고 있다. 주목할 만한 점은 "물질과 운동이 섞이는 상호작용을 통해 변화가 일어난다고 한 것이 역시 '천연'의 가장 중요한 의미이다"라고 말한 것이다. 그렇지만 순환적인 진화의 과정에서도 최종적으로는 사라질 수 없는 사물의 '힘'이 존재한다. "앞에서 열림 작용에서 운동이 분산된다고 했다. 그렇지만 운동은 다 소모될 수 없고, 완전히 소모된다면 사물은 죽게 되어 진화의 현상이 더 이상 나타나지 않는다. 그러므로 진화하는 순간에도 내부에 포함된 운동은 물질과 상호작용을 하게 된다. 운동이 물질을 규정하고, 물질도 역시 운동을 제어한다. 물질이 날로 변해 가면, 운동도 역시 그에 따라 변하게 된다."[49] 물질의 차이가 '힘'의 운동에 다양한 형태를 야기하지만, '힘'이 영원히 존재한다는 것이 '천연'의 근거이다. 옌푸는 자신의 전통 안에서 '천연' 개념을 새롭게 해석하였으며, 이는 그로 하여금 스펜서주의와 거리를 두게 하였다. 주의할 점은 진화 개념이 유행한 것은 다윈의 『종의 기원』(1859)이 발표되기 훨씬 이전이었으며, 이 책의 초판본에서는 기본적으로 진화라는 개념이 사용되지 않았다는 것이다. "다윈 자신의 저작 중에서 '자연 선택'이 반드시 '적자생존'이라는 확장된 의미를 포함하는 것은 아니다. 다윈은 다만 실제로 발생하는 생물 변이의 보편성을 탐구하는 데 흥미를 느꼈으며, 진화의 과정이 총체적으로 '전향적' 혹은 '상향적'이라는 것을 드러내는 데는 관심이 없었다." 스펜서에게 직접적으로 영향을 끼친 것은 라마르크였다.[50] '천연' 개념에 대한 옌푸의 해석은 다윈 학설에 대한 보다 적절한 이해를 포함하고 있으며, 특정한 역사적 형세 속에서 그것을 드러내고 확대하였다. 실제로 청대의 '역학' 연구는 상당한 자연과학적 요소를 포함하고 있다. 예를 들면, 초순焦循의『학산기』學算記와『역학삼서』易學三書는 수학을 통해 '역'학을 형성하였으며, '역학'을 통해 세계관을 형성하였다. 그의 '역학'은 수리 혹은 추상의 양적 변화(방통旁通, 상착相錯, 시행時行)로 모든 것을 해석하였으며, '질'적인 변천을 부정하고 오직 수량상의 관계로 사물의 변화를 보는 형식주의적 균형론과 연역법이었다. 이와는 대조적으로 옌푸의 '천연' 개념 중에는 도리어 보다 실질적인 힘과 물질의 관계가 포함되어 있으며, '적자생존'의 투쟁 또한 이로 말미암아 비로소 '천연'의 세계관 속에서 중요한 역할을 담당하고 있다. 균형과 조화는 최후의 목표이지만, 이러한 균형과 조화는 오히려 반 균형적, 반 조화적인 인류의 활동을 통해서야 비로소 도달할 수 있는 것이다. 만일 우리가『천연론』을 정말로 청대 '역학'의 측면에서 관찰한다면, 이 저작의 출현은 역易의 세계 안에 일종의 반항적 역량, 즉 특정한 순간에 대립과 통일의 균형 세계를 타파할 수 있는 힘을 포함하게 된 것을 의미한다. 어떤 학자는 초순의 '역학', 특히 그중 '역통'易通의 관념이 가경嘉慶 초기 중국과 서양의 교류 속에서 상업 관념과 상업 교환의 관계를 반영하고 있다고 간주하는데, 이러한 견해는 대체로 기계적이기는 하지만 일리가 없지는 않다. 왜냐하면, 추상적 수량 관계는 현실의 이익 관계에 자극을 받으면서 비로소 드러날 수도 있기 때문이다. 만일 19세기 생물 진화의 관념이 당시 경제학의 경쟁 관념으로부터 자극을 받아 생겨난 것이라면, '천연'의 범주는 식민주의 시대에서 세계 현실을 개괄한 것이다. 이는 옌푸의 번역 작업 가운데 경제학, 정치학, 사회학과 내재적인 호응 관계를 지닌다. '천연' 개념은 옌푸의 사상에서 중심적 위치를 차지한다. 따라서 '천연' 개념의 복잡한 구조를 이해하지 못하면, 그의 윤리 관념과 정치사상을 이해할 수 없을 것이다.

2. 사회의 발전 과정, 윤리 원칙과 국가 문제

2.1. 헉슬리의 진화 범주에서 삼중의 영역과 삼중의 규칙

'천연' 개념은 총체적 우주 관념이며, 그 주요 내용은 자연 방면뿐만 아니라 사회와 윤리 방면을 포함하고 있다. 즉 "농업·상업·산업·군사, 그리고 언어와 문학에 이르기까지 모두 '천연'으로 그 변화와 발생의 원인을 밝히고 있다."[51] 우리는 옌푸, 헉슬리, 스펜서의 삼중 관계 속에서 이 점을 이해해야 한다.

헉슬리의 진화 개념이 지니고 있는 순환론적 특징은 고대 사상에서 연원할 뿐만 아니라, 그가 우주 과정과 사회 과정을 상충하는 것으로 이해하는 것에서 유래하기도 한다. 우주 과정은 일시적인 생명 형식을 만들어 내고, 또한 이러한 과정과 대립하는 세계로 분화된다. 그런데 슈워츠를 포함한 대다수의 연구자는 헉슬리가 우주 과정과 사회 과정의 혼동을 반대하는 점에는 주의를 기울였지만, 헉슬리가 이원론적 구조로 이 문제를 밝힌 것이 아니라 삼중의 관계 속에서 진화의 과정을 해석한 점에는 주의를 기울이지 않았다. 『진화와 윤리』의 기본 구조는 진화의 범주 중에 삼중의 영역을 구분하고, 세 가지 규칙을 정의하고, 이러한 삼중의 영역과 세 가지 규칙의 관계를 연구하고 있다. 세 가지 영역은 자연의 영역, 인위의 영역, 사회조직의 영역이며, 이에 상응하는 세 가지 규칙은 자연 선택의 규칙, 과학적 규칙, 윤리적 규칙이다. 우주 과정은 자연력의 지배를 받지만, 인류는 자신의 의도와 역량에 비추어 인위의 세계를 만들어 낸다. 헉슬리는 이러한 과정을 '원예 과정'이라 칭하면서 이를 식민지 개척 과정에 맞대어 비교하고 있다.[52] '원예 과정'에서 사용되는 인간의 육체적, 지적, 도덕적 관념은 우주 과정의 산물이며 자연계의 일부분이지만, 이러한 원예 과정 자체는 "자연 상태를 통해 작용하는 동일한 우주의 능력과 서로 대항적이며, 또한 인공과 자연물 사이에서는 어디에서나 동일한 대항성이 드러난다."[53] 자연 상태와 농원의 인위 상태가 서로 적대적일 뿐만 아니라,

농지를 인위 상태로 만들고 유지하는 원예 과정의 원리도 우주 과정의 원리와 대립한다. 후자의 특징은 긴장과 끊임없는 생존 투쟁이며, 전자의 특징은 투쟁을 야기하는 조건을 배제하여 그러한 투쟁을 소멸시키는 것이다. 그렇지만 제3의 영역, 즉 '사회 진화'의 영역은 그 성질상 근본적으로 다른 과정이다. 그것은 자연 상태에서 생물의 종이 진화하는 과정이 아닐 뿐만 아니라, 또한 인위 상태에서 종의 변화와 진화를 만들어 내는 과정과도 같지 않다. 일반적으로 사회에서 생존투쟁은 생존을 위한 자원을 취득하기 위한 것이 아니라, 삶을 누리기 위한 자원을 획득하기 위한 투쟁이라고 한다. 바로 이러한 사회관계 속에서 사람들은 '자기 조절'과 욕망의 단념을 학습하며, 이야말로 '정치적 동물'로서의 인간의 특징이다. 위에서 서술한 세 영역의 구분은 자체적으로 우주의 변화 과정에서 분화되는 과정이며, 이는 결국 우주의 변화 과정으로 환원된다. "인류의 앞에 놓인 문제는 조직된 정치 체제로서의 인위적 국가를 유지하고 발전시켜 자연 상태의 국가와 대항하는 것이다. 이러한 사회 속에서 인간은 사회를 통해 가치 있는 문화를 발전시켜 갈 수 있다. 이러한 문화는 지구의 진화가 하강을 시작하는 과정에 이르게 되면 우주의 과정이 통치를 회복하게 되고 다시 자연 상태*가 이 행성의 표면에서 우세하게 될 것이지만, 그때까지는 그 사회를 유지하고 계속해서 발전시켜 나갈 수 있을 것이다."[54]

헉슬리의 삼분법에서 도출된 중요한 결론은 우리에게 이와 관련된 옌푸의 사상 문제를 이해할 가능성을 제공해 줄 수 있다. 우선 과학과 정치의 관계에 대한 이해이다. 헉슬리가 말하는 '원예의 세계'는 인간이 우주 과정과 대항하면서 만들어 낸 산물이다. 우주 과정은 '물경' 物競과 '천택'天擇, '적자생존'의 원칙을 따르지만, 과학 기술의 목적은 '부적응'의 조건을 제거하고, 시민의 천부적 능력이 공익과 일치하는 상황에서 자유롭게 발전하도록 촉진하는 것을 목적으로 한다. 윤리

• 자연 상태: 원서의 '自然之國'은 '自然狀態'의 잘못이다.

학자와 정치학자의 임무는 과학적 작업에서 채용하는 것과 동일한 관찰, 실험, 추론의 방법을 이용하여 이러한 목적에 도달하는 데 도움이 되는 행동 방침을 확정하는 것이다. 원예의 세계는 인간이 생존의 자원을 획득하기 위해 만든 것이다. '원예'라는 의미로서의 '사회'는 불가피하게 생존 투쟁의 불완전한 도구이며, 따라서 그 기본 원칙은 여전히 우주 과정 중에서 천부적으로 주어진 '자기 긍정'의 경향이다. 헉슬리는 멀지 않은 장래에 과학의 발전이 실천(윤리)의 영역에서 한 차례의 위대한 혁명을 달성할 것이라고 믿었다. 그렇지만 이는 과학의 원칙이 진정한 윤리의 원칙이 될 수 있다고 말하는 것과는 다르다. 왜냐하면, 원예의 과정은 여전히 일종의 생존투쟁 과정이기 때문이다. 만일 행정 장관이 단순하게 과학 원칙의 지도 아래 문제를 생각한다면, 원예사와 마찬가지로 조직적으로 잉여 부분을 제거하거나 배제하는 방법으로 이렇게 중요한 곤란을 처리할 수 있기 때문이다. 원예사가 결함이 있는 여분의 식물을 처리하듯이 병자, 노인, 장애인과 과잉 출산된 어린이가 도태될 것이다. 바로 이러한 의미에서 헉슬리는 우주 진화의 원리를 사회와 정치 문제에 적용하고자 한 스펜서의 방법을 견고하게 비판한 것이다.[55]

그러나 한편으로 헉슬리가 윤리 과정과 자연 과정의 대립, 그리고 과학 원리와 윤리 원칙의 대립을 견지한 것은 정치적으로는 도리어 국가/사회 지상론으로 나아갈 수 있다. '원예의 과정'이 효율을 제고하는 기술과 관리에 의거하고, '과학적 관리'의 정당성에 합법성을 제공한다면, 사회 과정과 우주 과정의 대항 속에서 대항의 주체 또한 '조직적인 정치 체제로서의 인위적 국가'이지 개인이 아니며, 이는 마찬가지로 개인에게 '자기 긍정'의 본능을 억제할 것을 요구한다. 헉슬리가 서술하고 있는 윤리 과정이 가리키는 것은 사회의 결합이 점차 강화되는 과정이다. 이러한 윤리 과정은 사회 속의 각 구성원이 생존의 자원을 획득하는 것을 보장할 수 있는 단계에 이르면 사실상 끝이 난다. 만일 원예의 과정에서 행정 권위의 확립이 조직적으로 자연을 정복하여 생존에 필요한 자료를 획득하는 것이고 따라서 '자기 긍정'의 규칙을 따르는 것이라면, 사회 속에서 생존투쟁은 도리어 '삶을 향수할 자원'을 획득하기 위한 것이다. 이러한 사회 과정이 따라야 할 것은 '자기 억제'(즉 애덤 스미스의 '양심')의 윤리 원칙이며, 이는 도덕의 방식을 통해 개인의 행위가 국가의 법률과 사회의 규칙에 부합할 것을 요구하는 것이다. 따라서 사회 복리가 요구하는 한도 안에서 자연인의 반사회적 경향을 억제한다. 바꾸어 말하면, 개인은 '정치적 동물'로서 '조직적 정치 체제로서의 인위적 국가'의 기본 규칙에 반드시 복종해야 한다.[56] 따라서 헉슬리는 다음과 같이 생각하였다. '능력이 뛰어나고 근면하고 지적이며 강인한 의지를 갖고 있으며, 그럼에도 동정심이 결여되어 있지 않은 사람들에게 부와 권력을 갖도록 하는 것이 이상적이다. 삶을 누릴 자원을 쟁취하기 위한 투쟁이 이러한 사람들에게 부와 권력의 지위에 나아가도록 하는 데 도움이 된다면, 이는 사회를 복지로 나아가게 하는 과정이다. …이러한 과정은 자연 상태에서 생물이 당시의 조건에 적응하도록 하는 과정과 전혀 유사하지 않고, 원예사의 인위적 선택과도 전혀 같지 않다.'[57] 이것은 곧 헉슬리가 정치적으로 윤리 원칙을 표현한 것이다.

2.2. 스펜서의 방임주의와 '통제의 집중화'

스펜서의 『사회학 원리』는 세 개의 주요한 주장을 논증하였다. 첫째, 사회는 점차적인 분화와 결합의 개념으로 분류할 수 있다. 둘째, 전체적인 사회구조 유형과 산업, 정치, 종교 등과 같은 부분적 구조 유형의 필수적인 기원 관계가 있다. 셋째, 장기간에 걸쳐 복잡한 것으로 진행되는 전반적인 추세를 밝혀낼 수 있다.[58] 이 세 방면의 내용은 모두 보다 기본적인 진화의 개념과 연계되어 있다. 스펜서의 윤리학은 생물학과 사회학에 뿌리박고 있으며, 이는 모두 진화의 과정과 목표를 드러내고 있다. 개인과 집체의 가치는 모두 그것이 이러한 목표에 도움이 되는가에 따라 평가된다. 이러한 관점은 아직 증명되지 않은 전제, 즉 인류는 총체적으로 반드시 선을 향해 나아간다는 것을 가정하고 있다. 스펜서는 사실에서 당위로 넘어가는 흄David Hume의 주장에 반대하는 어떠한 관점도 제출하지 않으면서,[59] 앞에서 말한 세 방면의 윤리적 정당성을 논증하였다. 이러한 틀 속에서 스펜서의 방임주의를 이해한다면, 스펜서는 실제로 자유방임주의가 진화의 법칙에 맞는 사회 형식이며, 진화의 과정 자체가 이미 선의 목표를 설정하고 있음을 암시하고 있다. 따라서 헉슬리가 제시한 '자기 억제'의 기제로 이러한 과정을 억제한다면, 오히려 진화의 과정과 그 최종 목표를 어기게 된다. 이러한 의미에서 헉슬리가 말한 '자기 억제'의 윤리 과정은 개인을 군체群體(국가와 사회)에 종속시킬 수 있다. 왜냐하면, '자기 억제'는 공동체의 우선성을 함축하고 있기 때문이다. 그래서 스펜서는 우주 과정과 사회 과정의 대립을 부정하였고, 우주 과정의 진화 법칙(적자생존)이 최종적인 선의 법칙을 가정하고 있다고 한 것이다.

방임주의의 관점과 이론적 논리 속에 포함된 권력 집중의 경향은 스펜서의 사회학에 내재된 역설이다. 나는 이러한 역설이 직접적으로는 19세기 사회학의 기초를 이루는 이중의 지적 뿌리, 즉 고전경제학과 생물학의 관념에서 기원하는 것이라고 본다. 19세기 중기의 생물학은 경제학으로부터 영향을 받았는데, 이는 경제적 경쟁 개념과 자연 선택(적자생존) 개념의 상관성으로 나타났다. 경제와 사회 질서의 관계에서 보면, 스펜서의 방임주의는 인간의 행위 목표를 통하여 간단히 인간의 사회적 행위를 통제할 수 있다는 것에 반대하였다.[60] 그는 줄곧 힘을 잃어 가고 있던, 자유 기업을 주장하고 중앙집권에 반대하는 부르주아 계급(즉 독립 중소상인, 농장주, 수공업자)의 이상과 이익을 지지한다고 명확하게 말했다. 방임주의 경제학의 관점에서 보면, 사회 윤리가 지켜야 할 것은 헉슬리의 '자기 억제'가 아니라 자유 경쟁의 규칙이다. 사실 스펜서는 생물학이 정치경제학으로부터 많은 것을 얻었다는 것을 매우 강조하였지만, 또한 다윈 이후에는 이미 경제학자의 편협한 방식으로는 사회를 이해할 수 없다고 생각하였다. 따라서 정치 체제는 반드시 경제 체제의 일부분으로 간주되어야 하지만, 그것은 단지 외부에서 경제 체제에 작용하는 것만은 아니다. 반대로 이러한 체제의 배후에는 습속과 전통이라는 거대한 네트워크가 있다. 이러한 네트워크는 명확히 분석될 수는 없다 하더라도, 그 중요성은 충분히 알 수 있다. 이러한 총체가 변화의 체계를 구성하며, 이러한 변화 체계는 또한 유기체 생명의 보다 일반적인 진화의 연장이기도 하다. 이것이 곧 이 둘을 연결하는 총체적 관념이다.[61]

그런데 헉슬리와 워드Lester Ward가 당시 이미 주의를 기울이고 있었 듯이, 사회에 대한 스펜서의 유기체론과 그의 극단적 방임주의는 각 방면에서(예컨대 경제학, 교육 정책, 공중 보건) 잘 맞지 않았다.[62] 왜냐하면, 유기체와의 유비는 통제가 집중화되는 것을 피할 수 없고(바랄 수 있는 성질이 아니라면), 부분(즉 개인)이 중앙 기관에 의해 관리될 수 있는 총체적 이익에 굴복하게 된다는 것을 보여 주기 때문이다. 스펜서의 진화 이론에는 분명하게 언급되지 않은 전제, 즉 진화 과정의 총체적 추세는 선을 향해 나아가며, 그래서 유기체의 집중화 추세는 발전이라는 평가를 받아야 한다는 전제가 있다는 것을 이미 언급하였다. 고전적 자유주의자들은 이에 의거하여 스펜서의 사회 이론이 권위적 집체주의(authoritarian collectivism)를 옹호하는 쪽으로 나아갔다고 생각했다. 왜냐하면 유기체론은 신경 계통이 비교적 더 집중된 형식, 즉 부분이 전체에 보다 많이 복종하는 것을 보다 높은 단계의 모습으로 간주하기 때문이다. 심지어 스펜서 저작의 편집자인 스타니스라프 안드레스키Stanislav Andreski는 "그의 체계는 마르크스의 계급투쟁 이론보다 더 사회주의(희망으로서가 아니라 실제로 시행되는 사회주의)에 논리적 정당성을 제공한다. 여기에서 사람들은 권력자의 수중에 권력이 과도하게 집중되는 것을 저지하는 우선적 요구를 도출할 수 있고, 따라서 사적 개인의 재산을 오만한 관료 체제에 저항하는 보루로 간주하고자 노력한다."[63] 바꾸어 말하면, 헉슬리의 '윤리 과정'은 '자기 억제'의 원칙을 통해 전체에 대한 개체의 의무를 강조하였으며, 따라서 공동체 지상주의의 경향을 띠고 있다. 스펜서의 유기체 관념도 동일한 결론을 도출하였다. 그렇지만 그들은 윤리 실현에 대한 전제를 완전히 달리하고 있다. 헉슬리는 사회를 도덕적 실재로 전제하면서 윤리 원칙을 세웠으며, 스펜서는 우주 과정의 총체적 추세 자체의 합목적적 특징을 전제하면서 윤리 원칙을 세웠다. 또 전자는 우주 과정과 자연 선택의 원리에 대항할 것을 요구하였으며, 후자는 인위적 질서의 필요성을 부정하고, 자연 선택이 자연, 사회, 윤리의 영역을 관통하는 보편적 원칙이라는 점을 강조하였다.

2.3. 임천위치任天爲治, 보종진화保種進化, 힘의 숭상의 문제

옌푸는 헉슬리와 스펜서의 차이를 매우 분명히 알고 있었다. 『천연론』 서문에서 그는 "헉슬리가 이 책에서 말하고자 한 요지는 스펜서의 '임천위치'任天爲治•에 따르는 폐단을 해결하고자 한 것이다. 거기서 이야기하는 바는 중국의 옛사람의 논의와 상당히 일치하는 부분이 있으며, '자강보종'自強保種•에 대해 반복해서 자세히 설명하고 있다"[64]고 분명히 말하고 있다. 이 말은 두 가지 기본적 문제를 언급하고 있다. 첫째, 스펜서의 '임천위치'를 따를 것인가, 아니면 헉슬리의 이론에 근거하여 인간의 도덕 주체성으로 우주 과정 및 '적자생존'의 윤리에 대항할 것인가? 둘째, '자강보종'의 함의는 무엇인가?

옌푸의 사회 개념, 윤리 원칙, 정치관은 모두 '천연'이라는 보다 기본적인 범주 위에서 구성되었다. 스펜서와 헉슬리에 대한 그의 선택 또한 '천연' 범주와의 관련 속에서 비로소 해석될 수 있다. 주의할 점은 옌푸가 순자荀子의 '군'群 개념을 이용하여 인류 사회와 자연계의 차이(인간은 금수와 다르다)를 설명하면서, 사회의 도덕적 실체를 긍

• 임천위치(任天爲治): '자연에 맡겨 다스린다'는 뜻으로 '자유방임주의'의 옌푸식 번역어이다.
• 자강보종(自強保種): 자강을 통해 종족을 보존하는 일을 말한다.

정하고 있다는 것이다. 그렇지만 그는 자연 과정과 윤리 과정을 대립시키는 헉슬리의 견해를 추종한 것이 아니라, 스펜서의 견해에 찬동하여 '천연'의 법칙이 "천·지·인·형기形氣·심성心性·동식물을 일관하고 있다"[65]고 보았다. 무기물, 유기물, 정신, 사회, 도덕의 본원, 정교政教의 질서, '보종진화'保種進化(종족 보존의 진화 — 역자)의 규칙으로부터 농, 공, 상, 병, 문학, 언어, 여권女權, 민주, 종교, 국가, 종족에 이르기까지 모두 '천연'의 범주 속에서 이해한다.[66] '천연' 개념은 우주 운행의 이치로서 보편적인 윤리 법칙, 역사 철학, 가치의 원천이라는 다양한 함의를 지니고 있다. 이는 만물의 차이와 변천에 있어서 궁극의 불변성이며, 또한 『정치강의』政治講義•에서 말한 '도'이다.[67]

여기에는 도덕주의와 자연주의 사이의 '모순'이 드러나는 것 같다. 자기 억제의 도덕을 따라 우주 과정과 충돌하느냐, 아니면 '임천위치', 즉 자연의 법칙에 따를 것인가? '천연'이 보편적 원리라는 것을 인정한다면, 스펜서의 '임천위치'를 따라야 하며 자연 선택을 우주 과정과 인류 생활의 도덕적 기초로 이해해야 할 것이다. 한편으로 인류 사회에 자연계와 구별되는 선천적인 '군성'群性 혹은 '인도'人道가 있다는 것을 강조한다면, 헉슬리의 '자기 억제'의 원칙을 따르고 사회 과정과 우주 과정의 관계를 대항적인 관계로 이해해야 할 것이다. 사회 윤리의 관점에서 보자면 이 문제의 핵심은 '물경'과 '천택', '적자생존'의 원칙을 따를 것인가, 아니면 자기 억제의 원칙을 따를 것인가 하는 것이다. 만일 이것이 분명 모순이라고 한다면, 이러한 모순은 '천연' 개념 속에 내재하는 것이다.

매우 분명한 사실은 옌푸가 자연 선택의 규칙성을 긍정하고 있다는

• 『정치강의』(政治講義): 이 책은 1909년 상해 기독교청년회(YMCA)에서 옌푸가 직접 강의했던 '정치학 강의'의 강연 원고를 묶어 만든 책으로, 옌푸는 이 강의에서 정치학은 과학적 방법론에 의거하여 연구되어야 한다고 주장하면서, '과학으로서의 정치학'을 수립하려 하였다. 국내에서는 양일모 역, 『정치학이란 무엇인가: 중국의 근대적 정치학의 탄생』(성균관대학교출판부, 2009)으로 번역·출판되었다.

것이다. 그는 '체'體(본체)와 '용'用(작용)의 관계로 현상계의 운동 규칙과 불변하는 도의 관계를 이해하고 있으며, '천연'을 본체로 '물경'과 '천택'을 작용으로 간주하고 있다.

> '천연'을 본체로 하고, 여기에 '물경'과 '천택'이라는 두 가지의 작용이 있다. 이 법칙은 만물에 모두 적용되지만 특히 생물에 두드러진다. '물경'이란 생물이 스스로의 생존을 위해 싸우는 것이며, 어떤 한 생물이 다른 생물과 싸워 살아남기도 하고 죽기도 한다는 말이다. 그 결과는 '천택'에 의해 결정된다. '천택'은 경쟁 끝에 홀로 살아남는 것이다. …'천택'이란 자연에서의 선택이며, 비록 선택된 것이지만 누가 선택하는 것은 아니다. '물경'은 겉으로는 싸움이 없는 듯하지만, 실제로는 세상에서 가장 치열한 싸움이다. 스펜서는 "'천택'이란 최적자의 생존이다"라고 말했다.[68]

'물경'과 '천택'은 근본적으로는 일치하는 것이다. '물경'은 '천택'에 이르는 경로이며, 자연 선택이라는 기본 법칙을 따른다. 천天·과 인人 관계에서 옌푸는 "'물경'은 혼란의 근원이며, 인간의 정치 사회는 인구 과잉으로 결국 궁지에 처하게 된다"[69]고 한 헉슬리의 견해에 반대한다. 그는 스펜서의 방임주의를 중국의 황로학으로 간주하고, 인간의 행위를 추동하는 기본적인 동력은 생존을 위한 욕망과 요구라고 생각했다. 이러한 의미에서 '임천위치'는 결코 아무것도 하지 않는 것이 아니라 생존을 위한 욕망의 정당성을 확인하는 것이며, 인간으로 하여금 이를 위해 분투하도록 고무하는 것이다. 여기에서 스펜서의 '임천위치'와 황로학의 자연에의 순응은 모두 인간의 생존 본능(헉슬리가 말

• 천(天): 여기서의 '천'(天)은 '하늘'이라는 동양적 관념과 '자연'이라는 서구적 관념이 혼재된 번역어로 이해할 필요가 있다.

한 '자기 긍정'의 경향이며, 옌푸는 이를 '자영'自營으로 번역하였다)을 긍정하는 것으로 이어진다. '진화'라는 용어로 표현된 것이 객관적이고 필연적인 법칙이라고 한다면, '천연' 개념은 여전히 가치 관념과 행동 준칙이다. 실제로 옌푸에게서 '천연'이라는 본체와 '물경'과 '천택'이라는 작용은 모두 주도적인 의미를 포함하고 있으며, 이들 두 개념 속에 '필연'과 '필수'가 상당히 혼동되어 있다. 옌푸 자신이나 중국의 독자들은 모두 과학으로서의 가치(필연)를 경시하고, 당시 상황에서 사람들이 당연히 따라야 할 준칙(필수)을 강조하였다. 자연 과정은 자연계 내부의 각종 사물의 '자기 긍정'의 경향을 통해 진행된다. 따라서 '물경'과 '천택' 중에서 옌푸는 인간의 의지와 역량을 중시하는 각도에서 특히 '물경'의 원칙에 주목하였다. 왜냐하면, '하늘'의 의지는 '사물'의 투쟁을 통해 실현되기 때문이다. 다만 어떤 투쟁이 '하늘'의 의지에 부합하는가 하는 문제에서는 '천택'이 또한 결정적인 의미를 지니고 있다. 이는 앞에서 인용한 "'천택'이란 최적자의 생존이다"라는 것의 참된 함의이다.

슈워츠는 옌푸가 서양 사상 중에서 역본설을 발견하고 이를 사회 과정 특히 민족의 홍성과 쇠퇴에 적용하였다고 정확하게 지적하였다. 그는 옌푸가 「강함이란 무엇인가」(原强)에서 말하는 민덕民德, 민지民智, 민력民力 개념이 스펜서의 유명한 '체력, 지력, 도덕의 삼위일체'에서 유래된 것이라고 간주했다.[70] 그러나 이미 어느 학자가 지적하였듯이, '힘' 개념 이외에 덕과 지 개념은 『대학』大學의 '성의誠意, 정심正心, 수신修身, 제가齊家'를 개괄한 것에 불과할 뿐이다.[71] 옌푸는 물질과 힘의 상호작용이라는 개념으로 우주의 형성을 설명하고, 민족(옌푸는 '국종'國種으로 번역함)의 형성도 동물과 식물의 생장과 마찬가지로 모두 우주 운동 내의 '힘'의 결과로 보았다. 내부적으로 보면, "국종(민족)도 처음에는 존비와 상하, 군자와 소인의 차별이 없었으며, 또한 분업적인 노동도 없었다. 변화의 단계가 낮으면 질적 성질도 그만큼 낮다. 변화의 단계가 심화되면 각종 기관이 복잡하게 갖추어지게 되며, 각기 그 역할은 동일하지 않지만 서로가 서로에게 유용하게 된다."[72] 바꾸어 말하면 사회의 형성은 원시 사회가 분화하고 결합한 결과이며, 또한 물질과 힘의 상호작용으로 이루어지는 것이다. '물경', '천택', '적자생존'의 법칙으로서의 유효성은 우주 운행의 영원한 '힘'의 운동 가운데서 성립된다.

그런데 옌푸의 '힘을 숭상하는'(尚力) 관점이 사회진화론과 동일한 것인가 하는 점은 여전히 더 검토해 볼 필요가 있다. 우리는 다음과 같은 물음을 제기해야 할 것이다. 옌푸가 "군群(사회)을 자연계와 다른 도덕적 실재로 확실히 인정했다고 한다면, 힘에 대한 숭상과 '물경', '천택'의 주장은 어떤 의미에서 사용되었는가? 옌푸는 일찍이 「강함이란 무엇인가」에서 서로 다른 두 가지의 '군' 개념을 구분하고 있는데, 이는 '물경', '천택', '적자생존'의 사회적 함의를 이해하는 데 매우 중요하다.

인류가 자신의 생존을 확보하고 자연의 통제를 벗어나는 과정에서 사용된 첫 번째의 '군' 혹은 '종' 개념은 생물학적 개념이다. 옌푸는 다윈의 『종의 기원』을 소개하면서 '물경'과 '천택'의 상태를 다음과 같이 말했다.

> '물경'이란 각 생물이 스스로의 생존을 위해 투쟁하는 것이다. '천택'이란 환경에 가장 잘 적응한 것이 살아남는다는 것이다. 아마 사람을 비롯한 각 생명체는 세상에 함께 살면서 자연의 혜택을 동시에 누린다. 그런데 상호 관계를 맺게 되면서 생명체들은 각각 자신의 생존을 위해 싸우게 된다. 처음에는 종과 종이 싸우고, 집단과 집단이 싸운다. 약한 자는 항상 강한 자의 먹이가 되고, 어리석은 자는 항상 지혜로운 자의 종이 된다. 이렇게 해서 자신의 생명을 보존하고 후세에 자신의 종족을 남기게 되면, 승리한 자는 강인한 힘과 지극히 교묘한 지혜를 갖추고 천시, 지리, 인사에 가장 잘 적응한 자가 된다. 이 싸움은 반드시

손톱과 이빨을 사용하여 물어뜯고 죽이는 것이 아니다. 평소 편안히 지내던 자가 노동을 하게 되고, 산에 익숙했던 자가 물에 거주하게 되면, 각각 노동에 익숙한 자와 물에 익숙한 자와 싸우게 되어 몇 세대가 지나지 않아 종이 사라지게 된다. 생존경쟁은 이와 같을 뿐이다. …인간이란 참으로 동물과 같은 부류이다.[73]

'물경'과 '천택', '적자생존'이라는 자연 과정에서 '군'과 '종'은 거의 동물과 같은 종류이며, 인류를 포함한 어떤 동물도 모두 반드시 '적자생존'의 원칙을 따라야 한다.

두 번째 '군' 개념은 윤리적 '군'을 가리키며, 사회와 그 내부의 관계로서 특히 도덕적 본성이다. 『군학이언』 「서문」에서 옌푸는 일본에서 society를 '사회'로 번역하는 것에 반대하면서, 전통적 개념인 '군'을 즐겨 사용하였다. 이에 대해 슈워츠는 "옌푸는 '군' 자가 사회구조의 개념이 아니라 사회집단을 의미하는 서양의 society에 더 가깝다고 생각했다"라고 해석하였다.[74] 그러나 이는 잘못된 해석이다. 옌푸의 '군' 개념 속에는 사회구조의 의미가 내포되어 있다. 또한 이 개념은 순자의 사상, 스펜서의 사회학, 헉슬리의 '윤리 과정' 등 다중적 관계 속에서 해석된 것이다. 이는 사회집단 혹은 사회구조를 드러내고 있으며, 동시에 이러한 집단과 구조의 형성에 기본이 되는 도덕적 본질을 드러내고 있다.[75] '물경', '천택', '적자생존'의 원칙과 힘을 중시하는 옌푸의 주장은 주로 첫 번째 측면에서 사용된 것이며, 사회 윤리의 영역에 운용된 것이 아니라고 할 수 있을 것이다.

위에서 서술한 두 가지 '군' 개념을 구분하는 옌푸의 방식은 헉슬리의 세 영역의 구별과 매우 가깝다. 자연 과정에서 인간은 '적자생존', '물경', '천택'의 자연법칙을 따라야 하며, 생존의 자원을 획득하기 위한 각종의 기교, 역량, 의지는 '적응' 환경을 만들기 위해 긍정된다. 그렇지만 사회 공동체 내부에서 인간은 인류의 법칙을 따라야 한다. 바꾸어 말해 '물경', '천택', 적자생존'은 헉슬리가 말하는 '사회 과정'(즉 사회 내부의 물질 분배 과정)에는 적용되지 않고, 다만 '원예 과정'의 자연법칙일 뿐이다. 동시에 헉슬리가 말했듯이 사회 과정 자체는 우주 과정과 대립하는 것이지만, 이는 우주 과정이 일정한 정도에 도달한 산물일 뿐만 아니라 최종적으로는 우주 과정으로 되돌아가는 것이다. 이는 인류의 멸망을 표지로 삼는다. 따라서 사회 윤리와 우주 윤리 사이의 충돌이 있지만, 실제적으로는 사회 과정 자체는 언제나 자연 과정의 요소를 포함하고 있다. 예컨대, 번식을 위한 생존 자료를 쟁탈하기 위한 투쟁이다.

그런데 '물경', '천택', '적자생존'의 원칙이 단지 생존 자원을 획득하기 위한 '원예 과정'에만 적용된다면, 옌푸가 이를 '보종진화'에 적용한 것은 사회진화론이 아니라면 무엇이겠는가? 이 문제에 대해서는 좀 더 자세한 분석이 필요하다.

먼저, 진화의 법칙이 하나의 도덕 명령이 될 수 있는 근거는 '진화보종'進化保種(진화하여 종족을 보존함―역자) 혹은 '합군진화'合群進化('집단 진화' 혹은 '사회 진화'의 의미―역자)의 자연적 결과이다. 이는 사회 내부의 약육강식을 고무하는 것이 아니며, 종족 집단의 생존을 위해 '자연'과 투쟁하는 것이다. 이 점에서 옌푸는 '원예 과정'에 대한 헉슬리의 묘사에 영향을 받았다. 헉슬리는 일찍이 식민지 개척과 원예 과정을 비교한 적이 있으며, 이러한 비유 속에서 식민지의 자연환경이 '우주 과정'의 일부분으로 간주될 뿐만 아니라, 식민지의 '토착민' 또한 '우주 과정'의 일부분으로 간주된다. 식민 개척자가 '자기 긍정'이라는 생존의 요구에 의거하여 이 환경 속에서 '부적응'의 요소를 제거하고 극복하고자 할 때, 식민지 주민은 바로 이러한 요소 중에서 주요 부분이 된다. 따라서 식민지 주민은 '원예 과정'의 내부에 있는 것이 아니며, 헉슬리가 말하는 '사회 과정'에 들어올 수 없다. '사회 과정'에서 따라야 하는 '자기 억제'의 원칙은 그들에게는 전혀 적용될 수 없다. 이러한 헉슬리의 관점은 제국주의 식민 활동의 사상적 기초를 여실히 반영하고 있다. 바로 '합군보종'合群保種의 의미에서 옌푸는 전적으로 스펜서의 입장에 서서 '자기 긍정'의 자연 본성을 방기할 것을 요구한 헉슬리의 사회 윤리를 비판하였다. 왜냐하면, 이성적 지식은 자연 본성이 배제되면 결국에는 인간의 생존 능력을 소멸시키기 때문이다. 날로 타자의 '원예 과정'에 빠져들어 멸종의 재앙에 직면한 식민지 인민의 입장에서 말하자면 "이러한 자연의 기제를 버리고 그 대신에 학문적 이해를 통해 지적으로 이해한 뒤에 행동하도록 한다면, 일상의 행위가 매우 번거롭게 되어, 성현이라 할지라도 하루도 실행에 옮길 수 없다."[76] 힘과 동화에 대한 숭상은 각 개인의 생존을 위한 원시적 투쟁에서 '보종진화'保種進化를 향한 '민족'(國種)과 '국가 사회'(國群)•의 형성과 보존을 위해 분투하게 하는데, 이것이야말로 '물경', '천택', '적자생존'의 주요 함의이다. 이러한 함의 속에는 '군체'의 중요성이라는 관점이 포함되어 있을 뿐만 아니라, 이러한 투쟁을 통한 '군'의 형성이라는 바람이 포함되어 있다. 사회의 구조와 체계로서 '군'은 자연 세계와는 완전히 다른 인도人道의 세계이며, 따라서 반드시 '인도'의 원칙을 따라야 한다. 헉슬리의 '원예 과정'과 식민지의 비유가 다룬 문제는 국가와 국가 사이의 관계가 아니라, 인간 사회와 자연계('토착민'을 포함한)의 관계였다. 옌푸는 피식민지 사회의 입장에서 '자강보종'自强保種을 제기하고, 또 다른 방향에서 자신의 분투를 '원예 과정'으로 간주한 것이다.

다음으로 만일 위에서 서술한 관점이 성립한다면, 이는 동시에 옌푸가 스펜서의 문명 단계 개념을 받아들이고, 문명의 단계가 다른 경우 사회의 원칙도 다르다는 점을 받아들인 것을 의미한다. 문명 단계 개념은 스펜서의 창안이 아니라, 더 이른 시기에 퍼거슨Adam Ferguson과 콩도르세Nicolas de Condorcet 등이 이미 이에 관한 상세하고 합리적인 분석을 제시하였다. 사회형태학에 대한 스펜서의 주요한 공헌은 사회

• 국가 사회〔國群〕: 옌푸는 '國群'을 'society'의 번역어, 특히 '한 국가를 이루는 사회'에 대한 번역어로 사용하고 있다. 한편 량치차오는 '國群'을 '議院', 즉 '국회'나 '의회'에 해당하는 용어로 사용하고 있는데, 때문에 제8장에서는 이를 '국가 사회'로 번역하고 제9장에서는 '의회'로 번역하고, 뒤에 한자어 '國群'을 병기해 두었다.

의 복잡성을 이용하여 통일된 반半정량적 분류의 틀로 삼았던 것이다. 다른 저자들의 계보에서는 이러한 내재적 통일성을 보여 주지 못하였다. 문명 단계론은 사회 진화의 관념 위에 서 있으며, 한편으로는 형태학의 방식으로 사회 발전의 목표와 모형을 제공한 것이다. 옌푸에게 문명 단계 개념은 국가를 위기에서 구하는 것과 윤리의 충돌을 해결하는 데 적당한 방도를 제공했다.[77] 옌푸는 1904년 젱크스Edward Jenks의 *A History of Politics*를 『사회통전』社會通詮으로 번역 출판하였다. 이 책은 문명 단계론을 기본 틀로 하고 있으며, 사회의 진화를 야만 사회(토템 사회), 종법 사회宗法社會, 국가 사회(軍國社會)의 세 단계로 구분하고 있다. 젱크스는 국가 사회의 기원을 '전쟁의 발전'으로 보고 있다. "이는 인간의 도리로서는 크게 탄식하고 눈물을 흘릴 일이지만 감출 수 없는 사실이다. 오늘날 우뚝 서 있는 국가들이 애초에 전쟁에 승리하지 않았다면 나라를 보존할 수 있었겠는가?"[78] 옌푸는 젱크스의 단계론에 의거하여 중국의 역사를 요순 시대 이전의 야만 사회, 요순 시대로부터 주周나라까지의 종법 사회, 진秦에서 청대까지를 종법 사회에서 국가 사회로 이행하는 과도기로 구분하였으며, 과도기에도 주도적 지위를 차지하고 있는 것은 명백히 종법 사회의 경향이라고 하였다. 따라서 중국 사회는 "종법 사회에서 국가 사회로 점차 진입하고 있는 단계"[79]로 규정되었다. 옌푸가 중국 사회의 종법적 성질을 강조한 것은 분명 이중의 동기를 포함하고 있다. 한편으로는, 스스로 분투하여 주권국가의 지위를 획득하지 못하면 그의 '군치'群治의 이상을 실현시킬 수 없다. 따라서 그는 중국이 근대 국가로 변신하는 것을 가장 중요한 문제로 간주했다. 또 한편으로는, 그는 종법 사회의 특징이 '종족'을 중시하고 '국가'를 경시하는 것이라고 보았다. 근대 세계의 역사적 형세에서 그는 국가주의 혹은 군국주의가 '민족주의'보다 더 중요하다고 보았다. 바꾸어 말하면, 옌푸는 '내부의 민족주의' 문제, 즉 만주족과 한족의 충돌 문제를 회피하고자 하였으며, '외부의 민족주의', 즉 근대 민족 국가 체계 중의 주권적 지위 문제로 이를 대신하였다. 바로 이 점이 장빙린, 왕징웨이汪精衛 등 배만排滿 혁명에 힘을 쏟고 있던 혁명당원들의 강렬한 반감을 불러일으켰다.[80] 젱크스의 저작은 사회진화론의 경향을 명백히 지니고 있으며, 근대 국가가 혼란한 나라를 취하고 멸망할 나라를 공격하며 약한 자를 겸병하고 어리석은 자를 공격하는 잔혹한 역사를 아주 신랄하면서도 명확하게 보여 주고 있다. 근대 주권국가의 정치 제도, 종교 풍속, 경제 체제 등은 모두 역사적 진화의 산물이다. 민주 정치, 개인의 권리, 개인화된 종교와 경제 제도가 어떤 가치를 대변한다고 한다면, 그 가치는 '선'의 동기에서 시작된 것이 아니라 '악'의 역사에서 시작된 것이라고 할 수 있다.

셋째, '천'天에 대한 옌푸의 이해에는 도덕적 의미가 전제되어 있으며, 그가 말하는 '임천위치'를 동물과 같은 인간의 사적 본능으로 이해해서는 안 된다. 그는 『천연론』하권 16「군치」群治에 붙인 해설에서 헉슬리의 '자기 긍정' 개념에 관해 다음과 같이 말했다. "대체로 동서양의 옛사람들은 모두 마치 향내 나는 풀과 누린내 나는 풀을 같은 그릇에 담을 수 없듯이 공리功利와 도의道義는 상반되는 것이라 여겼다. 그런데 오늘날 생물학의 원리에서는 자기 긍정 없이는 생존도 없다고 말한다. 그런데 인간의 지혜가 발달한 이후에는 도리를 밝히지 않으면 공功을 꾀할 수 없고, 의리를 바르게 하지 않으면 이利를 도모할 수 없다는 것을 알게 되었다. 공리가 어찌 문제가 되겠는가? 그것을 성취하는 방법이 문제일 뿐이다."[81] 옌푸는 '공리' 개념을 새롭게 정의했으며, '도리에 맞고' '정의로운' '공리'라야 공리일 수 있다고 하였다. 그는 유우석劉禹錫·유종원柳宗元의 천론天論과 이학理學의 천도관天道觀을 대비하면서, 그들 사이의 차이가 바로 헉슬리와 스펜서의 차이라고 지적했다.

앞 편에서는 모두 힘을 숭상하는 것이 자연의 운행이고 덕을 숭상하는 것이 인간의 정치라고 하였다. 다투고 혼란해지면 자연이 이기고, 안정되고 다스려지면 인간이 이긴다. 이런 주장은 당나라의 유우석·유종원 등이 자연에 관해 했던 말과 부합되며, 이치를 자연에 귀속시키고 욕망을 사람에게 귀속시키는 송대 이후 유학자들의 주장과는 상반된다. 대체로 중서中西 고금을 막론하고 진리를 논하는 자는 두 부류가 있다. 하나는 종교에 의거한 것이요, 다른 하나는 학문에 의거한 것이다. 종교는 공리公理를 하늘에 귀속시키고 사욕을 사람에 귀속시킨다. 학문은 힘을 숭상하는 것이 자연의 운행이고 덕을 숭상하는 것은 인간의 정치라고 한다. 학문을 논하는 자들은 진실을 파악하려 하므로, 자연에 대한 논의에서 형기形氣를 배제할 수 없었다. 종교를 논하는 자들은 세상을 유지하고자 하므로, 교리에서 만물을 주재하는 신을 도외시할 수 없었다.[82]

옌푸의 격물치지론格物致知論은 이미 자연계의 사물에 대한 연구로부터 최종적으로는 천리를 획득하는 논리를 포함하고 있다. 여기에서 이 논리는 다시 자연의 본성 중에 내재되어 있는 '합리적' 논리에 대한 긍정, 즉 최종적 공리에 대한 긍정으로 표현된다. 이러한 의미에서 '물경', '천택', '적자생존'의 규칙은 운용 과정에서 새롭게 정의될 필요가 있다. 즉 어떤 의미에서 어떤 행위가 '물경'이 되고, 어떤 사물이 '적자'가 되는가?

옌푸의 '힘의 숭상'과 '천연' 관념을 사회진화론과 동일하게 간주하는 것은 도덕적 비판을 이용하여 근대 사회 기원의 실상을 덮어 버리는 것에 불과하다. 근대 국가의 탄생을 해석하는 근대 정치 이론에서 동일성의 획득, 정당성의 실현, 사회의 통합 등은 모두 일반적 시스템 문제에서 나온 것이다. 하버마스Jürgen Habermas가 말했듯이, 이러한 개념의 시스템 이론적인 재해석은 정치적 통치에 대해 본래 구성적이라고 할 연결 요소를 은폐하는 것이다.[83] 사회 진화의 과정에서 다른 형식의 동일성, 예컨대 종법 사회, 제국, 도시국가, 민족국가 등등이 발전한다. 이들은 모두 각각 다른 정치 질서와 생활 형식(성격, 기질,

민족 정신)의 결합을 드러낸다. 근대화 이론이 국가 구조와 민족 구조를 서로 다르면서도 상호 의존적인 과정으로 처리하는 것은 정확하다. 그런데 이 이론은 주로 사회 발전의 합리화 과정(그중에서 약간 급진적 방면에서는 계급 충돌로 해석한다)으로 근대 국가의 정당성을 해석하며, 정치적 가치를 승인받은 국가의 충돌과 종족 충돌의 근원을 연구하지 않는다. '힘의 숭상' 문제에 관한 옌푸의 논의는 하나의 민족국가 내부의 관계가 아니라 식민주의적인 세계 정치 체계 속에서 이러한 문제를 해석한 것이다. 그가 다루고 있는 것은 일반적인 국가와 국가의 관계가 아니라, 세계의 식민주의 체계 속에서 중국이 처한 경우를 논의하는 것이다. 슈워츠는 민족 충돌 문제에서 '국가'에 대한 옌푸의 견해와 국가 내부 관계에서 국가에 대한 옌푸의 견해를 거의 구분하지 않고, 자유주의의 사회/국가 이원론에서 출발하여 이 두 측면을 모두 '국가주의'로 결론짓고 있다. 예를 들면, 슈워츠는 스펜서가 주관적으로 심오하다고 느꼈던 가치 관념들을 옌푸가 왜곡하였다고 반복해서 말하고 있다. "스펜서에 대한 미국인 해석자들, 즉 스펜서를 경제적 개인주의와 중앙집권적인 경제 통제에 반대하는 철학자로 해석한 섬너William Graham Sumner와 유만스Edward Livingston Youmans 등은 국가의 역량이라는 목표를 도저히 잊어버릴 수 없었던 대리 정치인보다 스펜서의 마음속 의도를 더 정확하게 간파했을 것이다."[84] 그렇지만 위기에 봉착한 청말의 왕조라는 시대적 조건에서, 옌푸가 다룬 문제는 도대체 '중앙집권'과 무슨 상관이 있겠는가?

근대 국가의 정당성은 국내와 국제의 두 방면에 걸쳐 만들어진다. 유럽의 부르주아 국가는 경제 시스템이 분화한 결과로 이해될 수 있다. 이러한 경제 시스템은 시장을 통해 생산 과정을 조절하는데, 이는 일종의 비중심화, 비정치적 수단이다. 유럽 사회의 정치 경제 구조는 부르주아가 시민사회를 점거하고 봉건국가와 항쟁했던 역사와 직접적으로 관련되어 있다. 이는 자유방임주의가 탄생하는 역사적 전제이기도 하다. 한편으로 근대 국가는 하나의 국가 시스템으로서 출현하였다. 월러스틴Immanuel Maurice Wallerstein의 견해에 따르면 이러한 국가 시스템은 '유럽의 세계 경제'(즉 유럽 국가가 통치하는 세계 시장)에서 형성된 것이다. 따라서 국가의 정당성 문제는 단지 국가와 사회의 이원론으로 해석될 수는 없으며, 세계 자본주의 정치·경제·군사 관계와 관련해서 보아야만 비로소 참된 이해가 가능하다고 한다.[85] 옌푸의 말을 빌리면, "(주권국가가) 밖으로는 이웃의 적국에 대해 독립된 국민의 단체를 이루는 것, 이것이 전체의 자유이다. 안으로는 법률 앞에서 평등한 서민 집단을 만드는 것, 이것이 정치적 자유이다."[86] 19세기 중국 사회의 변혁 가운데 청말의 왕조가 정당성을 상실한 것은 단지 국내적 사건(예컨대 만주족과 한족의 충돌)이 아니라, 청말의 왕조가 새로운 세계의 도전에 대응할 방법이 없었다는 점에서 국제적 사건이기도 했다. 이러한 의미에서 새로운 사회 동일성을 형성하고 그에 상응하는 정치적 통치를 건립하기 위해서는 단지 내부의 관계에서 국가의 정당성을 확립할 수는 없으며, 외부 세계로부터의 주권 관계 속에서 자신의 정당성을 설정해야 했다. 근대 국가의 형성 과정에서 집단적 동일성으로서의 종種은 일종의 의식 구조이다. 이는 대중의 사회 동원을 가능하게 할 뿐만 아니라, 외부의 주권국가에 상응하는 정치 구조와 국제 관계를 위한 준칙을 건립할 수 있는 가능성을 제시하고 있다. 1897년에 발표된 독일의 교주만膠州灣 점거와 관련된 글에서 옌푸는, "개화된 국민과 개화된 국가는 권력이 있어도 남을 모욕하지 않고, 힘이 있어도 남에게서 빼앗지 않는다"는 것을 반복해서 언급하고, 사람과 사람 사이, 국가와 국가 사이에 평등한 공리와 공법의 건립을 호소하고, 이를 근거로 시비곡절을 판단할 공론을 형성하자고 하였다.[87] 이는 옌푸가 말하는 '공심'公心, '공리'公理, '공덕'公德의 관념이 국가를 훨씬 초월하고 있다는 것을 말해 주고 있다. 이러한 관념이 어떻게 사회진화론으로 이해될 수 있을까?[88]

2.4. 군기권계群己權界, 무위無爲의 정치와 중앙집권

엔푸는 자유주의자로 간주되기도 하고 보수주의자로 이해되기도 한다. 엔푸의 자유 평등 이념과 국가의 부강과의 관계에 대한 슈워츠의 해석은 앞에서 말한 엔푸의 두 가지 모습을 해소할 수 있다. 이는 슈워츠가 스펜서의 『사회학 연구』 중에서 진화 과정에 간섭하는 입법을 비판하는 관점과 『군학이언』 중의 번역을 비교한 뒤에 얻은 결론이다.[89] 여기에서 문제는 여전히 개인의 자유와 국가의 관계이다. 그런데 밀의 『자유론』과 애덤 스미스의 『국부론』에 대한 엔푸의 번역 문제를 논의하면서, 슈워츠의 해석은 고전적 자유주의의 일반적인 견해에 따르고 있다. 이는 분명 엔푸의 관점을 왜곡할 뿐만 아니라, 중상주의와 시장 사회 형성의 복잡한 관계를 새롭게 사유하지도 않고 있다. 예를 들면, 그는 칼 폴라니Karl Polanyi가 『거대한 전환: 우리 시대의 정치 경제적 기원』*에서 시도한 영국의 시장 사회 형성에 대한 분석, 즉 전국적 시장의 출현은 지역 혹은 원정 무역이 점차 확장된 결과가 아니라 국가의 계획적인 중상주의 정책에서 기인하는 것이라는 점을 전혀 고려하지 않고 있다.[90] 슈워츠는 엘리 헤크셔Eli Heckscher의 『중상주의』(Mercantilism)를 인용하여 중상주의가 모든 경제 활동을 국가 정권의 이익에 종속시킬 것을 요구한다는 점에서 스미스와는 정반대의 사상이었지만, 엔푸가 스미스의 경제적 자유주의를 중상주의로 왜곡시켰다고 강조했다.[91] 그러나 실제로 중상주의에 대한 엔푸의 비판은 『원부』原富의 '해설' 가운데 도처에서 보이고 있어서, 중상주의 및 중상주의자와 경제적 자유주의와의 관계에 대한 슈워츠의 분석은 재검토가 필요하다. 예를 들면, 슈워츠는 공리주의자 밀을 자유를 목적으로 이해한 사상가로 해석하면서, 부강을 목적으로 삼고 있는 엔푸의 자유관이

---

* 『거대한 전환: 우리 시대의 정치 경제적 기원』: *The Great Transformation: The political and Economic Origines of Our Times*, Beacon Press, 1944. 국내에서는 『거대한 전환』(홍기빈 역, 길, 2009)으로 번역·출판되었다.

밀을 왜곡한 것으로 생각하였다.[92] 그렇지만 옌푸의 자유관은 어떤 점에서는 밀보다 더 급진적이다. 왜냐하면 그가 마음으로 존경한 노자의 본체론에서 자유는 자연 상태에 불과한 것이었다. 그리고 '공'公의 관념은 결코 자유의 관념과 충돌하는 것이 아니었으며, 자유의 또 다른 표현일 뿐이었다.

옌푸는 밀의『자유론』(옌푸는『군기권계론』群己權界論으로 번역함)과 애덤 스미스의『국부론』(옌푸는『원부』原富로 번역함)을 번역했을 뿐만 아니라, 근대 중국에서 자유 관념을 해석한 첫 번째 사람이다. 그는「세계 변화의 빠름을 논함」(論世變之亟)이라는 글에서 자유와 부자유를 중국과 서양 문명의 주요한 차이로 간주하였다.

> 중국의 역대 성현들은 자유라는 말을 대단히 두려워해서 이를 표방해서 가르친 적이 없었다. 서양인들은 하늘이 사람을 만들면서 여러 가지를 부여했지만, 자유를 얻어야만 모든 것을 부여받은 것이라고 보았다. 그러므로 각자가 자유를 얻고 각각의 국가가 자유를 얻어서, 다만 서로를 침해하지 않도록 노력할 뿐이다. 다른 사람의 자유를 침해하는 것이야말로 천리를 어기고 인도를 해치는 행위이다. …그러므로 타인의 자유를 침해하는 것은 군주라도 불가능하며, 형벌의 조항은 이를 위해 규정된 것이다. 중국의 도리에서 서양의 자유와 가장 유사한 것은 '서'恕 혹은 '혈구'絜矩*이다. 그런데 …중국의 '서'와 '혈구'는 오직 타인과 사물과의 관계 속에서 말하는 것이지만, 서양인이 말하는 자유는 사물의 관계 속에서도 실은 자신을 보존하는 까닭이 깃들어 있다.[93]

이러한 설명에 따르면 자유는 결코 단지 부강을 위한 도구가 아니라

• 혈구(絜矩): 자기의 처지를 미루어 남의 처지를 헤아린다는 의미이다.

일종의 '천리'요 '인도'이다. 그렇지만 이 당시 옌푸가 보기에 '자유'는 결코 선천적 본질이 아니며, 그저 서양 문명의 '천리'와 '인도'일 뿐이었다. 비록 중국 문명에서 가장 부족하고 반드시 학습해야 하는 것이라고 힘써 주장하기는 했지만 말이다. 그렇지만 재미있는 점은 그가 『군기권계론』「번역 범례」 중에서 밀과 스펜서의 이론, 그리고 루소Jean Jacques Rousseau의 '인민은 태어나면서부터 자유롭다(自繇)'라는 이념에 의거하여 자유를 절대적 본질, 즉 '인간의 자유라는 것은 본래 악을 하기 위한 것이 아니며, 선을 하기 위해서라도 자유가 필요한 것이다"라고 이해했다. 그렇지만 자유와 사회, 타인과의 관계를 고려하게 되면서, 옌푸는 「세계 변화의 빠름을 논함」에서 중국의 '서'와 '혈구', 그리고 서양의 자유를 구분하고자 시도했지만 오히려 이들 사이의 동일성을 주장하는 쪽으로 바뀌었다. "인간이 사회의 단계에 진입한 이후에는 내가 자유라면 남도 자유여야 한다. 제한과 구속이 없다면 강권이 횡행하는 세계가 되어 서로 충돌할 것이다. 그러므로 개인의 자유는 반드시 다른 사람의 자유를 경계로 삼아야 하는데 이는 『대학』에서 말하는 '혈구'의 도이며, 군자가 이를 통해 천하의 안정을 이루는 것이다."[94] 이처럼 자유는 일종의 윤리 규범으로 확립되었다.

　자유에 대한 옌푸의 이해는 여전히 그의 '천연' 범주 안에서 해석되어야 하며, '천연' 범주와 스펜서의 '진화'관의 차이는 자유에 대한 그의 견해에도 마찬가지로 존재한다. 우선 그는 '민덕民德의 발전(演進)'이란 각도에서 자유 관념을 해석하는데, 그 근거는 스펜서가 『윤리학원리』「정의론」(Justice in Principle)에서 서술한 자유와 책임의 관계이다. 이러한 의미에서 옌푸가 스펜서의 사상적 틀 속에서 밀을 이해했다고 단언한 슈워츠의 견해는 일리가 없지는 않다. 그렇다고 해서 결코 옌푸의 자유관이 스펜서식의 사회진화론의 색채를 띠고 있다는 것을 의미하지는 않는다. 옌푸에 의하면, 스펜서는 "인간의 도리에 자유가 있어야 하는 까닭은 자유가 없다면 선악과 공죄功罪가 모두 자기에서 비롯되지 않고 행복과 불행만이 있게 되어 민덕이 발전할 수 없기 때문이다. 그러므로 자유가 부여되고, '천택'의 작용이 주어지면 이상적인 사회에 도달하는 날이 올 것이다"[95]라고 말했다. 그가 강조한 것은 자유와 개인의 책임 문제이다. 그런데 이는 자신의 행위와 운명에 대한 개인의 책임을 주로 가리킨다. 예컨대 스펜서는 국가가 지원하는 공공 교육과 이를 위한 기구의 설치에 반대했는데, 이러한 정책이 개인 책임의 원칙을 심각하게 무너뜨리기 때문이다. 결혼과 육아 문제보다 더 개인 선택의 결과라 할 만한 일이 또 있겠는가? 이러한 의미에서 공공 교육은 개인이 자신의 행위에 대해 책임을 지는 것을 저해할 수 있다. 따라서 여기에서 말하는 '선과 악, 공과 죄' 혹은 개인의 책임은 국가적 문제와 관련이 없으며, 오히려 그것은 개인 자유의 전제 중의 하나가 되는 것이다.

실제로 옌푸는 자유를 '천연'의 과정에서 해석하고 있다. 자연 과정과 사회 과정을 구분하는 방식에서 다소 헉슬리의 색채를 띠고 있으며, 스펜서의 방식은 아니다. 예를 들면, 현실 세계 속에는 참되고 완전한 자유라는 것은 없고 따라서 상제上帝만이 자유를 누릴 수 있다. 그리고 자연 과정에서 동식물은 자신의 의지가 없고, "자주自主에서 말미암지 않으니 자유가 없고 모두 구속이다." 오로지 '인도'人道 즉 사회는 "하늘과 사물 사이에 끼어 자유도 있고 속박도 있다. 정치와 교화의 '천연'의 정도가 높으면 높을수록 얻을 수 있는 자유와 자주의 영역은 더 많아진다. 이로 말미암아 자유의 즐거움은 자치 능력이 큰 자가 누릴 수 있다는 것을 알 수 있다."[96] 스펜서는 진화의 원리 속에서 윤리적 규범을 도출하고자 시도했다. 그렇지만 가치를 전제하지 않으면 사실에서 당위를 도출할 수 없다는 흄의 곤경을 극복하지 못했다. 옌푸 역시 마찬가지로 '천연' 범주로 모든 것을 해석하고자 시도했지만, 그는 진화의 사실에 대한 설명만으로는 윤리적 규칙을 도출할 수 없다는 것을 잘 알고 있었기 때문에 헉슬리식의 천인天人 대립의 관념을 슬그머니 끌어들이고, 더 나아가 본체론적 자유를 사회적 책임과 연관시키고 있다. 그는 『노자평어』老子評語에서 "往而不害, 安平太"•에 대해 다음과 같이 주석을 달고 있다. "안安은 자유이며, 평平은 평등이며, 태太는 사회의 결합이다."[97] 이 또한 자유 평등의 가치와 사회 윤리의 관계를 연결시키는 것이다. 자유, 평등과 사회의 결합은 변화의 관계 속에서 형성되며, 서로 독립하거나 대립하는 가치일 수 없다. 이러한 방면은 모두 변화의 결과이기 때문이다. 1906년 전후에 그는 샤쩡 여우夏曾佑에게 보내는 편지에서 국가와 정치 제도를 언급하면서 노자와 같은 '무지관'無知觀을 국가와 정부의 범주에까지 확대시키는 특수한 방식을 이용하여 변화의 관념과 정치 이론을 연계시키고자 하였다. "국가 사회(國群)는 유기체 생물이며, 그것이 진화해 온 과정은 동식물과 마찬가지이다. 진화의 정도가 높아지면 따라오는 불가분의 현상이 있으니, 정부가 바로 그것이다. 정부의 성립은 내적 요인과 외적 원인이 있다. 내적 요인으로 중요한 것은 종교이며, 외적 원인으로 기본적인 것은 이웃하는 적국이다. …어떤 사람은 정치 제도가 인간이 만든 것이며 자연적으로 성립된 것이 아니므로, 모든 것을 '천연'으로 설명할 수 없다고 한다. 이는 그렇지 않다. 때로는 세상일이 인간에 의해 이루어지더라도 자연의 운행에 귀속되지 않을 수 없으니, 민지民智의 계발도 반드시 귀속되는 바가 있고, 한 왕의 법도도 인과에 따른 것이 많다. 먹고 사는 일이나 남녀 관계와 같은 만사의 근원은 모두 이로 말미암아 만들어진 것인데, 스스로 그것을 모르게 된 것이 오래되었다. 이는 그러한 것들이 필연적으로 '천연' 속의 일물一物일 수밖에 없는 까닭이다."[98]

노자 사상 중의 자유 관념에 대한 옌푸의 해석은 그와 스펜서의 차이를 잘 말해 준다. 주의해야 할 것은 옌푸가 『노자』를 '정치에 대해 논한 서적'(言治之書)으로 간주한다는 것이며, 『노자』에 대한 그의 해설 또한 언제나 정치 제도의 문제를 다루고 있다는 점이다. 그는 『노자평

• 왕이불해, 안평태(往而不害, 安平太):『노자』제35장에 나온다. 전문을 보이면 다음과 같다. "執大象, 天下往, 往而不害, 安平太."

어』에서 노자 사상에 포함되어 있는 본체론적 자유를 통해 밀과 스펜서의 자유관을 설명하고 있지만, 이들 사이의 '천연' 문제상의 분기, 특히 단순에서 복잡으로 전개되는 스펜서의 단선적 진화론과 반박귀진返樸歸眞(순박함과 진실됨으로 돌아감―역자)이라는 노자 사상 사이의 대립을 극복하기는 어려웠다. "노자 철학이 근세 철학과 다른 점에도 유의해야 한다. 오늘날 질박함(質)에서 문아함(文)으로, 단순에서 복잡으로, 건곤乾坤 괘卦에서 미제未濟 괘●로 나아가는 것은 자연스러운 형세이다. 순박함으로 돌아가자는 노자의 주장은 강하의 물을 끌어다 산에 되돌려 두겠다는 것과 마찬가지이니 결코 따를 수 없는 일이다."[99] 이 문제에서 옌푸는 단순히 스펜서를 추종하지 않고, 반대로 그는 "질박함을 억지로 문아함으로 바꾸거나 문아함을 억지로 질박함으로 바꾸는 것"은 모두 "자연自然을 어기고 도와 질서(道紀)에 어긋나는 것"이라고 여겼다. 그리고 "오늘날의 정치에서 자유의 숭상보다 더 중요한 것은 없다. 자유가 실현되면 각각의 사물이 스스로 나아갈 수 있고, 천택에 의해 최적자가 살아남아 태평성대가 저절로 도래할 것"이라고 보았다. 이는 또한 그가 '무로써 용으로 삼는' '현'玄에 대해 주석을 달면서 "오직 '허'로 사물을 받아들이고, '무'로 '용'을 삼아야 중앙집권이 가능하다"[100]고 한 근거이다. "황로의 도는 민주국가에서 쓰이는 것이다. 그래야 키워 주지만 통제하지 않고 작위적으로 다스리지 않지만(無爲) 다스려지지 않는 것이 없게 된다. 군주국가에서는 황로를 제대로 쓸 수 없었고, 한대漢代의 황로는 겉모습만 답습하여 사용한 것일 뿐이다. 군주의 이기利器는 유술儒術뿐이다."[101]

'공' 혹은 '공심'의 문제는 분명 옌푸 저작 중의 핵심 문제이지만, 이 문제도 마찬가지로 '천연' 개념에 대한 그의 견해 속에서 해석되어야 하며, 단지 개인의 자유와 국가의 관계에서 이해될 수는 없다. 옌푸

• 미제(未濟) 괘:『주역』의 64괘 가운데 마지막 괘로 '화'(火)를 의미하는 '이'(離)와 '수'(水)를 의미하는 '감'(坎)괘가 결합된 ䷿로 표현된다.

의 자유관은 밀에 연원을 두고 있을 뿐만 아니라,『주역』과 노장사상
에 뿌리를 박고 있다. 한 바퀴를 돌면 다시 시작하는 '역학'의 순환론
적 우주론은 단순에서 복잡으로 나아가는 스펜서의 목적론적 진화론
을 어느 정도 해소하였다. 노장사상의 자유 관념은 '공'公 관념과 충돌
하지 않을 뿐만 아니라 동일한 것이다.『장자』莊子「응제왕」應帝王 편에
서는 "너는 마음을 담담하게 하고 기氣를 적막하게 비워, 사물의 자연
스러움을 따르고 사私를 용납하지 않으면 천하가 다스려진다"라고 하
였다. 이에 대해 곽상郭象은 "본성에 맞게 살아가는 것이 '공'이다. 욕
심을 부려 거기에 더 보태고자 하는 것이 '사'이다. '사'를 용납하면 결
국 생계만으로는 살아가기에 부족하게 되지만, '공'을 따르면 온전히
보존할 수 있다"[102]고 하였다. 여기에서 '공'은 바로 자유의 상태이다.
이러한 자유관은 밀에 비해 더 급진적이다. 자유는 이미 일종의 가치
가 아니라 본연의 상태이기 때문이다.

　최근의 연구에서는 옌푸의「민약평의」民約評議가 중국 신보수주의
이론의 기원으로 이해되고 있는데,[103] 이는 마치 반대의 측면에서 슈워
츠의 관점을 입증해 주고 있는 것처럼 보인다. 그런데 그들은 옌푸 사
상의 전환과 '천연' 개념과의 관계를 지적하지 않았고, 또한 '천연' 개
념 중에 포함된 자연주의와 윤리주의의 이원적 대립을 지적하지도 않
았다.「민약평의」는「세계 변화의 빠름을 논함」,「강함이란 무엇인가」
등 옌푸의 초기 문장에서 설명된 사회 관념과 기본적으로 논리적 충돌
은 없다. 옌푸의 '역학'적 세계관은 결국 스펜서의 자연주의와 헉슬리
의 윤리주의의 이원적 대립을 진정으로 극복할 수 없었으며, 따라서
그는 정치적으로 철저한 방임주의자가 될 수 없었다. 그의 만년의 정
치적 관점의 변화는 '역학' 세계관 속에 포함되어있던 헉슬리식의 윤
리주의와 직접 관련이 있다. 헉슬리의 원예 과정과 윤리 과정에 대해
논할 때 이미 지적한 바 있듯이, 헉슬리는 도덕적 열정을 지니고 있었
고, 그리고 '물경'·'천택'·'적자생존'의 '자기 긍정'적 경향을 비판하였
다. 그래서 그는 사회 과정에서는 '자기 억제'(애덤 스미스가 말한 '양

심')의 윤리 원칙을 준수해야 한다고 믿었다. 이러한 원칙은 도덕적 방식을 통해 인간의 행위가 국가의 법률과 사회의 규칙에 부합되도록 요구함으로써, 자연인의 반사회적 경향을 사회 복리가 요구하는 범위 내로 제한한다. 헉슬리가 자신의 도덕적 고찰로부터 얻어 낸 결론은 국가의 권력이 재능이 있고 동정심을 가진 사람들의 수중에 장악되어야 한다는 것이었다. 옌푸의 루소 평가는 이러한 관점으로부터 영향을 받았으며, 위안스카이袁世凱가 황제가 되는 과정에서 보여 준 옌푸의 정치적 태도 또한 이러한 관점으로부터 영향을 받았다.

근대 유럽의 정치사상 중에서 사회계약론은 홉스Thomas Hobbes의 『리바이어던』Leviathan과 로크John Locke의 『정부론』(Two Treatises of Goverment)에 연원을 두고 있다. 전자는 초기 사회가 생존의 자원을 쟁탈하기 위해 벌인 약육강식의 투쟁에서 사회계약과 군주의 탄생을 설명하며, 성악설적 특징을 지닌다. 이에 반해 로크의 정치론은 성선설의 관점에 기초하고 있다. 그는 사회계약의 제정을 후천적 사회 위계의 형성을 극복하는 방식으로 간주한다. 루소의 사회계약론은 로크의 천부인권 관념을 계승하였으며, 법률과 제도의 건설은 반드시 자연권을 전제로 할 것을 요구한다. 옌푸는 루소의 『사회계약론』이 표면적으로 홉스의 개념을 연용하고 있지만, 로크의 관념을 사승한 것이 더 많다고 정확하게 지적하였다.

「민약평의」는 서로 다른 두 방면에서 자연권 이론에 대한 비판을 전개하고 있다. 첫 번째 방면은 방법론적 각도에서 출발한 것이다. 그는 로크의 입헌주의(Constitutionalism)와 루소의 '자연 상태'가 모두 허구의 전제를 지니고 있으며, 실증적 방식으로 검토할 방법이 없다고 보았다. "루소의 학설이 잘못된 점은 감정에 호소하고 허구적이며 인류의 역사적 사실에서 상고할 수 없다는 것이다."[104] 옌푸는 자유 평등과 법률의 관계를 강조하고, 또한 사회제도의 건설은 추상적 가정에 근거하여 '화서華胥*나 유토피아의 정치 이론'을 만들지 말아야 하며, '귀납과 연역의 방법에 의해' 원리를 얻어야 한다고 주장했다.[105] 두 번째 방면은 인간은 태어나면서부터 불평등하다고 한 헉슬리의 가설에서 출발한 것이며, 보다 더 근본적인 측면이다. 루소의 세 원칙—인간은 자유롭게 태어났다, 천부의 권리는 동일하다, 사회계약이 사회의 기초이다—에 대한 옌푸의 비판은 모두 이러한 가정에서 출발한다. 옌푸는 헉슬리의 관점을 인용하면서, 의학적 관점에서 볼 때, 영아는 선천적으로 차이가 있을 뿐만 아니라 사회적으로 평등하지 않으며 사회생활 가운데서도 개체이든 종족 집단이든 생존 투쟁이 존재한다고 지적하였다.[106] 따라서 자유와 평등은 반드시 법률에 의거하여 시행되어야 하며, 인간의 내재적 본질에서 기원하는 것이 아니다. 옌푸는 다음과 같이 말한다.

> 자유를 말하면서 날로 방자해지고, 평등을 말하면서 사실에 반하는 일이 도처에서 발생하고 있다. 이는 진실로 무익하며, 지혜로운 자는 하지 않는 바이다. 내 생각에는 오늘날 급한 것은 자유가 아니라 한 사람 한 사람이 자유를 줄여서 국가와 사회를 이롭게 하는 것을 종지로 삼아야 한다. 평등은 법률에 의거해서 말하는 것이다. 진실로 국가를 평등하게 하는 요소는 투표의 시기에 나타난다. 그러므로 국가에 문제가 생기면 다수의 의견에 따라 따를지 말지를 정하는데, 법률상의 부득이한 규정에 따라야 한다. 복리 여부는 반드시 시민의 수준이 어떠한가에 따라 정해야 한다. 때때로 다수의 전횡과 압제가 한 사람의 독재자보다 심하기도 하지만, 반드시 전제가 이로운 것은 아니다.[107]

옌푸는 자유와 평등이 자연적인 것이 아니라 정치와 법률에 의해 성립되는 것이라고 하였다. 따라서 그의 자유와 평등 관념의 핵심은 소

• 화서(華胥): '화서'는 전설에 따르면 복희씨(伏羲氏) 어머니 성씨의 나라로 알려져 있으며, 여기서는 황제(黃帝)가 꿈속에서 가 보았다는 이상향의 나라를 가리킨다.

극적인 평등과 자유이며, 이는 선천적 불평등과 자유를 전제로 받아들이는 것이다. 사회에 대한 옌푸의 이해는 헉슬리의 윤리 과정 위에 세워진 것이므로 도덕주의적이다. 헉슬리는 자연 자원과 사회 자원의 유한성과 수요의 무한성 사이의 모순을 강조하고 계약의 방식으로 '사회의 모든 권리'[108]를 건립하자고 주장하여, 스펜서의 자유방임주의로부터 멀어졌다. 그렇지만 옌푸는 윤리 규칙이 순수한 주체적 창안물이라고 여기지 않았으며, 실증적 기초 위에서 제정할 것을 요구하였다. 실천적으로 그는 중소 민간 산업의 정당성을 옹호하고 사회주의적 평등을 반대했는데, 이는 스펜서의 관점과 매우 가까운 것이었다.

슈워츠는 특히 스펜서의 자유방임주의를 강조하였고, 국가와 질서에 대한 옌푸의 관심이 자유방임주의와 대립하는 것으로 보았다. 그는 스펜서의 자유방임주의와 유기체론에는 내재적인 모순이 있다는 헉슬리와 워드의 견해를 따르고 있으며, 스펜서 학설 중에 권력 집중과 전제로 나아갈 가능성이 내포되어 있다고 생각했다. 그런데 그는 분명 스펜서 학설 중에 포함된 체계 개념 또한 각종 역량의 평형이라는 관념으로 발전할 수 있다는 점에 주의하지 못했다. "이러한 체계는 각종 역량의 평형이라는 기초 위에서 작용하는 것이다. 후자의 방면에서 보면, 스펜서는 이기주의와 이타주의 경향 사이의 평형의 경우에서와 마찬가지로 매우 분명히 평형의 중요성에 대한 관심을 재삼 요구하면서, 한쪽으로 치우치면 해롭다는 주장을 견지하였다."[109] 그는 스펜서의 입장에서 개인주의적 윤리학의 의미와 사회학적 의미를 구분해 내지 못함으로 인해, 윤리가 요구하는 자유와 개인의 책임이 사회 속의 규범 질서의 체제화에 의존하는 것임을 간과하였다.[110] 이 점은 뒤르켐David Émile Durkheim의 『노동 분업』(Division of Labour)에 이르러서야 비로소 명확히 분석되었다. 이러한 질서는 뒤르켐이 '유기적 일치성'(organic solidarity)이라고 부른 '계약' 체계를 다루고 있다. 그 요소는 개별 계약 단체의 필요로부터 얻을 수 있는 것이 아니라, 공동의 가치와 체제화된 규범에 의존해야 하므로, 이러한 가치와 규범은 분석할 때 반드시

구별해서 처리해야 한다.[111]

사회 윤리 문제에 대한 옌푸의 생각은 분명 개인의 자유와 평등을 질서와 관련시키는 경향을 보이고 있다. 이러한 질서 또한 뒤르켐에 의해 '유기적 일체성'이라고 불리는 계약 체계로 이해될 수 있으며, 옌푸는 이를 '군'이라 칭했다. 옌푸가 '군' 개념을 통해 요구한 것은 평형의 기제와 평형의 윤리였다. "감정에 따라 행동하다가 잘못에 이르게 되는 경우, 이는 처음부터 본래의 감정을 어기고 있기 때문이다. 배가 고파서 먹고, 먹고 나서 배가 부르고, 배가 부른데도 또 먹는다. …원래의 감정을 어기는 것이 오래되어 습관이 되고, 습관이 되고서 또 고질이 되면 이에 폐해가 생긴다. 그러므로 그대가 말하는 잘못이란 습관에 의한 것이지, 감정에 의한 것이 아니다. 처음부터 본래의 감정에 따르고 지나침이 없다면, 어찌 잘못이 생길 수 있겠는가? 학문의 역할은 감정의 한도를 조절하여 습관에 따른 폐해가 발생하지 않도록 하는 것이다. 스펜서의 자유방임 학설은 대체로 이와 같다."[112] 여기에서 스펜서의 '임천위치'(자유방임주의)는 기능의 분화를 통해 평형에 이르는 중용의 길로 변환된다. '군' 개념은 사회를 일종의 유기적 도덕 실재로 이해할 뿐만 아니라, 개인의 책임에 대한 고려를 '군'이라는 공동의 가치 속에서 고려하고자 시도하는 것이다. '군'과 '군학'에 관한 그의 논의 속에서 정치 제도, 경제 제도, 문화 가치의 확립은 모두 과학적 방법으로 실증적으로 연구되어야 하며, 따라서 복잡한 지식 분류학을 전제로 하는 사회 분업 체계를 구축하였다. 바꾸어 말하면, 사회 평형 체계의 건립은 각종 평형의 임계점이 어디인지 적확하게 알아야 하며, 따라서 '자기 긍정'과 '자기 억제' 사이에서 평형 관계를 건립하여야 한다. '공'公 관념은 바로 이러한 평형의 표현이다.

'군群의 세계': 실증적 지식의 계보와 사회의 건설

1. '군' 개념의 분화적 특성과 총체성

옌푸가 생각했던 과학은 일종의 형이상학 체계일 뿐만 아니라 사회학을 중심 혹은 주지로 삼는 지식 계보이다. 이는 분명 스펜서의 사상과 관련된 것이다. 스펜서는 모든 과학의 통일성을 강하게 믿었다. 과학 연구에서 각 영역이 모두 기본적인 논리적 방법에 따라야 하기 때문만이 아니라 모든 존재 영역의 주요 과정이 기본적으로 일치하기 때문이다. 이것은 이미 그의 『종합철학체계』(System of Synthetic Philosophy)에서 연속적으로 논증되었다.

그러나 사회학과 분과 학문의 관계 문제는 단지 스펜서의 이론 속에서만 해석해 내어서는 안 되며, 먼저 옌푸의 총체적 사상 방식으로 돌아가서 해석해야 할 것이다. 내가 말하는 총체성은 사회생활, 지식 영역, 자연 질서에 걸쳐 보편적 연계를 건립하는 인지 방식을 가리킨다. 밀이 불가지론에 대한 관심에서 현상세계와 본체 세계를 명확하게 분리시켰다고 한다면, 옌푸는 그렇지 않았다. 그는 자연의 공리公理와 사회의 공리는 서로 연관되어 있을 뿐만 아니라 직접 연결되어 있다고 믿었다. 과학은 일종의 형이상학 체계였다. 따라서 과학의 문제는 과학의 문제일 뿐만 아니라, 보편적인 사회의 문제로서 도덕·지식·신체·

정치·교육·예술의 영역에 두루 통하는 문제이다. 과학과 형이상학의 연계는 다음과 같은 사실을 의미한다. 국부적인 문제에서 총체적인 문제로 전환했을 때에만 비로소 국부적인 문제의 함의를 이해할 수 있다는 것이다. 이와 상응하여 어떤 공리의 발현은 각 국부적인 영역에 혁명적인 변화, 즉 총체적인 변화를 초래할 수 있다는 것이다.

총체성의 관념은 어느 정도의 체계 관념이나 기능 분화 관념과 관련된 것이며, 분명 이 방면에서 스펜서는 중요한 원천이다. 일찍이 파슨스는 '자기 조절 체계로서의 사회' 개념에서 출발해서 "자기 조절 체계와 기능 분화라는 이 두 관념을 결합시킴으로써 스펜서는 사회학 및 그 관련 학과에서의 근대적 '기능주의' 이론의 입장에 접근했다"라고 단언했다.[113] 한편으로 체계는 각종 역량의 평형이라는 기초 위에서 작용하는 것이기 때문에, 스펜서는 줄곧 각종 역량의 총체적 평형을 견지하였고, 어떤 요소를 고립시키고 통제하면서 예상 결과의 발생을 기대하는 것은 일반적인 오류라고 생각했다. 다른 한편으로 "스펜서 사상의 두 번째 주요 초점은 경제학 및 생물학과 관련된 개념, 즉 기능 분화의 개념이었다. 이것은 상당 정도 그가 사용하는 유기체적 유비와 관련되며 …분화의 요소는 상호 의존하며, 이는 우세한 것 또한 그중에서 자연적으로 발생한 것이라는 점을 분명히 의미한다. 경제학적 구조 속에서 비교해 보면, 이 점에서 스펜서는 우리 시대에 지속적으로 존재하는 중대한 문제 중의 하나를 분명히 설명하고 있다. 즉 하나의 시스템 속에서 어떻게 개인의 자유를 보존할 수 있을까—강조할 것도 없이—이러한 시스템은 상호 의존성을 제고하는 방향으로 계속해서 나아가고 있다."[114]

'총체성'은 결코 편의적이고 책략적인 고려가 아니라 일종의 사상 방법이다. 청일전쟁에서 패배한 역사적 조건에서 이러한 총체적인 사상은 전면 개혁을 위한 이데올로기적 기초였다. 따라서 우리는 이러한 총체적 사상 속에서 총체적 사회 혹은 국가의 내재적 구조를 보아야 한다. '총체적' 사상 방법의 특징은 자연, 사회, 인생의 각종 관계 속에서 완전히 상호 통약 불가능한• 경계를 만들어 내는 것을 거부하고, 어떤 사물도 반드시 총체성 문제에 대한 이해와 연관 지어 인식해야 한다는 입장을 견지했다. 따라서 이러한 인식 방법은 귀납법으로 설명될 수 있는 것이 아니다. 밀이 알 수 없는 본체를 인정하고 이러한 본체를 인식 활동에서 분리했다고 한다면, 옌푸는 다음과 같이 생각했다. '영원한 진리'(常道)는 보편적으로 존재하며, 그것이 비록 구체적으로 지식의 차원으로 환원시켜서 논의될 수는 없다 할지라도, 우리는 각 부분의 관계 속에서 이러한 영원한 진리의 존재를 체득할 수 있다는 것이다. 옌푸에게서 상호 의존하는 기능 관계는 우선 부정적인 방면으로 표현된다. 「강함이란 무엇인가」 및 이를 수정한 글에서 옌푸는 '군학'群學(사회학)의 문제를 서술한 뒤, 청일전쟁의 패배는 전쟁에서 한 번 실패한 것이 아니라 중국의 총체적 패배로 이해해야 한다는 점을 누구보다도 먼저 제기했다. 한 방면의 실패가 아니라, 민력·민지·민덕의 전반적인 쇠락이라는 것이다. 고대 중국에서는 "농사를 짓고 누에를 쳐 직물을 짜고, 성곽과 마을에서 거주하였다. 그렇기에 예악禮樂과 형정刑政의 다스림이 있고, 상서庠序•와 같은 학교의 교육이 있었다. 일을 나누어 서로 돕게 되면서 비로소 사민四民이 분화되었다." 따라서 흉노에게 패하더라도 여전히 "제도(法)로써 이길 수 있었다."[115] 그렇지만 서양과 중국을 대비하면 우열 관계는 총체적인 것이었다. 옌푸가 보기에 '관리·산업·군대·상업·법률·제도'와 같이 사회가 분화하고 발전하는 것은 학술의 발전에 의존하고, 학술의 발전은 유효한 방법론에 의존하고, 유효한 방법론은 '자유'와 '민주'에 의존한다.[116] 총체적인 사유 방식이 없다면 어떤 하나의 구체적 문제에서 다른 문제로 나아갈 논리가 없게 되고, 따라서 부분적 실패로부터 총체적 변혁을 이끌어

• 통약 불가능한: 'incommensurable', 즉 두 이질적 언어나 문화 사이에서 상대편의 언어문화 체계 속에 그에 상응하는 의미나 등가물, 혹은 공통된 요소를 찾기 힘든 상태를 가리킨다.
• 상서(庠序): 고대 주(周)나라와 은(殷)나라에 있던 교육 기관.

낼 방안도 없는 것이다.

옌푸의 총체성과 관련된 사상은 그의 '군'과 '군학' 개념에 집중적으로 드러나 있다. '군' 개념은 다윈 학설의 영향으로 만들어진 것이지만, 그 함의는 '물경', '천택', '적자생존' 개념과 서로 충돌한다. 나는 일찍이 다음과 같은 점을 지적하였다. 즉 옌푸가 「강함이란 무엇인가」에서 다윈의 '물경', '천택', '적자생존'을 해석하면서 '군'과 '종' 개념을 다루고 있지만, 거기에서 다루어진 '군'과 '종' 개념은 옌푸의 '군' 혹은 '군학' 중의 '군' 개념과는 아무런 관계가 없다. 이것은 일종의 서술적 개념일 뿐만 아니라, 주로 인간과 자연계의 관계 속에서 정해진 '군'과 '종' 개념이다. 따라서 이에 의거하여 옌푸의 진화관을 일종의 사회진화론으로 결론짓는 것은 설득력이 없다.[117] 옌푸의 '군' 개념은 선천적인 인류의 본성을 가리키는 형이상학적 개념이며, 또한 자연 범주 중에서 분화된 사회조직의 개념이다. 옌푸가 서술하고 있는 다윈의 '군' 개념과 옌푸 자신의 '군' 개념 사이에는 무시할 수 없는 차이가 있다. 이는 마치 『천연론』의 '천' 개념과 그가 번역한 스펜서의 『군학이언』 중의 '천' 개념 사이에 차이가 있는 것과 마찬가지이다.[118]

그렇지만 '군' 개념은 결코 일종의 형이상학적 개념만이 아니며, 또한 단순히 윤리학적 함의만을 지니는 것도 아니다. 옌푸는 순자의 '군' 개념을 인용하여 스펜서의 '사회' 범주를 해석했지만, 이 개념의 내포를 상세하게 논의하지는 않았다. 옌푸가 발표한 글과 번역에 추가된 해설을 전체적으로 살펴보면, 그가 서술한 '사회성'(群性)은 그가 강조한 '공심'公心과 내재적 연관성을 지니고 있으며, 또한 순자의 개념과도 관련되어 있다. 『순자』荀子「정명」正名 편의 구절은 옌푸 사상의 핵심을 해설하고 있다. "인자한 마음(仁心)으로 말하고, 배우는 마음(學心)으로 듣고, 공정한 마음(公心)으로 변별(辨)한다." '공심'은 '변별'의 표준이며, 마치 '군'이 '인간이 금수보다 존귀하게 되는' 본성인 것처럼, '변별'은 '인간이 인간인 까닭'이 되는 요소이다. 순자는 '변별'의 과정에서 '분'分을 잘 알아야 한다고 말했으며, "인간의 도리에는 '변별'

이 없을 수 없으며, '변별'은 '분'이 가장 중요하다"(『순자』「비상」非相편)는 것이다. '분'이 다루는 것은 '예'의 질서와 사회 정치상의 명분이다. '무리를 지음에 구분을 명확히 한다'(合群明分)는 의미는 혼란을 막아 올바름으로 되돌리는 것이며, 각자 자신의 분수에 맞도록 하여 일종의 이상적인 사회 정치 질서를 세운다는 것이다. 따라서 '군' 개념은 형이상학적 개념일 뿐만 아니라, 사회 정치 질서의 표현이기도 하다. '군' 개념의 의미 구조에서 '분'(을 밝히는 것), '올바름'(으로 되돌리는 것), '공심'의 관계는 매우 중요하다.

옌푸는 스펜서의 『군학이언』을 해설하면서 한편으로는 순자의 "백성에게는 군群이 있다"(民生有群)는 개념에서 출발하여 사회의 도덕적 본질("군이란 인간에게 없을 수 없는 것이다.")을 확인하고, 다른 한편으로는 '군' 개념이 일종의 서열화된 위계의 구조 기능 체계라는 점을 특별히 강조하였다. 즉 "백성이 서로 돕고 기르며, 분업을 하고, 군대와 형벌, 예와 악에 이르기까지 모두 사회를 이룰 수 있는 본성에서 생겨나는 것이다."[119] 따라서 '군' 개념의 주요 특징은 그 속에 포함된 분화 개념과 위계성이다. 우리는 이를 사회, 국가, 개인 사이의 분리/결합 관계로 해석할 수 있을 뿐만 아니라, 옌푸의 '군' 개념에 사회 분업의 의미가 포함되어 있음을 충분한 증거를 갖고 설명할 수 있다. 위에서 인용한 글에는 이미 유기적 관계 위에 건립된 구조-기능 관계가 포함되어 있다. 그리고 「강함이란 무엇인가」에서도 생물학과 사회의 유비 관계가 매우 분명하게 구조 기능의 관계 위에 건립되어 있다. '군이라는 것은 개인이 모여서 이루어지는 것이다. 부분에 정통하지 못하면 전체를 볼 수 없다. 하나의 사회와 국가의 성립에서 체體와 용用의 기능은 실제로 생물과 다르지 않다. 크고 작은 차이가 있지만, 기관과 운용은 서로 동일하다."[120] 옌푸는 '부분'(分)/'전체'(全), '체와 용의 기능'을 통해 '사회'의 내재적 의미를 서술하였다. 비록 옌푸가 구조 기능이라는 용어를 분명하게 사용하지는 않았지만, 분명 그는 사회를 생물체와 유사한 구조-기능의 시스템으로 간주하였다. 옌푸의 '군' 개념은 비록 분화의 관계를 포함하고 있지만, 이러한 분화 관계는 반드시 총체적 이해 방식 위에서 정확하게 이해될 수 있다. '하나의 사회와 국가의 성립'은 '사회'의 형성과 국가의 건립 사이에 내재적 대응 관계가 있으며, '군'群과 '국'國의 관계는 서양의 사회 이론에서 말하는 사회/국가의 이원론으로서는 적절하게 이해될 수 없다.

'군' 개념 가운데 포함된 분화는 두 측면으로 표현되어 있다. 첫째 개인과 국가 사이의 분화이다. 시민으로서의 개인과 국가의 관계를 논의하면서, 옌푸는 중국의 문헌에서 개인이라는 개념이 결핍되어 있다고 해서 '중국의 정치적 논의가 국가에 치우쳤다'라고 설명할 수 없다고 하였다. 그는 『사기』史記의 '소기'小己 개념을 들어 이 개념이 곧 '개인' 개념이라고 설명하였다. 주목할 만한 것은 옌푸가 '소기' 개념과 국가의 관계를 이해하면서, '분' 개념, 즉 '소기'와 국가의 분화分化 혹은 서열(分位) 관계 그리고 분화 혹은 서열이 따라야 하는 기본 규칙(질서)을 특별히 강조한다는 점이다. '소기'와 '총체'의 관계는 세계의 모든 부분에서 드러나는 것이며, 단지 국가와 개인 사이에서만 그런 것은 아니다. 옌푸는 다음과 같이 말한다. "소기라는 것은 곧 개인이다. 모든 사물에는 총체와 부분이 있다. 총체는 토탈total이며 '전체'로 번역한다. 부분은 '유니트'unit이며 '단위'로 번역한다. 붓은 토탈이요 붓털은 유니트이다. 밥은 토탈이요 쌀은 유니트이다. 국가는 토탈이요 국민은 유니트이다. 사회의 변형된 모습은 다양하지만 어느 것이나 소기의 품질에 기초한다. 그러므로 사회학은 부분에 충실하며, 이는 이름은 반드시 말할 수 있다는 것이다."[121] 군, 군학과 부분(分)의 상관성은 이렇게 건립된 것이다.

다음으로 서열이 있고 위계화된 구조-기능 체계로서 '군' 개념이 내포하고 있는 분화와 서열은 국가와 개인 사이에 존재할 뿐만 아니라, 일종의 사회 분업 체계로 드러난다. 주목할 만한 것은 이러한 사회 분업 체계가 최고 관리자로서의 국가의 직능과 분리될 수 없다는 점이다. 옌푸는 "군群에는 몇 가지 위계가 있는데, 사회는 법을 갖춘 단체이다. 사회는 상업·산업·정치·학술에도 있지만, 최고의 단계는 국가를 형성하는 것이다"[122] 라고 말했다. 여기에서 '사회'의 범주는 상업·산업·학술·정치의 분업과 직접적으로 관련되어 있으며, 국가 또한 '사회'의 위계와 질서 관계 속에서 형성된 것이다.

청말의 시기에 '군' 개념이 유행하게 된 것은 중국이 직면한 절박하고 전면적인 개혁의 임무와 관련된 것이다. 즉 중국 사회의 문화, 도덕, 정치적 아이덴티티의 기초를 제공하고, 기존의 국가 권력에 대해 효율적인 변혁, 견제와 균형을 행하여 그 행정 능력을 회복하고, 사회적 동원을 통해 전체 사회를 일련의 사회 기제로 작동시키고, 이러한 것들을 기초로 효율적으로 국가의 경제, 군사, 과학기술 능력을 발전시켜 근대적 민족국가를 건립하고, 아울러 주권 독립의 전제 위에 국제 관계를 발전시키는 것이다. '군' 개념의 함의와 외연은 이처럼 복잡한 역사 과정에서 드러난 것이다. 각각의 다른 용법은 한편으로는 어원학의 기초를 지니고 있으며, 다른 한편으로는 체계적인 의미 구조를 드러내고 있다. society(사회)라는 서양의 개념을 '군' 개념으로 번역한 것에는 '사회' 질서의 당연성이라는 옌푸의 이해가 포함되어 있다. 즉 그것은 일정 정도의 분화를 필요로 하며, 사회의 각 부분을 '정확한' 질서 속에 자리 잡도록 하여 '공'의 원리를 실현해야 한다는 것이다. 따라서 총체성의 함의는 차별과 구분이 없다는 것이 아니라, 오히려 반대로 '분'을 특징으로 하는 완정하고 위계화된 구조-기능 시스템을 확립하는 것이다.

그렇지만 옌푸의 사유 방식에서 하나의 주요 전제는 사회의 변혁이 지식의 변혁을 전제로 한다는 것이다. 따라서 '군' 개념이 다루는 것은 '사회' 범주이지만, 이러한 범주에 대한 이해는 먼저 지식의 영역으로 환원되어야 한다. 고전 사회학자는 사회를 일종의 도덕적 실재로 이해하였으며, 이는 'society' 개념이 '군' 개념으로 번역되도록 하는 조건을 만들어 주었다. 그렇지만 '군' 개념은 결코 단지 도덕적 본성을 의미하는 것이 아니며, '군'이라는 최고 목표를 중심으로 하는 계층적이고 위계적인 질서를 의미한다. 옌푸의 저작에서 사회의 구조와 지식의 계보는 명확한 동일한 구조를 지니고 있다. 따라서 '군'의 위계적 질서는 먼저 '분과'를 특징으로 하는 위계적 지식의 계보로 드러난다.

옌푸는 천·지·인의 구조로 자연 지식, 사회 지식, 도덕 지식의 계보를 세웠다. 이 계보 속에서 최상층부에는 '현학'玄學 혹은 '심성을 수련하여 일을 처리하는 것'이며, 하층 토대에 해당하는 것은 산학·화학·전기학·식물학이며, 중층부에 해당하는 것은 농학·병학·항해·기계·의약·광무鑛務이다. 바꾸어 말하면, 각종 지식은 '현학'을 최고 목적으로 할 뿐만 아니라, '현학'의 규획에 의거하여 위계적 지식 질서 속에 조직된다. 그러나 그가 여기에서 말한 '현학' 개념은 이미 '군학' 개념과 직접적으로 상관되는 개념이다. 옌푸는 서양 사회에서는 하층 토대의 생활과 생산방식에서부터 상층부의 국가 제도에 이르기까지 "그 일이 하나같이 학술에 의거한다. 그 학술은 모두 실제 사물을 측량하고 단계를 높여 지극히 정밀하고 지극히 큰 것으로 나아가는 방식에 의거하고 있다. 그러므로 어떤 일이라도 앉아서 논할 수 있고 실행에 옮길 수 없는 일이 없다"[123] 라고 지적했다. 이는 서양 사회의 기능과 운행은 과학을 근거로 하고, 또한 실증적 방법에 의거하여 사회의 각 부분을 연구하고, 최종적으로 하나의 총체를 구성한다는 것을 말한다. 1898년에 발표한 「서학의 입문과 기능」(西學門徑功用)에서 옌푸는 과학 지식을 모형으로 일종의 지식 질서를 세웠다. 그는 '학문'을 '전문적 쓰임'(專門之用)과 '보편적 쓰임'(公家之用)으로 구분하였다. 산학, 측량, 화학, 전기, 식물학 등이 전문적 학문인데, "그 쓰임이 …크기는 하지만 충분히 크지는 않고, '보편적 쓰임'이야말로 가장 크다. '보편적 쓰임'이란 모두 함께 '마음을 단련함으로써 일을 이루어 내는 것'(煉心制事)을 말한다. 그러므로 학문의 도는 현학에서부터 첫걸음을 시작해야 한다. …사람이 현학을 공부하지 않는다면, 필연의 이치를 잘 따져보지도 않은 채 헤아릴 수 없는 것을 헤아리려 하는 것과 마찬가지이다."[124] 여기에서 옌푸가 말하는 '현학'은 두 가지 지식을 포함한다. 하나는 수학과 미적

분학이다. 이는 사물의 '필연의 이치'에 대해 총체적으로 파악하는 지식이며, 일반적인 형이상학이 아니다. 다른 하나는 정치·형벌·경제·사학 등의 과목을 포함하는 '군학'인데, 이러한 지식은 사회 문제에 대한 총체적인 파악을 시도한다.

여기에서 '현학'과 '군학' 개념의 호환은 분명 지식과 인간의 마음 문제를 강조하기 위해서이며, 즉 도덕 실재로서의 사회와 인간의 본성은 내재적 연속성을 지니고 있다는 것이다. '군학'의 방면에서 말하자면, '현학' 개념은 '군학'의 형이상학적 특징을 보강하는 것이다. '현학'의 방면에서 말하자면, '군학' 개념은 일정 정도 이 개념의 추상성을 해소하는 것이다. 옌푸의 용어 사용에 있어서 '군학'은 점점 중심적 지위를 차지한다. 이는 그가 진정으로 관심을 가진 것은 천인 관계가 아니라 사회 내부의 조직과 윤리 관계였음을 분명히 말해 준다. 옌푸는 다음과 같이 말한다. "인간의 마음은 가장 존귀하다. 그래서 지식인은 마음공부를 하기 위해 매우 힘쓴다. 인간의 도리는 일신에서 시작하며 다음에는 가족이요, 국가가 종점이다. 인간은 태어나면서 군을 형성하지 않을 수 없으며, '나라를 보전하고 무리를 잘 조직하는 일'(保國善群)을 알아야 한다. 학문이 여기에 이르면 거의 완성된 것이다."[125] 나는 일찍이 일본의 사상가 니시 아마네西周가 콩트Auguste Comte의 영향 아래 만든 지식 계보 및 그의 '통일관' 문제에 대한 주장을 언급한 적이 있다. 옌푸의 논의 방식 또한 그와 매우 가깝다. 다만 니시 아마네의 '통일관'은 일종의 형이상학이요 철학이지만, 옌푸는 사회학과 수학으로 각종 분과 학문을 통괄하며, 보다 강한 지식론의 경향을 포함하고 있다. 바로 그 때문에, 옌푸의 지식 계보에서 시종 핵심적 지위를 점하는 것은 일반적 형이상학이 아니라 '군학'이었다.

2. '군학'群學을 목적으로 하는 분과 학문

엔푸의 사회학에 대한 관심은 지적으로는 직접적으로 스펜서에 연원을 두고 있지만, 그의 동기는 19세기 후반 유럽에서 발전한 사회학의 경우와는 같지 않다. 월러스틴 등의 연구에 의하면, 유럽에서 사회학의 출현은 주로 다음과 같은 이유가 있다. "당시 사회개혁협회가 하던 작업이 대학에서 제도화되면서 일차적인 변화를 겪었다. 지금까지 이 협회의 주요 임무는 도시 노동자 인구의 급격한 증가로 인해 야기된 불만과 소란을 처리하기 위한 것이었다. 그들의 작업이 대학으로 옮겨 가게 되자, 사회 개혁가는 대체로 입법을 위해 행했던 적극적이고 직접적인 유세 활동을 하지 않게 되었다. 그러나 사회학은 여전히 보통 사람들과 근대성의 결과에 관심을 가져 왔다. 어쩌면 이는 다소간 사회학과 사회 개혁 조직 사이의 연원 관계를 철저하게 단절시키기 위해서였을 것이다. 사회학자는 실증주의에 대한 신앙을 배양하기 시작하였고, 이러한 신앙은 그들이 원래 지니고 있는 현재주의적 취향과 결합하면서, 사회학자들을 보편적 규율을 연구하는 분과 학문의 진영 내에 머물도록 만들었다."[126] 엔푸의 동기는 이와 전혀 다르다. 직접 국가의 제도 개혁을 지지하고 특히 교육 제도 개혁을 담당하는 관직을 맡았던 엔푸는 어떻게 각종 지식과 사회의 도덕 목표, 그리고 정치 행위 사이에 전체적이고 서열적인 관계를 확립할 것인가 하는 문제에 관심을 두었다.

'서학' 특히 자연과학의 전래는 '부강을 추구하는' 기본 조건이지만, 어떠한 국부적인 변화와 발전도 국가와 사회의 진보를 이루어 낼 수 없다. 「강함이란 무엇인가」와 그 수정 원고에서 엔푸는 민족의 강성과 사회의 건립에는 민력·민지·민덕 이 세 조건이 전제되어야 하며, 하나라도 빠트릴 수 없음을 강조했다. "그러므로 서양인의 교화와 정법政法에서는 생명체가 자신의 생명을 보존하는 것이 가장 중요하며, 종족의 보존은 그다음이라고 말한다. …정치적 명령을 시행함에 가장 기본적인 것은 인민의 힘, 지식, 도덕 이 세 가지를 표준으로 삼는다."[127] 특수하고 종합적인 기능을 갖춘 지식을 운용하고, 각종의 지식을 미리 정해진 궤도에 올려놓고, 위계화된 지식의 계보를 건립하고, 이를 원칙으로 교육 제도를 개혁하는 것이 바로 사회학이 이처럼 절박성을 띠게 된 역사적 원인이다.[128]

사회학과 그 밖의 사회과학에 대한 옌푸의 흥미는 단지 지적 흥미로만 볼 수 없으며, 지식 제도에 대한 흥미로 이해해야 할 것이다. 서양에서 사회과학이 형성된 것은 대체로 1850년에서 1945년 사이이다. 이 기간 동안 사람들은 일련의 학과를 설정하였고, 이러한 학과들이 함께 '사회과학'이라는 이름의 지식 영역을 형성하였다. 이러한 발걸음을 실현한 것은 먼저 대학에 설립된 수석 강좌 직위였으며, 그 뒤에 일련의 학과가 설립되어 관련 교과 과정이 개설되었고, 학생들은 그것을 이수한 뒤에 해당 학과의 학위를 취득할 수 있었다. 교과의 제도화는 연구의 제도화를 수반했는데, 각 학과의 전문 잡지가 출간되고, 학과별로 전국 규모로부터 국제적 학회로까지 각종 학회가 조직되고, 학과 분류에 의거한 도서관의 도서 정리 제도가 만들어졌다.[129] 그렇지만 옌푸에게 사회학의 중요성은 단지 사회학이 하나의 특수한 사회과학의 학과로서 가지는 의미에 있었을 뿐만 아니라, 각종 지식의 질서를 안배하고 나아가 사회의 질서를 안배하는 기능으로서 사회학이 지니는 의미에 있었다. 옌푸에 의하면 국가의 명령이 사회를 효율적으로 조직하고 동원하지 못하는 주요한 원인은 명령의 시행이 일반적으로 구체적이고 단일적이어서 총체적 고려가 결여되었기 때문이며, 즉 "군학의 이치에 밝지 못했기"[130] 때문이다. 그는 『군학이언』 역자 「자서」自序에서 다음과 같이 말하고 있다.

군학이란 무엇인가? 과학적 법칙을 사용하여 사회(民群)의 변화하는 단서를 살피고, 과거를 밝혀서 미래를 예측하는 것이다. 이 언肄들이란 무엇인가? 한 학문의 취지를 드러내고 그것이 지니는 기능을 고찰하여, 이것을 연구하는 방법을 보여 주는 것이다. 그러므로 이언은 모든 학문에 있다. 지금 사대부가 학문을 한다는 것이 어찌 영리와 명예를 좇기 위한 것이겠는가? 참으로 정덕正德, 이용利用, 후생厚生 이 세 가지가 일에 합치됨이 있어야 할 것이다. 군학은 치란과 성쇠의 이유를 밝히는 것이며, 이 세 가지 일을 이루기 위한 근본이 된다.[131]

옌푸가 살았던 시대에 사회학은 세계관적 특징을 지니고 있었으며, 아직 하나의 전문 학과로 퇴화되지는 않았다. 따라서 사회학의 전래는 비록 실증주의와 관계가 매우 밀접하지만, 청말 시기에 사회학은 '지식의 지식' 혹은 '과학의 과학'으로 이해되었다. 이는 1920년대 이후 날로 발전해 '사회학'이란 이름으로 불렸던 분과 학문과는 중대한 차이가 있다. '과학의 과학'으로서 청말 시기 사회학이 제공한 것은 분과 학문의 근거와 방법이었지, 필드 조사의 방법을 통해 형성된 구조-기능주의적 사회 연구가 아니었다. 물론 이 둘 사이의 지식의 승계 관계는 부인할 수 없을 것이다. '군학'의 목적은 구체적 지식 영역을 통해 다른 관점에서 사회를 이해하는 것이며, 한편으로는 총체적 시야로써 각종 지식 영역(따라서 각 사회 영역)의 내재적 연관성을 확립하는 것이다.

'군학'의 핵심은 "'천연'의 방법을 종합하여 인류과 정치적 교화의 사업을 크게 천명하는 것"이다. 그렇지만 지식론의 각도에서 보면, 도리어 방법론적 원칙을 이용하여 각종 지식을 하나의 유기적, 연속적 계보로 조직하는 것이었다.

최근 격치格致('격물치지'格物致知―역자)의 이론으로 '수신제가치국평천하'修身齊家治國平天下를 밝히는 일이 더할 나위 없이 정밀하고 풍부하다. 하나의 일을 논하고 하나의 학설을 주장함에 반드시 지극한 이치에 근거하고 지극히 참된 진리로부터 단서를 찾아 결과적으로 명백한 효과를 드러내도록 한다. 오대주의 다양한 인종과 야만에서 문명한 나라까지 통틀어 연구하고 추론하여 거의 빠짐없이 다루고 있다. 한 국가의 성쇠와 강약이 일어나는 원인과 민덕이 이합집산하는 이유에 관해서는 더 자세하게 다루고 있다. …주요한 의도는 제1권 『제1원리』*에 모두 설명하고 있으며, 천지인 그리고 금수와 곤충, 초목을 통틀어 다루면서 이 모든 것을 관통하는 원리가 하나의 기氣에서 시작하여 만물을 이루고 있음을 밝히고 있다. 나아가 생물학, 심리학의 원리를 논하고 마지막으로 군학으로 돌아가고 있다.[132]

옌푸의 '군학' 개념은 체계성이라는 특징을 지니고 있으며, 이는 스펜서에 대한 그의 해설 속에 분명하게 드러나 있다. 스펜서의 사회학이 광범한 포용성을 지니고 있다고 한다면, 옌푸의 '군학' 개념의 범위는 사회학의 범주를 훨씬 넘어섰다. 그는 각종 지식을 사회학의 지도 아래 두었는데, 이는 사회학이 직접적으로 국가와 그 정책을 위한 학문이기 때문이다. 옌푸가 지식 체계에서 엄격한 분과를 요구한 것은 일반적으로 과학 기술을 발전시키기 위해서가 아니라, 구체적인 지식 영역의 발전이 '군학' 발전의 전제가 되기 때문이다. 옌푸는 다음과 같이 말했다.

그러므로 군학을 연구하고자 한다면, 먼저 여러 학문을 공부해야 한다. 수학과 명학名學(논리학―역자)을 공부하지 않으면, 필연의 이치와 도리를 헤아릴 수 없다. 역학力學(물리학―역자)과 질학質學(화학―역자)을 공부하지 않으면, 상호의 인과성과 기능과

• 『제1원리』: 허버트 스펜서가 1862년에 저술한 『제1원리』(First Principles)를 말하는데, 이 책은 모든 학문을 종합하고자 기획하였던 종합철학체계(The Synthetic Philosophy)의 첫 번째 저작이었다.

효과의 상관성을 알 수 없다. 명학, 수학, 역학, 질학 이 네 가지 학문을 공부했더라도, 마음의 작용이 여전히 부분만을 살펴 복잡한 전체를 파악하지 못하거나 가까운 것만 살펴 먼 것을 보지 못할 수 있다. 따라서 반드시 천학天學과 지학地學으로 시야를 확대해야 한다. …그래도 군학을 연구하기에는 아직 부족하다. '군'群이라는 것은 사람이 모인 것이다. 사람은 가장 수준 높은 유기물이다. 낳고 성장하는 기제를 밝히기 위해서는 반드시 생학生學(생물학 ─ 역자)을 공부해야 하고, 감응의 묘를 알기 위해서는 반드시 심학心學(심리학 ─ 역자)을 공부해야 한다. 그래야 비로소 군학에 이를 수 있다. 하나의 사회가 만들어질 때 체용과 기능은 생물의 신체와 다르지 않다. 크고 작음의 차이가 있지만 기관과 운용은 서로 같다. 내 몸이 만들어지는 것을 알면 사회가 만들어지는 까닭을 알게 된다. 수명을 늘리는 방법을 알면 국가의 명맥을 영원하게 유지하는 방법을 알 수 있다. 신체 안에는 육체와 정신이 서로 작용하며, 한 사회 내에서는 힘과 덕이 서로 갖추어져 있다. 신체는 자유를 귀중하게 여기며, 국가는 자주를 귀중하게 여긴다. 생물과 사회는 이와 같이 서로 유사하다. 이는 다름이 아니라 둘 다 모두 유기체이기 때문이다. 그러므로 학문의 일은 군학을 목적으로 삼는다. 군학이 밝혀져야 비로소 치란성쇠治亂盛衰의 원인을 알고 '수신제가치국평천하'의 훌륭한 업적이 있을 수 있다. 아, 이야말로 참으로 대인의 학문이로다.[133]

엔푸의 '군학'은 비록 실증적 방법을 강조하지만, 그 지식 체계는 원자론의 기초 위에 건립된 것이 아니라 생물학의 유기체 개념 위에서 건립된 것이다. 그는 분과 학문의 필요성을 중시하지만, 이러한 분과 학문의 전제는 지식 체계 자체의 유기성이다. 엔푸에 의하면, 세계의 최소 물질은 원자가 아니라 세포이며, 내재적 생명을 지니고 주변 세계와 동일한 생명을 공유하는 총체적 존재이다. 사회 혹은 '군'의 각 부분이 기능적으로 상호 의존의 관계에 있다고 한다면, 이러한 관계는 각 부분적 지식의 관계를 구성하고 있으며, 이른바 "기능과 효과의 상호관계"이다. 따라서 논리학, 수학, 화학, 물리학, 생리학, 심리학 등의 학문으로부터 사회학에 이르기까지 기능적 의존 관계가 있다. 바꾸어 말하면, 옌푸의 지식 체계는 구조 기능 시스템의 특징을 지니고 있다.

'군학' 개념이 사회의 도덕성을 규정하는 것이라면, '군학'의 통솔 아래 놓인 각 지식의 영역은 모두 최종적으로 도덕적 함의를 지니고 있다. 생물학의 유기체 개념은 옌푸의 지식 체계에 지식 발전의 목적과 지향을 제공해 주고, 또한 자연 지식, 사회 지식, 도덕 지식 사이의 연속 관계를 형성해 주었다. 앞에서 인용했듯이 옌푸는 '군학'을 "과학적 법칙을 사용하여 사회(民群)의 변화하는 단서를 살피는 것"으로 정의하였다. 이는 자연과학의 방법을 직접 사회 연구에 사용할 것을 요구하는 것처럼 보인다. 그렇지만 우리가 분과 학문에 대한 옌푸의 사상을 종합적으로 이해한다면, 그의 요구는 과학의 방법으로 직접 모든 사회 영역을 통괄하는 것이 아니라 각 분과 학문(논리학, 수학, 화학, 물리학 등)을 일관하는 과학의 방법을 요구한 것이다. 옌푸는 『정치강의』에서 다음과 같이 말했다. "그러므로 과학의 눈으로 정치를 이야기한 옛사람의 저서들을 살펴보면, 대체로 기술이라고 할 수 있지만 학문이라 하기에는 부족하다. 여러분은 學과 術이라는 두 글자의 차이를 알아야 한다. 학문이라는 것은 사물에 나아가 이치를 궁구하는 것이니, 즉 앞에서 말한 사물에 대한 파악이다. 기술이란 것은 어떤 일에 대해 방법을 아는 것이니, 즉 앞에서 말한 어떻게 할 것인가이다. 그렇지만 기술이 좋지 않은 것은 학문이 분명하지 않기 때문이며, 학문이 분명해지면 좋은 기술이 저절로 드러나는 것을 모르고 있다. 이것은 모든 과학이 인간사에 크게 도움이 되는 까닭이다. 지금 내가 강의하고자 하는 것은 정치의 학이며 정치를 하는 술이 아니다. 그래서 이 방법은 정치에 관한 옛사람의 논의와 혼동하지 말아야 한다."[134] 학과 사이에 내재적 연쇄 관계가 있기 때문에 구체적 과학 연구 속에 도덕적 지향을 포함하고 있다. 따라서 과학 연구의 진보와 발전은 최종적으로 사회의 총체적 진보와 질서에 보탬이 될 수 있다. 이러한 의미에서 옌푸의 사회관은 실증주의적이라기보다 형이상학적이다.

옌푸가 '군'의 목표와 관련지어 분과 학문을 설정한 것은 과학 지식에 도덕적 성질을 부여한 것이다. 청말 시기 변혁이라는 맥락 속에서 이러한 사유방식은 지식 제도의 개혁을 위한 고려와 완전히 일치하는 것이었다.[135] 아편전쟁은 양무운동의 발생과 '신교육 운동'의 흥기를 촉진시켰다. 1862년부터 청나라 조정은 경사동문관京師同文館, 상해광방언관上海廣方言館, 광동동문관廣東同文館 등의 외국어 학교, 복건선정학당福建船政學堂, 상해기기학당上海機器學堂 등의 산업 기술 학교, 천진수사학당天津水師學堂, 강남수사학당江南水師學堂, 천진무비학당天津武備學堂 등의 군사학교를 잇달아 설립하였다. 이런 신식 학당들은 서학을 모델 삼아, 분과 학문이라는 형식을 가지고 각종 자연과학·기술·관리·언어 등의 학과 과정을 형성하였다. 옌푸 자신도 복건선정학당을 졸업하고, 그 뒤 여러 해 동안 천진수사학당에서 가르쳤다. 그렇지만 신식 학당은 단지 기술을 가르치는 학당이었으며, 과거 제도는 여전히 지배적인 지식 제도였다. 두 가지 교육 체제가 병존하는 구조에서 체제화된 방식으로 '중체'와 '서용'의 관계가 설명되었다. 일부 신식학당에서는 지식의 분과 또한 여전히 유교의 의리지학義理之學에 통괄되었다. 예를 들면, 일찍이 옌푸가 다녔던 복건선정학당에서는 외국어와 전문 기술 과정이 개설된 것을 제외하면, 『성유광훈』聖諭廣訓, 『효경』孝經을 공부하였으며, 아울러 책론策論을 익히면서 "의리를 밝히고 방향을 바로잡았다." 광서 원년(1875) 2월, 예부는 '예학과'藝學科의 개설을 주청하였으며, "제조에 정통하고 산학을 잘 알고 지도에 익숙한 자는 모두 시험에 응시하도록 허가했다."[136] 광서 24년(1898) 1월, 옌슈嚴修는 '경제학과'의 개설을 주청했으며, 그중에 정치·외교·산학·법률·기기 제조·공학 설계 등의 전문 학문이 포함되어 있었다. 그렇지만 이것은 새로운 내용이 첨가되었을 뿐이며, 팔고문八股文과 시부詩賦, 소해小楷 등이 여전히 정통의 지위를 갖고 있었다. 옌푸의 관점에 따르면, 교육 제도와 그 지식 체제 또한 사회의 구조 방식이며, 새로운 지식 제도의 수립은 새로운 사회체제의 구조를 포함하고 있다.[137] '군학'으로 다른 분과 학문을 통괄하는 목적은 바로 여기에 있다.「구망결론」救亡決論에서는 과거제와 팔고문의 폐지를 변혁의 요지로 삼았으며, 또한 스펜서의『권학편』을 근거로 "오늘날 서양에서는 군수·농업·산업·상업 등 모든 분야에서, 그리고 가족·국가·천하를 통치함에 있어서 하나라도 학문의 도움을 받지 않는 것이 없다"[138]고 지적하였다.

옌푸의 분화되고 통일된 지식의 계보는 유기론의 틀 속에서 비로소 이해될 수 있다.[139] 옌푸의 논의 중에는 모순이 있다. 한편 그는 중국의 학문과 서양의 학문이 목적에서는 일치하는 점이 있다고 하면서, "중국은 학문이 선을 밝혀 본래의 마음으로 돌아가는 것으로 생각하고, 서양인은 학문이 개인 수양을 하고 신을 섬기는 것으로 생각하는데, 그 의미는 본래 같다"[140]고 말했다. 다른 한편으로 그는 "중국의 학문과 서양 학문의 차이는 다른 인종의 얼굴과 같아 억지로 비슷하다고 말할 수 없다. 그러므로 중국의 학문에는 중학中學의 체용이 있고 서양의 학문에는 서학西學의 체용이 있으므로, 분리하면 둘 다 성립할 수 있지만 합치면 둘 다 망하게 된다"[141]라고 말했다. 한편 그는 각종 지식 사이의 내재적 연속성을 반복해서 강조하여 "기예와 정치 이 둘은 모두 과학에서 나온 것으로 양손과 같다"[142]라고 말했다. 다른 한편으로 그는 지식의 분화와 분과는 사회 분업의 수요에 적응한 것이며, 학문과 정치 사이에는 분화를 특징으로 하는 기능적인 상호작용 관계를 건립해야 한다고 생각했다.[143] 바로 이러한 유기론의 관계 속에서 '군학'과 각종 지식에 대한 '군학'의 통섭統攝적 관계는 사회제도의 설계에서 나타나는 분화와 통일의 관계를 효율적으로 논증하였다. 옌푸는 학술과 국가 활동 사이의 분화하고 또한 상호 촉진하는 관계를 규정함으로써 민족, 민주, 자유의 가치를 최종적으로 실현하는 것을 촉진할 수 있다고 믿었다. 이러한 의미에서 '군학'을 목적으로 삼는 과학의 계보가 드러내는 것은 합리적으로 분화된 근대적 사회체제이며, 각종 학술 사이의 위계 관계가 제공하는 것은 이러한 사회 분업 체제의 위계 구조이다. 각종 지식 사이의 관계가 드러내는 것은 사회 분업 과정 중의 사회관계이다. 따라서 '과학'은 지식 형식으로 표현된 사회 분화의 형식이며, 이러한 분화의 형식은 과학적 계보의 합리적 안배를 통해 질적인 객관성, 필연성, 기능성을 획득하였다.

'군학'은 논리학과 함께 분과 지식에 근거를 제공한다.[144] 논리학의 각도에서 분과 학문을 논하든, 아니면 기능의 각도에서 분과 학문의 지식의 계보를 만들어 내든, 이는 모두 지식 자체의 내재적인 규율을 의미한다. 옌푸는 '군학'을 가지고 분과 학문을 통섭하고, 또한 이러한 지식 계보를 사회의 구조와 이론의 설계로 이해하였다. 그가 보기에 사회와 국가는 구조-기능 시스템이며, 지식의 기능은 곧 각 구체적 영역으로부터 이 시스템의 구체적 부분을 연구하는 운행 방식임을 의미하였다. 월러스틴 등은 보편 규율의 연구를 종지로 삼고 있는 대부분의 사회과학이 우선 그들과 역사학의 구분을 강조한다는 점을 논증했다. 방법론의 각도에서 보면, 이러한 사회과학의 목표는 가정되고 제약된 인간 행동의 일반 법칙을 찾아내는 것이다. 따라서 체계적 방법을 통한 증거(예컨대 자료 데이터)의 수집과 통제된 관찰을 편애하며, 일반적 문헌과 그 밖의 다른 자료를 그다지 좋아하지 않는다. 그들은 개별 안건으로 간주해서 연구되어야 할 현상(개별 사실이 아니다)을 파악하고자 노력하며, 인류의 현실을 서로 다른 부류로 나누어서 분석할 필요가 있다는 것을 강조한다. 이러한 사회과학은 엄격한 과학적 방법을 취하는 것이 가능할 뿐만 아니라, 당연히 그러해야 한다고 (예를 들자면 이론으로부터 출발하여 가설을 제기하고, 그런 다음에 가능하다면 정량화할 수 있는 엄격한 과정을 통해 검증을 해야 한다고) 생각한다.[145] 옌푸의 '군학'이 궁극적으로 지향하는 것도 대체로 이와 비슷하다. 왜냐하면 '군학'의 통섭 아래 분류의 원칙과 논리적 원칙은 자연과학으로부터 사회과학에 이르기까지 모든 영역에 적합하며,

이점이 그들로 하여금 일반적으로 인문학으로 불리는 분과 학문과 구별해 주기 때문이다. 예를 들면 그는 파리 법률학당의 강사인 샤를 지드Charles Gide의 저작을 번역할 당시, 특별히 샤를 지드가 '군학'개요에서 법학, 국계학國計學,• 정치학, 종교학, 언어학은 나열했지만 역사학은 포함시키지 않았다는 점을 언급하고 있다. "역사를 분과 학문으로 거론하지 않은 것은 역사 스스로는 하나의 분과가 되지 못하기 때문이다. 군학, 그리고 격물의 학문에는 역사가 있다. 역사란 사실을 기록하고 당시의 세계에서 보이는 대로 역력히 기록하는 것이므로, 인과를 추론하는 자료로서 공리를 수립하기 위해 요구되는 것이지 전문적인 학문은 아니다."[146]

그렇지만 또 다른 방면에서 보면, 옌푸의 지식 계보는 유기체 이론 위에 서 있으며, 유기체 자체의 성장과 발전도 하나의 역사적 사건이다. 따라서 그가 비록 역사에 하나의 독립된 분과로서의 지위를 부여하지 않았지만, 도리어 역사의 보편성과 본래적 지위를 강조하였다. 역사의 각도에서 보편적 공리의 존재를 논술하는 것은 바로 유기적 지식 계보의 중요한 표지이다. "과학이 있으면 역사가 있으며, 역사가 있으면 과학이 있다. 이는 서양에서 정치학이 하나의 전문 학과가 된 까닭이다. 중국에는 옛날부터 이것이 있었는가? 있었다. 노자, 사마천이 분명 이에 해당한다. 그리고 『논어』, 『맹자』, 『대학』, 『중용』도 역시 의심할 여지없이 성인이 종합적으로 사고하여 공리를 세운 것이다. 그런데 중국의 옛 서적의 단점은 덕행과 정치를 구분하지 않았다는 점이다. 서양에서는 19세기에 이르러 정치 부문이 여러 학문에서 분리되었

• 국계학(國計學): economics의 옌푸식 번역어로, 옌푸의 『국계학 갑부』(國計學甲部)에서 처음 사용하였다. 『국계학 갑부』는 프랑스의 경제학자이자 경제사상가인 샤를 지드(Charles Gide)가 1883년에 쓴 *Principes d'economie politique*의 영역본인 *Principles of Political Economy*(Edward Percy Jacobsen, Boston, U.S.A.: D.C. HEATH&Co., 1896)를 번역한 것으로 보이는데, 옌푸의 초기 번역 가운데 하나이지만 3천여 자 분량 정도의 일부만이 번역된 채 불완전한 원고 상태로 남아 있다.

다. 그래서 그 이치는 알기 쉽고, 그 학문은 연구하기 쉽다."[147]

옌푸의 지식론과 사회 이론에서 변화 개념과 역사 개념은 매우 중요한 연관성을 지니고 있다. 이러한 개념과 거기에 내포된 '물경', '천택', '적자생존'의 범주가 민족주의 담론 속에 들어가 있기 때문만이 아니라, 그것이 다루어야 하는 것이 사회 분업, 사회 유형, 사회 변화의 관계이기 때문이다. 이 방면에서 옌푸는 스펜서의 영향을 받았지만, 미국의 일부 사회학자(예컨대 레스터 워드Lester F. Ward와 그의 저서 *The Fallacy of Stationary*)처럼 스펜서의 사회학설을 정태 분석(a static analysis of society)으로만 간주하지는 않았다. 정치 논설과 번역 중의 짧은 해설을 통해 옌푸는 한편으로는 사회와 지식의 구조-기능 분석 틀을 제공하였다. 특히 지식의 분류와 직업의 분업을 중심으로 구성된 분류 체계로서, 이러한 분류 체계는 어떤 한 유형의 '사회' 구조의 수립에 근거를 제공하는 것이었다. 한편 그는 사회를 본질적으로 끊임없이 변화하는 과정으로, 즉 진화 과정에서 변이와 질서의 복잡한 결과로 이해하였다. 아마 바로 후자의 측면으로 인해 옌푸는 생물 과정과 사회 과정을 혼동한 사회진화론자, 혹은 적어도 직선적 진화 사관의 권위 있는 해석자로 간주되었다. 그러나 '군'과 '군학' 개념의 형이상학적 성질을 고려한다면, 이러한 관점은 옌푸에 대한 단순화에 불과하다는 것을 알 수 있다. 스펜서의 학설과 헉슬리의 진화 개념은 그의 지식론과 역사관을 이어 주는 교량이다. 옌푸의 지식 계보와 그가 서술한 '사회' 범주는 모두 분화와 종합의 이중적 특징을 지니고 있다. 이러한 분화와 종합은 보다 기본적 개념을 통해야만 비로소 이해될 수 있으며, 그 개념은 바로 '천연'이다.

제4절

'명名의 세계': 귀납법과 격물의 과정

1. '밀의 명학' 중의 귀납/연역, 실험/직관

옌푸의 '역易의 세계'와 '군群'의 세계를 다루었으니, 다음으로 옌푸의 논리학이라는 문제의 관점에서 그의 '명名의 세계'에 관한 연구에 들어가 보고자 한다. 논리학의 임무 중 하나는 개념을 정의·한정·분류하고 개념 사이의 관계를 추론하는 것이다. 청말의 분위기 속에서 논리학은 모든 근대 과학의 방법론적 기초였다.

옌푸가 본 과학은 일종의 형이상학 체계이며, 또한 귀납법으로 사물의 인과관계와 최종적인 진리를 추구하는 방식이다. "결과를 보고 그 원인을 탐구하면서",[148] 그는 실증적 방식으로 '진리' 문제를 추구할 것을 강조했다. 그렇지만 옌푸에게서 실증으로 귀결되는 귀납법이 어떻게 형이상학과 양립할 수 있을까?[149] 프랑스 철학자 리오타르Jean-François Lyotard는 일찍이 과학은 한편으로 자신의 정당성을 논증하기 위해 철학을 필요로 하지만, 다른 한편으로 과학적 방법론은 최종적으로 어떠한 비실증적 지식도 부정할 것을 요구하는데, 이는 이른바 '정당성의 해체'에 내재되어 있는 역설이다. 옌푸의 '과학' 개념 가운데는 분명 실증적 방법과 형이상학이라는 두 측면이 포함되어 있다. 그는 과학을 서양이 강성해진 원인으로 간주했을 뿐만 아니라, 중국 문제의 핵심으로 보았다. 슈워츠는 일찍이 옌푸가 번역한, 귀납법과 연역법을 해석하고 있는 『밀의 명학』이란 작품은 옌푸의 종합적 사상 체계의 기본 원리라고 대담하게 말했다.[150] 그렇다면, 이 둘은 자기 해체적인 관계를 구성하고 있는가? 여기에서 우선 귀납법에 대한 옌푸의 해석을 분석하고, 나아가 다시 그의 형이상학 체계로서의 과학을 해석하고자 한다.

옌푸는 매우 많은 곳에서 귀납법을 언급했다. 그는 그가 숭배한 스펜서의 학설, 애덤 스미스의 경제학과 정치학을 포함한 근대 과학이 모두 실증과 귀납의 기초 위에 서 있다고 보았다. 그는 논리학이 모든 학설의 기초이며, 따라서 모든 사물 중에 보편적으로 존재하는 어떤 규율성을 가정한다고 보았다. 옌푸는 모든 일반 규칙 또한 귀납법으로부터 온 것이며, "일반 규칙은 귀납으로부터 말미암지 않은 것이 없고, 도형과 수의 일반 규칙이라고 해서 예외는 아니다"[151]라고 하였다. "하늘이 사람을 만들면서 영성을 부여했지만, 태어나면서부터 미리 지능을 갖추고 태어나는 경우는 없다. 무엇인가 알고자 한다면 처음에는 반드시 귀납을 통해야 한다. …그런데 귀납은 반드시 사실에 도움을 받아야 하며, 사실은 반드시 경험을 통해야 한다."[152] 따라서 각종 과학은—자연과학과 각종 사회과학을 포함하여—모두 경험과 귀납의 기초 위에 수립되어야 한다.[153] 뒷날 편집자에 의해 「오늘날 교육은 물리 과학을 급무로 삼아야 함을 논함」이라는 제목이 붙여진 한 강연 중에서, 옌푸는 각종 학과 중에서 '물리 과학'의 기초적 지위를 특별히 강조했다. 그런데 "여기에서 물리만 말했지만, 화학, 동식물학, 천문학, 지질학, 생리학, 심리학을 겸해서 말한 것"이며, 그는 이러한 학과가 모두 귀납법을 원리로 삼을 수 있다고 분명하게 생각했다. 그는 중국의 전통적 교육이 "연역이 너무 많고 귀납은 절대로 부족하여, 사전에는 관찰이라는 수단이 없고 사후에는 옛사람이 내려 준 기존의 법칙을 인증하는 노력이 없어 공리가 소략함이 많고 연역도 결점이 많다"[154]라고 비판했다.

엔푸가 귀납법을 중시한 것을 가장 잘 증명할 수 있는 것은 그가 1900년에서 1902년 사이 밀John Stuart Mill(1806~1873)의 거작 『논리학 체계, 연역과 귀납』(A System of Logic, Ratiocinative and Inductive, 1843)의 전반부를 번역하여, 1905년에 『밀의 명학』이라는 제목으로 출판한 예이다. 1908년에 그는 또 제번스W. S. Jevons(1835~1882)의 『명학천설』名學淺說(Primer of Logic)을 번역하여 다음 해 출판하였다. 엔푸는 밀의 저작의 후반부를 번역하지 못해 유감스럽지만 후자는 이를 보완하기 위한 것이었다고 스스로 말하였다.[155]

밀의 『논리학 체계, 연역과 귀납』(이하 『논리학 체계』로 표기)은 급진적이고 경험주의적인 저작이다. 이 저작은 논리학의 주요 전통에 배치되었기 때문에 전통주의자로부터 공격을 받았으며, 또한 콩트와 실증주의자의 비판도 받았다. 실제로 왜 엔푸는 일본의 선구적 지식인인 니시 아마네처럼 콩트의 저작을 번역하지 않고, 스펜서와 밀을 그의 사고의 중심에 두었는지 나는 줄곧 의아하게 생각했다.[156] 스펜서의 종합철학은 분명 콩트의 실증철학을 새롭게 쓰고자 한 것이다. 그렇지만, 콩트는 철학자로서의 능력이 더 큰 것 같고, 스펜서는 경험적 사회학의 방면에서 더 '과학적'인 것 같다. 어떤 의미에서는 스펜서의 『사회학 원리』는 몽테스키외의 『법의 정신』과 애덤 스미스의 『국부론』에서 발전해 온 것으로 보이며, 주로 콩트의 유토피아 사상에서 영양분을 흡수한 것은 아니다. 이 점은 엔푸가 경제학과 법학 방면에서 취한 선택과 완전히 일치한다. 콩트는 사회 체계가 각 부분에서 상호 의존한다는 개념을 발전시켰으며, 스펜서는 몇 가지 방면에서 콩트의 사상을 발전시켰다. 스타니스라프 안드레스키는 다음과 같이 이것을 세 가지로 개괄했다. "첫째, 콩트의 개념에 경험적 내용을 부여하였다. 둘째, 이 개념을 기초로 보다 전문적인 원칙을 발전시켰다. 셋째, 순수 지식의 요인에서 사회구조로 중점을 옮겼다."[157] 지식론에 대한 엔푸의 흥미는 상당한 정도로 지식과 사회의 관계, 특히 지식 체계의 관계 속에서 사회를 이해하는 구조적 방식에서 유래했다. 이 점에서 스펜서는 분명 많은 것을 제공할 수 있었다.

그렇다면 옌푸는 밀과 콩트 중에서 어떤 선택을 했을까? 이에 대해서는 하나의 추측성 분석도 가능할 것이다. 어떤 의미에서는 콩트의 체계가 옌푸의 요구에 더 적합한 듯하다. 콩트는 귀납 논리도 중시하면서, 또한 완전한 지식 분류학도 제시하였다. 그가 제시한 지식 진보의 삼단계설은 진화론의 원칙에 부합한다.[158] 밀은 콩트와 마찬가지로 "외부 대상의 특징은 이 대상에 대한 우리의 감각을 기초로 한다고 보았으며, 또한 그것을 '대상이 감각을 불러일으키는 능력'으로 규정했다."[159] 그렇지만 콩트는 반드시 해부학과 생리학을 통해야만 비로소 정신의 규율을 드러낼 수 있다고 여겼다. 그의 과학적 방법은 심리학을 완전히 배제하며, 또한 정치경제학을 형이상학으로 간주하여 고려의 대상으로 삼지 않았다. 밀의 경험주의는 그의 부친의 연상심리학으로부터 많은 영향을 받았으며, 콩트와 같이 현상에 객관적 실재성이 있다고 보지는 않았다. 그는 외부 세계는 일종의 '심리학적 현상'이며, 외부 세계와 자아 및 그 존재는 두 개의 심리적 사실이라고 보았다. 바꾸어 말하면 사물 그 자체는 자신의 규율이 없고, 사물의 인과성 연관은 순수한 심리적 결과에 불과하다. 따라서 밀의 귀납 논리 중에는 흄의 불가지론이 보다 깊이 포함되어 있다. 그렇다면 과학을 "거짓을 물리치고 참된 것을 숭상하는 것"으로 본 옌푸가 왜 밀에 더 흥미를 느꼈을까? 물리 과학의 과학의 원형으로서의 지위를 그렇게 강조했으면서, 옌푸는 왜 콩트의 '사회물리학'으로 기울지 않고 주관론적 색채를 띠고 불가지론을 주장한 밀에게 보다 열중하게 되었을까? 이것이 대답해야 할 첫째 문제이다. 여기에서 내가 지적하고자 하는 관련된 대답은 밀의 주관론적 색채와 불가지론이 비록 밀과 스펜서의 작업 영역이 완전히 다르긴 하지만, 어떤 점에서 스펜서와 매우 유사하다는 것이다.

이 문제와 직접적으로 관련되는 문제는 옌푸가 어떤 의미에서 귀납 논리를 논의하고 있는가 하는 점이다. 여기에서 우선 풀어야 하는 오해는 밀의 논리학 체계가 많은 사람이 생각하고 있듯이 "연역 논리와 귀납 논리를 대립시키면서 아울러 연역 논리를 배척한 것이 아니라는 점이다."[160] 실제로 밀의 관점에 따르면, 대립은 연역과 귀납 사이에 있는 것이 아니라 연역과 실험 사이에 있다.[161] 밀은 감각론의 기초 위에서 '실험'이 모든 지식의 기원이란 것을 강조하였다. 그는 베이컨의 논리학을 발전시켜 완전한 귀납 논리 체계를 새롭게 건립하였다. 일치법(契合法), 차이법差異法, 일치·차이 병용법(同異法), 잉여법剩餘法, 공변법共變法 등 귀납법의 다섯 가지 법칙은 실증주의의 특징을 지니고 있다. 그러나 이것이 귀납 논리와 연역 논리가 전적으로 대립한다는 것을 말하는 것은 아니다.[162] 밀은 우리가 복잡한 추리 과정에서 삼단논법의 형식을 사용해서 추론해 가는 것 같지만 삼단논법의 추리와 같이 보이는 것이 실제로는 일련의 '표기'標記의 귀납으로 환원될 수 있다고 하였다. 이른바 '표기의 표기'가 가리키는 것은 이전의 귀납에 대한 표기이다. 우리의 기억은 대량의 내용을 순서 있게 정리할 수 있을 만큼 뛰어나지 않으며, 일반 명제를 사용하여 추리를 진행할 정도도 아니다. 따라서 우리는 추론 과정에서 '표기의 표기'(이전의 귀납)의 도움을 받아야 하며, 본래는 귀납적이고 실험적인 과학 부문을 순수한 추리성의 과학으로 바꾸었다. 이러한 의미에서 연역은 결코 귀납과 대립되는 추리 형식이 아니라, 그것의 극단적 형식이다.[163]

　　수학과 같은 연역적 과학에 대한 밀의 해석은 연역 논리를 부정했다기보다는 휴얼William Whewell(1794~1886)의 직관주의에 대한 비판이라고 할 수 있다. 따라서 우리는 귀납 논리와 연역 논리의 대립이 아니라 귀납 논리와 직관주의(直覺主義)•의 대립 속에서 밀의 논리학 이론을 이해해야 한다. 예를 들면, 수학과 같이 경험과 실험을 전혀 필요로 하지 않고 완전히 연역적인 과학을 어떤 의미에서 '참'이라고 할 수 있는

•　직관주의(直覺主義): 'intuitionism'의 번역어로 한국에서는 일반적으로 '직관주의'로 번역되기에 그에 따라 의역했다.

가? 휴얼과 직관주의자는 기하공리가 거짓이라고는 도저히 생각할 수 없기 때문에 그것이 참이라고 주장한다. 밀은 이를 반박하면서, 그것은 우리가 경험 중에서 귀납을 통해 만들어진 것이며 그것이 거짓이라고는 도저히 생각할 수 없는 이유는 단지 연상 습관의 능력 때문이라고 말했다. 직관주의자는 기하학의 공리가 이러 저러한 특수한 경우에 참이 될 뿐만 아니라 보편적 필연적으로 참이라고 한다. 이에 대해 밀은 그들이 일종의 습득된 능력을 직관으로 간주하는 잘못을 범하고 있으며, 연상의 법칙은 사람들이 어떻게 해서 확실한 진리를 필연적 진리라고 가정하는지 잘 보여 준다고 대답했다.[164] 밀은 귀납법을 "일반 명제를 발견하고 검증하기 위한 활동"이라고 정의하고, 또한 일반 명제 속에 포함된 인과관계를 자연의 힘으로 간주하지 않고 예측에 대한 인간의 진술로 보았다. 바꾸어 말해 '원인'은 불변하는 선행 사건이며, '결과'는 줄곧 불변하는 후행 사건이다. 과학의 임무는 자연의 질서 있는 성질을 의식하는 약한 귀납에서 일관된 법칙을 기록하는 강한 귀납으로 나아가는 것이다.[165]

수학과 기하학에 대한 밀의 견해는 일반적으로 『논리학 체계』라는 책의 약점으로 간주되지만, 직관주의를 반대하는 관점을 도리어 잘 이해할 수 있도록 해 준다. 의지와 개체 특성에 대한 그의 관점은 이와 마찬가지이다. 직관주의자는 자기 의지에 대한 우리의 이해가 경험과 독립된 것이며 구조화된 선험적 지식이라고 이해한다. 그러나 밀은 의지가 기타의 원인과 동일한 자연적 원인이라고 생각한다.[166] 윌리엄 토머스William Thomas가 말했듯이, 밀의 이러한 관점은 본래 '원시적 물신주의', 즉 초기의 인류가 이러한 관점에서 활력과 관련된 관념을 자신의 주변에 의식이 없는 사물에까지 확대했던 견해를 겨냥한 것이었다. 그렇지만 밀은 직관주의의 착오를 증명하고자 결심했으며, 따라서 그는 개체적 특성에 대한 어떠한 고려도 애써 피했다. 그의 연상주의 사상의 배경은 환경이 모두이며 개체는 의미가 없다는 신념으로 기울어지는 경향을 띠고 있다. 밀은 정신을 피동적 저장소로 삼았다. 이러한 관점은 자연법칙에 대한 우리의 인식이 '경험을 하나씩 개괄하면서' 얻어진 것이라는 의미를 암시한다.[167] 이러한 관점은 정신과 연계되는 사실을 중시하고, 사실을 탐색하는 정신을 경시한다. 이에 반해 직관주의자는 우리는 어떤 이론으로부터 연구를 시작할 수밖에 없으며, 만일 이론의 도움이 없다면 우리는 어떤 법칙이 법칙임을 알 수 없다고 생각한다.[168] 따라서 밀의 논리학은 주관적이지만, 반의지주의적이라고 말할 수 있다.

밀의 논리학에 대한 간략한 설명을 통해 위에서 서술한 세 가지 문제에 대답할 수 있다. 즉 옌푸는 어떤 의미에서 '진리'를 추구했으며, 혹은 그의 귀납주의적 경향은 주관주의와 어떤 관계가 있는가? 옌푸는 어떤 의미에서 귀납 논리를 논의했으며, 혹은 그는 귀납과 연역을 대립적으로 파악하는지 아니면 실험과 연역을 대립시키고 있는가? 나는 위에서 서술한 문제가 논리학의 문제가 아니라 사상사의 문제라고 본다. 즉 옌푸의 귀납법에 대한 논의와 소개가 어떤 문화적 함의를 띠고 있는가 하는 문제이다.

2. '진'眞과 '성'誠의 호환과 격물의 과정

우선 진리에 대한 옌푸의 견해와 그 검증 과정을 논의하고자 한다. 먼저 지적해야 할 것은 『밀의 명학』에서 나타난 '진리'(truth) 개념에 대한 번역이다. 밀의 원서 서론 제3절의 표제는 "Or is logic the art and science of the pursuit of truth"(논리는 진리를 추구하는 기술과 과학인가?)[169]이며, 옌푸는 "명학은 '성'誠을 추구하는 학술임을 논함"[170]으로 번역했다. 그는 본문의 번역에서 진리 개념을 '성'誠으로 번역했을 뿐만 아니라, '명학'(논리학)을 "개인이 '성'誠의 당연성을 추구하고자 노력하는" 위기지학爲己之學으로 간주했다.[171] 진리 추구와 성의 추구 사이의 호환성은 사물의 법칙성에 대한 탐구가 인간의 내재적 상태와 관련되어 있다는 것을 의미한다. 여기에 하나의 예를 들어보자. 밀의 원문은 다음과 같다.

> They may all be regarded as contrivances for enabling a person to know the truths which are needful to him, and to know them at the precise moment at which they are needful. Other purposes, indeed, are also served by these operations; for instance, that of imparting our knowledge to others. But, viewed with regard to this purpose, they have never been considered as within the province of the logician. The sole object of Logic is the guidances of one's own thoughts.[172]

필자 번역: 그것들(논리학의 명명, 분류, 정의 및 그 밖의 과정)은 하나의 장치로 간주될 수 있다. 이러한 장치는 사람들로 하여금 자신에게 필요한 진리를 이해할 수 있도록 해 주며, 또한 이러한 진리가 그들에게 필요한 바로 그때에 그것을 이해하도록 해 준다. 이러한 과정은 다른 목적, 예컨대 우리의 지식을 다른 사람에게 전달하는 경우에 도움이 된다. 그러나 이러한 목적에서 보면 그것들은 논리학의 범주 내에서 전혀 고려된 적이 없다. 논리학의 유일한 목적은 개인의 사상을 지도하는 것이다.

옌푸는 이 문장을 다음과 같이 번역하였다.

인간의 삶은 성誠이 없으면 스스로 생존할 수 없고, 성이 없으면 사물을 대할 수도 없다. 성을 추구하는 길은 명학에서 말하고 있다. 성을 추구하는 것은 자신을 위하기 때문이지만, 때로는 다른 사람을 위한다. 다른 사람을 위한다는 것이 무엇인가? 설교가 그것이다. 사람을 가르칠 때는 언제나 언사로써 하지만, 그 기술은 명학에서 다루는 것이 아니다. 명학이 연구하는 것은 개인이 사유를 통해 성의 당연성을 추구하고자 노력하는 것일 뿐이다.[173]

옌푸는 영어와 중국의 고전 문자에 정통한 학자이며, 번역 과정에 나타난 그의 어휘의 선택은 결코 '오역'으로 볼 수 없다. 분명 옌푸가 보기에 '진리'는 일종의 자연의 진리일 뿐만 아니라 일종의 도덕적 지식이었다.[174] '성誠을 추구하는 학문'으로서 명학은 명명, 개념, 분류, 정의의 방식을 통해 진리를 획득한다. 밀의 주관적 논리학은 옌푸의 번역을 통해 자연스럽게 도덕적 함의를 부여받았으며, 아울러 '위기'爲己(자기 자신을 위함)와 '설교'說敎와 같은 유학의 관념과 내재적 연관을 맺게 되었다. 예를 들면, "사람을 깨우치고 가르치는 방법에는 또 다른 기술이 있으므로 이는 분리시켜서 다룬다. …명학에서 논하는 인간의 마음이 할 수 있는 바는 모두 명明으로부터 성誠에 이르는 것이며, 그 명과 성은 모두 자기를 위하는 것이다."[175]

위에서 인용한 번역의 내용을 살펴보면, 옌푸가 1895년 2월에 쓴 「세계 변화의 빠름을 논함」이란 글에서 보이는 두 명언, 즉 "학술에서는 거짓을 배척하고 참을 숭상하고, 정치에서는 사私를 꺾고 공公을 이룰 뿐이다"[176]라고 한 것을 다시 해석하지 않을 수 없다. 주의해야 할 것은 옌푸가 정치학과 법률학은 과학의 한 가지에 불과한 것으로 생각했지만, 지식의 측면에서 진위를 변별하고 정치적 측면에서 공사를 구분하는 것이 밀접하게 상관되어 있고, 따라서 진위와 공사를 논증하는 과정이 반드시 있어야 한다는 것이다. 바꾸어 말하면, 귀납 논리는 반드시 이 두 영역이 유효해야 한다. 일정한 의미에서 진眞·성誠·공公·군群 개념은 내재적 동일성을 지니고 있으며, 이들은 모두 사회·국가·세계·우주의 진리 상태로 간주될 수 있다. 귀납 논리는 위에서 서술한 각 영역이 이러한 진리 상태에 도달하는 길을 제공하는 것이다. 따라서 귀납 논리는 방법론의 과정으로 간주될 수 있다.

그렇다면 옌푸는 어떻게 이러한 방법론의 원칙을 자연과 사회 영역에 관철시키고 있는가? 이러한 방법론의 구체적 과정은 어떠한가? 옌푸는 1895년 3월에 발표한 유명한 「강함이란 무엇인가」라는 글에서 이에 대해 명확하게 해석하고 있다. 이 글에서 그는 "인간이 금수와 다른 이유는 사회를 형성할 수 있기 때문"이라고 한 순자의 말에서 '군' 개념을 끌어와 '인류의 일을 크게 밝히는' 스펜서의 사회학(군학)을 명명하였다. '군' 개념은 어느 정도 인간의 본성으로 간주될 수 있고, '군학'으로 사회학을 명명한 것은 분명 사회학이 사회를 탐구하는 학문일 뿐만 아니라 선험적 본질적 지식을 체현하는 것임을 보여주고 있다. 만일 '군'이 사회학적 진리라고 한다면, 이는 분명 선행해서 존재하는 진리이다.

따라서 다음의 문제는 어떠한 순서로 선행하는 진리로부터 다음에 오는 진리에 도달한 것인가 하는 문제이다. 옌푸는 스펜서의 방법과 논지가 "중국 고전의 『대학』에서 말하는 성의정심誠意正心, 수신제가의 일과 뜻밖에도 합치하며," 다만 『대학』은 이 문제를 구체적으로 다루지 않았고 상세하게 설명하고 있지 않았지만, 스펜서는 "하나의 이론을 주장하고 한 가지 일을 논함에 반드시 사물의 이치를 근원적으로 탐구하여 인간의 일에 검증하고, 하나의 단서를 참된 진리의 근원에까지 미루어 나가 최후의 효과를 드러내는 데까지 탐구했다."[177] '성의정심, 수신제가, 치국평천하'는 도덕과 정치적 실천의 과정을 포함하고 있지만, 이러한 과정은 인식 활동의 과정과 근본적으로는 차이가 없다. '사물의 이치를 근원적으로 탐구하고 인간의 일에 검증한다'는 것은 당연히 귀납과 실증이라는 함의를 지니고 있다. 그런데 보다 중요한 것은 여기에서 제출된 인식의 과정은 주희朱熹가 말하는 '사물에 나아가'(即物), '이치를 밝히고'(窮理), '지극한 단계에 이르는'(至極) 과정이며, 이러한 과정에서 '참된 진리의 근원에까지 미루어 나가는 것'은 분명 귀납적 기초 위에서 이루어지는 연역이다. 밀의 논리에 따르면 이는 귀납의 극단적 형식으로 간주될 수 있다.

스펜서의 『권학편』을 언급하면서[178] 옌푸는 이러한 인식 과정을 구체적으로 서술하고 있다.

> 천하의 흐름과 근원에 관한 원인과 결과를 탐구하는 것은 사회학에서 가장 어려운 일이다. …격치의 학문을 먼저 하지 않으면, 편벽된 감정을 제거할 수 없으며 시야가 좁고 허에 얽매이게 되며, 마음의 잘못이 정치의 폐단에까지 이르는 것과 같이 언제나 개인, 가족, 국가를 그르치고야 만다. 그래서 사회학을 연구하고자 한다면 반드시 먼저 여러 학문을 공부해야 한다. 수학과 논리학을 공부하지 않으면, 궁극적 이치와 필연의 수를 살필 수 없다. '역학'力學(물리학)과 '질학'質學(화학)을 공부하지 않으면, 인과의 효능이 상생한다는 것을 알 수 없다. '역학'이란 격치의 학문이며, 질학은 이른바 화학이다. 수학, 논리학, 역학, 질학 이 네 가지를 이미 공부했더라도, 마음의 작용은 적은 것을 세밀히 살펴보지만 혼란스러움에 현혹되거나, 가까이 살펴보지만 아득한 것에 미혹되곤 한다. 그러므로 천지인 세 부분의 학문을 하지 않으면 유구하고 광대하며 복잡하게 변하는 사리를 궁구할 수 없다. 이 세 가지 중에서 인간을 다루는 학문이 가장 시급하다. 왜냐하면 사회는 인간이 모여서 이루어진 것이기 때문이다. 부분을 잘 알지 못하면 전체를 볼 수 없다. 하나의 사회와 국가가 성립할 때 그 체용과 기능은 실제로는 모든 생물과 다르지 않고, 대소의 차이가 있지만 기관과 기능이 서로 유사하다. 그러므로 인간에 관한 학문은 사회학에 들어가는 기초이다. 인간에 관한 학문은 생물학과 심리학의 두 가지로 나눌 수 있다. 생물학은 인류의 생장과 번식을 논하는 중요한 법칙이다. 심리학은 인민의 지식과 행동이 감응하는 신비한 기제이다. 인간의 몸은 육체와 정신이 서로 도우면서 움직이며, 국가는 힘과 덕이 서로 갖추어져서 존립한다. 모든 정치적인 행위와 강약과 성쇠의 흔적은 모

두 석가모니*가 말한 것처럼 업에 따라 드러날 뿐이다. 진실로 유위법有爲法의 뿌리가 있어 그 영향을 받는다. 이 여러 가지 학문을 분명히 한 뒤에야 사회학을 공부할 수 있다. 사회학을 잘 연구한 다음에 수신제가 치국평천하를 이룰 수 있고, 세상과 인민을 유지하고 보존하여 날로 아름다운 이상적인 정치로 나아갈 것이다. 아, 아름답고 완벽하구나.[179]

분명히 옌푸의 인식 과정과 인과관계의 설정은 일종의 전체론적 세계관을 전제로 하고 있다. 이러한 세계관은 이학理學이나 천리天理 관념과 내재적 유사성을 지니고 있으며, 각종의 지식 분류는 세계의 유기적 구조와 직접적으로 관련되어 있다. 사회와 국가는 체용의 기능 시스템이며, 지식의 측면에서는 다른 유형의 지식 사이의 상호 의존 관계로 표현되었다. 따라서 옌푸의 '진리 추구' 과정은 주자학의 '천리적 세계관'이 전제하는 '격물궁리'의 과정과 매우 유사하다. 먼저 논리학, 수학, 화학, 물리학 등의 자연의 이치를 추구하고 나아가 이를 통해 '천지인'의 이치를 미루어 살피고, 더욱이 인간의 이치 다음에 다시 이를 기초로 '사회'의 이치를 추구하는데, 그 기본적인 목적은 '수신제가, 치국평천하'이며 '아름다운 이상적인 정치'의 세계에 도달하는 것이다. 자연, 심리, 사회에 모두 객관적 원리가 있지만, 이들은 각자 독립된 것이 아니라 상호 연계되어 있다. 이들은 또한 층차의 구별이 있지만 성질의 구분은 없다. 이러한 층차의 구별은 '수신제가, 치국평천하'라는 궁극적 목표와 멀고 가까운 정도에 따라 정해진다. 여기에서도 마찬가지로 '이일분수'理一分殊*의 가정이 포함되어 있으며, 아울러 자연과 인문의 이치가 본질적으로 일치한다는 것을 믿었다. '진리 추

• 석가모니: 원서의 '釋民'은 '釋氏'의 잘못이다.
• 이일분수(理一分殊): 원래 화엄종과 선종에서 기원한 개념으로, 보편적 원리가 모든 사물과 현상에 편재해 있음을 의미하는 성리학적 개념이다.

구'는 곧 '궁리'이며 '궁리'의 목적은 인간사에 있지만, 가장 근본적이고 보편적인 '원리'는 또한 각종 자연 사물의 '원리'에 의존한다. 따라서 '사회'의 '원리'를 얻는 것, 즉 '수신제가, 치국평천하'에 이르는 길은 반드시 자연 사물의 '원리'에 대한 '궁구'를 전제로 하고 있다.[180] 서양의 과학적 방법과 치국평천하는 내재적 일치성을 지니고 있다. 즉 "격물, 치지, 성의, 정심을 이상적 정치의 근본으로 삼고 있다."[181] '격물치지'로부터 '수신제가치국평천하'에 이르는 추리적 논리는 분명 일종의 유기론적 가설에 의존하고 있다. 즉 이 세계의 각종 물질적 사물 사이에는 연속 관계가 있을 뿐만 아니라, 이 세계의 물리 현상과 정신 현상 사이에도 단절은 존재하지 않는다는 것이다. 연속성은 위에서 서술한 격물 과정의 가장 기본적인 형이상학적 가설이다.

3. 직관주의 비판과 주희와 육구연의 논변

정신과 물리 세계의 연속 관계는 언제나 의지론과 인식론상의 직관주의로 이어진다. 양명陽明의 심학心學이 곧 하나의 예이다. 그렇지만 옌푸는 밀의 영향으로 귀납을 연역의 기초로 간주했을 뿐만 아니라 연역을 귀납의 극단적 형식으로 보았다. "무릇 연역은 귀납과 대립하는 것이 아니라 실제로는 귀납의 한 가지 방법이며,"[182] "귀납과 연역은 서로 표리를 이루며 서로 다른 것이 아니며," 심지어 "수학의 공리도 경험에서 말미암고,"[183] "공리는 모두 귀납에서 말미암으며 도형과 수의 공리라고 해서 그렇지 않을 수 없다."[184] 그에 의하면, 대립하는 것은 결코 귀납과 연역이 아니라 실험과 직관주의이며, 혹은 더 직접적으로 말하면 격물의 실천과 양지良知이다. 옌푸가 귀납 논리를 중시한 것은 사람이 직접 실험하는 행동주의와 완전히 일치한다.

주의해야 할 것은 밀이 진리를 구하는 방식을 두 가지로 분류하고 있다는 점이다. 하나는 직접 경험에 의거하는 것이요, 또 하나는 이러한 직접 경험으로부터 추론된 것이다. 그는 직접적 지식을 논의하면서 직관(Intuition)과 의식(Consciousness) 개념을 사용하고 있지만, 그 함의는 직관주의자와 다르며, 그가 강조한 것은 직접적 경험이다. 옌푸는 직관과 의식을 운용하여 직접적으로 얻은 지식을 '원지'元知로 번역하고 추리(inference)를 통해 얻은 지식을 '추지'推知라고 칭했으며, 밀의 주장을 따라 사람들이 '추지'를 '원지'로 간주하는 잘못을 범하지 말도록 주의해야 한다고 말했다. "원지는 지혜의 시작이며, 모든 지식은 여기에서부터 추론된다."[185] 옌푸는 논리학이 일반 지식과는 다르며, '원지'가 아니라 '추지'를 중점적으로 연구한다는 것을 매우 분명히 밝혔다. 왜냐하면 추지는 잘못을 범하기 쉽고 원지는 참되므로, 추지의 과정을 어떻게 검증하느냐 하는 것이 관건이기 때문이다.[186] "논리학은 학문의 학문이다. …대체로 모든 분과 학문과 이치를 분석하는 책은 그 사람의 말과 행위, 그리고 공리와 법칙에 부합해야 한다. 만일 부합하지 않으면 참이 아니라 거짓이 되고, 끝과 결론은 모두 사실과 어긋나게 된다."[187] 추론 과정의 엄격성을 요구하는 것은 반드시 명명, 정의, 분류의 엄밀성을 요구하게 된다. 옌푸의 과학적 지식론의 핵심은 일반적으로 귀납과 연역을 대립시키는 것이 아니라 실험과 추론 과정의 엄밀성을 중시하는 것이며, 이를 이른바 '마음의 작용에 의거하여 스스로 파악하는' 직관주의와 대립시켰다. 그래서 그는 "사물을 통해 실험하지 않고, 마음의 작용에 의거하여 스스로 억단하거나, 옛사람의 주장을 독신하는 것은 조심해야 할 일이다!"[188]라고 말했다.

직관주의에 비판적 태도를 취하고 특히 실험과 인식 과정의 엄밀성을 강조하는 밀의 논리학은 옌푸에게 이학理學의 맥락으로 돌아가 문제를 논의할 수 있는 적당한 길을 제공했다. 옌푸의 귀납주의 경향은 밀, 베이컨, 로크에 연원을 두고 있지만, 실제로는 "실측을 통한 회통이 아니라 억측에 의거하여 규칙을 찾는"[189] 중국의 전통 학술, 특히 육왕 심학陸王心學•에 대항하여 발생한 것이다. 귀납과 연역의 관계에서 보면, 그의 관점은 '격물'과 '치지', '누적'과 '관통'의 관계에 대한 주희의 견해와 가깝다. 단지 직접 실험을 강조하고 직관주의에 반대하는 것이라면, 옌푸 또한 전통 학술 속에서 각종의 자연 지식과 이학을 대비시킬 수 있었을 것이며, 이학 내의 두 학파를 선택할 필요가 없었을 것이다.[190] 그가 중시한 것은 분명 실험이란 개념뿐만 아니라, 지식이 자연적으로 합리적 우주 질서를 도출할 수 있느냐 하는 것이었다. 따라서 그가 요구한 과학은 자연과학과 기술일 뿐만 아니라, 일종의 형이상학이었다. 그가 직면한 문제는 귀납과 실험적 과학 방법, 그리고 그것의 기술적 효능일 뿐만 아니라, 귀납, 실험적 방법과 모종의 선험적 '공리'를 어떻게 일종의 인식 과정 가운데 통합할 것인가 하는 것이었다. 이러한 의미에서, 일반적 자연학은 옌푸의 요구를 충족시킬 수 없었다. 우리는 이러한 형이상학적 요구 속에서 비로소 옌푸의 서사적 전환을 이해할 수 있을 것이다.

청일전쟁에서 패배한 이후 옌푸는 중국과 서양을 대비하는 서사를 펼쳤으며, 이러한 서사 방식은 전반적 반전통주의의 선구로 간주되고 있다. 슈워츠는 이를 토대로 옌푸를 가치 관념의 진정한 변혁자로 간주한다. 바꾸어 말하면 그는 옌푸의 전통 부정에 착안하여 옌푸에 대한 연구를 전개했으며, 이러한 관점에서 출발하여 '부강의 추구'를 축으로 하는 옌푸의 사상적 함의를 논의했다. 그러나 위에서 서술한 인식 과정 중에서 이러한 대비적 서사를 관찰하게 되면, 의미상 오히려 미묘한 변화가 발생한다. 이러한 변화는 분명 슈워츠가 고찰하지 못한 것이다.

중국과 서양을 첨예하게 대비시키는 논의 방식은 「세계 변화의 빠름을 논함」에서 제기되었는데, 그 목적은 변혁의 필요성을 강화하는 데 있었다. 그는 다음과 같이 말했다.

• 육왕 심학(陸王心學): 남송의 사상가인 상산(象山) 육구연(陸九淵)과 양명학의 창시자 양명(陽明) 왕수인(王守仁)을 함께 묶어서 육왕이라 칭한다. 심학(心學)은 성리학에 맞서 주관적 마음[心]을 중시하였던 육구연과 왕수인으로부터 시작된 사상 사조이다.

중국과 서양의 사유 방식에서 가장 다르고 도저히 합치될 수 없는 것은 다음과 같다고 나는 생각한다. 중국인은 옛것을 좋아하고 현재를 경시하지만, 서양인은 현재에 힘쓰고 옛것을 비판한다. 중국인은 치란과 성쇠의 순환을 우주와 인간의 자연 질서라고 간주하지만, 서양인은 끊임없이 앞으로 나아가고 성세가 되면 다시 쇠퇴하지 않고 치세가 되면 혼란으로 돌아가지 않는 것을 학술과 정치의 지극한 법칙으로 삼고 있다.

중국은 삼강三綱을 가장 중시하지만, 서양인은 평등을 먼저 밝히고자 한다. 중국은 혈육을 중시하지만, 서양인은 현자賢者를 숭상한다. 중국은 효孝로써 천하를 다스리고, 서양인은 공公으로 천하를 다스린다. 중국은 군주를 존중하고, 서양인은 인민을 높인다. …중국은 소비의 절약을 중시하고, 서양인은 수입의 증가를 중시한다. …학술 방면에서 중국은 박식을 자랑하지만, 서양인은 새로운 지식을 중시한다. 재난에 처해서는 중국은 하늘의 운수에 맡기지만, 서양인은 인간의 힘을 믿는다.[191]

바로 이러한 대비적 서사를 통해 옌푸는 중국이 예의의 땅이요 다른 지역은 금수와 이적이라고 보는 견해를 뒤집으면서, 서양을 모범으로 삼아 부강의 기술을 찾자는 전면 개혁의 주장을 제기하였다.[192] 그렇지만 변혁의 필요성은 결코 옌푸가 분명히 이해하고 있던 다음과 같은 두 문제에 해답을 주지 못했다. 첫째, 서양 문명이 조성한 독점, 빈부 격차, 무력의 남용을 어떻게 피할 수 있을까? 둘째, 앞에서 서술한 것과 같은 중국과 서양의 차이 및 그 결과는 어떻게 해서 생겨난 것인가?[193] 바꾸어 말하면, 옌푸의 서사적 전환은 서양 근대성의 결과에 대한 반성적 사유와 밀접하게 관련되어 있는 것이다.

옌푸는 대비적 서사 이외에 역사적 서사를 통해 이에 대한 설명을 추가하고 있다. '거짓을 쫓아내고 진리를 숭상하는 것'과 '사를 제거하고 공을 보존하는 것'을 서술하더라도, 근대 서양 사회의 경제와 기술의 독점, 사회적 빈부귀천의 분화, 그리고 대외적 군사 확장을 해석할 방법이 없다. 이러한 것들은 옌푸가 생각한 '공'이 실현된 이상적 사회와는 합치될 수 없는 것이었다. "오늘날의 중국의 입장에서 서양을 보면, 서양은 참으로 강하고 부유하다. 그렇다고 해서 서양이 지극히 이상적인 정치라고 한다면, 이 또한 도저히 그럴 수 없는 커다란 오류이다."[194] 슈워츠는 일찍이 옌푸의 모든 저작을 관통하고 있는 논제, 즉 서양의 '공심'公心에 대한 찬미는 스펜서 학설의 어느 부분에도 환원되기 어렵다고 말했다. 옌푸가 스스로 영국의 생활을 공정하게 관찰하면서 이를 확립한 것이라고 슈워츠는 추측한다.[195] 이러한 '공'의 이념은 스펜서로부터 온 것이 아니며, 또한 전적으로 영국에 대한 옌푸의 관찰로부터 온 것도 아니다. 왜냐하면 옌푸의 관찰 중에는 완전히 '공'과 대립하는 사회의 모습도 포함되어 있었다. '공'의 이념은 그가 '천리적 세계관'을 숙지한 것과 직접 관련되어 있다. 그는 다만 서양 사회의 정치 제도와 어떤 사회 습관 속에서 이러한 '공'을 실현할 수 있는 예를 드러낸 것이다. 옌푸는 강렬한 대비의 방식으로 서양을 모범으로 삼아야 할 필요성을 논증해야 했으며, 또한 서양에 대한 비판적 태도를 견지해야 했다. 후자의 관점에서 보면, 일정 정도 구체적 사회 형태를 초월하는 '천리'에 의거한 '공' 관념이 반드시 필요했던 것이다. 그렇지만 옌푸가 이미 과학을 중국이 직면한 기본 문제로 간주했기에, 그는 과학의 내부에서 일종의 내재적 가치와 동력을 찾아야 했다. 이러한 가치와 동력은 과학과 그 방법에 대한 추구를 통해 자연스럽게 일종의 비교적 합리적이고 공평한 세계 질서로 나아갈 수 있는 것이다.

옌푸의 저작 가운데 드러난 서사상의 미묘한 변화에 주의를 기울인 이는 거의 드물다. 그 변화란 바로 「세계 변화의 빠름을 논함」에서 역사적 소급을 통해 중국과 서양의 강렬한 대비를 이학과 심학의 대비로 바꾼 것이다. 이를 통해 그는 지극히 존귀한 '천리'에 대한 경외의 감정을 유지하면서, 또한 중국이 쇠약해지고 패배한 원인을 해석할 수 있었던 것이다. 이러한 변화 속에서 실험과 직관주의를 대립적으로 본 밀의 논의 방식은 옌푸에게 교량을 제공했다. 심학은 "마음의 작용에 의거하여 스스로 억단하는 것"으로 이해되었으며, 주자학의 격물치지론은 귀납과 실험이라는 관념과 내재적 일치성을 지니는 것이었다. 비록 주자학 그 자체는 독서궁리의 한계로 인해 반드시 개혁되어야만 했지만 말이다.[196] 옌푸는 『밀의 명학』에 단 주석에서 '진리'는 인간의 마음에 의거하며 감각이나 실험과는 무관하다는 휴얼의 주장을 비판한 밀의 관점을 인용했으며, 아울러 밀의 관점을 '양지설'에 대한 비판, 특히 육구연陸九淵(호 상산象山)의 학문에 대한 부정으로 간주하였다.[197] 이러한 방법론적 측면에서의 비판은 옌푸가 역사적 각도에서 내린 판단과 완전히 일치한다.

> 무릇 서양의 학술은 명대 이전에는 중국과 서로 비슷했다. 최근에 이르러 그들의 학문은 사물의 이치를 먼저 하고 문사文詞를 뒤로 하며, 실용을 중시하고 장식을 경시했다. 또한 자제들을 교육하면서 특히 스스로 눈과 귀로 보고 듣도록 하고 스스로 마음을 다하여 생각하도록 하였으며, 스스로 얻은 것을 귀하게 여기고 남을 따르는 것을 천하게 여기며, 잘 의심하는 것을 좋아하고 옛것을 믿을 때는 신중하도록 하였다. 논리학과 수학 등의 학문에 의거하여 생각하면서 이치를 궁구하는 방법을 가르치고, 물리학과 화학 등을 통해 사물의 변화를 관찰하는 방법을 끌어내도록 한다. 그리고 본질에 관해서는 물고기와 토끼를 잡은 후에는 망과 그물을 버리듯이 처리한다. …주희가 즉물궁리即物窮理로 격물치지格物致知를 해석한 것이 바로 이것이다. 독서궁리로 말한 것은 여기에 미치지 못하는 것 같다.[198]

'과거제의 팔고문 폐지'를 요지로 하는 「멸망에서 구하기 위한 결론」(1895년 5월)에서 옌푸는 완고한 유학자의 말을 빌려 만일 "망한 나라를 구하고자 하여 서양 학술의 격치가 반드시 필요하다고 한다면", "격치에 어찌 반드시 서양 학술이 필요하겠는가, 이는 진실로 중국의 도리인『대학』의 기초이다"라고 말했다. 그렇지만 격치의 방법은 지나치게 번쇄하고 효과도 분명하지 않으며, 이미 육구연의 '사물을 쫓다가 도리를 파괴한다는 비난'이 있었고, '대나무를 바라보다가' 실패한 왕수인王守仁(호 양명陽明)의 실험도 있었다. '격'格 자는 맹자가 말한 군주의 잘못을 바로잡는다, 오늘날 법률에서 바로 잡아 죽이고 논하지 않는다고 할 때의 '격' 자의 의미로 풀어야 한다. 외부의 사물을 제거한 뒤에야 양지의 작용과 본체의 밝음을 볼 수 있다."[199] 이와 같은 질문을 통해 옌푸는 문제를 중국 사상 내부의 논의로 전환했다. 핵심적인 문제는 '격물'의 순서(직접 실험, 귀납적)를 통해 세계에 대한 이해와 파악을 획득해야 하는가, 아니면 외부 사물을 제외하고 마음의 작용에 의거하여 스스로 억단하며 인식의 정신을 유일한 대상으로 간주해야 하는가 하는 것이었다.

옌푸의 대답은 분명히 전자였다.

> 다음과 같이 대답하였다. "손님, 참 좋은 질문하셨소. 중국의 학술과 정교가 남쪽으로 천도한 이래로 더 이상 말할 수 없게 된 까닭은 육구연과 왕수인의 학문에서 시작되었다고 할 수 있소. …대체로 학술이 말류로 흐르면서 생기는 커다란 폐단은 고담준론을 따르며 실제 사정을 멀리하고, 자긍심을 뽐내고 실제의 재앙을 잊어버리는 것이오. 무릇 팔고문의 해악은 앞에서 상세하게 언급하였소. 이로 미루어 보면 중국이 폐지하여 하지 말아야 할 일은 여기에 그치지 않는다오."[200]

옌푸는 과거 제도의 폐단을 비판했을 뿐만 아니라, '과거 시험'을 초탈한 문인도 비판했다. 왜냐하면, 이처럼 초탈한 선비들이 중시하는 것은 여전히 '쓸모없고', '내실 없는' 문文, 사詞, 학안學案, 고거考據 등이었기 때문이다. "후자로부터 말하자면 높이는 서양의 학문보다 높지만 내실이 없고, 전자로부터 말하자면 그 일이 서양의 학문보다 복잡하지만 쓸모가 없다. 모두 멸망의 위기를 구할 수 없을 뿐이다."[201] 그는 멸망의 구원과 생존의 도모, 그리고 주희와 육구연의 논변이라는 이중적 맥락 속에서 다음과 같이 단언했다.

> 육구연과 왕수인의 두 학설을 주장하면서 격치는 실제의 이익에 보탬이 없다거나 혹은 실제의 이익은 격치에 의거할 필요가 없다고 말한다면, 이는 매우 잘못된 것이다. 무릇 육구연과 왕수인의 학문은 실제로는 마음의 작용에 의거하여 스스로 억단하는 것일 뿐이다. 그들은 문을 나서지 않고도 천하를 알 수 있다고 스스로 생각하지만, 천하의 일이 그들이 알고 있는 것과 과연 합치할지 차이가 날지에 대해서는 반문해 보지 않는다. 집안에 틀어박혀 수레를 만들어 놓고는 수레바퀴가 도로 폭에 맞을 거라고 자신은 생각하지만, 바깥에 있는 도로 폭이 과연 그가 만든 수레에 맞을지 맞지 않을지 또한 살펴보지도 않는다. …육구연은 맹자에게서 양지는 배울 필요가 없고 만물이 모두 나에게 갖추어져 있다는 말만 취하고, 본성을 말하고 까닭을 추구하며 실력을 최대한으로 발휘하는 일은 잊어버렸다. 기고만장 자만에 차 억지로 사물을 자기에게 맞추려고만 한다. 후세의 학자는 간략함을 좋아하고 나태하고 오만한 정서에 안주하여 마침내 여럿이 함께 그것을 따라가 돌아올 줄 몰랐다. 그 재앙이 학술에서 시작하여 국가에까지 미치게 되었다.[202]

귀납 과정을 연구한 밀의 논리학은 옌푸가 '과학'을 창도하면서 이학理學 중의 다른 학파에 대한 비판으로 나아가도록 하는 교량의 역할을 담당했다. 그러나 우리는 반대로 이학의 격물 과정이 옌푸가 밀의 논리학을 이해하는 데 전제가 되었다고도 할 수 있다. 이는 옌푸가 서양의 과학을 이해하는 인식의 틀이었다. 역설적이게도 이학은 이미 비판의 대상이면서, 또한 입론의 기초였다. 옌푸가 중국과 서양을 대비하는 서사에서 이학 내부의 분파를 대비하는 것으로 전환한 것은 의미 깊은 일이었다. 이러한 서사의 전환은 중국 문명 자체의 가치를 유지할 뿐만 아니라, 자연스럽게 격물치지 활동의 보다 기본적인 전제, 즉 만물의 평등, 본질적으로 대소, 순간과 영원, 귀천의 구별이 없다는 '공리'를 보존하게 하였다.

> 하나의 이론을 밝히고 하나의 법칙을 세우는 데 있어서 반드시 각 사물에 실제로 비추어 본 이후에야 불변의 진리로 정한다. 실험은 많은 것을 중시하므로 크고 넓다. 효과는 역시 항구적이므로 유구히 지속된다. 이치를 궁구함은 도가 하나로 통하고 모든 것이 순리에 따르므로 매우 명료하다. …이는 또 『대학』에서 말하는 '지식을 다한 이후에 뜻이 성실해진다'는 것이다. 또한 격치의 일은 도의 관점에서 모든 사물을 관조하므로 모든 사물이 평등하고, 대소, 순간과 영원, 귀천, 선악의 차이가 본질적으로 없어진다. 장자가 이를 알고서 도는 똥오줌에도 있으며, 아래에 있는 것일수록 도의 모습이 더 분명히 나타난다고 말했다. 왕수인이 창밖의 대나무만 바라보다가 7일 만에 병이 난 일을 만약에 서양 식물학자가 안다면 얼마나 박장대소를 하며 비웃을 일인가. …천하 사람들을 이끌어 실학에 재앙을 끼치는 것은 왕수인의 주장이 아니겠는가?[203]

옌푸가 이학과 심학의 논변을 통해 격치 문제를 해석한 목적은 서양의 과학이 멸망의 위기를 구하기 위해 필요하다는 것을 논증하기 위한 것에 있었을 뿐만 아니라, 체용의 논쟁을 초월하는 데 있었다. 그는 '공공성'과 '사회'의 이상이 인간의 인식 실천(이른바 '도의 눈으로 사물을 보는 것')에 내재하며, 따라서 인식 실천을 통하여 '공공성'의 가치를 드러내고 보존할 수 있다고 보았다. 이는 서양의 사회적 독점, 분배의 불균형, 확장주의를 비판하는 데 있어서 과학과 기술 실천에 내재하는 전제를 제공하였다.

이러한 과정에서 과학과 그 방법에 대한 옌푸의 이해는 주자학의 격물 과정과 점차 합해졌다. 예를 들면, 그는 '과학 인식'을 '즉물궁리'即物窮理로 이해했다. 그리고 '즉물궁리'는 또한 세 가지 층을 포함하고 있다. "첫째, 고정考訂은 같은 부류의 사물을 모아서 각각 실상을 드러낸다. 둘째, 관통貫通은 다른 부류에 대해 같은 것을 찾는 것으로 도가 통하여 하나가 된다는 것이다. 고정은 관찰이라 하기도 하고 혹은 연험演驗이라고도 부르는데, 관찰과 연험 이 둘은 모두 고정의 일이며 이름이 다른 것이다." 관통의 과정은 연역의 요소를 포함하므로, "얻어진 법칙과 공리가 때로 오류가 많다. 따라서 근세 과학자는 이를 세 번째의 실험으로 오류를 막고자 한다. 실험이 주도면밀하면 할수록 이치는 더욱 확실하다. 이것이 기본적인 요지이다."[204] 경험 중시에서 귀납의 존중으로, 고정과 관통에서 실험의 반복으로 나가는 것은 분명 실증주의적인 과학관으로 전통적인 '즉물궁리'를 새롭게 해석한 것이다. 그렇지만 이는 후자가 단순한 술어라는 것을 의미하는 것이 아니다. 오히려 반대로 이러한 실증주의적 과학관은 여전히 '수신제가치국평천하'라는 유학의 사유방식에 제한을 받고 있다. 이는 옌푸의 마음속에 각종 '전문 분과 학문'이 '마음을 수련하는 일'을 궁극적인 단계로 삼고 '수신제가치국평천하'를 목적으로 삼는 것에서 드러난다. 따라서 옌푸는 "위대한 『주역』에서는 성인이 천하의 회통을 보고 전례典禮를 행한다고 했는데, 이 전례는 곧 서양인이 말하는 법칙과 공리이다"라고 말했다. 그는 한편으로는 서양을 모범으로 삼아 "글자로 되어 있지 않은 책을 읽을 것"을 요청했으며, 다른 한편으로는 또 "마음의 수련과 지혜의 누적이 가장 중요하다"[205]라고 강조했다. 사실 자유에 대한 옌푸의 이해는 인식 과정에 대한 그의 해석 가운데 숨어 있었다. 즉 자유는 '지성'至誠의 상태이다.[206]

4. '생각과 경험의 일치'와 불가지론

1903년 밀의 논리학 전반부 3권의 번역을 마친 후, 옌푸는 숑춘루熊純如가 편집한 노자 판본에 주석 작업을 시작했다. 슈워츠는 언뜻 보기에 밀의『논리학 체계』와 노자의『도덕경』이라는 절대로 양립할 수 없는 두 가지 정신적 산물을 비교하는 것은 상상할 수 없을 것 같다고 말했다. 그렇지만 그는 "만일 헉슬리, 밀, 몽테스키외의 저작에 붙여진 주석 속에 노자와 장자에 대한 찬미가 포함되어 있다고 한다면,『노자』에 대한 비평은 명백하게 옌푸가 다윈과 스펜서를 전적으로 신봉하고 있다는 것을 증명한다"[207]라고 말했다. 슈워츠는 옌푸과 밀의 공통된 기본 태도는 모든 선천적 관념, 선험적이고 주관적인 사상 범주, 직관적 지식에 의한 개념을 반대한 것이라고 생각했다. 그렇지만 옌푸는 부단히 변화하는 현상의 배후에 객관적이고 합리적인 질서의 관념이 있다는 것에 전적으로 반대하지는 않았다. 또한 그는 전적으로 귀납법만을 통해 이러한 질서에 도달하고자 하는 철학의 곤경을 깨닫지 못했다. 따라서 "옌푸는 계속해서 종교와 형이상학이 필요하다고 깊이 느꼈으며, 밀의『논리학 체계』의 기초를 구성하고 있는 합리적이면서도 제한적인 실증주의에 대해서는 전혀 언급하지 않았다."[208] 슈워츠는 옌푸가 형이상학에 대해 유보적이었던 것은 정확했다고 지적했다. 그렇지만 만일 이러한 형이상학이 밀의 학설과 서로 충돌한다면, 혹은 밀의 논리학 밖에 존재하는 것이라면, 생각해 보아야 할 점이 있다.『논리학 체계』라는 책 가운데 불가지의 '본체'에 관한 논의가 빠져 있지는 않다. 옌푸는『밀의 명학』첫 단락의 주석에서 논리학 개념은 어원학적으로는 로고스 개념에서 유래한 것이며, 로고스는 "불교에서 말하는 아트만, 기독교에서 일컫는 영혼, 노자가 말한 도, 맹자가 말한 성性", "『천연론』하권 13편에서 말했듯이 '사물의 미분화된 상황, 즉 청정淸淨한 원리라고 불리는 것'이다." 따라서 귀납주의의 아버지 베이컨이 "이 학문은 모든 법의 법이요, 모든 학문 중의 학문이다. 그 본체의 존귀함과 쓰임의 광범위함을 명확히 하게 된다면 로고스를 논리(邏輯)로 바꾸어 밝힐 수 있다"라고 말했을 때, 그는 논리학의 '학문의 학문'이라는 지위가 로고스의 지위와 유사하다는 것을 암시하는 듯하다.[209] 이 점은 밀도 마찬가지였다.

그렇다면 우리는 이러한 '모든 법의 법이요 모든 학문 중의 학문'을 통해 '아트만', '영혼', '도', '성', '청정한 원리'에 도달할 수 있을까? 이 문제에서 옌푸는 어느 정도 모순이 있지만, 기본적인 경향은 분명했다. 그는 『밀의 명학』의 주석에서 일찍이 논리학의 방식으로 대대성對待性 관계를 초월하는 존재, 즉 불교에서 말하는 진여眞如나 기독교에서 말하는 상제上帝는 존재하지 않는다고 단언했다.[210] 그렇지만 밀이 칸트의 현상과 본체를 서술한 부분을 번역하면서, 옌푸는 본체를 '정'淨과 '자재세계'自在世界로 번역하고, 현상을 '발현'發見과 '대대세계'對待世界로 번역했으며, 밀의 어떤 단락을 "나는 학문을 하는 사람에게 다음과 같이 이야기하고자 한다. 마음과 사물의 관계에서 이른바 지知라는 것은 각의覺意에서 끝난다. 본체에 이르러서는 본래 알 수 없으며 알 방도도 없다"[211]라고 번역했다. 이에 대한 주석에서 옌푸는 다음과 같이 말하고 있다.

> 위에서 설명하고 있는 것은 불교에서 일체유위법一切有爲法은 모두 환상이며 실제의 진리가 아니라는 것이며, 정명거사淨名居士*의 불이법문不二法門*과 언설문자도단言說文字道斷*을 풀이한 것이다. 프랑스의 석학 데카르트에 이르러서 그는 의식을 드러낸다

• 정명거사(淨名居士): 비말라키르티, 혹은 유마힐(維摩詰)로도 알려져 있으며, 석가모니 부처의 재가제자 가운데 한 명이다.
• 불이법문(不二法門): 경계가 명확해 보이는 대립물이 사실은 둘이 아님을 밝히는 논법을 통해 공(空) 사상을 풀이한 유마힐거사의 불교 설법.
• 언설문자도단(言說文字道斷): 언어도단(言語道斷). 언어로는 실체에 도달할 수 없음을 깨닫게 되는 상태를 가리키는 불교 용어.

는 것은 속일 수 없고 의식이 있는 곳에 내가 있다는 생각을 밝혔는데, 『중용』의 "성誠은 사물의 시종이요, 성이 없으면 사물이 없다"는 의미가 더욱 분명해졌다.[212]

옌푸는 주석에서 인과율에 관한 흄의 문제, 즉 현상이 드러나는 선후의 순서는 결코 그들 사이의 인과관계를 확정할 수 없다는 것을 거의 그대로 반복하고 있다. "왜냐하면 굽히는 것과 펼치는 것은 하나의 사물에서 일어나는 일이며, 생겨나고 없어지는 것도 두 가지 일이 아니기 때문이다. 아, 이치를 따져 궁극을 추구했으니, 옛말이 진실로 쓰일 때가 있도다. 되돌아보면 이치라는 것은 항상 혼란함에 미치지 못하고, 딱 맞는 것은 항상 어긋난 것만 못하다. 가까운 것들을 살펴 논리를 바로잡는 학문은 그래서 구애됨이 없는 것으로부터 시작한다."[213] 밀의 『논리학 체계』 제3장 제8절에서는 '마음'(mind)의 문제를 서술하고 있다. 여기에서 밀은 마음을 감각과 사유가 가능한 주체로 간주하고 마음의 본체 또한 물질이라고 여겼다. 한편으로 그는 사유와 감각에 이르게 하는 외적 요인이 있다고 보았으며, 이 둘을 모두 불가사의한 본체로 간주했다. 밀이 자기 부친의 연상심리학으로부터 얻은 결론은 인식 활동은 감각의 영역을 초월할 수 없으며 본체의 문제는 알 수 없다는 것이었다. 따라서 외부의 사물은 마음이 작용하는 외적 요인으로 감각을 통해 드러난다. 마음의 활동은 내적 요인이며, 영명한 특성을 지니고 감각할 수 있어 의념을 만들어 내는 주체이다. "나의 신체와 마음을 돌아보고, 그에 부수적으로 발현되는 속성(德相)과 의념으로 인한 외형(形氣)의 구속을 버린다면 이는 모두 불가사의한 것이다."[214]

밀의 『논리학 체계』는 극단적인 경험주의의 경향이 있어서, 직관주의에 대한 비판은 때로는 지나친 점이 있다. 이는 그 자신이 주장한 불가지론과 일치하지 않는 부분이 있는 듯하다. 한편으로는 자연의 공리를 인정하고, 다른 한편으로는 수학의 공리성을 부정하였다. 그러나 밀의 『논리학 체계』가 지닌 내재적 곤란은 공교롭게도 옌푸의 이중적 요구, 즉 귀납과 실험을 통해 육왕 심학과 전통적 지식을 비판하는 동시에, 형이상학에 대한 요청을 보류해 두려 했던 이중적 요구에 부합했다. 옌푸는『논리학 체계』라는 책에서 '본체' 문제에 대한 관심을 분명 과도하게 드러냈다. 따라서 우리는 옌푸에게서 일련의 역설을 발견할 수 있다. 그는 한편으로는 "인간의 경험이 생각과 경험이 서로 일치하는 데 그친다"[215]라고 한 헉슬리의 유감각론唯感覺論을 주장하면서, 다른 한편으로는 '자체적으로 존재하는 것' 즉 '본체'에 대한 밀의 관점을 통해 본체 혹은 '최대 일문'最大一門을 부정했던 베이컨의 견해를 비판하고, '태극과 무극'에 관한 주희의 사상을 통해 현상과 본체의 관계를 해석했다.[216] 그는 "만물의 본체는 알 수 없고, 알 수 있는 것은 감각에 그친다"[217]고 한 스펜서의 견해를 받아들여 본체에 관한 공리공담을 반대했다. 한편으로 그는 본체의 존재가 감각의 범위를 넘어서 있지 않기 때문에 본체와 현상 사이에 인과관계가 있다고 판단하고, 후자는 감각 경험이 인식할 수 있는 영역이라는 점을 강조했다.[218] 그는 밀의 주장에 따라 모든 존재는 대대적 방식으로 존재한다고 여기면서, 한편으로 그는 "무대無對(대립할 쌍이 없음ー역자)와 태극을 말하면서, 거기에 말을 더해 설명하려고 하는 것은 그 자체가 이미 모순이다. 이것이 이른바 대대待對의 일반적인 규칙이다"[219]라고 생각했다. 그는 밀이 논증한 '자연 공리'가 "도가에서 말하는 도, 유가에서 말하는 리理와『주역』의 태극, 불교에 말하는 불이법문과 마찬가지로, 반드시 최고로 간단한 수여야만 모든 것을 충족시킬 수 있다"고 보면서, 반복해서 '역학'易學을 이용하여 수학에 관한 밀의 관점을 밝히고자 하였다. 한편 그는 수학과『주역』의 원리적 성질을 애써 부정하였다. 밀은 도형과 수로부터 그 밖의 지식을 도출하는 것을 부정하였고, 옌푸는『주역』의 괘와 효가 직접적으로 인간의 일을 궁구할 수 있다는 것을 부정하였다.[220]

이렇게 본다면 옌푸가 동일한 시기에『논리학 체계』와『도덕경』에 흥미를 가진 것은 더 이상 이해할 수 없는 문제가 아니다. 옌푸의 견지에서 과학은 일종의 형이상학 체계였다. 그 까닭은 그가 과학의 문제를 정치, 사회, 도덕 문제를 해결하는 기본적인 방법으로 보았기 때문이다. 귀납 논리, 실험의 관념이 다루는 것은 인식의 문제이지만, 인식의 문제만은 아니었다. 노자의 학설과 밀의 학설 사이에 커다란 차이가 있지만, 옌푸는 그 속에서 그가 필요한 것을 찾아냈다. 『논리학 체계』와 마찬가지로, 노자의 학설은 '대대의 관계가 아닌', '문자와 언설이 없는' '불가사의'한 '상도'常道와 '상명'常名을 제공했을 뿐만 아니라, 사물의 인과관계에 관한 해석을 제공했다.[221] 옌푸는 "천지는 편애하지 않고, 만물을 짚으로 만든 개처럼 쓸모없는 것으로 본다"는 명제에서 '천연'의 법칙과 '다윈의 새로운 이론'을 보았으며,[222] "도로써 군주를 돕는 자는 군대로 천하를 강하게 하지 않는다"는 명제에서 "일국의 주권은 …반드시 제왕에 의해 정해진다"는 것과 "국가의 정벌은 민주적인 일이 아니다"라고 한 몽테스키외의 정치 원리를 찾았다.[223] '강행하는 자는 뜻이 있다'는 명제에서 중국의 부강에 필요한 것이 '강행하는 자'의 의지이며, 이러한 의미에서 과학의 공리는 마치 '상도'와 '상명'처럼 세계에 대한 전체적 해석을 가능하도록 한다. 슈워츠는 옌푸의 저작 속에서 옌푸 사상의 이중성을 찾아냈다. 즉 "한편으로 부강을 추구하면서 역본주의의 신조, 활력, 자기 권리의 보호, 경쟁, 인류 전체의 능력의 발휘를 추구하였으며, 다른 한편으로는 신비주의를 추구하였다. 신비주의 속에서 인생의 고통을 위로하고자 하였는데, 이러한 신비주의는 감각된 세계와 그 모든 성과의 중요성을 애써 부정하였다." 그는 "옌푸의 견지에서 보자면 모든 진화 과정의 배후에 있는 '알 수 없는 것'은 그가 인생의 폭풍에서 벗어나기 위한 최후의 피난처이기도 하였다"[224]고 결론을 내리고 있다.

근대성 방안의 '과학'적 구상

이제 옌푸의 과학관 및 그의 세계관의 관계에 대해 다음과 같이 간략하게 결론을 내릴 수 있을 것이다.

우선 과학은 실증적 정신의 표현과 결과이며 동시에 또한 '천연'이라는 보편 원리와 제일 원동력의 현현이기도 하다. 보편 원리로서 과학은 세계 변천의 청사진과 전망을 제시했을 뿐만 아니라, 사람들의 행위 준칙과 가치 취향을 규정했다. '천연'은 자연 현상이며 또한 도덕 명령이다. 세계의 상황에 대한 설명이며 또한 개인과 종족의 소명이기도 하다. 그것은 자연도태로 체현되고, 인류가 자신의 주관적 의지에 의거하여 진행하는 분투와 투쟁으로 표현되기도 한다. 옌푸 사상의 각 방면은 모두 '천연' 범주의 관계 속에서만 비로소 해석될 수 있다. '천연' 범주는 진화와 순환의 이중성을 지니고 있다. 이는 귀납과 연역의 과학 방법에 우주론적 설명을 부여할 뿐만 아니라, 또한 인류 사회와 자연 과정을 동일하면서도 또한 대립적인 관계 속에 둔다. 옌푸의 관점에서 '과학' 개념과 우주적 경관의 현현은 특수한 관계를 지니고 있다.

다음으로 과학이 제공하는 기술과 공예는 자연계의 이용과 부국강병을 위한 기본적 조건을 형성했으며, 동시에 그것이 드러내는 '질서'는 바로 우리의 지적 질서의 원천과 원리였다. 이러한 논리에서 사회학을 '과학의 과학'의 위치에 두었다. 왜냐하면, 사회학은 '질서'—자연에서 사회에 이르기까지 상호 필연적 연계를 지닌 위계 구조를 체현하기 때문이다. 이러한 위계 구조는 분화와 종합의 규칙에 따라 작동한다. 저급한 부분은 고급 부분의 기초이며, 고급한 부분은 저급한 부분의 목적이다. 물리, 화학, 생물의 자연 '지식'은 논리적으로 윤리, 사회의 '지식'으로 나아간다. '군학'은 실제로 각종 사회 현상을 특정한 위치에 두고 있는 '과학의 왕'이다. 이러한 점에서 보면, 과학적 실용주의는 기술 공예와 '질서'의 건립이라는 이중적 의미를 지니고 있으며, 후자는 곧 전통적 '치국평천하' 관념의 실질적 함의이다. '천연', 귀납과 연역, 사회학을 목적으로 하는 지식의 계보를 통해 옌푸는 '사회'와 '국가'의 모형을 구축했으며, 이들의 정당성은 '역학'적 세계관과 과학적 방법론 위에 기초하고 있다. 따라서 옌푸에게 사회와 국가는 근대적 고안이며, 역사적 연속의 결과는 아니다.

셋째, 옌푸의 '과학관'이 '격치' 학설과 역사적으로 연계되어 있다고 한다면, 이러한 연계는 단지 그의 '과학 방법'이 전통적 격치 학설을 직접 계승하고 발전시킨 것에만 한정되는 것은 아니다. 보다 중요한 것은 옌푸가 과학의 정리와 방법을 이용하여 이학으로부터 내려오는 우주 본체론, 인류 사회의 질서와 윤리 규범, 즉 모든 전통적 질서와 의미 체계를 재구축하고자 시도한 점이다. 이는 과학에 대한 옌푸의 이해가 정치 질서, 윤리 질서 및 우주의 기호 체계(후자는 전자의 합리성과 정당성의 원천이다) 등과 같은 모든 구질서에 대한 회의적인 재구축과 관련되어 있음을 말해 주고 있다. 이학은 본질적으로 일종의 '보편적 존재 질서'이며, 그 기능은 중국인으로 하여금 특정한 관념과 사상의 틀에 의거하여 세계를 이해하고, 나아가 자아·사회·우주를 의미를 지닌 질서의 세계로 보도록 한 것이었다. 이기·심성·지행·격치·천인 등의 범주를 통해, 이학은 사람들에게 일종의 우주 인식의 도식적 세계관을 형성했으며, 나아가 세계의 본질과 그 가운데서의 인간의 위치를 이해하게 하고, 생존의 의미와 과정을 알게 하고, 최종적으로는 이러한 의식 형태의 기호 시스템을 사회관계, 사회적 가치와 규범의 의미론적 기초로 삼게 했다. 옌푸의 관점에서 과학은 일정한 목표가 없는 끊임없는 연구가 아니다. 그것은 신앙의 원천이다. 이러한 신앙은 종교적인 선험적 명제가 아니라, 검증을 거치고 실증적 근거를 지닌 신앙이다. 이러한 의미에서 보면, 그가 추구한 것은 그러한 규율과 신앙에 대한 끊임없는 회의가 아니었으며, 최신의 해석을 추구하는 연구가 아니었으며, 사물 자체에 대한 근원적인 탐구를 목표로 삼는 것도 아니었으며, 구체적 지식에 대한 탐구를 통해 최종의 진리에 도달하는 길을 찾는 것이었다. 천연, 자유, 평등, 귀납, 연역, 군群, 군학群學 등의 범주를 통해, 옌푸는 사람들에게 일종의 우주와 세계를 인식하는 도식을 만들어 주었을 뿐만 아니라, 민족국가를 포함하는 사회를 만들기 위한 과학적 모형을 제공하였다. 이러한 모형은 마음속으로 그린 구상이 아니라, 세계 존재의 질서를 드러낸 것이다. '격물'의 실천과 지식의 분과 체계는 이러한 질서 혹은 '리'理라는 본체에 도달하기 위한 인식이다. 설령 '천연'의 과정이 끊임없고, 귀납과 연역의 실천이 계속해서 순환한다 할지라도, 인류 실천의 현 단계에서 말하자면, 실증적 기초 위에서 지식의 계보를 완성하고, 나아가 일종의 완벽한 과학적인 근대 방안을 위한 조건을 만들어 내는 것은 여전히 도덕(천도天道)적 소명이다. 인간의 의식적 창조 행위는 바로 '천택'의 전제이다.

종합해서 말하자면, 옌푸의 세 세계는 모두 전체 질서에 대한 추구, '즉물 실측'의 실증적 과학 방법과 분과적 지식 계보를 포함하며, 따라서 그에 따른 논리적 지향을 지니고 있다. '군'群 개념의 도입과 해석을 통해 옌푸의 지식 계보와 사회 구상은 유기체론의 특징을 지닐 뿐만 아니라, 분화와 종합의 기능 체계의 특징을 지니고 있다. 이는 민족의 동일성 및 근대적 사회와 국가를 형성하기 위한 '정당한 지식'을 제공하였다. 기술 공예의 진보를 추구하고 '부국강병'에 도달하는 것은 다만 실용주의의 첫 번째 측면이다. 보다 중요한 것은 일종의 세계 질서를 제공 혹은 발견하여 사람들에게 가치와 의미의 원천 및 행위 준칙을 제공하는 것이다. 바로 후자의 측면에서 옌푸의 '과학' 개념과 이학의 '격치' 개념 사이의 내재적 연계를 볼 수 있다. 전통적 지식에서 격물치지 방법론의 지위와 마찬가지로, 한마디로 '군학'(사회학)을 분과의 원칙으로 삼고 실증을 기본적인 방법으로 하는 지식의 계보인 사회과학, 그리고 자연과학이 맡은 역할은 지식의 전문 연구일 뿐만 아니라 윤리학적 기능을 지니고 있다. 이는 우주와 사회의 위치를 새롭게 확정할 뿐만 아니라, 나아가 도덕 실천(모든 실천을 포괄하는 도덕 실천)을 위한 객관적 전제를 제공한다. 이러한 의미에서 실증적 방법론은 전통적 신비주의를 파괴하는 것 같지만, 그러한 과학관이 내포하고 있는 전체적 의미 구조는 어떤 방식에서는 이학자의 희망과 동시에 발생한 것이다. 실제로 옌푸가 내심 기대했던 것은 세계 질서에 대한 과학적 발견을 통하여 우리의 혼란된 의식을 맑게 하고, 존재의 원칙을 파악하고, 사회 분업과 정치 조직을 특징으로 하는 근대적 사회 체계를 구축하는 것이었다. '군학'에 대한 그의 이해는 '통일관'에 대한 니시 아마네의 이해와 마찬가지로 과학의 계보가 모든 기본적 법칙을 자기 속에 내포하는 최종적이고 가장 완전한 그림을 그려 내는 것이었다. 옌푸는 믿음의 필요성이 회의의 필요성을 넘어선다고 믿었던 것 같다. 세계와 중국 사회에 대한 그의 '과학적 구상'은 심오한 세계관적인 특징을 지니고 있다. 비록 미래의 전망에 대한 그의 이해가 과학적인 구상 위에서 만들어진 것이지만, 그러한 과학적인 구상이 전통 습속을 전면적으로 부정한 것은 아니다.

'명名의 세계', '역易의 세계', '군群의 세계'는 상호 연관되어 있을 뿐만 아니라 모두 '천연'의 운행에 따른다. 옌푸의 '천연' 범주는 진화와 순환의 이중적인 특징을 포함할 뿐만 아니라, 처음부터 끝까지 자연주의와 도덕주의가 충돌하고 있다. 우리는 옌푸의 세계관 속에서 우주 과정과 사회 과정에 관한 창조적, 낙관주의적, 투쟁의 의지로 넘쳐흐르는 목소리를 들을 수 있는 동시에, 또한 그 밑에 깔린 선율을 들을 수 있다. 이는 동일한 과정에 대한 도덕적인 견책이며, 영원한 윤회와 관련된 비관적인 사유이다. 이는 이 세상 모든 것이 영원한 신비 속으로 되돌아갈 것이라고 말하는 것과 같다. 따라서 우리는 옌푸의 세 세계관 속에서 서로를 와해시키는 힘을 보게 되는데, 이러한 힘이 동일한 세계 속에 존재할 수 있는 까닭은 옌푸의 독특한 '역학'적인 논리 때문이다. 그렇지만 우리는 그 가운데서 이미 다윈, 헉슬리, 스펜서, 밀, 스미스의 격앙된 목소리, 그리고 이들과 서로 호응하는 노자, 장자, 무위의 호소를 구분해 낼 수 있었다.

옌푸는 중국 근대 사상에 가장 완전한 근대 방안을 제공했지만, 그의 사상 내면에는 또한 이러한 근대성 방안에 대한 매우 심각한 회의를 포함하고 있다.

제9장

도덕 실천의 방향과
공리의 내재화

19세기는 포퓰리즘의 시대이자 현재주의(presentism)의 시대였다.
그러나 생물진화론이 나날이 발달하면서 사상계도
변하지 않을 수 없었다. 포퓰리즘이나 현재주의가 주장하는
유치한 이상理想의 오류들도 더 이상 숨길 수가 없게 되었다.
— 량치차오

량치차오의 조화론, 근대성에 대한 부정과 긍정

량치차오梁啓超의 세계관에는 수많은 변화가 있었지만, 그는 기본적으로 세계를 인간과 그 공리功利 관계를 중심으로 하는 도덕 체계로 보았다. 도덕적 존재로서의 인간이라는 관념은 사회 자치와 국가 건설의 전제였으며, 사회와 국가라는 틀은 또한 인간 삶의 공리적 기초였다. 우주관을 새롭게 구성하던 역사적 시기에 량치차오의 정치, 사회, 자연 관념은 근대 과학의 문제와 밀접히 관련되어 있었다. 옌푸와 마찬가지로 그 역시 새로운 지식 계보를 배경으로 하여, 국가·사회·교육 제도 개혁 및 인간의 일상생활에 관한 것을 구상했다. 과학에 대해 해석할 때 그는 결코 인간의 도덕적 상태나 제도적 보장에 대한 관심을 소홀히 하지 않았으며 그런 점에서 그의 과학 관념은 도덕주의적 색채가 짙다고 할 수 있다. 여기서 말하는 도덕주의란 단순한 도덕적 실천을 강조하는 것이 아니다. 그것은 사회제도, 나아가 국가 제도의 설계와 실천을 도덕 실천의 함의를 띠는 활동으로 이해하는 것이다. 이것은 일종의 공리주의적 도덕 계보이다. 인애仁愛와 과학 이성을 밀접하게 관련시키는 것은 청말에서 5·4시대 계몽주의까지 이어지는 내재적 특징이며, 이러한 관계는 전통 도덕 및 그 형식의 비인도적 성격에 대한 비판 위에서 건립되었다. 그것은 일종의 인문주의적 과학관이다. 그것은 한편으로는 천리 관념이라는 강박적 성격을 거부하면서 다른 한편으로는 자연 질서에 의해 지탱되는 도덕 가치에 대해 믿음을 품는다. 량치차오의 정치적 생애는 파란만장했고, 정치적 견해도 마치 굽이치는 거친 강물과도 같이 수차례 변화를 겪었다. 그러나 그의 사상과 내면세계에는 오히려 온화하면서도 깊이 가라앉은 성찰적인 선율이 잠복해 있다. 량치차오 일생의 사상과 업적을 관통하는 중요한 문제 중 하나는 바로 이러한 인문주의적 과학관으로, 마치 하나의 잘 보이지 않는 이음선처럼 자신의 정치 이론, 윤리 사상, 자연 관념 및 종교 관념을 하나의 복잡하고 다양한 틀 속에 짜 넣고 있다. 그러한 선을 따라가면 그의 사상 변화의 기본적 맥락을 찾을 수 있다. 옌푸의 자연 관념에 흐르는 천리天理가 우주와 세계를 뒤덮었다면, 량치차오는 과학 지식과 도덕 실천 사이에 모종의 평형을 이루고 있다. 그로 인해서 그의 자연 관념은 마치 균형을 이룬 천칭 저울처럼 과학과 자유의지, 객관세계와 인식주체, 자연법칙으로서의 진리와 도덕법칙으로서의 공리公理를 양 끝에 걸고 있다. 그리고 그 사이의 중심축은 바로 인간 세계이다. 양자 관계가 평형을 이루는 과정을 보면, 한쪽에서는 도덕 생활에 자연 및 자연법칙이 침투해 있고, 또 한편에서는 자연 및 자연법칙 또한 도덕적 내재 요구에 반드시 배합한다. 량치차오의 도덕관과 과학 이성이 서로 조화를 이룬다고 한다면, 그의 과학적 세계관에는 모종의 내재론적 특징이 들어 있다고 보아야 할 것이다.

'신문체'新文體는 량치차오 저작의 중요한 특징이다. 그는 생동적이고 담백한 언어로 다양한 서양 학술을 소개했다. 자연과학에서 사회과학으로, 정치 제도에서 경제 제도로, 도덕 실천에서 교육 제도까지 그의 붓끝이 닿지 않는 곳이 없으며 거기에는 감정도 담겨 있다. 이들 대량의 저작은 계몽 선전가로서의 량치차오의 탁월한 지위를 공고히 했다. 그러나 캉유웨이康有爲를 스승으로 삼고 따른 이래, 중국 고전 시대의 체제와 사상은 줄곧 그가 추구하는 대상이었다. 자신의 전통을 제아무리 힘껏 공격한다 해도, 그의 문체가 그랬던 것처럼 고전에 대한 추구는 그의 저술 속에 자맥질하며 내적 기조를 이루고 있었다. 만년에 이르러 유럽과 미국을 유람하고 1차 대전의 결과와 문화적 충격을 몸소 경험한 후, 전통에 대한 그의 추구는 다시 한번 자각적 사상 실천이 되어 근대성에 대한 근심으로 전화되었다. 젊은 세대는 이 늙은 계몽 전사를 수구 진영의 일원으로 보기까지 했다. 량치차오는 칸트, 제임스William James 등 서양 사상가의 영향 아래 왕수인의 '지행합일'知行合一 개념과 중국 사상 전통을 새롭게 해석했고, 도덕적 자주성을 위해 세계관적 전제를 공고히 하고자 했다. 또한 이를 통해 그는 과학과 자유의지, 존재와 당위, 객관세계와 인식주체의 이원적 대립을 조화시키고 경험 세계의 완정성을 재구성했는데, 그것은 그가 근대성의 곤경을 과학 이성의 단편적 발전의 결과로 보았기 때문이다. 정치와 도덕 실천의 견지에서 보면, 인간의 내재성에 대한 관심은 단순한 원자론적 개인주의나 개인주의적 심리학 위에서는 수립될 수 없다. 그의 세계에서 이른바 '경험 세계의 완정성'이라는 공동체 성원으로서의 개인 및 그의 도덕적 자각이라는 전제 위에서 수립된다. 바꿔 말하면 량치차오의 사상은 공화주의共和主義——여기서 공화란 그저 서양 공화주의의 단순한 연속이 아니다. 차라리 그것은 삼대의 치세(三代之治)라는 구상이 근대적 환경 안에서 전화된 것이라 할 수 있다——와 개인주의의 윤리적 종합이다. '5·4' 이후 그는 도덕, 교육 그리고 역사 문제를 집중적으로 탐구했다. 그러나 그의 더 근본적인 목표는 결코 변하지 않았다. 그것은 바로 근대 역사에 대한 반성적 의미를 담은 문명 전망을 중국 사회에 구축하는 것이었다. 신세대에게 량치차오의 이러한 태도는 보수적이고 또 자신의 초기 사상에 대한 배반으로 보일 수 있다. 그러나 그의 일생의 사상을 세심하게 분석해 보면, 우리는 다음과 같은 사실을 발견할 수 있다. 즉, 1902년 이후 가장 역동적이고 급진적인 시대에도 량치차오는 캉유웨이처럼 상호 통약 불가능한 완전히 다른 두 개의 세계를 세운 적이 없다. 그의 저울의 양측에는 늘 어떤 무형의 축심이 있어 양자를 연결한다. 그의 조화를 지향하는 성격과 그에게 익숙한 유가 사상은 그를 모종의 중간 지대로 이끌었다. 현대 문명의 위기와 중국 사회의 곤경에 대한 사고로서, 량치차오의 과학관은 옌푸, 장빙린, 후스胡適, 천두슈陳獨秀 등과 중요한 차별성을 갖는다. 그는 육왕 심학陸王心學과 제임스의 실용주의, 그리고 베르그손Henri Louis Bergson, 오이겐Rudolf Christoph Eucken 등의 유럽 대륙 생명철학 입장에 더 근접해 있었다. 그의 가장 중요한 특징은 내재론적 방식으로 과학 인식을 이해했다는 점, 그래서 과학 발전과 문명 진화에 도덕적 시야를 제공했다는 점이다. 이러한 사상적 노력은 상당 부분 유럽 전쟁의 경험과 미국 자본주의에 대한 반성적 사고의 결과이다. 옌푸가 국가 건설(state building), 사회 건설(society building), 시장 건설(market building)에 대한 기본 계획을 제출했다면, 량치차오는 과학을 개인 및 시민 만들기(individual building or citizen building)의 동력으로 바꾸는 것을 시도했다. 과학과 그 방법론의 내재화를 통해 량치차오는 "백성을 새롭게 한다"(新民)•는 계몽적 목표를 성취하고, 인지認知와 수신修身을 상호 결합할 구체적인 길을 찾았던 것이다. 량치차오는 진화론적 우주관과 역사관에 대한 가장 중요한 해석자이자 선전가였다. 그러나 그의 도덕적 시야는 상당 부분 진화의 방법과 표준을 변화시켰다.

일찍이 윌리엄 제임스는 스펜서의 '일원론에 대한 미신'과 '우주적 총체'에 분노했다. 그것은 스펜서의 '일원론'과 그에 수반된 총체주의整體主義가 제임스의 다원론적 개인주의와 명백하게 대립하고 또 전반적인 유대교-기독교 전통의 주요한 경향과도 배치되기 때문이었다.[1] 다소간의 차이는 있지만 이러한 차이는 옌푸와 량치차오의 차이이기

• 백성을 새롭게 한다(新民): 이 표현은 원래 『대학장구』(大學章句)에 보인다. '신민'은 주회(朱熹)가 뽑은 『대학』의 삼강령(三綱領), 즉 명명덕(明明德), 신민(新民), 지어지선(止於至善) 중 하나이다. 그런데 원래 『대학』의 원문은 '친민'(親民: 백성과 친하게 지낸다)이었는데 주회가 이를 와전(訛傳)으로 보고 스스로 고친 것이다. 이는 사실 자신의 주장을 선명하게 만들기 위해 경전의 본문을 고친 것이라고 할 수 있다. 이에 왕수인은 주회의 이런 견해가 문제가 있다고 보고, 이른바 『고문대학』(古文大學)이란 이름으로 『대학』을 손보면서 '신민'을 '친민'으로 복원했다.

도 하다. 옌푸에 관한 토론 중, 우리는 그의 우주론과 지식 계보가 스펜서와 연관되어 있음을 이미 언급한 바 있다. 반면, 본 장에서 다루려고 하는 량치차오는 제임스의 열렬한 숭배자였다. 물론 스펜서와 제임스의 차이로 옌푸와 량치차오의 차이를 서술하는 것은 상징적인 것에 불과하다. 우리는 이들이 전통 사상의 어떤 부분을 택했는가 하는 점에서도 유사한 차별성을 찾을 수 있다. 하나의 상징적인 예는 이것이다. 옌푸는 주희의 '즉물궁리'即物窮理에서 출발하여 '서학격치'西學格致(서양과학)에 접근했으나 왕수인에 대해서는 비판적인 입장을 견지했다. 반면, 량치차오는 만년에 이르기까지 양명학에 깊은 관심을 가지고 있었으며 '지행합일'의 개념 속에서 근대 과학관의 기초를 발견하고자 했다.[2] 중국의 제도 건설에 매진했다는 점에서 량치차오는 옌푸와 다르지 않다. 그러나 제도에 관한 량치차오의 사상은 훨씬 더 많은 부분에서, '공동체의 실천을 어떻게 그 성원의 덕성 발달과 연계시킬 것인가'라는 덕치德治의 구상 속에 수립되었다. 초기 공양학公羊學을 흡수한 것은 이러한 도덕주의 제도에 대한 그의 관념을 보여 준다. 이러한 사실은 과학 사상이 점점 유행한 근대 중국에서, 과학을 이해하는 서로 다른 방식과 자원적 근거가 여전히 혼재하고 있었음을 보여 준다.

조셉 레벤슨Joseph R. Levenson은 감성과 이성, 역사와 가치라는 범주를 통해 량치차오의 복잡다단한 관점의 배후에 깔린 불변성 혹은 '동일성'을 찾으려 했을 때,[3] 그 '동일성'이란 개념은 오히려 그의 사상이 진정한 논리적 관계와 연속성을 결핍하고 있음을 암시했다. 그러나 장하오張灝가 말했듯이, 다양한 정황 속에서 량치차오에게 전통이란 감성일 뿐 아니라 가치이기도 했다. 내가 보기에 량치차오의 우주론과 지식론이 지니는 특징, 즉 내재화된 지식과 시각으로서의 특징은 풍부한 감성과 복잡다단성, 자칭 "선입견이 너무 없는"[4] 그의 사상 역정을 관통하고 있다. 이는 중국 정치와 사회에 대한 그의 기본 관점과 개혁 구상에 잘 나타난다. 이 점에 관해 나의 생각은 레벤슨과 완전히 상반된다. 즉, 량치차오의 사상에는 모종의 동일성이 존재하지만, 이 동일성은 일정 정도 스펜서와 제임스의 차이와 관련되어 있다. 그것은 가치와 감성으로 나타날 뿐 아니라 세계를 관찰하는 방법으로 드러나기도 한다.

량치차오는 일찍이 과학 및 그 우주관과 방법론을 열정적으로 전파한 사람이며, 천두슈, 후스 등에 의해 과학의 적으로 배척당하기도 했다.[5] 과학 관념 및 그 운용에 대해 말하자면, 량치차오는 서양과 중국의 과학자와 철학자 모두로부터 계발을 받았다. 베이컨, 데카르트, 다윈, 칸트, 제임스, 듀이John Dewey, 베르그손, 그리고 유가 철학, 불교 경전, 묵자 등 중국 전통 사상과 서양 인물들이 모두 그의 '과학'에 대한 해석의 기초를 이루고 있다. 더 재미있는 것은 이러한 사상과 인물들은 그의 '과학' 사상의 중요한 원천일 뿐 아니라 '과학이 야기한 인류의 위기'를 억제하기 위해 그가 발 딛고 선 사상의 자료가 되기도 했다는 점이다. 그의 사상 변천 속에 내재하는 논리는, 그가 이러한 사상 전통을 선택하고 해석하는 방식 속에 상당 부분 내포되어 있다. 더 중요한 사실은 근대 중국에는 량치차오처럼 그렇게 넓은 영역을 다루고 그토록 많은 사회운동에 휘말리면서 격렬하고 복잡한 변화를 겪어 그 과학 사상이 정치, 경제, 법률, 문화, 과학 등의 방면까지 두루 펼쳐져 있는 사상가가 거의 없었다는 점이다. 따라서 기술적인 측면에서 보더라도, 한 장의 분량 안에서 그의 사상과 학술 각 방면을 전부 논한다는 것은 절대 불가능하다. 여기서는 어쩔 수 없이 서술 범위를 한정하여, 그의 과학관을 서술의 실마리로 삼아 그의 사회사상의 주요 의미를 집중적으로 논할 것이다.

량치차오의 '과학'에 관한 문장들은 세 시기에 걸쳐 분포되어 있다. 1896년에서 1901년까지, 1902년에서 1904년까지, 그리고 1918년에서 1927년까지이다. 이러한 시기 구분은 그의 정치사상과 정치 생활의 변화와 밀접한 상관관계를 가지고 있으며, 각 시기마다 '과학'에 대한 독특한 개념군概念群이 들어 있다. 이러한 개념군은 그의 정치사상 및 사회적 태도의 미묘한 변화와 긴밀한 연관성을 지닌다. 따라서 그의 과학관을 분석하다 보면 반드시 그의 사상 및 기타 측면에서의 변화를 다루게 될 것이다.[6] 내가 쓰려는 방법은 다음과 같다. 첫째, 량치차오의 '과학관'의 기본 개념 및 그것이 각 시기마다 변화하는 과정을 묘사하여 이들 개념 간의 상호 관계 및 실제 운용을 분석하는 것이다. 둘째, 량치차오의 '과학관'의 기본 개념과 그 동서양적 기원 사이의 관계를 연구하여, 사상 및 학술사적 배경에서 이러한 개념이 갖는 함의 및 변천 논리를 보여 주는 것이다. 셋째, 사상사적 의미에서 량치차오의 '과학관'에 내재하는 논리의 사상사적 의미를 설명하고 이에 대한 기본적인 평가를 내리는 것이다. 그의 일생의 분투와 탐색을 되짚어 보면 그의 태도는 근대성에 대한 부정과 긍정의 이중성으로 귀납될 수 있다. 즉, 한편으로 그는 부단히 근대성에 대한 각종의 기획과 가치 그리고 목표를 찾았지만, 또 다른 한편에서는 수많은 다양한 자원을 통해 그런 기획과 가치 그리고 목표를 비판하고 수정할 가능성 또한 모색했다. 이 두 측면은 량치차오의 사상 실천에 고립적으로 존재하기보다는 상호 교직되어 있다. 따라서 근대성의 부정과 긍정은 거의 동시 발생적인 것이었다.

1896~1901, '삼대의 제도'와 '분과 학문'

1. 공양학과 변법: 캉유웨이의 영향

량치차오는 1887년에 광주廣州 학해당學海堂에서 한학漢學*을 배웠지만, 1890년 캉유웨이를 알게 된 후 곧 학해당에서의 공부를 그만두고 캉유웨이의 제자가 되었다. 그리고 이듬해부터 만목초당萬木草堂에서 단속적으로 4년간 수학했다. 그 후 10년간 량치차오는 사상적으로 캉유웨이의 영향을 깊이 받았다. 량치차오가 스승으로 받들던 당시의 캉유웨이는 사상적으로 중요한 전변을 겪은 지 얼마 안 되었을 때였다. 1880년대 초반까지 캉유웨이는 여전히 송유宋儒*를 떠받들고 있었으며, 량치차오의 회고에 의하면 그 후에도 캉유웨이는 제자들에게 역사와 송유(특히 상산象山 육구연陸九淵과 양명陽明 왕수인王守仁), 그리고 서학을 연마하도록 했다 한다.[7] 이러한 경력은 량치차오가 유럽 여행에서 돌아온 뒤 다시금 유학, 특히 양명학으로 되돌아갔을 때 비로소

- 한학(漢學): 훈고학을 위시한 한대(漢代)의 학문을 가리키는 의미.
- 송유(宋儒): 송대(宋代)의 유학자들을 가리킨다. 송유 가운데 정호(程顥)·정이(程頤)·주희 등의 이학(理學: 즉 성리학) 계열의 사조 이외에, 육구연과 명대의 왕수인 등에 의해 주창된 심학(心學) 계열의 사조가 있었는데, 캉유웨이가 강조한 것은 송유 가운데서도 이학 계열이 아닌 심학 계열의 학문이었다.

충분한 의미를 발휘했다.

1890년대 캉유웨이가 량치차오에게 영향을 미친 것은 주요하게는 공양학과 변법론 방면에서였다. 광서 9년(1883) 캉유웨이는 역사, 제도, 음악, 성운聲韻, 지리에 관한 각종의 서적들을 열심히 읽어 마치 한학으로 전향한 것처럼 보일 정도였다. 5년 후(1888) 캉유웨이는 "고문경古文經이 거짓임을 발견하고 금문경학今文經學이 올바른 것임을 밝혔다."[8] 또 3년 후에는 『신학위경고』新學僞經考를 출판하여 이학과의 결별을 선언했다.[9] 샤오궁취안蕭公權은 캉유웨이가 자신의 저술 『실리공법』實理公法과 『강씨내외편』康氏內外篇에서 '공양'公羊과 '예운'禮運이라는 명사를 사용하지 않았다는 점을 근거로 하여, 캉유웨이가 광서 14년(1888) 이후에야 비로소 공양학을 신봉했다고 생각했다. 그러나 『교학통의』教學通義에 대한 나의 해석에 따르면, 캉유웨이의 사상 중 공양학적 요소는 적어도 1886년에 이미 드러나고 있었다. 광서 17년(1891) 량치차오는 천첸推千秋와 함께 캉유웨이에게 『공리통』公理通과 『대동학』大同學•에 대한 상세한 강의를 듣고 무척이나 빠져들었고 깊은 영향을 받았다.[10] 량치차오가 만목초당에서 수학하던 몇 년간 캉유웨이는 공양학의 도움을 얻어 유학 경전을 다시 연구했다. 광서 18년에서 22년 사이(1892~1896)와 광서 20년에서 22년 사이(1894~1896), 캉유웨이는 각각 『공자개제고』孔子改制考와 『춘추동씨학』春秋董氏學을 썼는데, 그 목적은 공양춘추학, 특히 동중서董仲舒의 『춘추번로』春秋繁露와 『예기』禮記, 『논어』, 『맹자』 그리고 『순자』에서 언급한 왕제王制에 근거하여 공자가 생각했던 제도를 재건하는 것이었다.[11]

량치차오의 초기 지식론 중 가장 중요한 특징은 지식 문제를 제도와 연관시키는 것이다. 그는 '분과 학문'과 삼대의 제도를 긴밀히 연결시켜 고대 성왕聖王 제도를 '제과지학'諸科之學의 핵심 고리로 이해했다.

• 『대동학』(大同學): 일반적으로 『대동학』은 『대동서』(大同書)의 원래 명칭이거나 이칭(異稱)으로 본다.

1890년대는 량치차오가 캉유웨이를 스승으로 받들 때였다. 그의 사상 활동은 거의 캉유웨이의 변법 사상을 기본 강령으로 삼고 있었으며 '지식' 문제에 관한 관점 역시 캉유웨이와 그의 대표적 사상인 군체群體의 변법變法 사상을 구성하는 하나의 요소였다. 캉유웨이 사상은 육왕陸王의 영향을 받았지만 '심학'이 개인의 도덕을 지나치게 강조하고 사회제도에 대한 연구를 홀시하는 데 대해서는 불만을 품고 있었다.[12] 『강남해 자편연보』(康南海自編年譜)에서 스스로도 젊은 시절 "『주례』周禮에 심취하다 보니, 일찍이 『주례』를 통달한 뒤 이에 근거해 『정학통의』政學通議*를 짓기도 했다"고 말한 바 있다. 이처럼 제도에 대한 예민함과 "경세제민으로 돌아가려는" 스승 주차기朱次琦(1807~1881)의 취향이 결합되면서, 캉유웨이가 전통 경학에서 벗어나 제도 차원의 혁신을 탐구할 수 있는 중요한 동력이 구성되었던 것이다. 그의 '대동지제'大同之制와 '인류공리'人類公理는 일반적인 현담玄談이 아니라 제도적인 설계였다. 캉유웨이가 공양학으로 전향한 동력은 그의 학술 사상 차원의 변화 탓이기도 했지만 동시에 그것은 사회 정치적 목적과 분명한 연관성을 띠고 있었다. 왜냐하면 "구전口傳된 금문경학의 학설이란 '삼통' 三統 같은 미언대의微言大義"라는 공양학의 주장이 변법의 이론적·제도적 근거였기 때문이다. 량치차오는 『청대학술개론』에서 캉유웨이가 공양학을 사용하여 변법을 일으킨 첫 번째 인물이라고 했는데, 적어도 이 말은 캉유웨이 자신의 동기에 부합한다.

왜 캉유웨이의 공양학은 "『춘추』의 서법의례書法義例와 같은 소소한 부분에 대해서는" 주의를 기울이지 않고, "전적으로 하휴何休가 '너무나 특이하고 기괴한 논의'*라고 말했던 미언대의만을 추구"했을까? 왜

• 『정학통의』(政學通議): 현재 캉유웨이의 『정학통의』란 저술은 보이지 않는다. 일반적으로 이러한 표현을 한 량치차오가 스승의 『교학통의』(敎學通義, 1885)란 저술의 제목을 착각했거나 오기(誤記)한 것으로 본다.

• 너무나~논의: 하휴는 『춘추공양전』 「서」에서 『춘추』를 풀이한 전(傳)은 하나가 아니다. 그 전(傳)들은 본래가 거란세(據亂世)에 지어진 것들이라, 그 전들 속에는 너

그의 『춘추동씨학』春秋董氏學과 『공자개제고』는 오로지 동중서董仲舒만을 따르고 있을까? 이미 나는 제8장에서 이에 대해 상세히 분석한 바 있다. "제도를 개혁하는"(改制) 공자의 형상을 주조하고, 고대 제도의 변천 과정을 '정치 혁명과 사회 개조'의 본보기로 삼는 것에 캉유웨이의 주요한 동기가 있었다. 이른바 "삼통을 소통시킨다"(通三統)라고 할 때의 '삼통'은 하夏나라·상商나라·주周나라의 삼대가 서로 달랐음을 가리키는데, 시세에 따라 변혁해야 함을 의미한다. 그리고 "삼세를 펼친다"(張三世)라고 할 때의 '삼세'란, 거란세據亂世, 승평세升平世, 태평세太平世로 바뀌어 갈수록 점점 더 진화한다는 것을 의미한다. 량치차오는 「『춘추』에 대한 정의를 읽는다」(讀『春秋』界說)에서 스승 캉유웨이를 이렇게 평했다.

> 공자는 이렇게 말했다. "나를 알 수 있는 것은 오직 『춘추』뿐이요, 나를 벌할 수 있는 것도 『춘추』뿐이로다!" 무릇 『춘추』를 지은 것이 왜 벌을 받을 일인가? 공자는 아마도 후세 사람 중에 벼슬자리에 있지 않으면서 제도를 개혁하는 것은 부당하다는 이유를 들어 (『춘추』를 지은) 공자가 함부로 월권 행위를 했다고 문제 삼을 이가 있을 것을 짐작했기에 일찍이 이렇게 말했을 것이다. …공자의 제도 개혁 주장은 본래 의심할 바가 없었다. 주周나라와 진秦나라 시기의 제자서諸子書와 양한兩漢의 경서 해설서들에 공자의 제도 개혁 주장은 너무 많아서 일일이 예로 들 수 없을 정도다. …황종희黃宗羲에겐 『명이대방록』明夷待訪錄이 있으니 이는 황종희의 제도 개혁이고, 왕부지王夫之에겐 『황서』黃書와 『악몽』噩夢이 있으니 이는 왕부지의 제도 개혁이다. 임일림一(풍계분의 자) 풍계분馮桂芬에게는 『교빈려항의』校邠廬抗議*가 있으니 이

무나 특이하고 기괴한 논의가 많다"고 말했다.
* 『교빈려항의』(校邠廬抗議): '교빈려'(校邠廬)는 당시 풍계분이 살던 곳으로, 1861년 이

는 풍계분의 제도 개혁이다.[13]

　　캉유웨이는 공양삼세설로 진화적 역사 관념을 수립하고 삼대의 제도와 변천 관계 안에서 근대 제도 혁신의 합법성을 수립했다. "『춘추』는 주周 문왕文王으로 시작하여 요임금과 순임금을 언급하며 끝맺는다.• 거란세를 바로잡는 다스림은 주 문왕이 했고, 태평세의 다스림은 요임금과 순임금이 했다. 『춘추』에 담긴 공자의 성스러운 의도는 바로 제도 개혁이라는 대의大義에 있었으며, 이것이 바로 공양고公羊高가 『춘추공양전』春秋公羊傳에서 담고자 했던 미언대의의 으뜸가는 의미이다."[14] 구체적으로 말하면 "요임금과 순임금은 백성의 주인이 되었고, 태평세를 이루었고, 인도人道의 정점이 되었다. 이에 유자儒者들은 모두 요임금과 순임금을 최고의 모범이라고 여긴다. …공자는 거란세를 바로잡은 승평세를 주 문왕에 의탁하여 임금이 주인 노릇하는 인정仁政의 뜻을 펼쳐 보였다. 그리고 더 나아가 태평세太平世에 주목했으니, 요임금과 순임금에 의탁하여 백성이 주인 노릇하는(民主)• 태평세의 뜻

썼던 이 글을 통해 '중체서용'이라는 기치를 내세워 양무운동의 필요성을 강조했다.
• 『춘추』는~끝맺는다: 이러한 설명은 『춘추』 경문(經文) 자체가 아닌, 『춘추공양전』의 풀이에 대한 언급이다. 『춘추공양전』을 보면 경문을 해설하면서, 모두(冒頭)에서는 주 문왕을 언급하고, 말미에는 요임금과 순임금을 언급하며 끝맺는다.
• 백성이 주인 노릇하는(民主): 원래 『상서』(尙書) 「요전」(堯典)에 나오는 '民主'란 표현은 "백성의 주인 노릇한다", 즉 "임금 노릇한다"는 뜻이지만, 캉유웨이는 『공자개제고』에서 독특하게 '民主'를 '君主'와 대비해서 각기 "백성이 주인 노릇한다"와 "임금이 주인 노릇한다"로 풀었다. 즉 서구의 '민주주의'(democracy)의 의미로 푼 것이다. 『공자개제고』 권12에 보면 다음과 같은 설명이 나온다. "『춘추』나 『시경』은 모두 '임금이 주인 노릇'하는 경우를 말하고 있다. 오직 『상서』 「요전」만이 특별하게 '백성이 주인 노릇한다'는 의리를 밝히고 있다. 「요전」 중 "하늘을 공경스럽게 따른다"(欽若昊天)라는 부분의 뒤부터는 후사(後嗣)가 있으면서도 제위(帝位)를 선양(禪讓)하고, 사악(四嶽: 사방 제후들의 우두머리)이 공화정치(共和政治)를 시행하고, 그 아래의 여러 신하가 의견을 제시하는… 등의 내용이 나오는데, 이 모두가 매우 특이한 뜻을 담아 둔 것이다. 그래서 『상서』 「요전」은 공자의 미언(微言)이 담겨 있다고 말할 수 있다. 백의의 제왕인 공자가 구상하신 원대한 제도 중에 이보다 대단한 것은 없

을 펼쳐 보인 것이다."[15] 캉유웨이는 의회 제도, 남녀평등 등의 근대 사상을 자신의 춘추삼세春秋三世라는 의미 안에 쏟아부어, 순자의 학문(荀學), 유흠劉歆,• 주희朱熹•의 '거짓 학설'과 '거짓 제도'를 공격했다. 그의 창끝은 전제專制 제도를 향해 있었다. 이와 같은 전통적인 제도 관련 학설에 대한 비판 속에서 우리는 맹자와 심학心學의 도덕주의, 즉 제도의 설계는 반드시 주체의 도덕적 자각에서 나온다는 것을 확인할 수 있다.

그러나 캉유웨이가 추구한 것은 서양의 새로운 제도를 실현하는 것이 아니라 군주제 내부에서 제도의 혁신을 완성하는 것이었다. 캉유웨이의 변법 사상을 왕조 변법의 전통 속에 두고 살펴보면, 그의 변법 패러다임이 왕안석王安石의 신학新學이나 신정新政 패러다임과 많은 부분에서 유사성을 띠고 있음을 발견하기는 어렵지 않다. 이른바 탁고개제托古改制란 바로 왕조 변법의 오랜 방식이며 따라서 학제 개혁에서 정치와 경제 제도의 혁신으로 이르게 된다는 것은 더더욱 예로부터 잘 알려진 사실이다. 삼대를 숭배하고 선왕을 따르며 학제를 먼저 논한 뒤에 정전제井田制를 논한 것은, 신정과 신법에 합법성을 제공하기 위해서였다. 그러므로 왕안석의 신학과 신법에서 "옛 제도로 돌아가자고 말하는 것"이 혁신의 의미를 지녔던 것과 마찬가지로, 캉유웨이에게 춘추삼세의 뜻과 공자가 숭배한 삼대의 제도는 형식적인 의미에 그치는 것이 아니라 구체적 규범으로서의 의미까지 내포하고 있었다. 캉유웨이의 관점에 따르면, 삼세, 즉 거란세·승평세·태평세는 각기 상응하

다." 추측건대 캉유웨이가 상정한 '민주'는 일반 백성이라기보다는 관료 혹은 선비가 주축이 되는 입헌군주제였을 것이다.

• 유흠(劉歆): 캉유웨이는 유흠이 모든 고문 경서(古文經書)를 날조했다고 여겼다. 여기서는 일체의 고문경학(古文經學) 관련 문헌과 주장들에 대한 통칭으로 볼 수 있다.

• 주희(朱熹): 캉유웨이는『공자개제고』「서」에서 이미 주희를 가리켜 "의(義)에 대해서만 자주 말하고 정작 인(仁)에 대해서는 거의 언급하지 않았으며, 자신을 살펴서 허물을 줄일 줄만 알았지 백성의 근심에는 소극적이었고, 거란세의 주장에만 매몰되어 태평세와 대동(大同)의 뜻을 몰랐다"고 비판했다.

는 정체적 제도가 있었다. 그리고 캉유웨이가 중국의 제도 혁신을 위해 실행하고자 했던 것은 바로 삼대의 공화제共和制였다. 물론 그가 삼대의 제도를 그대로 베꼈다는 것은 아니다. 그는 평등의 이상을, 고대의 제도로 드러내 보이고, 더 나아가 현재의 제도 개혁을 위한 전범으로 제시하고자 했던 것이다.

캉유웨이는 공자의 이상과 삼대의 제도적 특징을 '천하위공'天下爲公(천하는 모두의 것)에 귀결시켰는데, 그 도덕적 근거는 자치의 이상이다. 그는 이렇게 말했다.

> 공자의 도는 그 근본이 인仁(인자함)에 있으며 그 이치는 공公(공정함)에 있으며 그 법은 평平(공평함)에 있고 그 제도는 문文(문명적임)에 있다. 그 본체는 각각의 명분을 밝히는 것이고, 그 응용은 시대에 따라 진화한다.[16]

> '천하위공' 일체는 모두 본래 공리公理일 뿐이다. 공公이란 사람이 모두 같다는 말인데, 귀천의 구분이 없으며 빈부의 차등이 없고 인종의 다름이 없으며 남녀의 차이가 없다. 등급을 나누고 다름을 구별하는 것은 협소한 작은 도道이며, 등급을 없애고 같은 것을 공유하는 것은 광대한 큰 도이다. 임금이라 할 것도 없고 나라라 할 것도 없다. 모든 사람이 공공의 재산(公産)으로 배우고 먹으며 개인의 재산(私産)에 의지하지 않는다. 모든 사람이 사사로이 생산하되 이를 공공의 생산으로 나눈다면 그 사적인 것은 쓸 데가 없어질 것이니, 어찌 권모술수를 부려 신의를 저버리려 하겠는가?[17]

캉유웨이의 유토피아 사상은 유학의 '인'仁의 이상에 근거한 것이다. 량치차오는 『남해강선생전』南海康先生傳에서 이렇게 말했다. "선생의 철학은 박애주의(博愛派) 철학으로, 선생의 논리는 '인'을 유일한 종지로 삼는다. 세계가 서게 된 것, 중생이 태어난 것, 국가가 존재하는 것, 예의가 서게 된 것 모두 인에 근거하지 않은 것이 없다."[18] "만약 '인'이 서로 다투기만 하는 인류 사회를 사이좋은 형제처럼 결합시킬 수 있다고 한다면, 그것의 역량은 단순히 도덕적 힘과 추상적인 철학 교의에 근거해야 할 뿐만 아니라, 일련의 제도에 의거해야만 한다. 제도 개혁의 각도에서 보면 '천하위공' 원칙은 반드시 구체적인 제도를 통해서만 표현된다. 캉유웨이는 삼대의 다스림을 제창했지만, 그가 중시한 제도는 요임금과 순임금, 주 문왕이 남긴 제도가 아니라, 공자가 여러 성왕聖王의 이상에 의탁하여 만들어 낸 것이었다. 이처럼 유학의 계보를 새로 해석하는 것은 제도를 새로 세우려는 시도였다. 캉유웨이의 제자인 어우쥐자歐榘甲는 이에 근거하여, 캉유웨이가 경전을 해석하고 제도를 개혁하고자 한 요점을 다음과 같이 표현했다.

> 중국의 붕괴는 사실 인심人心(마음)에서부터 시작된 것이다. 인심의 황폐는 학술에서부터 시작된 것이다. 학술의 그릇됨은 육경六經을 명확히 알지 못하는 데에서 시작된 것이다. 육경을 명확히 알지 못하고는 변법을 시행할 방도가 없다.[19]

중국이 직면한 위기는 우선 '인심'人心의 문제이며, 제도 변혁이야말로 '인심의 쇠락'을 개선할 수 있는 시작인 것이다.

캉유웨이가 그랬듯이 량치차오는 삼대의 제도를 사용하여 각종 새로운 지식을 받아들였고 그에 상응하는 변법의 원칙을 세웠다. 이것을 그저 보수파의 비판에 맞서기 위해 나온 임시변통이라 생각해서는 안 된다. 왜냐하면 삼대의 제도의 틀에는 특별한 이상이 담겨 있기 때문이다. 캉유웨이와 마찬가지로 량치차오는 중국에 반드시 민주와 입헌을 세워야 한다고 믿었고 동시에 천천히 행정, 입법, 사법의 삼권분립의 국면을 형성해 나갔다. 그러나 동시에 그들은 중국이 비록 실천적 방면에서는 서방에 뒤처져 있지만 공자의 학설과 고대의 이상 제도가 이러한 중요한 내용들을 포괄하고 있다고 믿고 있었다. 바꿔 말하면 변법은 멀리 서양에서 취할 수 있는 것이기도 하지만 동시에 그것은 삼대로부터 배워야 하는 것이기도 하다. 량치차오로서는 멀리 서양으로부터 가져오는 것과 삼대를 본받는 것 모두가 일종의 특수한 교육과 지식 제도를 철저히 시행함으로써만이 실현될 수 있는 것이었다. 이것은 바로 청말 교육 개혁 중의 '(새로운) 학문 분과의 설치'(設科) 문제와 관련되며, '학문 분과의 설치' 문제야말로 바로 '과학'科學 개념을 낳은 중요한 첫걸음이었던 것이다. 왜냐하면 '학문 분과의 설치'란 특정한 분류 원칙을 세울 것을 필요로 하며, 동시에 학과 제도의 방식으로 이러한 분류를 체제화할 것을 요구하기 때문이다. 분류된 학과의 구분은 신사회에 관한 구조 조정과 내재적 관련을 맺고 있다.

1902년 이전에는 량치차오가 정식으로 '과학'이라는 단어를 쓴 적이 없었다. 그의 저술 속에서 이 개념이 수차례 출현한 것은 1902년에 발표한 글 「지리와 문명의 관계」(地理與文明之關係, 1902. 2.)에서였다. 여기서 량치차오는 주석 형식으로 '과학'을 "한 분과(一科)로서의 학문 영역을 이룬 것을 과학이라고 한다. 격치格致•의 여러 학문이 바로 그것이다."[20]라고 정의했다. 이는 분명 오귀스트 콩트의 '분과 학문'(分科之學)이란 개념을 받아들인 것이다.• 1902년 이전, 특히 변법 시기에 량치차오는 "(새로운) 학술 진흥과 학문 분과 설치"(興學設科)를 강력히 주장했다. 그러나 각 분과 학문의 분류와 설치는 '격치'(즉 과학)가 내포하는 것보다 훨씬 광범위하다. 왜냐하면 여러 학문 분과들은 반드시 삼

• 격치(格致): 원래 '격치'란 『대학』의 '격물치지'(格物致知)의 줄임말인데 명청대부터 서양 과학을 가리키는 표현으로 사용되었다.
• 이는~것이다: 오귀스트 콩트는 사회학을 창시한 학자인데, 특히 자신의 『실증철학 강의』에서 사회학이 실증과학이라고 주장하면서, 사회학으로 이르는 학문 분야 간의 단계적 과정을 설정했다. 우선 자연과학 중 가장 보편적인 현상을 다루는 수학을 실증철학의 기초로 상정하고, 점진적으로 천문학·물리학·화학·생물학으로 발전해 궁극적으로 사회학을 통해 실증을 완성한다고 주장했다.

대의 제도라는 틀 안에서 배치되어야 하기 때문이다. 이러한 의미에서 분과 학문의 설치는 지식 분류와 분과分科 교육의 필요에 기반한 것일 뿐만 아니라, 사회의 구조와 기능에 대한 해석까지 포괄하는 것이라 할 수 있다. 『변법통의』變法通義 「논과거」論科擧(1896)에 보면, 그는 과거 제도를 폐지하고 신학新學을 설치할 것은 주장하고 있다. 설사 "'멀리 삼대를 본받지 못하고 가까이 서양을 채택"할지라도 반드시 "한漢나라와 당唐나라의 규범을 본받아 분과 학문을 많이 설치"해야 한다는 것이다. '학문 분과 설치'(設科)에는 '명경과'明經科, '명산과'明算科, '명자과'明字科, '명법과'明法科, '사절역과'使絶域科, '통례과'通禮科, '기예과'(技藝一科)(이로써 '격치제조格致製造[과학적 제조]의 이치'를 밝힘), '학구과'學究科 등이 포괄된다.[21] 량치차오는 삼대를 추종했지만 그렇다고 송유처럼 한나라·당나라의 규범을 폄하하지는 않았다. 조금이라도 현실감이 있는 사람이라면, 변법의 임무에 제도를 창조하려는 경향이 있긴 하지만, 이러한 제도가 도덕적 이상을 완벽하게 체현할 수는 없다는 현실을 알았을 것이다.

상술한 '분과 학문'의 내용은 정치, 도덕, 과학, 다시 말해, '정치'(政), '교육'(敎), '기예'(藝)를 하나로 융합한 것이다. 이러한 '여러 학과'의 분류는 어떤 원칙에 의거한 것인가? 아니, 어떠한 목적으로 '분과 학문'을 설치한 것인가? 량치차오는 이렇게 말했다.

> 내가 지금 한마디로 말하면 다음과 같다. 변법의 근본은 인재를 육성하는 데에 달려 있고, 인재의 흥성은 학교의 개설에 달려 있으며, 학교를 세우는 것은 과거 제도의 변혁에 달려 있다. 그리고 이 모든 것이 큰 성과를 거둘 수 있느냐의 여부는 관직 제도의 변혁에 달려 있다.[22]

량치차오는 "인재를 육성하고", "학교를 개설하고", "과거 제도를 변혁하고", "관직 제도를 변혁하는 것"을 하나의 연속선상에 놓인 과

제로 보았다. 이는 분명 그의 스승 캉유웨이가 강술한 '춘추삼세지의' 春秋三世之義와 꼭 들어맞는다. 따라서 인재, 학교, 과거 제도, 그리고 관직 제도는 아무 상관없는 문제가 아니라 사회제도 설계의 필수 요건 이며, 그 핵심은 인재 육성과 도덕 품성의 상태에 달려 있는 것이다. 바로 이 때문에 분과 학문의 설치는 반드시 특정한 구조를 포괄한다. 량치차오는 이렇게 말했다. "오늘의 학문은 마땅히 정치학(政學)을 위 주로 하고 기예학(藝學)을 부수로 해야 한다. 정치학을 성취하는 것은 비교적 쉽지만 기예학을 성취하는 것은 비교적 어렵다. 그런데 정치학 의 용도는 폭넓은 편이지만 기예학의 쓰임은 협소한 편이다." 그가 보 기에 약간의 서양의 정치 이론을 아는 것은 쉬운 일이지만, 진정으로 동서고금에 드러난 천하를 다스리는 도리를 궁구할 수 있는 사람은 너 무나 드물다. 만약 "중국의 상황과 정치적인 습속에 미처 익숙하지 못 하다면, 그 주장은 막혀서 시행될 수가 없을 것이 분명하다. 그건 사실 시행될 수 없는 것이 아니라, 시행을 하더라도 그 근본을 이해하지 못 하고 그 방도를 제대로 쓰지 못하는 것이다."[23]

2. 삼대의 제도, 분과 학문, 그리고 '군'群의 이상

량치차오의 교육 구상은 비록 근대 서양의 역사로부터 계발을 받 은 것이 분명하더라도, 그러한 근거는 황종희黃宗羲와 마찬가지로 '삼 대의 제도'였다. '삼대의 제도'로 근대의 평등주의를 해석하고 실천하 는 것은 많은 함의를 담고 있다. 그중 가장 중요한 것은 변법개제變法改 制의 목적이 행정을 실현하고 국가 제도를 근대화하는 것에 그치지 않 고, 삼대의 이상을 회복함으로써 현실의 목표를 뛰어넘는 청사진을 만 들어 내는 것이었다는 점이다. 삼대의 제도라는 이상은 군주전제 통치 를 부정하는 것에 그치지 않으며, 거기에는 사회적 재부의 공평한 분 배에 대한 구상, 그리고 사회 분업과 창조력에 대한 충분히 유연한 사고를 담고 있었다. 이 점에서 그것은 캉유웨이의 변법 사상과 기본적으로 일치한다. 캉유웨이의 변법 설계 속에서, 개혁의 목적은 부강을 좇기 위한 것일 뿐 아니라, 전 인류가 자유와 평등을 함께 누리는 영구평화를 지향하는 것이기도 했다. 입헌군주제는 변법 기획의 과도 단계에 불과했던 것이다.[24] 량치차오의 입장에서 보면, 제도적 민주화를 통해 중국 정치의 근대화를 촉진하기 위해서는 반드시 어떤 기본적 절차가 필요했는데, 그 절차 자체는 제도적 성격을 가지고 있었다. 그가 평생 양명학을 애호했다고는 하지만, 제도에 대한 관심과 심성心性을 논하는 이학理學 사이에는 상당한 간극이 존재한다.

'삼대 제도'의 구체적 내용에 관해서는—이를테면 정전제井田制—지금까지 많은 논의가 있었지만,[25] 사람들은 일반적으로 그것이 고대 귀족 정치와 경제 제도의 역사적 함의를 체현한 것이라고 믿고 있으며, 이 점에 대해서는 학계에서도 기본적으로 이견이 없다. '학제'學制에 대한 량치차오의 구상을 분석하기에 앞서, 우리는 먼저 '삼대의 제도'가 근대 역사상 실질적 의미를 갖는지, 혹은 그것이 그저 일종의 정당화를 위한 수단이었는지에 대해 토론해 보고자 한다. 우선 상고 삼대(하·상·주)에서 내려온 제도, 즉 정전제, 봉건제, 학교 제도는 비단 명청대까지도 반복해서 인용되었을 뿐만 아니라, 청말의 정치와 경제변혁의 강령에서도 여전히 근거로 제시되고 있다는 점이다. 그것은 개혁에 정당성을 제공하는 증거로서 작용해 왔다. 조익趙翼(1727~1814)은 봉건제를 이렇게 설명했다. "예부터 봉건제를 시행하니 제후들은 각지 자기 나라에서 임금 노릇을 해 왔고, 경대부 역시 관직을 세습해 왔다. 이 같은 추세가 점차 관례로 굳어졌다는 사실은 분명해 보인다."(自古皆封建, 諸侯各君其國, 卿大夫亦世其官, 成例相沿, 視爲固然)[26] 명말 이래 '봉건론'은 황권을 제한하고 어느 정도의 지방자치를 실행하자는 부유 계급의 구호가 되어 왔다. 이러한 귀족제와 호응하는 경제 제도가 바로 정전제였다. 하·상·주 삼대의 수전授田 제도●에 대한 『맹자』「등문공」滕文公의 서술은 우리에게 정전제를 엿볼 수 있는 기본적 자료를 제공해

준다. "어진 정치는 반드시 경작지의 경계를 나누는 것으로부터 시작
된다. 경작지의 경계가 올바르지 않으면 정전제가 균등하게 시행되지
않고 식록食祿이 공평하지 않게 된다. 이런 까닭에 폭군과 탐관오리들
은 분명 경작지의 경계를 나누는 일을 태만히 한다. 경작지의 경계가
공정하게 나뉘면 정전을 나누고 식록을 조정하는 일쯤은 앉아서도 할
수 있다. …사방 1리가 정# 자처럼 9등분되는데, 정# 자처럼 9등분된
900묘畝 중 가운데 땅 100묘는 공동으로 경작하는 공전公田이 된다. 여
덟 가구는 모두 각자 100묘의 땅을 소유하고, 함께 공전까지 돌본다.
공전의 경작을 마친 뒤에야 각자 자신의 사전私田을 경작한다. 이러한
정전제의 시행은 농가들을 구분하기 위해서다. 이것이 정전제의 대략
적인 모습이다."²⁷ 정전제란 이처럼 정해진 수량에 따라 경작지를 나누
고 식록을 정하며 조세租稅를 시행하는 일종의 통합 분봉수전제分封授
田制였다. 『좌전』 「소공 7년」昭公七年에는 이러한 기술이 보인다. "천자
는 봉토封土의 경계를 관리하고, 제후는 분배받은 봉토를 다스리는 것
이 옛 제도이다. 봉토 경계 안에 천자의 땅이 아닌 곳이 어디 있겠는
가? 그 땅의 소출을 먹는 자 중에 천자의 신하가 아닌 자가 어디 있겠
는가?" 이는 한발 더 나아가 이것이 천자 지배하의 '토지 국유제'였음
을 보여 준다. 즉 개인은 단지 토지 재산의 사용자일 뿐 진정한 소유자
가 아닌 것이다. 그러나 역사적 변동 속에서 이러한 분봉수전제가 무
너지면서, 새로운 토지겸병제가 생겨났다. 왕부지의 말을 따르면 다
음과 같다. "삼대(하·상·주) 때의 제후국이란 영토의 너비가 협소해서, 그
저 지금의 일개 현縣 정도 크기와 같을 따름이었다. 벼슬에 오른 자는
100리 안에서 나왔고, 경대부卿大夫의 자식은 늘 사士가 되었다. 그래
서 대대로 식록을 받던 자들은 대대로 물려받은 경작지, 즉 대대로 운
영하는 부동산이 있었던 것이다. 그러므로 경대부라 불리던 자들은 사
실 오늘날의 고을의 호족과 같은 자들일 뿐이다. 대대로 그 땅에 살면

• 수전(授田) 제도: 고대에 각 호(戶)마다 토지를 나눠주던 제도.

서, 대대로 그 경작지를 일구며, 대대로 저수지를 보수하며, 대대로 경작지를 일구는 백성들을 다스렸다."[28] 정전제에 관해서는 역대로 논쟁이 분분했다. 한대漢代의 유자儒者들은 그것을 옛사람이 다스림을 펼치는 근본이라 생각했다. 유가의 이상 속에서 그것은 분명 천하의 재산을 한 번에 균등하게 분할할 수 있다는 예증이었지만, 후대인들은 이를 노예제의 특징을 가진 경제 제도라 믿었다. 왕안석의 신정新政 개혁이래, 정전제에 대한 욕망 속에는 토지겸병을 반대하고 경작지를 재분배하자는 의미가 내포되어 있었다. 청말 시기라는 맥락에서 봉건제와 정전제에 관한 논의는 정치 제도적 측면에서 일정 정도 지방자치를, 그리고 경제 제도 측면에서 일정 정도 평등을 요구하는 경향을 드러내고 있었다.

그래서 혁명당파와 무정부주의자들이 진정으로 고대의 유제遺制에 찬성하지는 않더라도, 반청 혁명이라는 맥락 속에서만큼은 평등과 자치의 원칙을 끌어오는 것이 가능했던 것이다. 예를 들면 후한민胡漢民은 이미 '정전제'를 근거로 하여 토지 개혁의 강령을 제시한 바 있다. 그는 이렇게 말했다.

> 토지 국유화는 삼대의 정전제에서 이미 국가적인 규모로 시행되었으니, 우리에게 원래 있었던 이런 경험을 두루 헤아려 정치를 개혁할 시기에 시행한다면 분명 어려움이 없을 것이다. …각종 이유로 생겨난 지주 제도는… 나라 전체를 빈궁하게 만들어 풍부한 자본이 지주에게 모조리 귀속되게 만들었다. …전제 정권의 부유함이란 백성의 것을 훔친 것이다. 민권民權에 의한 입헌 국가의 부유함이란 공산제共産制와 같은 것이다. 오로지 땅을 균등하게 나누는 정치만이 평등의 지극함을 이룰 수 있는 것이다.[29]

무정부주의자였던 류스페이劉師培는 '국유'에는 찬성하지 않았지만

"귀천의 등급을 모조리 무너뜨리고, 부호의 경작지를 모조리 몰수하여, 토지를 국민이 공유하게 만든다면, 진정으로 지공至公•에 부합할 수 있을 것"이라고 주장했다.[30] 중국동맹회中國同盟會가 주장한 '평균지권'平均地權•과 쑨원孫文의 '민생주의'民生主義는 모두 유사한 평등 원칙을 포함하고 있었다. 분명한 사실은 당시의 정전제란 그저 평등한 토지 분배의 역사적 증거일 뿐, 이 개념 속에 원래 담겨 있던 귀족제라는 역사적 함의는 이미 소실되었다는 점이다.

'봉건' 개념은 명말 청초에 이미 황권 전제에 대항하는 의제로 활용되었다. 그중 가장 눈에 띄는 것이 바로 고염무顧炎武의 「군현론」郡縣論이었다. 청말의 혁명당파 사람들은, 태평천국 시기의 지방 군사화 및 지방정부의 군정과 재정권이 중앙으로부터 지방으로 이전되는 과정에 주목하여, 이것이 바로 중앙집권이 지방분권으로 이전되는 시작이라고 생각했다.[31] 황준헌黃遵憲(1848~1905)은 어느 연설에서 이렇게 말한 바 있다.

> 제군들에게 바라는 바는 자신의 몸을 다스리고 자신의 고향을 자치하라는 것이다. 유리한 것은 진흥시키고, 폐단이 되는 것은 변혁해야만 한다. 학교를 변혁하고, 수리 사업을 계획하고, 상업을 진흥시키고, 농사일을 손보고, 도적을 잡는 일도 강구해야만 한다. …제군들이여, 제군들이 이런 일들에 힘써 임한다면, 위로는 관리로부터 아래로는 백성에 이르기까지 한마음 한뜻으로 힘을 합쳐서 무리 모두가 추구하는 이익을 거둘 수 있을 것이다. 그 지역 출신의 지방관이라면 봉건 세가의 힘을 얻어 전제정치로 인한 군현제의 폐단을 제거할 수 있을 것이다. 한 부府, 한 현縣으로부터 한 성省으로 확산시키고, 다시 한 성省에서 천하로

• 지공(至公): 모두에게 공정한 경지.
• 평균지권(平均地權): 토지를 균등하게 가질 권리.

확산시킨다면, 공화共和의 지극한 치세*와 대동의 위대한 길도
실현할 수 있을 것이다.[32]

사실상 신해혁명辛亥革命 전후로 지방자치 운동은 정치적 독립, 경제
적 독립, 군사적 독립, 지방의회의 건립 등 각 방면을 다루고 있었고,
신해혁명 이후 연방공화제聯邦共和制*의 정치 제제와 '연성자치운동'聯
省自治運動*은 모두 명청대에 벌어진 '봉건' 대 '군현'이라는 논쟁의 현
재적 연속으로 간주될 수 있다.[33] 귀족제를 대표하던 '봉건' 개념은 이
당시 이미 지방분권을 통해 중앙집권을 제한한다는 명제로 전환되어
있었다. 바로 그리스 민주제도가 근대 민주제도의 전범을 제공한 것과
마찬가지로, 삼대의 제도 역시 근대 중국의 개혁과 혁명에 기초를 제
공했던 것이다.

무술변법 시기, '학교' 개혁은 한편으로는 고대 유훈의 실천으로 간

• 공화(共和)의 지극한 치세: '공화'는 현재 'Republic'의 번역어로 사용되지만, 원
해 '공화'란 주(周) 여왕(厲王)이 실정하자, 주정공(周定公)과 소목공(召穆公)이 주축
이 되어, 주 여왕 대신 14년간 섭정(攝政)했던 일종의 과두정치(寡頭政治)를 가리킨
다. 중국에서는 이러한 역사적 사실에서 임금을 물리치고 여럿이 함께 의견을 모아 나
라를 다스렸다는 의의를 확대하여 'Republic'에 견주었던 것이다. 그런데 우선 이러
한 역사적 이해는 사마천(司馬遷)의 『사기』(史記)에 나온 기술을 따른 것이다. 하지
만 현재까지 확인된 연구의 따르면 사마천의 이러한 기술은 역사적 사실이 아닐 가능
성이 높다. 현재는 일반적으로 여러 사람이 아닌 공국(共國)의 화(和)라는 이름의 백
작(伯爵) 지위를 가진 한 인물이 섭정했던 것으로 추정한다. 하지만 역사적 사실 여부
와는 상관없이, 여기서는 문맥의 의미를 좇아 여러 사람이 함께 정치를 했다는 의미로
보는 것이 적절하다.
• 연방공화제(聯邦共和制): 현재 이런 정치 제제를 가진 대표적인 국가가 바로 미국,
즉 미합중국(The United States Of America)이다.
• 연성자치운동(聯省自治運動): 중국의 각 성(省)별로 성헌(省憲)을 정해 자치를 하
면서, 각 성의 대표가 모여 연성 헌법을 만들고 연방제 국가의 형태를 갖추자는 주장
으로, 량치차오가 처음으로 주장했다. 실제로 호남(湖南) 지역을 중심으로 이러한 운
동에 호응이 있기도 했지만, 장제스(蔣介石)의 북벌(北伐) 전쟁과 중국 통일로 흐지부
지되었다.

주되었지만, 다른 한편으로는 정치 변혁의 선도로 이해되기도 했다. 지방자치의 학교로 중앙집권의 과거科擧에 대항한다는 것은 본래 송명이학의 중요한 이상이었다. 청초 황종희의 『명이대방록』에서는 학교와 황권皇權을 명확하게 대립시키고 있으며, 학교를 시비를 공평히 하는 기관으로 이해하고 있다. "학교란 선비를 양성하는 곳이다. 그러나 옛 성왕聖王들께서 학교를 세운 의도는 여기에만 그치는 것이 아니었다. 반드시 천하를 다스리는 데에 필요한 모든 것이 학교에서 나오게끔 만들어야만, 학교를 세운 의도가 제대로 갖춰졌다고 할 수 있다. … 성왕들은 조정의 윗사람들부터 항간의 백성들에 이르기까지, 인의仁義로 감화시켜서 『시』(시경)와 『서』(서경)에 담긴 드넓은 기상을 지니지 않은 이가 없었다. 이때만 해도 천자가 옳다고 해서 꼭 옳은 것이 아니었고, 천자가 그르다고 해서 꼭 그른 것은 아니었다. 천자 역시 감히 스스로 시비를 결정짓지 않고 학교에서 그 시비를 공론公論으로 가렸다. 이런 까닭에 선비를 양성한다는 것은 학교를 세운 이유 중 하나일 뿐, 학교가 오로지 선비를 양성하기 위해서만 세워진 것이 아니다."[34] 캉유웨이는 그의 초기 저작 『교학통의』에서 이같이 말했다. "위로는 요순 시기까지 거슬러 올라가고, 중간에는 주공과 공자를 조술祖述하고, 아래로는 주희를 칭송하며, 가르침과 배움의 구분을 밝히고, 스승 노릇 하는 유생儒生과 관학官學의 갈래를 변별하고, 육예六藝(즉 육경六經)에 담긴 뜻을 들어, 이를 통괄해 하나로 꿰뚫고, 갈래지어 정리하고, 옛 모습으로 되돌려 당초의 모습을 복원하고, 새로운 법과 제도를 만들어 냈다." 이는 공학公學과 사학私學을 겸하고, 도덕과 기술을 함께 수련하는 것을 시도함으로써, 예부터 '육예'가 '선비'(士) 계층의 전유물이 아니라 백성들이 보편적으로 배우는 것이라 생각한 것이다.[35] 량치차오의 학교 구상은 공양학의 색채가 좀 더 강하다는 점 외에는 이와 매우 근사하다. 그는 캉유웨이의 역사관과 개혁론을 본받아 이렇게 말했다. "세계의 운세는 거란세에서 승평세로 진입하면서, 승패를 가르는 근원 역시 육체적 힘에서 슬기로운 머리로 옮겨졌다. 그래서 나는 오늘날 자강自强을 주장함에 있어서, 백성을 슬기롭게 하는 것이 최고의 핵심이라고 본다."[36] '학문'(學)에서 '슬기'(智)가 열리고 '교육'(敎)에서 '학문'(學)이 서는 것이므로, "인재를 육성하고"(育人才) "백성을 슬기롭게 하는 것"(開民智)을 직접적인 목표로 삼는 '학교'가 사실상 '변법'과 '자강'이라는 정치 운동의 일부가 되는 것이다. 중국은 수당隋唐 이래로 오직 시험 제도만 있었을 뿐 체계적 교육 제도는 없었다. 그렇기 때문에 량치차오는 송대 이래의 많은 유학자처럼, 수도에서 시골까지 전국적인 범위에서 고대 학교 제도의 부활이 급선무라고 생각했던 것이다. 학교와 지식 체계 제도화를 구상하고 체현하는 것이 변법의 최종적인 이상이었다. 만약 정전제와 봉건제 개념이 근대 사회 변혁 기획에 지침 역할을 했다면, '삼대의 학제'를 회복하자는 입장에서 교육 개혁을 제창했던 량치차오의 경우를 단순히 유럽이나 일본의 근대 교육 제도를 답습한 것으로 간주할 수는 없다. 거기에는 특정한 문화적 내용이 들어 있기 때문이다.

먼저 '삼대의 학제'의 이념을 회복한다는 것은 비단 과거제에 대한 비판이나 부정일 뿐만 아니라 근대의 전문화된 교육에 대한 반성도 포함되어 있었다. 량치차오의 개혁 목표는 비록 특정한 정치적 함의를 가지고 있다곤 해도, 그저 '근대적'이라는 의미만 가지고 있는 것은 아니었다. 그것은 '지식'을 주고받는 것을 중심으로 한 것이 아니라, 바로 '인재 육성'을 중심으로 하고 있었던 것이다. 량치차오는 학교를 '지식 판매소'로 생각하는 운영 방식을 비판하고, '분과 학문'이 '사람'의 합리적인 구조화(전인적全人的인 발전)를 준칙으로 하고 있음을 강조했다. 이처럼 '교육'(敎), '정치'(政), '기예'(藝)를 포괄하는 '분과 학문'은 다만 '기예'의 층면에서만 과학, 기술, 공예工藝와 직접적으로 관련된다. 이러한 완정한 배치는 '기예'의 정치적, 도덕적 목적을 규정한다. 사실상 그의 교육 사상 핵심은 육왕학파陸王學派의 양성론養性論이었다. 이는 지식과 지성의 교육은 반드시 도덕 교육을 시침으로 삼아야 한다는 것이었다.[37] 바로 이러한 의미에서, 량치차오가 말하는 '학교'란 바로 "가家에는 숙塾이란 학교가 있고, 당黨에는 상庠이란 학교가 있고, 수遂에는 서序라는 학교가 있고,* 나라에는 학學(즉 태학太學)이라는 학교가 있다"는 '삼대'의 '학교 제도'를 가리키는 것이었다. 왜냐하면 '삼대의 학제'가 '교육'(敎), '정치'(政), '기예'(藝)를 삶의 각 단계에서 완벽하게 실현시켜 조화로운 사회를 만들어 냈기 때문이다.[38] 량치차오는 동경 어린 어조로 이렇게 쓰고 있다.

> 학교 제도는 오직 우리 중국의 삼대에 가장 잘 구비되어 있었다. 집에는 사숙私塾이 있고, '당'黨에는 '상'庠이란 학교가 있고, '수'遂에는 '서'序란 학교가 있고, 나라에는 학學이란 학교가 있었는데, 행정단위 등급별로 학교를 세운 것이다. 8세에 소학小學에 들어가고 15세엔 대학大學에 들어갔으니, 이는 학교에 들어가는 나이이다. 6세에는 동서남북을 배우고, 9세에 날을 세며, 10세에 글쓰기와 계산하기를 배우고, 13세에 음악을 배우고 『시』를 읊으며, 아동(15세)이 되면 활을 쏘고, 20세에 예禮를 배웠으니, 이는 학문을 전수받는 순서이다. 매년 입학생을 받고, 격년으로 시험을 쳤다. 경문의 구두句讀를 끊어 읽으며, 그 안에 담긴 성왕의 뜻을 명확하게 파악하는 것을 시작으로 삼았고, 구체적인 사안을 유추하여 깨달아 이치에 통달하는 것을 대성大成이라고 여겼으니, 이는 교과 과정이다. …그래서 한 나라 안에서 가르침을 받지 않은 사람이 한 명도 없었고 배움을 모르는 사람이 한 명도 없었다. 토끼 잡는 그물을 놓는 야인野人도 나라를 지키는 군인이 될 수 있었고,* 작은 병거兵車를 탄 여인도 천자를

---

* 가(家)에는~있고: 중국 고대에 각 행정구역 규모에 따라 설치되었던 교육 기관을 가리키는데, 여기서 가(家)는 각 가구를 가리키는 것은 아니고, 100리 안의 25가구를 '여'(閭)라고 했는데, 이렇게 같은 거리에 사는 사람들은 그 거리 입구 옆에 숙(塾)이란 학교를 두었던 것이다. 그리고 당(黨)은 500가구, 수(遂: 술述이라고도 함)는 1천 가구 정도의 규모를 지닌 행정구역을 말한다.

분노케 한 외적外敵에 대항할 수 있었다.* 소를 거래하던 정鄭나라 상인도 적장을 물리칠 수 있었으며,* 수레바퀴를 만드는 공인도 나라를 다스리는 도리를 말할 수 있었다.* 여러 사람이 암송하는 노래를 귀담아듣는 것만으로도 패주霸主가 될 수 있었고,* 향교에서 벌어진 논의를 귀 기울여 듣는 것만으로도 정치에 대해 배울 수 있었으니,* 이렇게만 된다면 온 나라의 사람이 나라를 자기 몸인 양 여길 것이고, 성읍과 들녘을 가득 채울 만큼 인재가 아닌 이가 없게 될 것이다. 이것이 이른바 천하 사람의 눈으로 보고, 천하 사람의 귀로 들으며 천하 사람의 걱정거리를 걱정하는 것으로, 삼대가 강성했던 것은 아마도 이 때문일 것이다.[39]

'삼대의 학제'는 여기서 천하 만민이 한마음이 되어 나라와 일체가 되는 상태로 묘사되어 있다. 그런데 이러한 집단주의 속에는 평등권의 가능성이 내재되어 있는 듯하다. 여기서 량치차오는 각 개인이 모두

• 토끼~있었고: 이 고사는『시경』주남(周南)에 실린「토저」(兎罝) 편에 보인다.
• 작은~있었다: 이 고사는『시경』진풍(秦風)의「소융」(小戎) 편에 보인다.
• 소를~있었으며: 이 고사는『좌전』(左傳)「희공 33년」(僖公三十三年) 조에 보인다. 진(秦) 목공(穆公)이 정(鄭)나라를 침범하려 하자 정나라 상인 현고(弦高)가 미리 진나라 군사가 오는 길목에서 짐짓 그들이 정나라를 치러 올 줄 미리 알고 있었다는 듯이 병사를 먹이라고 소 열두 마리를 바쳤다. 이에 진나라 군대는 정나라가 이미 모든 것을 알고 대비했으리라 생각하고 진나라로 돌아갔다.
• 수레바퀴를~있었다: 이 고사는『장자』(莊子)「천도」(天道) 편에 보인다.
• 여러~있었고: 이 고사는『좌전』「희공 28년」조에 보인다. 진(晉) 문공(文公)이 전쟁 중 고민에 빠졌을 때 병사들이 부르는 노래를 듣고 민심을 살폈다는 이야기이다. 이 같은 덕을 지닌 진 문공은 결국 춘추오패(春秋五霸) 중 한 명이 되었다.
• 향교에서~있었으니: 이 고사는『좌전』「양공 31년」(襄公三十一年) 조에 보인다. 정나라 사람이 향교에서 정치에 대해 왈가왈부하는 것을 보고는 재상 자산(子産)에게 향교를 없애자고 건의했지만, 오히려 자산은 향교가 왜 중요한지를 설명해 그 사람을 설득했다.

교육을 받을 권리가 있음을 보여 줄 뿐 아니라, 남녀 혹은 기타 신분의 고하를 막론하고 누구나 군사, 정치, 경제의 업무를 담당할 수 있으며, 그렇기 때문에 이러한 직업 분류가 더 이상 사회를 등급화하거나 분화하는 방식이 될 수 없음을 밝히고 있다. 정치 권력과 군사 권력은 특정인 혹은 특정 계급의 특권이 아니라 일종의 평등권이다. 바꿔 말하면 사회의 운동과 조직은 강제성에 의거한 제도 실천이 아니라, 사회적 평등과 화해에 기반한 관계로서, 그것은 필시 공동체 구성원에 대한 책임과 도덕 품성이라는 전제 위에 수립되어야 한다. '삼대'의 도덕 이상은 추상적 교조가 아니다. 또한 그것의 도덕적 객관성 역시 천리天理와 같은 형이상학적 관념이나 상제上帝의 절대명령과 같은 것이 아니라, 사회적 평등 제도와 원활한 역할 분배에 의지하는 것이다. 평등이란 추상적인 가치가 아니라 제도적인 구상이다.

교육의 보편성은 정치와 기타 사회 권리와 사회 책임의 보편성을 가능하게 한다. 이러한 의미에서 '삼대의 학제'는 정치 제도의 개혁을 위해 이론적 근거를 제공했으며 또한 이러한 변혁을 위한 최종 방향과 모종의 점진적 경로를 제공했다고 할 수 있다. 언급해 둘 것은 캉유웨이와 량치차오의 개혁 구상 중 하나가 지방자치의 실천이었다는 점이다. 그들은 민주 정부란 지방자치의 기초 위에서 세워질 수 있으며, 지방자치란 민중의 참여와 민중 자신의 준비를 필요로 하는 것이라고 생각했다. 이것이 바로 캉유웨이가 "지방의 다스림은 모두 백성에게서 나온다"(地方之治, 皆起於民)고 말한 이론 구상이었다. '삼대의 학제'라는 구상은 기층으로부터 인민의 정치 참여를 시작하려는 변법 구상과 완전히 일치한다. 그것은 새로운 역사적 조건하에서 금문경학의 봉건 전통에 대한 재해석이다. '삼대의 학제'는 한편으로는 인민이 지방 정치와 국가 정치에 직접 참여할 수 있는 정당성과 필요성을 논증했으며, 다른 한편으로 그것이 구상한 교육 과정이 민중의 지방 정치 참여를 위해 '인'적 자원을 누적시켰다.[40]

삼대의 제도를 추종하는 것은 기층에서부터 온 천하까지 국가의 학제를 세우는 것인데, 이는 왕안석 이래 지속되어 온 '변법 이상'이라고 할 수 있다. 이러한 이상의 핵심은 국가 변혁을 위해 인재를 배양하는 것일 뿐 아니라, 보편적 학제를 통해 "도덕이 윗사람들에 의해 하나로 통일되면, 풍속으로 아랫사람들에 의해 자리 잡는"(道德一於上, 習俗成於 下) 효과로 이어진다.[41] 캉유웨이와 량치차오로 말하자면, 이러한 이상 의 특징은 더더욱 '학문'(學)이 기층에서 국가로(아래에서 위로) 다다 르는 구조가 발현되는 사회 자치의 원칙에 있다. 일반적으로, 지방자 치의 원칙은 두 가지 층위의 내용을 의미한다. 첫째는 주민 자치의 원 칙이다. 즉 지방의 업무는 그곳에 거주하는 백성의 의지로 결정하며, 주민은 지방행정 관리에 대해 자주적이고 효과적인 관리권과 감독권 이 있다는 것이다. 둘째는 단체 자치가 지역과 조합을 기초로 하는 공 공 자치단체를 형성하는 것이다.[42] 캉유웨이와 량치차오가 학제 문제 로부터 지방자치에 대한 사고로 진입한 데에는 물론 '사람'에 대한 설 계가 포함되어 있었다. 즉 그들이 생각하는 자치는 '사람' 혹은 도덕 품성의 배양이라는 기초 위에 건립되는 것이었다. 이러한 구상은 '군' 群 개념에 대한 그들의 해석과 중요한 연관 관계를 가지고 있다.

'군'群의 원칙이 량치차오에게 미친 영향은 무술변법 시기에 한정되 지 않는다. 예를 들면, 량치차오는 무술변법 후에 이미 '군'의 개념으 로 학교, 학회, 상회, 국회 등 사회조직을 지칭한 적이 있는데 이러한 조직의 기능 중 하나가 바로 자치를 실천하고 나아가 민주 제도의 기 초를 닦는 것이었다. 그는 「상회의」商會議에서 이렇게 말했다.

상회란 무엇인가? 서양의 지방자치 정치 체제를 채택해 해외의 여러 항구도시(埠)에서 시행하고자 하는 것이다. 서양 사람들은 나라의 정치 체제를, 중앙집권 체제와 지방자치 체제, 이렇게 두 가지로 논한다. 중앙집권 체제란 한 나라의 정부가 나라의 큰 업 무들을 총괄해서 관리하면서 한 갈래로 가지런히 만드는 것이 다. 지방자치 체제란 나라 안 모든 부府, 주州, 현縣, 항鄕, 부埠

등의 지방 부서들이 각기 힘을 합해 자신의 지역에서 처리해야
할 일을 처리하는 것이다. …대개 지방자치의 역량이 심후해질
수록, 그 나라의 기틀은 공고해지고 백성들은 문명화된다. 왜 그
럴까? 아마도 나라라는 것이 백성들이 모여 이루어지기 때문일
것이다. …지방자치 체제란 백성들의 삶에서 저절로 이루어지는
이치이다.[43]

자치의 형식은 비형식화된 정치 형식으로 드러난다. 그것은 인민 자
신의 자치 능력을 요구한다. 아래의 인용문은 량치차오가 지방자치에
관해 서술한 글의 일부이다. 앞서 인용한 '삼대의 학제'에 관한 글과
비교해 보면, 양자 사이에 모종의 유사성과 상관성이 있다는 점을 알
아채기는 어렵지 않을 것이다.

모든 향촌에는 반드시 향사鄕社가 있고, 일이 생기면 신사紳士
원로元老들이 모여 의논하니, 일종의 지방 의회인 셈이다. 여기
서 의결을 하게 되면 이장里長들이 번갈아 가며 시행하니, 일종
의 지방자치의 행정관인 셈이다. 향촌에 옥사獄事를 다루는 소송
이 생길 경우, 큰일이 아니라면 지방 관리가 판결하는 공당公堂
에 가지 않고 신사 원로에게 호소해 판결을 내리게 하니, 일종의
지방의 판결인 셈이다. 향촌에서 처리해야만 하는 업무에 필요
한 경비는 향촌 사람들이 모여 함께 충당하니, 일종의 지방 조세
인 셈이다. 경계할 일이 생기면 각 향촌이 스스로 자경단을 조직
하니, 일종의 지방 병제兵制인 셈이다. 시장이 열린 곳이면 각 골
목마다 서로 약정한 바가 있으니, 일종의 한 골목의 자치인 셈이
다. 업계마다 회관會館이 있으니, 일종의 업계의 자치인 셈이다.
그런즉 우리 중국의 지방자치제는 사실 서양과 암암리에 부합하
고 있다.[44]

이처럼 지방자치제의 지역에 따라, 혹은 사람에 따라 적절하게 통치하는 방식이 량치차오가 이상적으로 서술했던 학교 제도와 유사하거나 상통하는 점이 있다는 것을 어렵지 않게 발견할 수 있다. 량치차오는 「상회의」에서 "교육을 널리 흥성하게 하고," "악습을 제거하고," "어려움을 당한 이들을 구제하고," "교통을 편리하게 하는 것"을 인권 신장과 변법 시행의 전제로 삼을 것을 명확히 했다.[45] 그런데 량치차오가 정치적 차원에서 제기한 지방자치란 기본적으로 지방 향신鄉紳을 주체로 하는 자치 공동체에 기초한 것이었지만, 그의 학교 제도에 대한 구상은 더 광범위한 '민치'民治의 개념을 내포하고 있었다. 전자가 그가 추종했던 황종희의 '분치'分治(지방자치) 양식을 직접 계승한 것이라면, 후자는 좀 더 사회주의에 근접한 사회 이념을 담고 있다.

청말 민국초 시기, 학교와 헌정憲政의 관계 역시 더 명확하게 서술되고 있다. 1905년 청나라 정부가 돤팡端方(1861~1911) 등 다섯 명의 대신을 외국으로 파견할 때, 량치차오는 상해 자치 체제와 자치 운동의 성과를 참조해 헌정 보고서의 초안을 잡은 적이 있다. 캉유웨이 역시 아직 중국인에게는 입헌에 의한 정치 참여가 제대로 준비되어 있지 않다는 초기의 견해를 버리고, 즉각적으로 입헌을 수립할 것을 주장했다. 「해외 아시아, 아메리카, 유럽, 아프리카, 오세아니아 오대주 200개 도시의 중화 헌정회 교민들이 올리는 청원서」(海外亞美歐非澳五洲二百埠中華憲政會僑民公上請願書, 1907)에서 캉유웨이는 헌정의 필요성을 논증하기 위해 '학교'와 헌정 준비의 관계를 다음과 같이 설명했다.

명철한 조서에서 이미 시행을 윤허하셨습니다. 그런데도 시행이 지지부진한 이유는 백성들이 아직 개명하지 않아 자격이 미달하기 때문일 것으로 보입니다. 우리나라는 영토가 광대하고 4억의 군중이 있으며 학교가 번성하니, 응당 새로운 학문의 흥성을 추구하고 중국과 서양의 학문에 통달한 선비는 헤아릴 수 없이 많습니다. 그런데 저 수백 명의 보잘것없는 의원 중에는 이런 자격을 갖춘 인재가 도리어 없습니다. 이는 비단 우리나라를 너무나 업신여기는 것일 뿐만 아니라 인재들을 우리 스스로 폄훼하는 것입니다. …헌법의 타당성 여부를 확정 짓고자 한다면, 서양 말과 글도 모르는 대신 한두 명을 파견해 두루 돌아다니며 살펴보게 하느니, 각국 교민 사회에서 뽑은 천 수백 명의 영명한 선비들을 모아서 공정하게 정하는 것이 나을 듯합니다.[46]

캉유웨이의 이 같은 설명은 비록 1907년의 상황에서 나온 것이긴 하지만, 무술변법 시기에는 중국 인민들이 아직 입헌제를 시행할 준비가 되어 있지 않다고 믿었다. 그러나 그의 사유 속에서 학교와 헌정, 특히 인민의 보편적 참여 사이의 관계에 대해서만큼은 매우 명료하며, 그의 제자인 량치차오 역시 동일한 견해를 가지고 있었다. 캉유웨이가 말한 '4억 군중'의 개념은 향신과 신사紳士 공동체의 범주를 넘어선 것이었다.

'삼대의 제도'와 지방자치와의 관계는 캉유웨이, 량치차오의 생각이었을 뿐 아니라 또한 무술변법에서 신해혁명에 이르기까지 다양한 정치 파당이 갖고 있던 공통된 관점 중 하나였다. 이러한 정치 구상들은 청말 공화주의 사상의 기본 내용과 전제를 이룬다. 그런데 청조 정부와 혁명당은 모두 지방자치에 대해 관심을 가지고 있었다는 것에 주의할 필요가 있다. 지방자치라는 개념의 의미가 생각처럼 단순하지 않은 것은 그 때문이다. 청조가 사전에 기획했던 입헌의 내용은 분명히 지방자치의 구상을 담고 있었다. 예를 들면 1907년 청조 정부는 민정부民政部•에 명을 내려 "자치 장정章程을 적절하게 초안을 잡도록" 했다. 그리고 10월에는 각 성省의 도독都督과 순무巡撫에게 통지하여 성회省

• 민정부(民政部): 당초 광서(光緒) 31년(1905)에 설립한 순경부(巡警部)가 이듬해인 광서 32년(1906)에 개편된 것이다. 이후 중화민국에서는 내무부(內務部)로 개편되었다.

會●마다 자문국諮問局을 신속하게 설치하도록 하는 동시에 각 부府, 주州, 현縣마다 의사회議事會를 준비하도록 했다. 1908년 8월, 청나라 조정은 헌정편사관憲政編查館이 초안을 잡은「입헌제를 예비해 매년 진행할 계획에 관한 일람표」(預備立憲逐年籌備事宜淸單) 반포를 비준했다. 그리고 지방자치의 구체적인 시행 계획을 마련했다. 첫해에는 성城·진鎮·향鄕의 지방자치 장정을 반포하고, 이듬해에는 성·진·향의 지방자치 장정을 기획, 시행하고 자방자치 연구소를 설립하고, 청廳·주州·현縣의 지방자치 장정을 반포한다. 셋째 해에서 다섯째 해까지는 성·진·향과 청·주·현의 지방자치를 기획, 시행하거나 시행을 지속한다. 여섯째 해에는 성·진·향의 지방자치를 일률적으로 완료한다. 일곱째 해에는 청·주·현의 지방자치를 일률적으로 완료한다. 1909년에서 1910년 사이 청나라 조정은 계속해서「성·진·향의 지방자치 장정」(城鎮鄕地方自治章程),「경사의 지방자치 장정」(京師地方自治章程),「부·청·주·현의 지방자치 장정」(府廳州縣地方自治章程)을 반포하면서, 지방자치를 입헌의 근본으로 삼고 성·진·향을 자치의 기초로 삼는 원칙을 확립했다.[47]

이에 호응하여 쑨원은 신해혁명 이후 수차례 중국의 정치 질서의 관건이 지방자치에 달려 있고, 지방정부는 국가의 초석이며, 호구, 도로, 학교는 모두 지방자치 정부가 관리해야 한다고 말했다. 1924년 봄『건국대강』建國大綱에서 쑨원은 재차 '군정'軍政에서 '헌정'으로 전환하는 과정에서 현縣을 기본 단위로 하는 자치정부가 중요한 역할을 한다고 주장했다. 이른바 '훈정訓政 시기'에 정부는 반드시 시험을 통과한 요원을 각 현에 파견하여 인민을 돕고 자치를 준비하도록 해야 한다는 것이다.[48] 주의해야 할 것은『건국대강』에서 말하는 '훈정 시기'에는 중국 인민에 대한 일련의 계획이 포함되어 있다는 점이다. 즉 중국 인민들은 특수한 훈련 과정을 통해서만 헌정 시기로 진입할 수 있었다. 그

• 성회(省會): 원래 성회는 성(省)의 수도란 의미로 사용되지만, 여기서는 각 성(省)별로 구성된 의회를 가리킨다.

러나 무술변법 시기에는 쑨원 역시 변법을 위해 삼대의 제도를 통해 중
국 인민의 정치 참여 능력을 높이 평가한 적이 있었다. 1897년 미야자
키 토텐宮崎滔天과 같은 일본 친구와의 대화에서 쑨원은 이렇게 말했다.

> 사람들 중 간혹 공화정이란 정치 체제는 중국같이 야만스러운
> 나라에는 적합하지 않다고 말하는 이도 있지만 이는 세계정세를
> 살피지 못했기에 내뱉은 말일 뿐이다. 공화정이란 것은 우리 중
> 국에서 세상을 다스리던 최고의 정수이자 선철先哲들께서 남겨
> 주신 유산이건만… 삼대의 정치가 사실 공화정의 정수를 알았기
> 에 시행할 수 있었던 것임을 모르는 것이다. …시험 삼아 궁벽한
> 곳 황량한 마을을 살펴만 봐도, 모두가 청淸나라* 오랑캐의 악습
> 에 찌들지 않았으니… 이 모두가 자치를 시행한 백성들인 것이
> 다.[49]

량치차오의 '삼대의 학제' 및 지방자치의 구상은 청말 사상의 징표
와 같은 것이었다. 그러나 량치차오로 말하자면 '장유유서'나 '천하위
공'이란 가르침이 지켜지는 '삼대의 학제'는 결코 정치 개혁의 청사진
에 그치는 것이 아니었다. 그것은 동시에 '정치', '교육', '기예' 세 방
면에서 균형적으로 발달한 '인재'들의 질서 있는 결합이기도 했다. 이
러한 결합을 '군'群이라고 하는 것이다. '삼대의 제도'는 사회 전체를
'학교'로 만든다. 그것은 이상 사회로 도달하는 방법, 즉 '군술'群術*이

• 청(淸)나라: 원래 『손중산전집』(孫中山全集)에 '淸' 자는 '政' 자로 되어 있지만, 이
는 '淸' 자의 와전(訛傳)이라 바로잡아 번역했다.
• 군술(群術): 량치차오의 스승 캉유웨이와의 대화를 기술하면서 "'군술'(무리가 하
는 통치술)로 무리를 다스리면 그 무리는 성취를 거둘 것이지만, '독술'(혼자 하는 통
치술)로 무리를 다스리면 그 무리는 무너지게 된다"(以群術治群, 群乃成, 以獨術治群,
群乃敗)라고 했다. 한마디로 '군'(群)과 '독'(獨)을 대치시켰듯이, '군술'과 '독술', 즉
'공화제'와 '전제'(專制)를 대치시킨 것이다.

며 동시에 이상 그 자체이다. '군'群의 개념은 이 시기 중국 사상계에 매우 유행하던 개념이었지만 사상가마다 이 개념에 대해 다른 해석을 내리고 있었다. "온 나라의 사람들이 나라와 한 몸이 된다"(擧國之人, 與國爲體)는 설명 방식은 '삼대의 제도'가 국가주의적인 내용을 내포하고 있음을 보여 준다. 그러나 이러한 국가주의란 강력한 권력을 주장하는 것이라기보다는, 일련의 학습 절차를 통해 자연적으로 형성되는 일종의 평등하고 매우 유연한 질서와 같은 것이다. 사실상 '삼대의 학제'의 중심은 국가에 있는 것이 아니라 '사람'의 배양을 통해 자연적으로 형성되는 '군'群의 자치에 있었다. 그래서 국가주의란 개념만으로는 이처럼 유학적 색채가 농후한 '군치'群治●라는 개념을 설명하기가 어렵다.

바로 이러한 이유로 '군'群의 개념을 '국가' 혹은 '사회'라는 개념과 단순히 동일시할 수 없다. 량치차오는 여러 곳에서 이 개념에 대해 해설한 바 있는데, 그에 근거하여 우리는 '군'群을 다음과 같이 해석할 수 있다.

첫째, '군'群은 "배우지 않아도 알 수 있고, 궁리하지 않아도 할 수 있는"(不學而知, 不慮而能) '천하의 공리公理'이자 '보편성'(公性)이며, 또한 우주 어디에나 존재하는 선험적 본질이자 최고 원칙이다. 내용상으로 그것은 한 국가, 한 집안, 한 성씨의 '공리'가 아니라 '천하'와 '만물'에 통용되는 '보편성'(公性)이다. 그것은 사람과 자연, 천하와 국가, 천하와 개인, 국가와 국가, 국가와 개인, 개인과 개인 간의 상호 관계에 대해서 보편 법칙으로 규정된다. 따라서 '군'群이란 필연적 이치인 동시에 필수적인 법칙이다. 즉 자연 이치와 도덕 이치가 결합한 것이다.

둘째, 하나의 보편 법칙으로서, '군'群은 정치와 도덕 각 층차에서 선악의 표준을 규정한다. 이른바 "도道는 '군'群(무리, 무리 지음)보다 나은

●　군치(群治): 량치차오는 「소설과 군치의 관계」(論小說與群治之關係)라는 글을 지은 적도 있다. 풀어서 설명하면 '군치'(群治: 즉 공화제 정치)란 '사회 혹은 공동체에 대한 일련의 통치'를 통칭한다고 할 수 있다.

것이 없고, '독'獨(개체, 홀로됨)보다 못한 것이 없다"는 것이다. 즉 '군'群의 대립적 측면에서, '독'獨은 '기'己(개인, 이기), '사'私(사사로움, 사적인 것)의 개념으로 설명된다. 이른바 "사람은 모두 자기 자신만 알뿐, 천하가 있음을 모른다"거나, "임금이 나라의 관부官府를 사유화하고, 관리가 제수 받은 작위爵位를 사유화하고, 농부가 일구는 논밭을 사유화하고, 공장工匠이 자기 분야의 기술을 사유화하고, …한 가문이 자신의 부유함을 사유화하고, 종가宗家가 모든 동족을 사유화하고, …스승이 가르침을 사유화하고, 선비가 배움을 사유화한다"고 한 것이 바로 '독'獨의 설명이다.[50] 이는 '공公/사私', '군群/기己'의 구별은 사회 각 영역에서의 두루 영향을 끼치는 절대적인 대립으로, 이로부터 선악이 구분되고, 이로부터 시비가 가려진다. 이는 '독'獨과 '사'私의 범주가 사회적인 직업과 신분에 대한 농단을 의미한다고 설명할 수도 있다. 이렇게 고착화된 사회 등급 제도와 정반대로 '군'群은 '삼대의 제도'의 이상이다. 그것은 사회적인 신분과 직업을 공공성을 지닌 신분으로 전환시키며, 이러한 공공성을 지닌 신분도 주체적인 도덕 자각을 충분히 드러낼 수 있다.

셋째, 오해를 피하기 위해 량치차오는 옌푸의 뒤를 쫓아, "메뚜기, 모기, 벌, 개미 등의 무리"(蝗蚊蜂蟻之群)와 "사람의 무리"(人道之群)를 "겉모습을 갖춘 무리"(形質之群)와 "지능을 갖춘 무리"(心智之群)로 구별했다. 더 명확하게 말하면, 이처럼 군체群體를 두 종류로 나누는 기본적인 기준은 그들이 스스로를 조직화할 수 있는가의 여부에 있다. 캉유웨이의 "군群을 본체로 하고, 변變을 작용으로 삼는다"(以群爲體, 以變爲用)는 원칙에 따라, 량치차오가 "지능을 갖춘 무리"의 개념을 빌려온 것은 바로 '의회'(國群)•, '회사'(商群), '학회'(士群) 같은 것이었다.[51] 바꿔

• 의회[國群]: 본서 56면의 역주에서도 언급했듯이, 옌푸는 '국군'(國群)을 'society'의 번역어, 특히 '한 국가를 이루는 사회'에 대한 번역어로 사용하고 있는 반면, 량치차오는 '국군'을 '의원'(議院), 즉 '국회'나 '의회'에 해당하는 용어로 사용하고 있다. 이 때문에 제8장에서는 이를 '국가 사회'로 번역하고 제9장에서는 '의회'로 번역하고,

말하면 '군'(群) 개념의 정치적 함의는 특정한 조직 형식을 사용하여 중국인을 하나의 정치적 실체로 묶어 내는 것이었으며, 이 모든 것은 바로 '학문'(學)에 의거하고 있다. '군'(群)과 '학문'의 이러한 내재 관계의 핵심은, 사회조직이 강제성을 띠거나 인민에게 외재하는 조직이 아니라 인민 자치의 형식이 되어야 한다는 데 있다. 이러한 자치 형식은 인민의 도덕 능력의 기반 위에 수립된다. '정치'(政), '교육'(敎), '기예'(藝)의 삼위일체라고 할 수 있는 '분과 학문'과 "군群을 본체로 하고, 변變을 작용으로 삼는다"는 원칙을 통해, 우리는 '학문'의 기능과 목적이 사람의 '군'(群)에 있음을 분명히 알 수 있다. 즉 그것은 사람과 자연, 천하, 나라, 집안, 자신과의 관계 속에서 모두가 어우러지는 경지에 도달하는 것이다. 바꿔 말하면 '학문'이란 반드시 '군'(群)을 내용으로 하는 도덕적 정치 이상에 복무해야 한다. 이른바 "지식이란 군群을 귀하게 여긴다. 이런 까닭에, 사람들은 가로로는 온 공간을 휩쓸고 세로로는 모든 시간을 꿰뚫으며, 크기로는 어디에도 실을 수 없을 만큼 크고, 작기로는 도저히 깨트릴 수 없을 만큼 작을 수 있는 것이다. 진실로 몸과 지각을 갖춘 생물이 생존해 가면서 훼멸하지 않는 까닭은 모두가 '합군'合群('무리를 이룸', '사회를 이룸')을 지상 명제로 삼았던 덕분이다"라는 지적이 이를 말하고 있는 것이다.[52]

'삼대의 제도'의 핵심이 '군'(群)이라면, '만물에 통용되는 보편성'이자 '천하의 공리'인 '군'(群) 또한 지식의 본질이자 목적이 된다. 량치차오는 '정치', '교육', '기예'(혹은 '학문')의 구조에 의거하여 서학西學을 끌어왔는데, 그 목적은 '군집성'(群性)에 부합하거나 그에 도달할 수 있는 지식 계보를 구축하는 데 있었다. 따라서 '군'(群)의 이념은 량치차오가 지식 계보를 분류하는 데 결정적인 원칙이 된다. 1896년에 지은 『서학서목표』西學書目表[53]와 그 서문(序例)[54]에서 서학은 세 가지로 분류되고 있다. 첫 번째 '학문'(學)류에는 음성, 광학, 화학, 전기 등의 자연

뒤에 한자어 '國群'을 병기해 두었다.

과학이, 두 번째 '정치'(政)류에는 역사 지리 및 각종 정치 법률 및 사회 제도가 포함되며, 세 번째 '잡류'雜類에는 신문, 격치格致,• 여행기(遊記) 등이 포괄된다. 량치차오는 '여러 학문'(諸學)이 직접 '정치', '교육'과 관련되는 '군술'群術(무리의 통치술)이라 여겼기 때문에 '여러 학문'을 "억지로 분류"하는 것에 반대했던 것이다. 그는 이렇게 말했다.

> 일체의 정치는 모두 학문에서 나왔기에, 정치와 학문을 분리할 수 없다. 그래서 '군학'群學•에 통달하지 않고는 어떤 학문도 성취할 수 없으며, 실제 정치 업무에 부합하지 않으면 어떤 정견政見도 제시할 수 없다. 그래서 어떤 학문, 어떤 정치의 분야라 할지라도 분리할 수 없는 것이다.[55]

이러한 '총체'적인 관점에서 보면, 여러 학문 분류는 표피적인 것일 뿐 본질적인 것이 아니다. 각각의 지식이 추상적 정도나 실증적 정도에 따라 구별될 뿐이다. 물론 이는 실증주의적인 과학 개념의 영향을

• 격치(格致): 비록 '잡류'에 속해 있지만 여기 나온 '격치' 역시 자연과학에 대한 책이다. 자연과학의 책이 '학문류'가 아닌 '잡류'로 들어온 것은 자연과학의 한 분야를 다루지 않고 총서처럼 다양한 자연과학의 분야들을 포함하고 있기 때문이다. 일례로 『서학서목표』의 「잡류」에 실린 『격치계몽』(格致啓蒙)은 서양의 화학, 물리학, 천문학, 지리학에 관계된 책들을 모아서 미국인 알렌(Young John Allen)과 중국인 정창엔(鄭昌棪)이 공역(共譯)한 일종의 총서이다.

• 군학(群學): 사실 '군학'은 현대 용어로 '사회학'에 해당하며, 당시의 맥락으로 보면 '무리에 관한 학문' 정도로 이해할 수 있을 것이다. 앞서 제8장에서 이미 살펴보았듯이 옌푸는 스펜서(Herbert Spencer)의 『사회학 연구』(The Study of Sociology)를 『군학이언』(群學肄言)이라고 번역하여, '사회학'(Sociology)을 '군학'으로 옮긴 것이다. 왕후이는 이 책에서 '군'(群)과 '군학'을 서양 개념의 '사회'와 '사회학'과는 구별하면서, 옌푸가 상정했던 당초의 '군학'은 사회학에 국한되지 않고 사회과학 전 분야와 인문과학까지도 어느 정도 포함하고 있다고 설명하고 있다. 여기서는 한국어로는 번역되기 힘든 옌푸식 번역어 자체의 맥락을 보존하기 위하여 그대로 '군학'으로 표기하였다.

받은 결과이다. 그러나 여기에서 실증주의의 관념은 이미 '군'群에 대한 이해 속에 조직되어 있었다. 이른바 "당초엔 텅 비어 있다가 채워지게 되듯이, 형태와 실질을 갖춘 학문도 모두 형태가 없고 실질도 없는 데에서 생겨난 것"[56]이기에, '정치'에 대한 모든 책은 더더욱 '군'群의 범위와 수준을 기준으로 해야만 했다. 바로 이처럼 "군을 본체로 하는 것"(以群爲體)으로부터 비롯해야만 비로소 서학을 도입하는 시도가 "중국 학술을 팽개치고 서양 학술만 말하는"(捨中學而言西學) "근본도 없는"(無本)의 학문[57]으로 간주되지 않을 수 있었다. 다시 말해, '서양의 학문'과 '삼대의 학문'의 내용은 다르다지만, 그 구조와 추구하는 방향은 일치한다는 의미였던 것이다.

'군'群 개념은 량치차오의 지식론과 제도론 속에서 중심적인 위치를 차지한다. 이것은 그의 사상의 핵심적인 부분이 시종 공동체 관념과 도덕성에 우선을 두고 있음을 보여 준다. 유명한 글 「십종덕성상반상성의」(十種德性相反相成義)에서 그는 '독립'獨立과 '합군'合群, 자유와 제재制裁, 자만과 겸손, 이기와 이타, 파괴와 성립 등 대립되는 덕성德性의 항목을 나열했지만, 이러한 덕성은 분명하게 한층 더 높은 덕성에 복종한다. 그것이 바로 공동체의 덕성이다. 최근 20년 이래 이처럼 '군'群에 대한 강조가 자유주의 원리에 대한 오해를 낳았다는 해석을 주장하는 이들이 끊이지 않고 나오고 있는데, 이는 '군'의 덕성을 독립과 자유보다 우위에 두는 것이, 중국 전제주의의 기원으로 간주되기 때문이다. 이들은 개인주의에 대한 '원자론'적 이해에 근거하여, 개인과 개인의 권리가 사회적 관계의 결과임을 인정하지 않으려 했다. 하지만 이러한 비판의 준거는 자유주의를 가장 중요하다고 여기는 하이에크Friedrich August von Hayek의 견해를 따른다 할지라도, 가짜 자유주의에 불과한 것이다. 왜냐하면 첫째로 하이에크가 말하는 '진정한 자유주의'란 주로 인류의 사회생활 역량을 결정하는 사회 이론을 이해하는 데 있으며, 둘째로 하이에크의 자유주의는 이러한 사회관의 정치 행위 규범에 근원하기 때문이다. 이러한 사실만으로도 이 같은 어리석은 오해를 반박하기에는 충분하다. 결국 이들은 개인주의가 당연히 고립적이고 자족적인 개인의 존재를 전제로 하고 있다고 믿고 있었던 것이다.[58] 그러나 불행하게도 많은 사람은 바로 이러한 원자론적 개인주의에 근거하여 량치차오의 다음과 같은 관점, 즉 사회 전체를 자기 폐쇄적인 존재로 이해하고, 사회를 구성하는 개인 바깥에 독립해 있는 것으로 이해했다고 비판한다. 얼핏 보면 그럴듯해 보이는 이러한 해석은 사실 이론적으로도 형편없을뿐더러, 량치차오의 사상을 왜곡하는 것이기도 하다.

우선 량치차오는 「십종덕성상반성의」에서 '큰 무리'(大群)의 전제로서 개인의 독립을 상정하고 있다. 이러한 견해는 마침 중국 고대 지방자치 전통에 대한 그의 이해 위에 형성된 것이다.

> '합군'合群은 다수의 '독'獨이 합쳐서 '군'群을 이루는 것이다. … 우리 중국을 두고 '군'群을 이룬 적이 없었다고 말할 수 있겠는가? 우리 중국은 저 엄청난 4억의 백성이 수천 년에 걸쳐 종족끼리 모여 살아왔다. 이뿐만 아니라 지방자치의 발달 역시 매우 일러서, 각 성省마다 무수한 '작은 무리'(小群)가 존재했다. …그러나 끝내 모래알처럼 흩어진 채 뭉치질 못했다는 책망은 피할수 없다. 이것이 바로 우리 중국에게 '무리를 이루려는 덕성'(合群之德)이 없는 이유다. '무리를 이루려는 덕성'이란, '한 사람'(一人)이 '한 무리'(一群) 안에서 늘 기꺼이 자기 자신을 버리고 '군'群을 좇으며, '작은 무리'(小群)가 '큰 무리'(大群) 안에서 늘 기꺼이 자신의 '작은 무리'를 버리고 '큰 무리'를 좇는 것이다. 이렇게 되어야만 내부에 존재하는 '군'群을 통합하여, 외부에서 침입해 들어오는 '군'群을 대적할 수 있다. 그러나 우리 중국의 현재 상황을 보면 이렇지 못하다.[59]

량치차오가 말하는 '합군'合群은 한편으로는 개인이 홀로 서는 것(獨

立)을 강조하면서도, 다른 한편으로는 '작은 무리'(小群)를 초월해서 '큰 무리'(大群)에 도달해야 한다고 강조한다. 이러한 강조의 현실적 동기는 온갖 회당會堂•들이 존재하는 현실에 대해, 그 역량들을 거국적인 민족주의 안에서 조직화할 것을 요구하기 위해서였다. 량치차오의 지방 자치 관념은 여기서 새로운 국가 정체성으로 내재적으로 연계된다. 공동체 도덕에 대한 량치차오의 관심은 공산주의에 대한 이해와 밀접하게 관련되어 있다. 이 점에 대해서는 『신민총보』新民叢報 시기(1902~1907 간행)에 쓴 공화정치에 관한 정론政論 속에서 명확한 증거를 찾을 수 있다. 그렇다면 공동체 관념을 그처럼 우선시하는 것이 전제주의인가? 이러한 민족주의는 민주정치 체제나 공화정치와 확연히 대립되는 것인가? 이러한 문제는 유럽의 민족주의와 공화주의를 어떻게 이해하느냐 하는 문제와 연관된다. 량치차오의 '군'群 개념은 유학의 전통과 근대 유럽 사상의 요소를 융합한 것이다. 이 개념과 정전제, 봉건제, 학교 같은 정치적 구상 사이의 연관 관계에 대해서는 이미 상술한 바 있다. 이제 나는 또 다른 관점에서 유럽 전통 속의 공화주의와 민족주의의 관계를 간단하게 논하고자 한다. 이제까지 민족운동의 모범은 프랑스 혁명 중에 나온 공화정치 체제의 민족국가였다. 그런 점에서 민족주의는 같은 역사적 운명을 지닌 사람들이 자신을 같은 종족, 같은 언어 집단으로 간주하는 것을 의미한다. 그들의 정체성은 출신이 같은 것을 나타낼 뿐만 아니라 그들이 모두 정치 행위 능력을 가진 국가

• 회당(會堂): 여기서 '회당'은 '방회'(幇會)라고 불리는 결사조직을 뜻한다. 방회는 명말 청초에 만주족에 대항하기 위해 한족들이 만들었던 비밀결사 조직에서 기원했다. 하지만 이 같은 비밀결사 조직들은 시간이 지남에 따라 점차 국가 부흥이란 목표는 희석되고 자기 조직의 유지와 이득을 위해 수단을 가리지 않는 성향이 강화되었다. 하지만 그 범위가 매우 넓어서 그 성격이나 범위를 정의하기가 어렵다. 회당의 성립 기준도 다양해서 지연이나 혈연을 근거로 할 수도 있고, 정치적 지향이나 경제적 이득 같은 공동의 목적을 기준으로 할 수도 있다. 일정 지역이나 사업의 이득 독점을 위한 회당도 존재했다. 량치차오는 이 같은 회당들의 난립을 부정적으로 보지 않고 고유의 '군'(群)의 역량이자 지금 중국을 하나로 무리 짓게 할 주체로 간주하고 있는 것이다.

시민임을 보여 준다.[60] 따라서 공화주의는 부분적으로는 매킨타이어 Alasdair MacIntyre가 말한 고전적인 전통으로 돌아가는 것을 의미한다. 왜냐하면 "18세기 공화주의는… 도덕을 지닌 공동체의 운동으로 되돌아가는 것이기 때문이다. 그러나 공화주의가 구현한 운동을 보면, 그 표현 방식상 그리스가 아닌 로마를 계승하고 있으며, 이는 중세 이탈리아 공화정치 체제로부터 전해져 내려온 것이기도 하다. …이러한 전통의 핵심은 공공의 이익(선善)이라는 관념에 있다. 이 관념은 그 특징상 개인의 욕망과 이익에 우선할 뿐만 아니라 그것으로부터 독립되어 있는 총체이다. 개인의 덕성(virtue)은 어찌되었든 간에 공공의 이익이 개인 행위의 표준을 제공하도록 하는 것에 불과하다. 여러 가지 덕성들(virtues)은 그러한 절대 충성을 유지하는 각종 기질이다. 따라서 공화주의는 스토아 철학과 마찬가지로 덕성을 최고 위치에 두고 각종 덕성들을 두 번째 위치에 둔다."[61]

고전적인 전통으로서 공화주의는 국가와 교회의 절대 전제주의와 병존한 적이 있다. 그러나 "그것은 그러한 국가나 교회의 절대적인 전제주의의 비호로 인해 피해를 입은 적은 없다. …이에 비해 공화주의는 중세와 르네상스 시기 공화정치 체제로부터 평등에 대한 애착을 물려받았다." 브루커Gene Brucker의 견해를 빌리면, 집단정신은 근본적으로 평등주의이며 더 나아가 길드나 정치 단체 등 이후 시민사회의 도덕 기초라 불릴 수 있으며, 공화주의적 정의 개념의 기원이기도 하다.[62] 야콥 탈몬Jacob L. Talmon,* 이사야 벌린Isaiah Berlin,* 다니엘 벨 Daniel Bell 등의 저자들은 모두 '공공의 덕'(公德)을 신봉하는 공화주의

• 야콥 탈몬(Jacob L. Talmon): 1916~1980. 예루살렘 히브리 대학의 현대사 교수로, 전체주의나 사회주의에 대한 비판적 태도를 견지했다. 그의 저서 『전체주의적 민주주의의 기원』(The Origins of Totalitarian Democracy, 1955)으로 유명하다.

• 이사야 벌린(Isaiah Berlin): 1909~1997. 영국의 사상가로, 옥스퍼드 대학 등에서 교편을 잡았다. 주로 전체주의화되고 기계화되어 가는 사회에서 개인의 자유와 자유의지 문제를 다뤘다.

속에서 전체주의 혹은 심지어 공포의 근원을 발견했는데, 이것은 또한 중국의 학자들이 청말의 '합군'合群 관념 속에서 마찬가지의 발견을 하는 이론적 근거가 되기도 했다. 그러나 매킨타이어의 반박처럼, 덕성에 대한 어떠한 존중이 그런 강력한 힘을 지닐 수 있으며, 그 자체로 극도로 거대한 작용을 할 수 있단 말인가? 결국 "덕성에 대한 존중 자체라기보다는 덕성에 대한 존중이 정치적으로 제도화되는 방식에서 그 신봉자들이 혐오하는 결과를 초래한 것이라 봐야 한다. 사실상 대다수의 근대 전체주의와 공포는 덕성에 대한 존중과 아무런 관계도 없다. 따라서… 18세기 공화주의에서 도덕에 대한 충성은 앞에 언급한 저자들이 생각했던 것보다 훨씬 더 엄격하게 요구되었다." 이러한 전체주의 실패가 말해 주는 진정한 교훈은 차라리 다음과 같은 것이었다. "당신이 새롭게 창조한 도덕의 표현 방식이 한편으로 보편적인 대중과 맞지 않고, 또 다른 한편으로 지식 엘리트와도 전혀 맞지 않는다면, 당신이 전 민족 범위의 새로운 도덕을 창출해 낼 희망은 없다"[63]는 사실이다. 량치차오는 '군'群과 그 도덕 기초에 대한 존중에 대해서 같은 관점을 가지고 있었다. 위안스카이의 복벽復辟 운동 참여라는 그의 행적 역시 이러한 관점을 확연하게 드러낸다. 공포의 방식으로 도덕을 다른 사람에게 강제하는 것은 공화주의도 아니고, 량치차오가 구상했던 지방자치 운동의 특징도 아니었다. 따라서 강압적인 도덕 강요가 그의 '군'群 개념이 초래한 직접적인 결과일 수는 없다. 이 점을 이해하지 못하면, 우리는 1920년대의 근대 사회 및 당시의 제도들이 만든 것에 대해 그가 내린 도덕적 평가를 이해할 수 없으며, 또한 무술변법 시기 그가 자치단체 설립을 선전하고 전파했던 행적에 대해서도 이해할 수 없다. 뒤에서 논하겠지만, 량치차오의 '군'群 개념이 그의 공화사상과 밀접하게 연관되어 있다는 점만큼은 확실하게 지적해 두고자 한다.

내가 '군'群 개념의 정치적 함의를 논했던 목적은 량치차오가 구상했던 지식 계보 및 그 제도 방식의 정치/도덕적 함의를 이해해 보자는 것이었다. (나는 여기서 '정치적 함의와 도덕적 함의'라는 말 대신 '정치/도덕적 함의'라는 말을 사용했는데, 이는 량치차오의 정치관과 도덕관이 하나이기 때문에, 정치 영역과 도덕 영역의 확연한 구분이 존재하지 않기 때문이다.) 이후의 기술을 통해 나는 이 같은 함의가 그의 '과학적인 방법'을 이해하는 데에도 마찬가지로 중요한 의미를 갖는다는 점을 밝혀 둔다.

3. 인지와 수신: 도덕 실천으로서의 과학적 방법

'삼대의 학제'가 '군'群이나 '공'公(보편성)을 중심으로 수립된 지식 제도라고 가정한다면, 각각의 지식 분야들에 대해 하나의 인식 방법을 관철해야만 한다. 그러므로 지식을 획득한다는 것이 '군'이나 '공'의 이념이 규정한 도덕의 궤도를 이탈함을 의미하지는 않는다. 어떻게 이 사실을 보장할 수 있는가? 그것의 유일한 길은 인지 활동을 도덕 실천 혹은 수신의 방법으로 전환하는 것이다. 그렇게 하면 량치차오의 구상 속에 보편적으로 활용되는 과학적 방법 중 전통적 격물치지론格物致知論의 내재적 논리가 새롭게 모습을 드러낸다. 주의할 것은 '군'群이나 '공'公의 개념이 모두 공양삼세설公羊三世說의 틀 속에서 설명되기 때문에, 설사 그것이 국회國會, 상회商會, 학회學會 등 근대 사회의 조직 형태를 다룬다 하더라도, 이것이 결코 민족국가의 개념은 아니라는 점이다. '국군'國群과 '천하군'天下群은 이 개념 속에서 상호 침투적이다. 량치차오는 1902년 『신민설』新民說을 저술하면서, 비로소 '군'群 개념과 민족국가의 관계가 명확해졌다. 그때 그는 태평세太平世 천하일통의 이념을 버렸다. 바꿔 말하면 '군'群 개념이 민족국가 이념으로 전변하는 데에는 새로운 세계 질서관의 지지가 필요했다. 이러한 질서관은 공양삼세설의 천하 개념이나 그 세계의 풍경과는 매우 다른 것이다. 이 점에 관해서 장하오의 다음과 같은 결론은 매우 정확하다. "1902년 '신민'新民이라는 이상의 형성이 가지는 의의는 성숙한 민족국가 사상의 출현에 그치지 않는다. 그것은 또한 새로운 세계 질서관을 표현하고 있다. 이러한 새로운 세계 질서관은 중국인이 오랫동안 인식하고 있었지만 받아들이지는 못했던 정치 현실의 의미와 관계를 드러낸다."[64] 이러한 새로운 세계 질서의 풍경 속에서 종족, 피부색, 생존경쟁 및 역사 문제는 점차로 중심의 위치로 진입하며, '군'群 개념과 종족주의 문제는 새로운 관계를 낳게 된다.[65]

그러나 1890년대 '군'群 개념의 도덕 성질은 여전히 핵심적 위치를 점하고 있었다. 량치차오는 지식의 목표는 '군'群과 공公이라는 이상인데 공公은 늘 '기'己과 '사'私에 의해 가려진다고 생각했다. 그렇다면 과학이 객관 법칙(공리公理)을 발견하는 것은 방법적으로 '사적인' 견해를 제거하는 과정이 된다. 성리학의 용어로 설명하면, 세계에 대한 과학적인 인식이란 "천리를 보존하고 인욕을 제거"(存天理去人欲)하거나 "사욕을 제거하고 공리를 보존하는"(去私存公) 것이기도 하다. 이학자들의 관점에서 보면 '천리'와 '인욕'의 구분은 공과 사의 구분이기도 하다. 왕수인은 "인욕을 제거하면 천리를 알 수 있다"(去得人欲, 便識天理; 『전습록·상』傳習錄上)고 말한 바 있는데, 이때 '천리'란 바로 양지良知이다. 따라서 "사욕을 제거함"(去私)을 첩경으로 삼아 '천리'에 도달하는 과정은 다시 사람의 '영명靈明한 지각'으로 연결된다. 량치차오는 불교의 술어로 과학 인식과 '공'/'사' 간의 관계를 설명했지만,[66] 그것의 내재적인 논리가 성리학의 수신론, 특히 격물치지론에 뿌리를 두고 있다는 점에는 의심의 여지가 없다.

량치차오는 1900년에 쓴 『자유서』自由書의 「유심」唯心·「혜관」慧觀 두 편의 글에서, 불교 유식학唯識學의 관점을 인용하여, "경境이란 마음이 만든 것이다. 모든 '사물事物로 이루어진 경'(物境)은 모두가 허상이며, 오직 마음이 만들어 낸 경境만이 진실"(境者心造也, 一切物境皆虛幻, 惟心所造之境爲眞實)이라고 말했다. 이는 세계에 대한 사람들의 인식을 세계 그 자체와 동일시하는 것으로, 이른바 "사물이 있음은 알면서 자아自我

가 있음은 모르는 것은 '자아가 사물에 의해 부려진다'고 하거나, '마음속 노예'라고 칭하는 것"(知有物而不知有我, 謂之我爲物役, 亦名曰心中之奴隷)이다. 따라서 세계를 인식하기 위해서 자아의 환각을 버려야 할 뿐 아니라, "사물에 의해 부려지거나" 혹은 '마음의 노예'가 돼 버린 '자아'를 제거해야만, 비로소 진정한 '자아',[67] 즉 '인욕'이나 '사욕'을 제거한 '타고난 본연의 지각'(靈明之覺)이 나타날 수 있다. 량치차오가 설명하는 이러한 인식 과정을 보면, 분명 우주의 삼라만상이 통일된 '이치'(理)를 담고 있음을 전제하고 있다. 그래서 사물의 이치로부터 보편적 이치를 추론하는 것이 가능해지는 것이다. 이렇게 될 때 바로 이학자들이 말하듯 "사물을 살펴보거나"(觀物) 혹은 "사물로 사물을 살펴봄"(以物觀物)으로써 그 안에 담긴 도를 다할 수 있는 것이다. 예를 들어 북송 시기 도학道學의 대표 인물 중 하나인 소옹邵雍은 이렇게 말했다.

> 이를 일러 '사물을 살펴본다'는 것은 눈으로 살펴본다는 말이 아니다. 눈으로 살펴보는 것이 아니라 마음으로 살펴보는 것이며, 더 나아가 마음으로 살펴보는 것이 아니라 이치로 살펴보는 것이다. 성인이 모든 사물이 가진 각각의 사정들을 하나로 통합할 수 있는 것은, 성인이 이를 돌이켜 살펴볼 수 있기 때문이다. '돌이켜 살펴본다'는 것은 자기중심적으로 사물을 살펴보지 않는다는 말이다. 나로써 사물을 살펴보지 않는다는 말은 사물로써 사물을 살펴본다는 말이다.
>
> 夫所以謂之觀物者, 非以目觀之也. 非觀之以目, 而觀之以心也, 非觀之以心, 而觀之以理也. …聖人之所以能一萬物之情者, 謂其聖人之能反觀也, 所以謂之反觀者, 不以我觀物也. 不以我觀物者, 以物觀物之謂也.[68]

바꿔 말하면 '물리'物理(사물의 이치)에 대한 인식은 특정한 인식 방법에 의해 결정되는데, 이러한 인식 방법은 반드시 사람이 사물로 사물을 볼 수 있다는 것, 즉 "자아로 보지 않아야, 사물을 사물로 볼 수 있다"(不我物, 則能物物)는 것을 증명해야 한다. 그렇다면 어떻게 해야 사물로 사물을 살펴볼 수 있는가? 이학의 관점에서 말하면 자아란 하나의 경험 존재의 층차에만 제한될 수 없으므로, 반드시 이러한 존재를 초월해야만 비로소 우주와 합일된 인식 주체가 될 수 있다는 것이다. 이러한 과정은 인식 과정일 뿐 아니라, 성인聖人이 되는 과정이기도 하다. 이러한 의미에서 량치차오의 과학적 인식 방식은 이학이 견지하는 수신론의 흔적이 짙게 남아 있다고 할 수 있다.

량치차오는 "중생이 사는 삼계•의 삼라만상은 모두 마음이 만들어낸 것"(三界唯心)이라고 주장했기 때문에 오로지 주관만 중시하는 듯 보이지만, 사실상 그것은 세계를 '살펴볼' 때 일신의 사견을 초월하거나 제거하여 '공성'公性, '공리'公理에 대한 인식에 도달하는 것이다. 여기에는 객관세계의 '이치'에 대한 전제 조건이 담겨 있을 뿐 아니라, 세계를 인식하고 파악하는 주체의 능력에 대한 믿음이 들어 있다. 이러한 능력은 천도론天道論의 기초 위에 수립된 것이다. 량치차오는 「혜관」에서 뉴턴, 와트, 콜럼버스, 셰익스피어, 다윈 등을 예로 들면서, 그들이 '정리'定理, '심리'心理, '대리'大理를 발견할 수 있었던 이유는 그들이 '혜관'慧觀(슬기롭게 살펴봄)할 수 있기 때문임을 지적했다. 즉 그들은 '사념'私念을 제거하고 우주의 '진실'(眞諦)에 도달할 수 있었다.

배움에는 잘 살펴보는 것보다 중요한 것이 없다. 잘 살펴본다는 것은 떨어지는 물방울을 살펴보고도 큰 바다를 아는 것이요, 손가락만 살펴보고도 몸 전체를 아는 것이다. 자기가 이미 아는 것을 가지고 미처 알지 못하는 바를 덮어 버리지 않고, 늘 이미 아는 바에 근거해서 미처 알지 못하는 것까지 미루어 아는 것을 일

• 삼계(三界): 욕계(欲界), 색계(色界), 무색계(無色界)를 가리킨다. 중생이 욕망으로 인해 고통받으며 윤회하는 세상을 통칭한다.

러 혜관이라 한다.[69]

유학儒學의 어록 한 단락을 뽑아 비교해 보자. 당대唐代의 사상가 이고李翱의 「복성서」復性書는 송대 이학 중 특히 '성'性 개념에 대해 깊은 영향을 끼쳤다.

> 자사子思는 이렇게 말했다. "오직 천하의 지극한 정성만이 그 본성을 다할 수 있으며, 그 본성을 다한다면 사람의 본성을 다할 수 있으며, 사람의 본성을 다한다면 사물의 본성을 다할 수 있으며, 사물의 본성을 다한다면 천지 만물을 낳고 자라게 하는 것을 도울 수 있다. 천지 만물을 낳고 자라게 하는 것을 도울 수 있으면 천지의 조화와 어우러질 수 있다."
>
> > 子思曰, 唯天下至誠爲能盡其性, 能盡其性則能盡人之性, 能盡人之性則能盡物之性, 能盡物之性則可以贊天地之化育, 可以贊天地之化育則可以與天地參矣.[70]

"본성을 다하는 것"(盡性)은 목적이다. 이 목적에 도달하기 위해서는 일정한 경로와 방법이 필요하다. 그것이 바로 먼저 "사람의 본성을 다하는 것"(盡人之性)이며, 그런 뒤에야 비로소 "사물의 본성을 다할 수 있고"(盡物之性) 최종적으로 "천지의 조화와 어우러지게 되는"(與天地參) 경지에 이를 수 있다. 량치차오의 '혜관'은 바로 이처럼 먼저 자신을 바로 한 후에 "사물의 타고난 본성을 다한다"(盡物之性)는 논리를 내포하고 있는 것이다.

내가 여기서 정호程顥·정이程頤 형제나 주희朱熹가 아닌 이고李翱를 예로 든 이유는 량치차오의 '혜관'이 이고의 "삿된 생각이나 걱정이 없는"(無慮無思) '올바른 생각'(正思)과 마찬가지로 불교의 영향을 깊이 받고 있기 때문이다.* 그들은 모두 '고요히 미동도 하지 않는 것'(寂然不動)에만 치중하고 있으며, 송대 유가가 말하는 '일단 감응하면 두루 통

달한다'(感而遂通)는 결론과는 달리,• 인식 과정에 강렬한 '초월적 의미'
를 지니고 있다. 이는 주희가 강조한 "모든 일과 사물에 대해 깨닫기
위한 노력을 기울여야 한다"(事事物物上下工夫)는 사유와 완전히 다른 것
이다.[71] 이고 자신은 양숙梁肅으로부터 배운 적이 있다.『대학』,『중용』,
『역전』易傳 등에 대한 양숙의 해석은 불교의 영향을 여실히 보여 주는
데, 이는 양숙이 불교와 유교를 동시에 받아들이고 있음을 증명하는
것이다. 량치차오의 학문의 범위는 매우 방대하여 불교와 유교를 전부
포괄한다. 량치차오가 말한 '혜관'은 내면의 청명함과 물리物理의 드러
남 사이에 자연스런 대응 관계를 가지고 있었는데, 이것은 천태종에서
말하는 '지관'止觀과 유사하다. 양숙은 『지관통례』止觀統例에서 이렇게
말했다.

> 무릇 '지관'이란 무엇인가? 만물이 변화하는 이치를 이끌어 실
> 제로 돌아가는 것이다. '실제'란 무엇인가? 타고난 본성의 근본

• 내가~때문이다:「복성서」에서는 '올바른 생각'에 대해 이렇게 설명하고 있다: "타
고난 본성을 복원하는 것은 반드시 점진적인데 감히 그 방법을 여쭙고자 합니다." 이
에 나는 이렇게 대답했다. "사사로이 생각이나 걱정을 하지 않으면 사사로운 감정이
생겨나지 않는다. 사사로운 감정이 생겨나지 않으면 올바른 생각을 하게 된다. 올바른
생각이란 삿된 생각이 없는 것이다.『주역』에서 이르길, '천하에 무슨 사사로이 생각
하거나 걱정할 거리가 있으리오?'라고 했고 또 삿된 것을 물리치고 성실함을 보존한
다고 했다.『시』에서 이르길, 생각에 삿됨이 없다고도 했다." 이러한 '올바른 생각'〔正
思〕은 명칭만으로도 불교의 팔정도(八正道) 중 하나인 '올바른 생각'〔正思〕과 같다.
• 그들은~달리:『근사록』(近思錄)「정체편」(正體篇)을 보면 주희는 정이의 말을 인
용해 '중화'(中和)를 이렇게 설명했다. "'중'(中)이란 것은 '고요하게 미동도 하지 않
는 것'을 말한다. …'화'(和)란 것은 '감응하여 두루 통달하는 것'을 말한다."(中也者,
言寂然不動者也. …和也者, 言感而遂通者也) 여기서 정이가 '중화'를 설명한 표현은 사
실『주역』「계사전 상」(繫辭傳上)의 "고요히 미동도 하지 않다가도 일단 감응하면 천
하의 모든 도리에 두루 통달한다"(寂然不動, 感而遂通天下之故)라는 구절을 나누어 인
용한 것이다. 여기서 왕후이가 지적하고자 하는 것은, 원래는『주역』「계사전 상」의
이 두 구절이 연속된 맥락으로 읽혔던 것인데, 량치차오는 앞 구절만을 취하고 뒷 구
절을 버렸다는 것이다.

이다. 사물이 실제로 돌아가지 못하는 이유는 '혼미함'과 '요동침'이 그렇게 만든 것이다. 혼미한 것을 비추는 것을 '밝음'이라 하고, '동요됨'을 멈추게 하는 것을 '고요함'이라 하는데, '밝음'과 '고요함'이 '지관'의 본체이다. 원인의 측면에서 말하자면 '지관'止觀(삿된 생각을 멈추고 내면을 살펴봄―역자)이라 하고, 결과의 측면에서 말하자면 '지정'智定(지혜에 흔들림이 없는 경지―역자)이라고 한다.

> 夫止觀何謂也? 導萬化之理而複於實際者也. 實際者, 何也? 性之本也. 物之所以不能複者, 昏與動使之然也. 照昏者謂之明, 駐動者謂之靜, 止觀之體也. 在因謂之止觀, 在果謂之智定.[72]

보다 근본적인 인생 태도의 측면에서 보면, 량치차오의 '혜관'은 세속을 초월하는 경향을 띠지 않는다. 도리어 그것은 이 세계와 세계에 대한 인식자를 긍정한다. 이러한 긍정적인 경향은 경험에 대한 증거로 나타나기도 한다. 방법론으로 보면 '혜관'은 연역演繹에 치중하지만 ('이미 알고 있는바'를 통해 '아직 모르는바'를 미루어 안다), 이러한 연역은 개념으로부터 개념을 추론하는 것이 아니다. 그는 경험을 추론 과정에 끼워 넣는 데에 치중했다. 량치차오는 한편으로는 과학적인 발견과 사람의 경험(과거의 경험은 '이미 알고 있는바'이고 미래의 경험은 '아직 모르는바'이다) 과정을 연계시키면서, 또 한편으로는 관찰 대상의 객관성을 강조했다. 이러한 의미에서 그의 인식 방법은 객관세계에 대해 인지를 가동하고자 하는 소망을 포함할 뿐 아니라, 자연의 진리를 인식할 수 있다는 전제를 담고 있기도 하다. 따라서 그것을 이학의 수신 실천이나 천태종의 지관과 동일시할 수는 없다.

더 중요한 것은 '군'群의 개념이 인지자와 인지 대상의 동일성을 의미하며, 이러한 동일성으로 인해 최종적으로 량치차오는 과학의 인지 활동과 선험적 '군집성'(群性)을 연관시키게 된다는 점이다. 량치차오는 세계가 64종의 '원질'原質로 구성되어 있으며, 모든 사물은 모두 '질점'質點을 통해 서로 '군'群을 이루고 또 사물의 성질 및 그것이 생존경쟁 중에서 겪는 운명은 '군'群의 정도에 따라 결정된다고 보았다. 가장 하등의 물질에서 가장 고등한 인간의 두뇌 활동(지식)에 이르기까지 모든 것은 '군집성'에 의해 결정된다. '이미 아는 바에 근거해서 미처 알지 못하는 것까지 미루어 아는 것'에 의거한다는 것은 바로 '군'群이 '만물의 보편적인 성질'이자 '천하의 공리'이기 때문이다. 이러한 의미에서 보면, "중생이 사는 삼계의 삼라만상은 모두 마음이 만들어 낸 것"(三界唯心)과 "만물이 '군'群을 귀하게 여기는 것"(萬物貴群)은 모두 "천지 사이의 만물은 만물 자체로 하나인 것이 각기 만 갈래로 나뉘기도 하고, 만 갈래로 나뉘면서도 만물이라는 자체로 하나이기도 한 것"(天地間之物一而萬, 萬而一者也)[73]임을 드러내는 것이다. 마음의 '티 없이 맑음'(澄明)과 공리公理, 공성公性에 대한 '혜관'이 이로 인해 하나 된다면, '사물을 헤아리는 것'(格物)과 '마음을 헤아리는 것'(格心)은 한 몸인 것이다. '사물을 헤아리는 것'(格物)과 '마음을 헤아리는 것'(格心)의 관계에 대해 량치차오는 일시적으로나마 이론적으로 정리하지 못했다. 그러나 이후의 과정에서 그는 부단히 서양 철학과 중국 사상을 끌어와 이러한 이율배반적인 관계를 해결했으며, 최종적으로 왕수인의 '지행합일설'知行合一說을 통해 가장 완정한 설명을 이끌어 냈다. 이렇게 할 수 있었던 이유는, 량치차오가 인간과 세계의 통일 관계를 중심으로 삼아 '분과 학문'과 과학적 인식의 방법을 파악했기 때문이다. 즉 '공리'에 대한 발견은 한편으로는 주체의 "사욕을 제거하는"(去私) 과정과 결합되고, 또 한편으로는 '군'群의 이상으로 연결된다. '분과 학문들'의 내용이든 '앎을 완성하는'(致知) 방법이든 간에 상관없이, 모두 자연, 도덕 및 정치의 조화로운 관계와 유연성 있는 분류 원칙을 나타낸다. 이러한 화해 관계와 유연한 분류 원칙은 그가 구상한 사회제도 및 분업 방식과 완전히 합치된다. '학문'(學)이나 '기예'(藝)의 차원에서 말하면 그것들은 그 도덕의 기초를 가질 뿐 아니라 반드시 도덕의 제약을 받아야 한다. 이는 량치차오가 늘 과학과 도덕 및 종교와의 관계 속에서 균형을 유지하려고 했던 출발점이자 이론적 기초이기도 했다.

1902년에서 1907년 사이 중국 지식계의 주요한 논변가인 동시에 대변인이 되었다. 량치차오는 바로 이 시기 서구 문명에 대한 대규모의 번역 소개를 통해 중요한 사상 계몽 운동을 시작한다. 이때는 혁명이냐 입헌군주냐 하는 대립이 극화되던 가운데 마침 급진주의와 반만反滿의 암류暗流가 만연하던 때였으며, 량치차오를 포함한 수많은 캉유웨이 추종자들 역시 혁명에 동조하고 있었다. 이러한 분위기 속에서 근대 서구 학술과 지식은 나날이 개혁적 혹은 혁명적 지식인의 주요한 근거가 되어 갔다. 1905년에서 1907년 사이, 혁명-개량의 논쟁이 폭발하고, 량치차오는 한쪽의 주필이 됨으로써 그가 진정으로 혁명당파로 전향한 바가 없음을 보여 주었다. 그러나 '서양 학술(西學)을 발판삼아 중국 학술(中學) 구하기'[74]로부터 벗어나는 과정에서, 그는 '보교'保敎(유교 儒敎* 옹호)와 혁명 등의 정치 문제에서 캉유웨이와 갈라져[75] 혁명에 동조하는 경향을 분명하게 드러냈다.

량치차오는 사상적, 즉 내재적 측면에서 칸트와 왕수인의 사상에 의지하여 점차 이원론에 근접한 세계관을 발전시킴으로써, 그의 사상에 중대한 변화가 생겼음을 보여 주었다. 양명학을 발전적으로 서술한 점에서는 예전과 같았지만, 더 이상 공양학 이론과 연계하지 않고 칸트 및 기타 서양 철학자의 사상을 삼투시켰다. 이러한 사상은 수신론 혹은 지식론적일 뿐만 아니라 나아가 정치적이기도 했다.[76] 1897년 장사 長沙 시무학당時務學堂 시절의 급진적 사상은 이 시기 한층 더 발전하게 된다. '춘추삼세설'春秋三世說이라는 기본적인 서술의 틀이 폐기되고, 서구 철학과 과학 개념이 량치차오 사상의 주요한 용어가 되었다. 그는 근대 과학의 역사와 특징, 철학적인 기초 그리고 특정한 주요 과학 학설을 상세하게 해설했을 뿐 아니라, 과학적 정의와 방법으로 문명의 본질과 정치적 변천 및 기타 역사적 문제들을 분석했다. 자세히 관찰

• 유교(儒敎): 정확히 말하자면 캉유웨이가 구축하고 옹호하려 했던 유교는 종교로서의 공자교(孔子敎)에 가까웠다.

해 보면, 그의 해석 방식은 이미 캉유웨이의 유물론적 윤리관으로부터 상당히 달라졌는데, 그것이 자연일원론의 제거 및 이원론적 도덕 관념의 수립과 관련되어 있음을 알 수 있다.[77] 어떤 의미에서 일원론에서 이원론으로의 전변은 량치차오의 정치관의 변화와 마찬가지로 중요하다. 이 변화는 그의 사회사상의 중점이 제도 혁신에서 '신민'新民으로 가는 변화와 완전히 합치한다.

『강씨내외편』康氏內外篇과 『실리공법』實理公法에서 캉유웨이의 윤리관은 장재張載의 천도관天道觀에 근접한 부분이 있다. 그는 천天의 운행은 기氣가 활동한 결과이며 우주 만물의 생존 진화와 '인간 사회의 도리'(人道) 또한 마찬가지라고 생각했다. 그는 이렇게 말했다.

> 무릇 하늘의 시작은 내가 알 수 없다. 기氣가 쌓여서 하늘을 이루고, 오랜 기간 단련 과정을 거친 뒤에 열과 중력이 생겨났고 빛과 전기가 생겨났다. 이는 원래의 질료가 변화해서 만들어진 것이다. 이것이 해를 낳고, 해가 땅을 낳았다. 물질들은 서로 생성生成하게 만드는 성질이 있으니, 사람에게 있어서 어짊(仁)이라는 것은, 그 힘을 채우는 데 한계가 있다. 또 사람에게 있어서 의로움(義)이라는 것은, 인간 사회의 도리(人道)에 있어서 다툼이 생겨나면 사람들이 함께할 수 없게 되고, 남을 속이면 서로 아무것도 할 수 없게 되기에 믿음(信)이 있게 된 것이다. 어짊이 만들어진 후 예절과 믿음이 있게 된다. 그리고 이 네 가지(어짊, 의로움, 예절, 믿음)는 모두 슬기로움(智)에서 비롯된 것이다. 사람에겐 대뇌와 소뇌가 있으며, 뇌신경에는 영혼이 깃들어 있다. …수억 수만이나 되는 사람들의 뇌를 합치면 슬기가 날로 생겨난다. 수억 수만이나 되는 사람들의 뇌를 합치면 슬기도 날로 더욱 생겨나기에, 이성(理)이 이 가운데에서 나오게 되는 것이다. …복희씨伏羲氏·헌원씨軒轅氏(황제黃帝)·신농씨神農氏(염제炎帝) 이래로 중국은 슬기를 갖추게 되었다. 유럽은 아담과 이브(하와) 이래로 슬기를

갖추게 되었다.

…무릇 사람은 형체를 갖춘 뒤에 슬기를 가지게 되었고, 슬기를 가진 뒤에 이성을 갖추게 되었다. 이성이란 사람이 사람 노릇하게 하는 것이다. …그래서 이성이란 후천적인 이성이다. 눈이나 귀 같은 온갖 신체나, 피와 기운과 마음씨와 지각 같은 것은 선천적으로 부여되는 것이다. 아기는 지각은 없어도 욕망은 이미 갖추고 있어서, 사람 사이에 갖출 예의를 돌보지 못한다. 그래서 욕망이란 선천적인 것이다. 정호는 천리가 체득하는 것이라고 말했지만• 이 말은 뭘 모르는 말이다. 선천적인 것은 욕망이고 후천적인 것이 이성이다.[78]

캉유웨이는 욕망(欲)의 정당성을 긍정했고 이성(理)이라는 것이 자연 진화의 산물임을 또한 긍정했다. 이러한 관점은 청말부터 5·4시기까지 관통하는 기본 관점이다. 그는 자연의 운행은 어짊(仁)·의로움(義)·예절(禮)·슬기로움(智)·믿음(信) 등 '인간 사회의 도'를 포함하며 따라서 자연 자체가 바로 도덕의 원천임을 깊이 믿었다. 이러한 관점은 송유의 천도관에 대한 직접적 대응일뿐더러, 본서에서 논하게 될 『신세기』新世紀 그룹, 『신청년』 그룹, 과학자 그룹의 자연-일원론적 우주관과 지식 계보와 같은 근대 중국 사상에서도 인정을 받았다. 량치차오는 캉유웨이 철학과 양명학을 이용하여 자연과 사회·천지 자연의 도(天道)와 인간 사회의 도(人道)의 이원 관계를 다시 해석하려 한 것으로 그 사상사적 의미는 홀시될 수 없다. 이에 근대 중국 사상계 내에서는 칸트 철학을 통해 양명학을 개조하는 경향이 량치차오부터 발흥하기 시작했다고 말할 수 있다. 즉 칸트의 이원론에 의거하여, 양명학의 일원론을

• 정호는~말했지만: 『하남정씨외서』(河南程氏外書) 권12에 이런 구절이 있다: 정호(程顥)는 일찍이 이렇게 말했다. "내 학문은 남에게서 배운 것이지만 천리 이 두 글자만은 스스로 체득한 것이다."(明道嘗曰: 吾學雖有所受, 天理二字, 卻是自家體貼出來) 王孝魚 點校, 『二程集』, 北京: 中華書局, 424쪽.

개조함으로써 과학/도덕의 이원 관계에서, 도덕과 지식의 경계 및 그 상호 관계를 다시 경계 지은 것이다. 또한 과학/도덕의 이원론은 지식과 신앙, 과학과 종교, 이성과 직관 등의 이원 관계로 다시 확장되었다.

　17세기 이래, 종교와 과학의 충돌로 인해 지식인들 사이에는 격렬한 공개적인 싸움이 진행되었다. 화이트헤드Alfred North Whitehead의 말처럼, 두 개의 인류 생활 중에서 가장 강력한 보편적 힘인 '종교적 직관'과 과학적인 '정확한 관찰 및 논리적 추리'가 서로 대립하는 것 같았다.[79] 그러나 량치차오의 능력 발휘는 훨씬 더 심오한 종교와 더욱 정밀한 과학을 매우 자연스럽게 조화시킨다는 데 있었다. 과학이 '종교적 미신'의 허망함을 증명한 것은 분명하다. 그러나 그렇기 때문에 종교를 더욱 순정純精하게 해야만 과학이 그러하듯 변화에 대면할 수 있었던 것이다. 그의 논리적 사유 안에 과학과 종교는 일종의 독특한 '연대 관계'를 이룬다. 즉, 국가의 운명이 국민의 지력智力에 달려 있고 지력의 증감은 국민의 사상에 달려 있으며, 사상의 수준은 국민의 습속과 신앙에 달려 있다. 따라서 '종교'야말로 "국민의 뇌를 양성할 수 있는 약재"가 되는 것이다.[80] 따라서 지식과 종교의 문제는 하나의 유기적 과정으로 귀납된다. 즉 과학의 효능은 종교의 신앙을 명료하게 하는 것이지 부정하는 것이 아니며, '종교'의 역할은 국민의 사상을 혼돈에 빠뜨리는 것이 아니라 명료하게 함으로써 더 효과적으로 과학적 지식을 받아들이게 하는 것이다. 여기에는 지식의 장악 혹은 과학의 발견을 인간의 사상, 신앙, 도덕의 상태와 긴밀하게 결합된 것으로 보는 시각이 담겨 있다. 량치차오는 국민의 지력과 신앙, 습관을 배양하는 것과 그것이 국가 운명과 맺는 관계는 상통한다고 보았다. 그러나 그는 더 이상 일반적 수위에서 '학교' 문제를 논하지 않았고, '종교'의 필요성을 국민 개혁의 일정표에 포함시켰다.

　량치차오에게 '과학'과 '종교' 개념이 병존한다는 점만을 지적하는 것으로는 부족하다. 중요한 것은 '과학'에 대한 그의 해석이 어떻게 논리적으로 종교에 대한 긍정으로 이어지느냐이다. 또한 그가 어떤 매개를 통해 '과학'과 '종교'를 관련시키며, 이 연관성의 지적 결과는 무엇인가. 량치차오가 과학과 종교를 직접 연결하는 현실적 동력은 그가 유교 옹호(保教) 운동을 사상적으로 지지했던 것에 기인한다. "'유교 옹호' 혹은 '유교 전파'(傳教)의 사상 형성은, 중국이 심각한 문화 위기 상황에 처해 있음을 깊이 의식하고 있음을 보여 준다. 왜냐하면 중국의 전통 속에서 종교와 정치는 밀접하게 융합되어 있어, '유교 전파' 사상은 '경세'經世 사상 속에서 분명히 드러나지 않기 때문이다. 경세와 유교 전파에 대해 구별할 필요가 없는 이유는 유교의 경세가 유가의 도덕 신앙을 선교하여 인민을 개조하고 교육하는 임무를 담고 있으므로 그것이 당연시되기 때문이다. 따라서 유교 전파 사상과 경세의 이상을 구별하는 것은 정치와 유학의 전통적인 결합이 더 이상 유지되지 않음을 의미할뿐더러, 일부 중국의 신사들이 19세기 말 중국이 처한 도전을 사회 정치적 문제인 동시에 종교와 문화적 문제로 인식했음을 보여 준다. 그러므로 하나의 사회 정치적 실체로서의 중국을 보호하는 문제 외에도, 어떻게 중국의 문화 정체성을 지킬 것인가의 문제가 생겨난 것이다."[81]

량치차오가 초기에 유교 옹호를 찬성했던 까닭은 정체성 문제와 관련되어 있다. 왜냐하면 그는 중국 개혁이 본받아야 할 대상인 '서양'을 일련의 국가들일 뿐 아니라 어떤 독특한 문명으로까지 인식했기 때문이다. 르네상스와 종교개혁이 유럽의 근대 발전에 거대한 공헌을 했다고 한다면, 중국 사회의 변혁과 재구축에도 종교와 신앙의 문제를 고려하지 않을 수 없었다. 바꿔 말하면 상당한 정도에서 량치차오의 유교 옹호 운동은 정치적 고려를 포함하고 있었다. 이른바 "무릇 천하에 종교 없이 다스려지는 백성은 없다. 그래서 천하에 종교 없이 수립되는 나라는 없다. 나라는 종교로부터 규범을 얻는 것"이라 하여, 이 점을 충분히 설명하고 있다.[82] 또한 바로 이 때문에, 종교의 필요성에 대한 생각은 과학에 대한 부정으로 전화할 수 없었다. 오히려 반대로, 종교와 과학은 중국의 사회 변혁과 문화 정체성의 이중적 기초이자 자원이었던 것이다. 과학은 서구의 근대 문명을 뜻한다. 다른 글에서, 이 두 측면은 중국 학술과 서양 학문으로 귀결된다. "서양 학술을 버리고 중국 학술만 말하는 자라면, 그의 중국 학술은 분명 쓸모가 없기 마련이다. 그리고 중국 학술을 버리고 서양 학술만 말하는 자라면, 그의 서양 학술은 분명 근본이 없기 마련이다."[83] 바꿔 말해 종교/과학, 중국 학술/서양 학술은 모두 중국/서양 이원론의 변형인 것이다.

'과학'에 대한 량치차오의 정의는 '방법론'적 의미에서 만들어졌다. 『격치학연혁고략』格致學沿革考略(1902)에서 그는 '격치학'(과학)을 '형이상학'과 대립시키면서, 그것의 방법론적 특징이 "실험을 통해 대상에 대한 진수를 얻는 것"이라고 지적했다.[84] 그러나 이는 결코 과학적 방법론에 대한 그의 완정한 설명이 아니다.[85] 이 시기의 문장에서 량치차오는 베이컨과 데카르트를 대표로 하는 경험주의와 이성주의를 '격물'格物과 '궁리'窮理라는 상이한 방법론으로 보았는데, 사실 이는 객체적 측면과 주체적 측면으로부터 과학적 방법론의 성격을 이해한 것이다.

> 베이컨은 격물格物(사물을 헤아림)의 주장을 제창하면서, 이치(理)를 말할 때는 반드시 연구 대상을 실험하고 증명해야만 비로소 믿을 수 있다고 말했다. 데카르트는 궁리窮理(이치를 궁구함)의 주장을 제창하면서, 학문을 논할 때는 반드시 자신의 마음에 되물어 스스로 믿음이 생겨나야만 비로소 이를 추종한다고 말했다. …이 두 현자는 근세사의 어머니이다.[86]

주의를 요하는 것은, 베이컨의 관찰, 실험 방법을 해설하면서 량치차오 또한 이러한 '격물' 방법을 주체가 "먼저 들어와 주인 노릇을 하는"(先入爲主) 사견私見을 제거한 후의 정신과 관련되어 있다는 점, 즉 '물관'物觀과 '심관'心觀의 합일을 강조했다는 사실이다. 바로 이런 의미에서 그는 주희의 '격물치지'설을 끌어와 베이컨의 관찰 실험 방법에 붙여 놓는다. 이것은 "이미 알게 된 이치에 근거해 더 궁구해 나간다"는 주희의 주장이 "실험과 추측이 서로를 따르고 있음"을 증명했기 때문일 뿐 아니라,[87] 량치차오 자신도 객관세계에 대한 인식을 인간의 도덕 상태와 연관시켰기 때문이다. 이는 논리적으로 그를 데카르트의 연역법에 치중하도록 이끈다. 왜냐하면 데카르트는 이론적으로 인식 과정과 인간 주체성의 통일 관계를 논증했기 때문이다.

량치차오는, 세계 만물 중 보편 공리(大理)는 각 사물 간의 상호 관계 속에 존재하며, 오직 '지혜'만이 이러한 공리公理와 그것이 각각 현현되는 것을 드러낸다고 생각했다. 이것은 물론 만물의 이치에 대한 그의 통찰이 '지혜' 자체에 대한 이해에 달려 있음을 의미한다. 그렇다면 추론과 종합은 귀납적 실험에 비해 더 근본적으로 방법론적인 의미를 지닌다.[88] 지적해야 할 것은, 만약 과학적 인식 활동이 수신修身과 내재적으로 관련된다면, 도덕적 실천에서 과학적 인식 활동의 의미 또한 확실해진다는 사실이다.

데카르트의 방법론을 논할 때, 량치차오는 '의식'과 '지식' 두 범주를 구별한다. '의식'은 자유롭고 무한하며 대상의 통제를 받지 않는 데 반해, '지식'은 물상物象의 제약을 받고 유한하다. 자유 '의식'은 사리를 판단하지만 '지식'은 사리를 드러낸다. 량치차오는, 데카르트의 회의주의 배후에 자리한 "의심할 수 없는 한 가지 존재"(有不容疑之一物存)가 바로 생각할 수 있고 생각하고 있는 자기 자신[89]이며, 사물에 의해 흔들리지 않는 자유로운 영혼이 '과학적 인식'의 기초가 되는 것이라는 점을 예리하게 파악해 냈다. 량치차오는 맹자孟子를 끌어와 이렇게 주장했다.

눈과 귀가 주관을 하게 되면 생각을 하지 않으니 사물에 의해 가려지게 되고, 사물과 맞닥뜨리면 끌려갈 뿐이다. 마음이 주관을 하게 되면 생각을 하고, 생각을 하게 되면 이치를 깨닫게 되니, 생각을 하지 않으면 이치를 얻지 못한다. 이것은 하늘이 나에게 부여한 것이니, 먼저 대체大體를 확립하고 나면 자잘한 부분들은

빼앗기지 않게 된다.[90]

맹자가 여기서 언급한 마음과 사물의 관계는 사실상 선과 악의 관계를 뜻한다. 사물(物)이란 사안(事)이라, 즉 욕망을 일으키는 사물이 사람의 정신을 끌어들이므로 마음이 선한 것을 생각하지 않으면 도덕을 잃어 소인으로 전락하게 된다는 것이다. 량치차오는 맹자를 끌어들여 데카르트의 유심적 이성주의를 해석했으며, 과학적 인식 속의 주체와 객체의 관계를 "마음으로 예의를 생각하는 것"(心思禮義: '대체'大體)과 "멋대로 정욕을 따르는 것(縱恣情欲: '소체'小體)으로 선악의 대립을 도출했다.[91] "먼저 대체를 확립하면"(先立其大) "사물에 가려지지 않는다"(不以物蔽)는 맹자의 정신에 의거하여 량치차오는 "자유의 본성엔 스스로 기만하는 마음이 없다"(自由之性, 無自欺之心)는 말이 데카르트의 "궁리학(합리주의)의 으뜸가는 뜻"이라고 생각했던 것이다.[92] 그는 맹자의 도덕학설을 데카르트의 이성적 인식론에 연결시켰을 뿐 아니라 철학적으로 두 사람의 일치성을 논증했다.

이처럼 물욕과 사리를 초월한 자유로운 성性은 이미 왕수인의 '양지' 개념과 유사하다. 사실상 주희로 베이컨을 해석하고, 맹자로 데카르트를 해석했던 량치차오의 사유 속에선 유럽 철학의 경험주의와 합리주의가 방법론적 의미에서 정주학程朱學•의 '격물'(사물을 헤아림)과 육왕학陸王學•의 '격심'(마음을 헤아림)의 구별로 이해되고 있었다. 그가 기대했던 것은 이 두 측면을 '천리'에 도달하는 완정한 인식 과정으로 종합하는 것이었다.[93] 량치차오는 '격물파'와 '궁리파'로 베이컨과 데카르트의 사유 노선을 구별하면서 이렇게 말했다.

갑은 사물에 기대고 을은 마음에 기댄다. 갑은 지식을 외부의 경

• 정주학(程朱學): 이학을 창시한 정호와 주희의 학문.
• 육왕학(陸王學): 심학을 창시한 육구연과 왕수인의 학문.

험에서 얻는 것이라 생각하고, 을은 지적인 인식이 정신 자체에 있는 것이라 생각한다. 갑은 학술이 감각에서 생겼다고 하고, 을은 학술이 생각으로부터 형성된다고 한다.[94]

이처럼 마음과 사물의 관계는 량치차오 과학관의 핵심적인 위치를 차지한다.

량치차오가 칸트 철학을 중시한 것은 그가 "두 파를 합쳐서 온전히 완비된 철학을 이루었기" 때문인데, 이는 마음과 사물의 관계에 대한 그의 독특한 이해를 보여 준다. 당시 사람들의 말처럼 량치차오가 "스스로조차 충분히 이해하지 못한 불교 사상으로, 더더욱 이해하지 못한 칸트를 해석"하여 "그의 주장 중 열의 여덟아홉이 오류"라고 할지라도,[95] 칸트의 '순수이성'과 '실천이성' 개념에 대한 그의 혼란스러운 해석을 통해 량치차오는 분명 자신이 필요로 하는 바를 찾아냈다. 그것은 바로 과학적 인식, 도덕, 신앙의 어떤 관계 법칙을 수립하는 것이었다.

칸트의 '순수이성'('순지'純智, '순성지혜'純性知慧)을 논할 때, 량치차오가 고려한 것은 지식의 성질, 한계, 그리고 이성과의 관계이다. 한편으로 지식은 인류의 감각 경험에 의거한 것으로서 감각 기관이 이성의 제약 아래 외물과 접촉한 결과이다. 다른 한편, 감각적 경험의 대상은 '현상'이지 '본상'本相("본상이란 내가 접촉하거나 영향을 받은 것 너머에 있다")이 아니다.[96] 만약 후자가 그의 도덕설에 여지를 남겼다면, 전자의 문제에 대한 그의 관심의 초점 역시 감각적 경험이나 현상세계에 있지 않고 '이성의 기능'에 있다고 할 수 있다. 그는 칸트의 이성 비판의 기본 문제, 즉 선험적인 종합 판단이 가능한가라는 문제를 이렇게 표현했다. "나의 이성은 어떻게 외물로 하여금 각자를 드러나게 하는가?" "허다한 감각은 어떻게 외물로 하여금 외물이게 하는가?"[97] 이러한 문제는 량치차오로 하여금 모호하게나마 다음과 같은 점들을 깨닫게 했다. 우선 마음(心靈)은 능동적으로 감각적 경험의 질료를 개념화한 현상세계의 질서 속에 조직된다('이성'理性은 "늘 그것의 감각으로 인해 자기 자릴 갖게 된다"). 그래서 지식은 직접적으로 이성의 '시각과 청각', '고찰'考察, '추리'推理 능력으로 연결되며, '시간', '공간', '원인', '결과', '현상', '일반 규칙' 등등의 범주는 '사물'(物)의 관계나 존재를 표현하는 것이 아니라, 우리가 사는 세계를 통제하기 위해 '실용적'(pragmatically)으로 받아들이는 질서이자 규범이라는 것("실재 내 이성은 이 두 가지 형식〔시간과 공간을 가리킴〕을 발동시켜 모든 외물을 포괄할 뿐이다. …이 모두는 본체가 아니라 나의 가정으로부터 생겨난 것이다")이다.[98] 바로 이러한 논리에 의거하여, 량치차오는 「신민의」新民義에서 이렇게 단언한다. "천하에 반드시 먼저 이론이 있어야만 실재가 있게 된다. 이론이란 실재의 어머니이다."[99] 더 중요한 것은 이 안에서 말한 '이론'理論이란 유학의 '앎'(知)이며, '실재'란 유학의 '행함'(行)이다. 그래서 그는 이렇게 말했다. "무릇 이론이란 모두 실재를 만들어 내는 바여서, …그 궁극적인 목적은 인격을 개량하려는 데 있다. …그래서 이론이면서 실재에 아무런 보탬이 되지 않는 것은 진정한 이론이라고 부를 수 없다."[100]

　량치차오가 지식론 중의 주객 관계 혹은 '마음과 사물'(心物)의 관계를 '앎과 행함'(知行)의 관계로 이해할 때, 지식론의 문제는 도덕론의 문제로 전환된다. 그의 칸트 철학 해석을 보면, 이러한 전환은 지성知性의 본질, 능력 및 한계에 대한 칸트의 관점으로부터 논리적으로 끌어낸 것이기도 하다. 칸트의 '실천이성'과 '순수이성'이라는 개념에 근거하여 량치차오는 초경험 세계와 경험 세계의 서로 다른 두 성질을 구별한다. 또한 실험적 물리학 방법은 다만 경험 가능한 현상세계에만 적용될 수 있을 뿐, 영혼의 유무, 세계의 근원, 시공간의 기원, 신의 존재 여부 같은 초경험적인 문제는 해결할 수 없다고 생각했다. 방법론의 각도에서 보면, "대상을 접하여 그 이치를 궁구한다"(卽物窮理)는 귀납적 방식은 이 영역에서는 사용될 수 없다. 이러한 문제는 다만 "추리력으로 그것을 추정해 낼 뿐이다."[101] 칸트가 주장했던 그 유명한 '이율배반'이란 명제를 예로 들면서, 량치차오는 "개인의 지혜로 알게 된 바가 곧 사물의 본상本相"이라고 하면서,[102] 현상과 본질이나 필연("절대 벗어날 수 없는 이치") 영역과 자유 영역의 경계를 혼동하는 데서 문제가 비롯된다고 지적한다. 이 문제에 대답할 근거가 우리에게 없는 것이 아니라, 문제 자체가 잘못되었다는 것이다.

량치차오에게 상술한 구분의 직접적인 의미는 도덕의 본질로 확장된다.

> 도덕의 성질은 불생불멸하여, 모든 것이 소멸되는 공겁空劫*에 얽매이지 않는다. 과거도 없고 미래도 없으며 늘 현재이다. 사람은 각자 이러한 공겁을 초월한 자유권自由權에 근거해 도덕의 성질을 스스로 만들어 낸다.[103]

스스로를 목적으로 하는 도덕 명령은 인간 '양지'良知의 자유 본질에서 기원한다. 따라서 "양심의 자유는 실로 공간과 시간을 초월하며, 백천만 억의 세계를 통틀어 그 어떤 것도 이보다 가치 있는 것이 없다."[104] 자유의 권리는 '양지'에 대한 인간의 복종을 전제로 한다. 이는 시민의 자유가 국가 주권에 복종하는 것과 같다. 량치차오는 칸트의 '두 가지 이성' 개념을 빌려 이지理智와 자유의지를 상호 모순 없이 병행되는 두 영역으로 구분한다. 다만 이때 이지의 운용은 반드시 도덕의 목적에 복무해야 했다. 량치차오는 이렇게 말했다.

> 자유란 모든 학술과 인간 사회 도리의 근본이다. 이에 근거해 자유를 말해 보자면, 자유와 부자유不自由를 병행하더라도 모순되지 않는다는 것을 알 것이다. 이는 실로 화엄종華嚴宗 원교圓敎*

• 공겁(空劫): 이 세상의 생성과 소멸이 이루어지는 80겁의 장구한 시간 가운데, 모든 것이 소멸하여 사라진 공(空)의 상태가 되는 20겁의 시간을 가리키는 불교 용어.
• 원교(圓敎): 화엄종에서 소의경(所依經)인 『화엄경』(華嚴經)에 담겨 있다고 상정한 모든 것을 하나로 아우르는 궁극의 가르침을 가리킨다.

와 같은 상승上乘의 교의敎義이니, 아, 성스럽구나![105]

　사실상 량치차오가 '실천이성'을 소개한 동기는 바로 도덕적 양지가 개인의 행위와 각종의 사회관계를 위해 '입법'立法하도록 호소하려는 데 있었다.—여기서 말한 '법'法이란 과학에서 말하는 자연법칙과 다른 도덕법칙이다. 그것은 경험 밖에 있지만 효력을 발휘하고, 우리의 상황이 어떠한지, 어떠해야 하는지, 그런 상황에서 어떤 이성적 존재가 무엇을 해야 하는지 말해 주지 않는다. 따라서 이러한 영역에서 '앎과 행함'은 완전히 합일된다. 이른바 "도덕적 책임을 이행하려는 것은 그 책임의 이행을 목적으로 하는 것이라서, 이행하기만 하면 이미 목적은 완전히 달성된 것이다."[106] 바로 이런 의미에서 량치차오는 칸트를 왕수인과 동류로 본다.

　　　왕수인은 이렇게 말했다. "그 한 조각 양지는 너 자신의 준칙이다. 네가 어떤 생각을 하는 순간, 네 양지가 옳다고 하면 그 생각이 옳다는 것을 알 것이고, 네 양지가 그르다고 하면 그 생각이 그르다는 것을 알 것이니, 더더욱 네 양지를 속일 수 없다. 그저 착실하게 네 양지에 의지해 일을 행하게 되면, 착한 것은 보존되고 악한 것은 제거되리라." 이 역시 양지로 명령을 삼은 것이며, 양지에 복종하는 것을 도덕적 책임으로 삼은 것이다. 왕수인의 양지는 칸트의 진아眞我이다. 두 학설의 기초는 완전히 같다.[107]

　왕수인의 '양지', '지행합일' 개념과 칸트의 '실천이성'의 차이에 대한 분석은 잠시 미뤄 둬야 하겠지만,[108] 왕수인의 '양지설'과 '지행합일'은 이원론을 내포하지 않는다. 이 말을 꺼내는 이유는 그것이 1920년대 량치차오가 유학적 관점(특히 왕수인의 지행합일 개념)에 기반하여 과학을 비판했던 것을 분석하는 데 실마리를 제공하기 때문이다. 당시 량치차오는 '지행합일'을 제임스의 '근본 경험주의' 및 '실용주의'와 관련시키는 데 몰두하고 있었다. 여기서 우리의 관심사는 '순수이성'과 '실천이성', 과학적 인식과 도덕적 실천 사이에서 량치차오가 내린 구분이 갖는 결과의 중요성이다. 그는 과학과 종교라는 대립물처럼 보이는 두 영역에도 몰입해 있었다. 만약 신학 혹은 형이상학적 믿음이 도덕 의지의 기초 위에 세워진 것이라면, 실천이성의 가정으로서 이들을 실제로 존재하는 사물로 이해해서는 안 된다. 종교적 믿음의 본질은 세계 기원에 대한 초과학적 가설에 있는 것이 아니라, 그것이 도덕적 경험과 행위를 지지한다는 점에 있다. 자유의지의 영역으로서 종교적 믿음은 과학연구의 법칙과 모순 없이 병행하며 후자의 제약을 받지도 않는다.

'순수이성'과 '실천이성'의 구별 및 그 상호 관계에 대한 해설을 따라가다 보면, 우리는 량치차오의 자기모순, 부단히 변화하는 종교관의 내재적 논리를 발견할 수 있다. 그는 과학과 종교의 대립을 인정하면서도 동시에 종교를 신성하게 여기는 감정을 품고 있었다. 이것이 바로 종교에 대한 윤리적 이해이다.[109] 먼저 종교에 대한 량치차오의 비판과 부정이 어떤 의미에서 나온 것인지 살펴보자. 일반적으로 말해 종교에 대한 회의는 근대 과학의 필연적 결과로서, 량치차오의 종교비판 역시 과학적 입장에 기초해 있다. 그는 이렇게 말했다.

> 코페르니쿠스의… 천문학이 흥성하게 된 뒤, 과거의 종교인들의 각종 날조된 거짓 주장들은 더 이상 세상 사람들을 속일 수 없었다. 각종 과학적인 실학實學들이 이로부터 생겨났다.[110]

다윈의 진화론은 '적자생존'의 원리를 보여 주었을 뿐 아니라, 인간의 역사관까지 바꿔 놓았다. 량치차오는 이렇게 단언했다. "무릇 인류의 인식으로 알 수 있는 현상 중 진화의 대원칙이 통용되지 않는 경우는 없기에", "진화론이 나오자 종래 종교들의 미신적 논의들은 모두 설 자리를 잃게 되었다."[111] 근대 과학적 원리에 근거하여, 신의 천지창조, 종말심판론, 천년왕국 등의 교리들은 "과학의 이치로 용납이 되지 않다 보니. 아무래도 오래 지속될 수가 없었다."[112] 과학의 종교 비판이 말해 주는 것은 몽매한 사고와 종교적 전제에 대한 반항과 진리에 대한 추구가 인간의 자유로운 격정에서 비롯되었다는 사실이다. 따라서 량치차오의 종교 비판은 과학적 논리에 연유하는 동시에 자유의지의 내재적 요구에 기초한다. 그는 문명 진화라는 역정에 착안하여 종교적 미신이 "인간의 회의를 금하고, 사상의 자유를 질식시켜" 비록 인류 진화의 초기 단계에서는 공이 있더라도 현대 문명과는 맞지 않는다고 지적했다. "과학의 힘이 날로 흥성하면, 미신의 힘은 날로 쇠락한다. 자유의 경계는 나날이 확장되고, 신권神權의 경계는 나날이 축소된다."[113] 만약 도덕 범주로서의 신앙이 자유의지의 설정이라면, 역사상의 종교는 바로 자유의지의 파괴이다. 이런 의미에서 과학의 종교 비판이 지니는 근본 의미는 바로 과학이 자유의지에 활력을 되찾아 준다는 데 있다.

이런 점에서 보면 량치차오의 종교 비판은 진정한 종교적 동기에서 나온 것이다. 그러나 그의 종교에 대한 긍정은 어떤 비종교적 동기에서 나왔다고도 할 수 있다. 전자는 그가 경험 세계의 속박을 받지 않는 자유의지를 긍정했다는 것을 뜻한다면, 후자는 그가 종교를 우리의 현실 생활을 안배하는 데 유용한 것으로 이해했음을 말한다. 「종교가와 철학자의 득실을 논함」(論宗教家與哲學家之長短得失, 1902)에서 량치차오는 이렇게 말했다. "이치를 궁구하는 것(窮理)을 논함에 있어 종교인은 철학자보다 못하고, 정치를 논함에 있어 철학자는 종교인을 따라가지 못한다." 종교는 역사 속 영웅에게 열정과 용기, 헌신적 정신을 제공해 준 원천이었을 뿐 아니라, "온 세계를 뒤흔들고 사회 전체에 질풍노도를 불러일으킨다."[114] 한편으로 량치차오는 이른바 '종교 사상'을 이상주의 혹은 신앙에 대한 충성 및 헌신과 같은 것으로 보았다. 바로 이런 의미에서 그는 종교를 유심철학과 동일시하고 명말 유학자의 기상을 고무했던 왕학王學(심학心學)을 '종교의 최고 경지'로 보았던 것이다.[115]

그런가 하면 인간의 자유의지에 대한 그의 찬양은 '세상을 다스린다'는 공리적 동기와 관련되기도 했다. 량치차오가 보았을 때 종교 사상은 자유로운 인간 집단을 통일적으로 결집하고 좌절한 인간에게 안신입명安身立命(천명에 따르는 평정의 상태)의 희망을 가져다 주며, 막막한 속세에 묻힌 군중에게 해탈의 가능성을 찾아 주고, 전체 사회에 도덕 규범을 세워 나약한 인성에 불굴의 용기를 주입하기 때문이다. 이 모든 것은 사회에 자치의 가능성을 부여한다. 이로써 우리는 종교의 힘이 바로 신앙 및 자유의지의 힘임을 알게 된다.

> 이미 믿음이 있다면 반드시 지극함에 이를 것이고, 지극함에 이른다면 중요한 임무를 짊어질 수 있게 될 것이며, 멀리까지 그 영향을 미쳐서 사람들을 감화시키고 사물까지 감화시킬 수 있을 것이다.[116]

량치차오의 개념을 빌려 말하면 종교는 '군치'群治에 이르는 필요조건이다.

"종교와 미신이 항상 서로 연결"되어 있다는 사실에 기반한 탓에 량치차오의 입장은 상당히 복잡해진다.

> 그러므로 학술을 말하는 자는 미신을 적대시하지 않을 수 없고, 미신을 적대시한 즉 미신과 연결되어 있는 종교도 적대시하지 않을 수 없다. 그러므로 한 나라 안에서 종교를 믿는 사람이 없을 수도 없지만, 종교를 타파하는 사람이 없을 수도 없다. …그러나 종교의 미신을 타파하는 것은 가능하나 종교의 도덕을 타파하는 것은 불가하다. 도덕이란 천하의 공적公的인 것이며 하나의 교파가 전유할 수 있는 것이 아니다. 도덕이 훼손되었다면, 방자한 소인배들은 종교가 아니고서야 어떻게 스스로 철학의 울타리 안에 곁들 수 있었겠는가![117]

애당초 꽤 복잡해 보였지만, 논리는 갈수록 명료해졌다. 량치차오는 종교적 미신과 종교적 도덕을 서로 구별하여, 전자를 사실의 범주에, 후자를 자유의지의 범주에 두고 있다. 종교적 미신(이를테면 천지창조, 종말심판론 등등)은 이미 참이라고 증명된 진리 형식으로 사람들에게 보여 준 것이자, 현상세계의 방식으로 기술된 것이다. 그런즉, 현상세계에 적용된 과학이 이 기술의 거짓됨을 증명한다면, 종교적 미신의 진리성 또한 더 이상 존재할 수 없게 된다. 이런 맥락에서 말하면, 과학의 발전은 종교의 쇠퇴를 의미한다. 즉 종교가 쇠퇴하는 원인은 신앙에 대한 그 기술 방식 자체가 틀렸기 때문이다. 종교적 도덕은 이와 정반대이다. 인간이 가진 자유의지의 표현으로서, 종교적 도덕은 시공을 초월하고 인과관계를 갖지 않는다. 사실상 종교적 도덕은 도덕적 명령으로 존재하므로, 현상세계에 대한 어떤 진술도 그것이 참인지 거짓인지를 증명할 수 없다. 그래서 종교적 도덕과 과학은 서로 모순 없이 병행되는 것이다.

2. 두 개의 이성, 공리주의와 근대 묵학墨學 연구

량치차오는 서양의 철학자처럼 칸트의 논리를 시종일관 그의 사유 활동에 관철할 수는 없었지만, '두 개의 이성' 개념에 대해서는 전통적 지식 기반을 지니고 있었다. 여기서 특별히 지적하고 싶은 것은 량치차오의 만년까지 지속되어 온 묵자 연구이다. 한漢 무제武帝가 유가 독존을 정립한 이래, 진대晉代의 노승魯勝과 당대唐代의 악대樂臺,* 이 두

---

* 진대(晉代)의 노승(魯勝)과 당대(唐代)의 악대(樂臺): 진대의 노승은 일찍이 『묵자』(墨子) 중 「경」(經) 상·하편과 「경설」(經説) 상·하편, 이렇게 네 편에 주석을 달아 『묵변주』(墨辯注)라고 명명했는데 일실(佚失)되어 전하지 않는다. 심지어 『수서』(隋書) 「경적지」(經籍志)에조차 저록(著錄)되어 있지 않은 것으로 보아, 아예 널리 알려지지 않았거나 진작 실전(失傳)된 듯하다. 당대 악대의 『묵자』 관련 주석은 현재 전하

사람 외에 묵학墨學(묵자의 학설)은 거의 끊어졌다. 청초에 이르러 묵학은 점차 주목을 받게 되어, 고염무나 부산傅山 모두 묵학을 찬양했었고, 안원顔元의 학설은 학술사가學術史家들에 의해 겉으로 보기엔 육경이지만 속에 담긴 실제 내용은 묵학이라고 여겨졌다. 묵학은 건륭乾隆·가경嘉慶 때부터 부흥하기 시작해서, 장혜언張惠言의 『묵자경설해』墨子經說解, 왕념손王念孫의 『독묵자잡지』讀墨子雜誌, 필완畢沅의 『묵자주』墨子注 등이 나왔다. 왕중汪中은 "묵자가 본래 유가를 비난했을 뿐, 주나라를(주나라 문화 자체를) 비난한 것은 아니었다"는 등의 주장을 통해, 유가와 묵가가 나란히 칭해지던 역사적 사실을 새로이 밝혀냈으니, 진정 청말 제자학諸子學 부흥의 선구라 할 만하다. 청말, 특히 5·4운동 이후, 묵학에 쏠린 사람들의 흥미는 묵자의 이른바 '과학 정신'에서 비롯된 것이었다. 이를테면 량치차오는 『묵경교석』墨經校釋「자서」自序에서 이렇게 말했다.

> 우리나라 고적 중 오늘날의 이른바 과학 정신과 맞물리는 것을 구한다면 오직 『묵경』墨經•이 있을 뿐이다. …지식의 본질과, 지식의 연원과, 지식이 발휘되고 운용되는 까닭, 그리고 어찌하면 진수眞髓를 얻고 어찌하면 오류에 빠지는지 등의 문제에 대해 지극히 정심하게 분석해 놓았고, 매우 명확하게 드러내 놓았다.[118]

그러나 후스胡適 같은 사람들이 '묵학의 근본 관념'을 과학적 방법으로 이해한 것과 달리, 량치차오는 자신의 분석 속에서 비단 묵자의 '실용주의', '실리주의', 논리학 이론뿐만 아니라 묵학 속의 각종 주장 모

지 않는다. 단지 송대(宋代) 정초(鄭樵)의 『통지』(通志)「예문략」(藝文略)에 '『묵자』악대주(樂臺注)'라는 저록이 보일 뿐이다.
• 『묵경』(墨經): 『묵자』 중 논리학의 명제와 유사한 내용이 담긴 「경」(經) 상·하편과 이를 해설한 「경설」(經說) 상·하편, 그리고 「대취」(大取) 편과 「소취」(小取) 편을 따로 분리해 부르는 명칭이다. 『묵변』(墨辯)이라고 부르기도 한다.

두의 연원이자 묵자의 근본정신인 '겸애'兼愛를 강조했다. 『묵자학안』 (墨子學案)에서 그는 이렇게 말했다.

> 묵학 전체의 큰 쓰임은 '사랑'(愛)과 '앎'(智), 이 두 낱말로 개괄할 수 있다. 「상동」尚同·「겸애」兼愛 등 10편은 모두 '사랑'을 가르친 책으로 인류의 정감을 발휘하기 위한 것이다. 「경」經 상·하편과 이를 해설한 「경설」經説 상·하편, 그리고 「대취」大取 편과 「소취」小取 편, 이렇게 6편은 모두 '앎'을 가르치는 책으로 인간의 이성을 발양시키는 것이다. 이 두 가지가 합해져야만 비로소 완전한 묵자를 알 수 있다.[119]

량치차오는 '사랑'(愛)과 '앎'(智)을 각기 감성 영역과 이성 영역으로 이해하고, 그의 감성 개념이 본능 충동이라는 비이성적 영역에 기반한 것이 아니라, 도덕률에 기반한 실천이성 혹은 도덕 이성의 개념임을 표명했다.

시종 「상현」尚賢·「상동」·「겸애」·「비공」非攻·「천지」天志·「명귀」明鬼·「비명」非命 편을 「경상」經上·「경하」經下·「경설상」經説上·「경설하」經説下·「대취」大取·「소취」小取 편과 구별해서 처리함으로써, 량치차오는 묵자의 교리와 그의 지식론을 두 개의 상호 독립적인 범주로 구분하고,[120] 묵자의 과학 정신에 대한 분석을 전적으로 경험과 이성의 범주 안에 제한시켰던 것이다. 「묵자논리학」에서 량치차오는 '석명'釋名, '법식' 法式, '응용'應用, '귀납법의 논리학' 등 네 가지 방면에서 묵학의 지식론을 연구하면서, 묵자를 2천 년 전 '동양의 베이컨'이며 "「경상」·「경하」·「경설상」·「경설하」·「대취」·「소취」 편은 모두 물리학을 말하고 있는 것"이라 간주했다. 또한 그는 '귀납법'에 대한 근대 과학의 중시가 일체의 이론 중 '역사학'과 '물리학'이 '근본적 지위'를 차지하는 데에 결정적인 역할을 했다고 단언했다.[121] 1921년 그는 『묵자학안』墨子學案과 『묵가의 지식론』(墨家之知識論)에서 재차 '능지能知•의 도구', '지식의

주관적인 조건', '지식의 객관적인 조건', '주관·객관의 상호 작용' 등
네 가지 방면에서 '지식'의 기원과 본질을 논했다. 량치차오는 개념이
나 논리 등이 주관적인 선험적 존재인지에 대해선 관심을 갖지 않았
다. 오히려 경험주의와 실험주의를 기준으로 과학의 성격을 이해하려
했다. 그는 이렇게 말했다. "눈과 귀로 직접 보고 들은 실상을 살핀 것
이 바로 '직접 관찰해서 얻은 앎'(親知)이며, 바로 과학 정신이다. …묵
가의 주장은 철두철미한 실증주의 철학에 속한다고 볼 수 있다."[122]

　량치차오가 묵가의 '과학 정신'에 대한 해석을 이성과 경험 세계의
범주 안으로 제한한 만큼, 묵학의 '과학 정신'은 논리적으로 무신론으
로 연결될 수 없다. 량치차오는 묵자의 사상을 '과학적 방법'으로만 다
루고 싶지 않았다. 오히려 그 반대로 그는 묵자의 '교주'(敎主)로서의 신
분을 강조함으로써 그의 종교 사상이 '겸애'(兼愛) 관념에서 파생한 것이
라 생각했다. 그는 이렇게 말했다. "이른바 '하늘의 뜻'(天志)이라는 것
은 매우 단순하고 유일무이한 것으로, 남을 사랑하고 이롭게 하는 것
에 다름 아니다."[123] 이른바 "묵자의 귀신론은 절대적인 미신에서 연원
한 것이 아니라, 사회를 개량하기 위한 방편일 뿐이다. 묵자가 귀신의
유무를 변별하는 것은 이론 차원에서 답을 구하는 것이 아니라 실제
차원에서 답을 구하는 것이다."[124] '비명설'非命說*을 수립한 이유 역시
마찬가지이다. '정해진 운명'(定命)을 인정하면 "인류에게 자유의지가
없다는 뜻이 되고, 그렇다면 도덕적 기준도 없어지게 되고, 인류는 주
동적인 역량이 없어지고 만다." 이렇게 되면 새로운 창조도 나올 수가
없게 된다.[125]

• 능지(能知): '소지'(所知)와 상대되는 말로, '능지'는 앎의 주체를 가리키고, '소지'
　는 앎의 대상을 가리킨다. 혹은 '능지'를 외부의 대상에 훈습(薰習)되지 않은 선천적
　인 앎으로 풀고, '소지'를 외부의 대상에게 훈습된 앎으로 풀기도 한다. 참고로 부연하
　자면, '能+동사'와 '所+동사'라는 표현 방식은 원래 불교 용어에서 왔다.
• 비명설(非命說): 사람의 운명이 이미 정해져 있다는 천명(天命)이나 숙명(宿命)을
　비난(非難)하고 부정하는 주장으로, 묵자의 핵심 주장 중 하나이다.

량치차오는 묵자의 종교가 도덕률을 기초로 하거나 도덕률로 이끄는 것을 추구하는 종교라고 확신하고 있었다. 그래서 '천지'天志(하늘의 뜻), '명귀'明鬼(귀신의 존재를 밝힘), '비명'非命(정해진 운명론을 비난함)이라는 교의敎義는 자유의지라는 자기 가정으로서 도덕 실천의 범주 내에서만 의미를 획득하며, 그 어떤 이성적이거나 과학적인 방식도 이들 교의의 실재성을 증명하거나 진위를 가늠할 수 없다. "불가사의한 부분"인 교의는 "결국 우리의 유한한 식견으로 판단할 수 있는 것이 아니므로", 결코 '절대적 신앙'이 아닌 "사람의 마음을 단속하고 사회를 개량하기 위해 빌려 쓰는 수단"일 뿐이다.[126] 이는 교의 자체가 바로 도덕 법칙임을 나타낸다. 사실상 교의를 인간 자유의지의 설정으로 이해해야만 비로소 묵자가 왜 '천지'天志를 논하면서 또 '비명'非命을 말했는지 알 수 있다. 여기서 관건은 반드시 만물의 척도로서의 '하늘'(天)을 주체의 준칙으로 이해해야 한다는 것이다. 즉, "묵자의 천지天志는 기독교적인 것이지 다원적인 것이 아니며", '천지'와 '비명'은 모두 주체가 지닌 자유의지의 표현이다.[127]

일찍이 러셀Bertrand Russell은 『실천이성비판』의 기본 사상을 이렇게 개괄했다. 도덕률은 정의를 필요로 하며, 덕행과 비례하는 행복을 요구한다. 하늘의 뜻만이 이를 보증할 뿐 현세에는 아무런 보증이 없다. 그래서 신神과 내세來世가 존재하는 것이다. 또한 자유는 반드시 결정되어 있으니, 그렇지 않다면 덕성德性이라는 것이 존재할 수가 없다.[128] 이 또한 량치차오가 묵자의 종교 사상을 해석한 기본적 사유라 할 수 있다.

> 요컨대 도덕과 행복은 서로 조화를 이룬다는 것이 묵학의 특색으로, 서양의 소크라테스나 칸트의 학설과 같은 기초 위에 있다. 이른바 도덕이란 무엇인가? 겸애주의일 뿐이다. 이른바 행복이란 무엇인가? 실리주의일 뿐이다. 그리고 이들을 조화시킬 수 있는 것은 오로지 하늘의 뜻에 의지하는 것뿐이다.[129]

'천지'天志, '겸애'兼愛(두루 사랑함), '비공'非攻(침략적인 공격을 비난함), '명귀'明鬼, '비명'非命, '절장'節葬(장례의 절제를 주장함), '비악'非樂(사치한 음악을 비난함), '상현'尚賢(현명한 이를 숭상함), '상동'尚同(동일해지는 것을 숭상함)은 모두 도덕률의 요구에 따라 제기된 것으로, 이런 주장들의 역할은 실제의 사물을 묘사하거나 규정하는 것도 아니고, 이론적 지식을 생산하는 것도 아니다. 오직 실천 명령과 행위 준칙일 뿐이다. 이런 주장들은 과학적인 혹은 이성적인 의미로는 증명될 수 없으며 오로지 이런 주장들의 도덕 명령에 대한 인간의 '실천'을 통해 체득될 뿐이다. 량치차오가 "묵자는 중국의 유일무이한 실천가"[130]라 칭한 것도 이 때문이며, "묵자는 '지행합일'知行合一의 인물로서, 알고도 실천하지 않으면 그건 아는 것이라고 할 수조차 없다고 여겼다"고 한 것 또한 이 때문이다.[131] 그는 "상현설과 실행의 관계", "비명설과 실행의 관계", "명귀설과 실행의 관계", "천지설과 실행의 관계"를 일일이 분석하여 마침내 "묵학에서 실행이란 도덕적 책임을 전제로 한 것"임을 발견했다.[132] 묵자는 생사를 돌보지 않고 고통을 견뎠으며, 밤낮으로 쉬지 않고 스스로 고생하는 것을 묵가의 법도로 삼았다. 이처럼 "머리부터 발끝까지 다 닳아 없어지도록 천하를 이롭게 하는 것"은, "도덕적 책임을 분명하게 인식하지 않는다면 불가능할뿐더러, 자신의 육신 외에도 귀신으로부터의 즐거움과 하늘로부터의 복록이 있음을 알아서, 이로써 현실의 고통을 상쇄시키지 않는다면 불가능한 것이다."[133]

'지행합일'과 공리주의를 논할 때도 마찬가지이다. 묵학에 대한 해석에 있어서, 량치차오가 도덕률을 기반으로 했다면, 후스는 '실용주의' 입장에서 묵자의 교의를 해석했다. 후스는 이렇게 말했다.

왕수인은 '양지'良知 쪽으로 편중되었기에 "너의 한 조각 양지가 너 자신의 준칙이다"라고 한 것이다. 묵자는 달랐다. 그의 시비를 따지는 '준칙'은 마음속 양지가 아니라 마음 바깥의 실용이었다. 간단히 말하면 묵자는 '의외'義外설을 주장했고 왕수인은 '의

내'義內설을 주장한 것이다.* 왕수인의 '지행합일'설은 양지가 명령하는 바를 실행하도록 요구하는 것일 뿐이다. 묵자의 '지행합일'설은 아는 바를 실행할 수 있는가의 여부로 아는 바의 참과 거짓을 판정하고, 아는 바를 응용할 수 있는가의 여부로 아는 바의 가치를 결정했다.[134]

이처럼 후스는 '겸애' 등의 교의를 일반 지식으로 간주했다. 이들은 모두 '효과'가 있는지("살아가는 데 유리한지"의 여부) 검증을 거쳐야 했다. "듣기 좋은 명사나 공허한 정의는 참된 '지식'이라 할 수 없다. 참된 '지식'은 이러한 관념의 응용 여부에 달려 있다." 후스는 묵학의 특징이 바로 모든 사물에 대해 '왜'를 묻는 것이며 '왜'에 대한 대답 또한 그 '기능'('용도')에 대한 해석이라고 지적했다. 후스는 도덕 실천을 지식의 응용으로 이해하면서, '지행'知行이라는 도덕 범주의 문제까지도 과학 범주의 문제로 전환시켰다. 그는 이렇게 "실용주의적으로" 묵자의 내재적 모순을 해결했던 것이다.[135]

전술한 바처럼, 묵자의 '지행합일'에 대한 량치차오의 해석은 도덕 실천이라는 의미에서 진행되었다. 따라서 그도 '효과'나 '실리주의'를 중시하긴 했지만, 그 '효과'나 '공리'功利의 의미는 성격 면에서 후스의 개념과 달랐다. 그 차이의 관건은 그가 후스처럼 묵자의 종교 정신과 과학 방법의 경계를 혼동하지 않았다는 점에 있다. 이는 결코 량치차오가 효과를 중시하지 않았다는 말이 아니다. 오히려 그는 후스처럼 실용주의의 신도는 아니었지만, 공리주의를 소개하고 받아들이는

• 간단히~것이다: '의의'(義外)와 '의내'(義內)라는 개념은 『맹자』「고자장구 상」(告子章句上)의 맹자와 고자의 논쟁에서 보인다. 당초 고자가 "인(仁)은 내재적인 것으로 외재적이지 않으며, 의(義)는 외재적인 것으로 내재적이지 않다"(仁, 內也, 非外也. 義, 外也, 非內也)라고 주장하자, 맹자가 이에 대해 반박하며 의도 내재적이라고 주장했다. 간추리자면 '의의'설은 '의'가 외재적인 조건이라고 보는 것이고, '의내'설은 '의'가 내재적인 요소라고 보는 것이다.

데 있어서 오히려 후스보다 앞서 있었다. 여기서 관건은 효과를 중시하느냐 여부가 아니라, 어떻게 공리와 효과를 구분 짓느냐에 있다. 「공리주의 태두 벤담의 학술」(樂利主義泰斗邊泌之學說)에서 량치차오는 벤담 Jeremy Bentham의 선善이란 바로 쾌락(혹은 행복)이고, 악惡이란 바로 고통이라는 공리주의(utilitarianism)적 관점을 받아들였다. 그리고 더 나아가 도덕이란 "오로지 행복과 같은 이익을 증진해 고통 방지를 목적으로 한다"고 정의했다. 그러나 여기서 말하는 이익이란 완전한 형태의 이익을 말한다. 그래서 량치차오는 벤담의 학설을 이렇게 총괄했다. "사회의 공익公益이라는 말이야말로 실로 도덕학의 가장 중요한 개념이다."[136]

표면적으로 보면 묵자가 겸애를 창시하고 고행을 존중한 것은 벤담이 말한 선이란 바로 쾌락·행복이라는 원칙과 어울리지 않는다. 그러나 "두루 서로 사랑하고 서로 이익을 주고받는다"(兼相愛交相利)에서의 '이득'(利)과 벤담의 쾌락·행복의 원칙을 모두 인류의 '공익'으로 이해한다면, 묵학은 본질적으로 도덕적이면서 공리적이다. 여기서 관건은 '이익'을 사적인 이익이나 이익에 관한 개인주의로 해석할 것이 아니라, 반드시 공익으로 정의해야 한다는 것이다. 량치차오는 묵자가 말한 이익의 원칙을 다음 세 조항으로 귀결했다.

> 1. 모든 일에 있어서 이익이 손해보다 많은 것을 이롭다 하고, 손해가 이익보다 많은 경우를 이롭지 않다고 한다.
> 2. 모든 일에 있어서 최대 다수에게 이익이 되는 것은 이롭다 하고, 소수에게만 이득이 되는 것은 이롭지 않다고 한다.
> 3. 모든 일에 있어서 내 양심을 평안하게 만족시키는 경우를 이롭다 하고, 그러지 않은 경우를 이롭지 않다고 한다.[137]

공리주의 학설에 익숙한 사람이라면, 곧바로 이 세 항목의 규칙이 벤담 철학으로부터 추출되어 묵자와 결합된 것임을 알 수 있을 것이다. 그러나 더 중요한 것은 량치차오가 묵자 학설로부터 "행복과 도덕 사이에는 간극이 없음"을 발견했다는 것, 그리고 한편으로 그가 '이익'을 도덕화하면서 동시에 한편으로는 도덕을 '공리화'功利化했다는 것이다. 「자묵자학설」子墨子學說에서 그는 심지어 "경제와 도덕이 긴밀히 관련"되어 있다고 생각했다. 경제학(economy)이야말로 도덕의 '커다란 근원'(大原)이라는 뜻이다.[138] 이처럼 도덕이 인류의 행복에 유리한 것이라는 관점은 도덕과 과학 간의 장벽을 무너뜨린다. 왜냐하면 인류의 행복은 여기서 하나의 과학적 사실이 되어서, 심리학·사회학·경제학의 범주에 속하게 되기 때문이다. 1921년 량치차오는 「묵자의 실리주의와 그 경제학설」(墨子之實利主義及其經濟學說)을 재해석할 때 이렇게 비유하기도 했다. "묵자는 작은 그리스도다. 다른 한편 묵자는 큰 마르크스이기도 하다."[139] 이는 사실상 묵자의 종교 이상과 공리주의의 상호 관계를 말한 것이다. 다만 그 당시 량치차오는 묵자의 공리주의에 대해 초기처럼 찬미의 마음이 충만하진 않았다. 왜냐하면 그것이 인간에게 충분한 자유의 영역을 주지는 못했기 때문이다.[140]

도덕에 대한 공리주의적 해석은 결코 량치차오의 발명이 아니다. 그의 스승 캉유웨이는 일찍이 1901년 공자의 주장을 모종의 쾌락주의 윤리와 결합하려는 시도를 한 바 있다. 『중용주』中庸注에서 캉유웨이는 이렇게 말했다.

> 공자의 도는 인성에 근거하며, 남녀 관계와 먹고 사는 일·일상 생활의 도덕 윤리를 갖추며 수양하고 조절하게 했다. 제아무리 심오한 이치와 탁월한 행실을 갖췄다 한들, 인도 브라만교 등의 온갖 종교들(外道)•처럼 고기를 금하고 아내를 내치고 고행을 하

• 온갖 종교들(外道): 여기서 '온갖 종교들'이란 '96도'(九十六道)의 의역이다. 원래 96도란 붓다 당시 인도에서 성행한 불교 이외의 96가지 가르침, 즉 외도(外道)를 가리킨다. 불교에서는 당시의 외도를 여섯 교파가 주도한다고 봤는데, 그 교파들의 지도자를 6사(六師)라고 불렀다. 그리고 그 여섯 지도자, 즉 6사는 각자 15갈래의 가르침을

면서 정신을 단련한다면, 인도人道에서 멀어져 인정人情을 감당할 수 없게 되어, 그저 한두 가지 기행奇行은 따라할 수 있더라도 사람들 모두가 함께 행할 수는 없을 것이니, 사람들 모두가 함께 행하는 도리가 될 수 없다. 공자는 이런 것을 따라야 할 가르침이라고 여기지 않았다.[141]

이런 관점은 『대동서』大同書 중 "드넓은 하늘 아래 생명을 가진 것들은 모두가 즐거움을 추구하고 고통을 피하고자 할 뿐"이라는 말로 표현된 바 있다.[142]

생물 중 지각을 가진 것들은 두뇌가 영민하다. 두뇌가 물질이나 비물질과의 접촉이 있게 되면, 적절한 것과 적절하지 않은 것이 있고, 적합한 것과 접합하지 않은 것이 있다. 두뇌에게 적합하고 적절하면 정신이 이를 즐거워하고, 두뇌에게 적합하지 않고 적절하지 않으면 정신이 괴로워한다. 하물며 사람은 말해 무엇 하겠는가? 두뇌가 영민할수록 정신이 맑은 법이라서, 물질과 비물질이 자신의 몸에 감응하는 바가 더더욱 번다하고 정교하고 신속하기에 적합한지 적합하지 않은지는 더더욱 명확하게 드러난다. 적합하고 적절한 것은 받아들이고, 적합하지 않거나 적절하지 않은 것은 거부한다. 그래서 인도人道에는 오로지 적절한가 적절하지 않은가만 있을 뿐이다. …남을 위해 도모할 바는 고통을 없애고 즐거움을 추구하는 것뿐, 다른 방법은 없다.[143]

캉유웨이의 공리주의 윤리관은 결코 벤담으로부터 직접 얻은 것이

펼쳤고, 갈래별로 전승한 제자들이 있었다. 이에 지도자 여섯(6)과 지도자별로 열다섯 갈래의 제자(6×15=90)를 합치면 96이란 숫자가 나온다. 이를 두고 '96도'라고 하는 것이다.

아니다. 그는 공자의 사상으로부터 개혁 사상의 원천을 끌어왔다. 이는 또한 량치차오의 묵자 해석과 벤담의 원용이 결코 우연이 아님을 보여 준다.

공리로 도덕을 해석하게 되면 도덕의 순수성은 당연히 약화된다.[144] 그러나 량치차오의 입장에서 말하자면, 공리와 효과를 가늠하는 것은 '공익', '군치'群治, '양심'이다. 따라서 그의 관점은 후스 방식의 실용주의라기보다는 차라리 도덕주의라고 말하는 편이 낫다. 그는 과학과 이성의 정당한 행사는 도덕적 목적에 쓰는 것이라 굳게 믿었다. 그런데 도덕 세계와 현실 세계의 상호 소통은 일종의 경험 세계와 초경험 세계를 넘어서는 보편적 원리가 존재할 수 있음을 암시한다. 이것이 바로 다윈이 증명한 진화론 및 '물경'과 '천택'과 '적자생존'의 원리인 것이다. 이러한 원리와 칸트 철학 사이의 모순은 량치차오가 전자를 도덕적으로 해석하는 바람에 잠시 등한시된다. 량치차오는 「진화론의 시조 다윈의 학설과 그의 약전」(天演學初祖達爾文之學說及其略傳, 1902)에서 이렇게 말했다.

> 이 학문은 박물학의 한 분야로만 간주할 수는 없다. 이른바 '자연도태'나 '우승열패'의 원리는 사실 모든 나라, 종족, 종교, 학술, 세상사에 보편적으로 적용된다. 크거나 작거나 상관없이 모든 것이 이 진화 법칙의 범위 안에 들어 있다. 우월하지 않으면 열등하게 되고, 존속하지 않으면 없어지게 되는데, 그 중간은 있을 수가 없다. 생명을 가지고 숨을 쉬는 무리라면 모두가 전전긍긍 경계하며 이 원리로써 오늘날에 적응하고 생존하는 방법을 모색하지 않을 수가 없는 것이다.[145]

량치차오에게 진화론 혹은 천연론은 모두 세계 만물의 유래나 진화에 대한 과학적 묘사일뿐 아니라, 우주에는 목적론이 있다는 신념에 대한 증명이기도 하다.[146] 즉 오직 우주의 목적에 부합하는 관념과 행위만이 비로소 정확하게 자연선택이라는 보편적 규칙을 드러낸다. 다시 말해, 자연선택 역시 내재적 목표를 가지고 있다. 량치차오의 진화론 해설은 일원론적 천도관天道觀을 지향한다. 칸트와 왕수인에 대한 해석과는 명확하게 모순되지만, 이에 대해 그는 한 번도 진지하게 다룬 적은 없다.

영국인 벤저민 키드Benjamin Kidd의 『서양 문명의 원리』(Principles of Western Civilization)와 『사회진화론』(Social Evolution; 량치차오는 『인군진화론』人群進化論이라 번역)을 번역할 때, 량치차오는 키드의 설을 끌어와 '진화'의 개념을 '진보'의 개념과 동일시했다. 그가 말한 '진보'란 "인류 전체에 영속하는 진보"('공적인 것'[公], '군'群)이며, 인류의 진보라는 '자연성'(天然性)에 이기심 같이 이롭지 못한 것은 바로 '개인적', '비사회적', '비진화적'(즉 '기'己 혹은 '사'私)인 것이다.[147] 이처럼 '진화'의 법칙에 적응하기 위해 인류는 반드시 "본성을 조절"하고 또한 '자연성'을 억제함으로써 '공공 도덕'(公德)을 양성해야 한다. 따라서 "개인의 현재의 이익을 희생하여 사회 전체의 미래의 이익을 도모하는" 종교야말로 최고로 자연도태의 목적에 부합하는 것이다. 량치차오는 키드의 관점을 인용하여 이렇게 설명했다.

> 만약 무리 짓고자(群) 하고, 진화하고자 한다면, 반드시 이러한 제재를 받아야 한다. 종교란 자연성에 저항하면서 동시에 돕는다. 항상 종교는 인류의 자연성에 악성惡性 저항을 한 뒤에 사회의 결합을 촉진하여 사회를 진보하게 한다.[148]

> …자연도태의 목적은 동족의 최대 다수가 최적의 생존을 하게 하는 데에 있다. 그리고 이른바 '최대 다수'는 현재가 아닌 미래의 최대 다수를 가리킨다. 따라서 개체個體 각자의 이익과 현재의 전체全體 이익은 모두 희생하여 장래의 목적을 달성하기 위해 사용해야만 한다. 그러므로 현재가 사라질 수밖에 없는 이치와

현재가 사라진 뒤에야 '군치'群治가 진행된다는 뜻을 밝혔다.[149]

여기서 '진화론의 표준'은 '무리'(群)에 이익이 되는 이상적 도덕성의 표준이 된다. 자연과 자연성에 대한 억제(도덕), 이익과 지극한 선善은 바로 이처럼 '진화'라는 '하늘의 이치'(天理) 안에서 통일된다. 량치차오의 진화론은 여기서 개체의 진화가 아닌 군체群體 혹은 집체集體의 진화로 명확히 표현된다. 어떤 의미에서 보면 군체의 진화는 개체의 자기희생과 개체 욕망의 억제에 의존한다. 사실상 키드의 사회 윤리가 군체와 개체의 관계를 처리할 때 다윈의 진화론 중 종種과 개체 이론과 매우 유사하다. 생존경쟁은 이런 의미에서 보면 인류 혹은 종 전체의 진보의 과정인 것이다. 진화법칙에 적응하지 못하는 사물이 도태되는 과정에서 개체의 사망은 진보의 필연적 과정이다. 그래서 량치차오는 이렇게 말했던 것이다. "그러므로 죽음이란 진화의 어머니이며 인생의 큰 사건이다. 사람들은 죽음으로 종족을 이롭게 하며, 현재의 종족은 죽음으로 미래의 종족을 이롭게 한다. 이러한 죽음의 쓰임새 역시 위대하지 않은가!"[150] 죽음은 군체의 이익에 관련될 뿐 아니라 군체의 미래 이익에도 관련된다. 량치차오가 봤을 때 이처럼 미래를 위해 힘쓰는 종족의 경우 그 진화의 정도가 오로지 눈앞의 이익을 위해 분투하는 종족에 비해 훨씬 높을 수밖에 없었다. '진화론'을 이처럼 해석한 다음, 량치차오는 그것을 보편 원리 혹은 일관된 이치로 삼아, 역사학, 정치학, 경제학, 사회학, 종교학, 윤리도덕학 등 각 영역에 적용시킨다. 이처럼 개조된 과학 원리의 광범위한 운용은 과학주의라기보다는 도덕주의에 가깝다. 왜냐하면 그것이 역사철학으로 운용될 때 다윈의 학설 속에서 전개될 수 있는 과학적 논증 과정과 방법은 이미 어떤 중요성도 띠지 않기 때문이다.

다윈의 학설에 대한 량치차오의 상술한 이해 방식은 그의 초기 사상과 명확한 연관성을 지닌다. 그때 그는 '공양삼세설'公羊三世說을 기초로 '진화' 개념을 이해했다. 과학 원리의 내재화에 대한 이해 없이는 이러한 진화 개념이 수립될 수 없다. 량치차오가 볼 때 공자 사상의 가장 중요한 의미는 바로 '진화주의'에 있다. '삼세'관은 다윈이나 스펜서의 학설과 거의 차이가 없었다.[151] 인류와 기타 생물 유래의 인과관계 속 역사성에 대한 다윈의 고찰과 실증적 분석은 마침내 도덕적 목적을 위해 쓰였으며, 량치차오의 역사학 방법론에 의해 과학과 도덕의 이중적 기초가 다져졌다. 그러나 과학을 도덕 목적에 쓰는 것과 과학을 도덕과 동등하게 보는 것은 분명 다른 일이다. 량치차오가 칸트의 '두 갈래 이성'(순수이성과 실천이성)을 혼동하여 해석한 것은 여기서 여전히 중요하게 작용하고 있다. 여기서 제기해야 할 문제는 진화에 대한 상술한 해석과 량치차오의 민족주의가 도대체 어떤 관계를 지니는가 하는 점이다.

3. 진화 개념, 민족주의 그리고 권리 이론

량치차오의 독특한 진화 개념은 옌푸의 진화관과 구별되며 유럽 각 파의 사회사상에 대해서도 비판적이었다. 예를 들어, 량치차오는 스펜서처럼 진화를 모든 영역을 관통하는 법칙으로 간주하여 지식의 관점에서 이렇게 단언했다. "최근 40년 이래의 세상은 온통 진화론의 세상이다. …과학(여기서는 협의의 과학, 즉 중국에서 말하는 '격치'를 뜻한다)이 성행하고 있으며, 종교는 거의 거친 숨소리조차 끊어질 지경이었다. 진화론은 실로 수천 년의 옛 학문을 뿌리째 뽑아서 부수고 뒤집어 버렸다." 또 다른 한편에서 량치차오는 스펜서의 종합철학(synthesized philosophy)에 대해 이렇게 설명했다. "스펜서 자신은 생물학의 원리를 빌려와 인류의 원리를 정립했다고 여겼다. 그러나 앞으로 인류의 진화가 어떤 경로를 거칠 것인지, 어디로 귀속될 것인지에 대해서는 결국 확실하게 밝히지 못했다. 그러니 이러한 세상의 가장 큰 의문은 결국 허공에 붕 떠 있는 격이었다."[152] 량치차오의 비판은 물론 스펜서뿐만 아니라, 마르크스, 벤담, 애덤 스미스, 리카도David Ricardo 등도 포함하고 있었다. 키드의 관점을 빌려 량치차오는 이렇게 말했다.

> 오늘날의 정치학자·사회학자 들의 논의를 보면 주장들은 사람마다 다르지만, 요약하면 모두가 현재를 중시할 뿐 미래를 염두에 두는 경우는 적었다. …이른바 사회론·국가론·인민론·민권론·정당론·계급론 등은 비록 각기 입론의 형식도 다르고 결론도 다르지만, 그 입각점은 항상 여기에 있었다. (중략)
> 19세기는 포퓰리즘의 시대이자 현재주의(presentism)의 시대였다. 그러나 생물진화론이 나날이 발달하자, 사상계도 변하지 않을 수 없었다. 포퓰리즘이나 현재주의가 주장하는 유치한 이상理想의 오류들도 더 이상 숨길 수가 없게 되었다. 실질적으로 따지자면, 현재는 사실 미래의 희생이다. 만약 현재만 있을 뿐이라면, 이는 아무런 의미도 가치도 없는 것이다.[153]

량치차오는 애덤 스미스, 밀, 스펜서, 맬서스Thomas Robert Malthus, 리카도, 벤담, 오스틴John Austin(1790~1859) 등이 모두 이러한 '현재주의'를 대변하는 인물들이라고 생각했다. 왜냐하면 그들의 자유주의 경제학, 공리주의 윤리학, 현대 국가 이론, 종합진화론은 모두 현재에 치중하여 인류 미래의 귀속 문제에 대해서는 답을 못했기 때문이다. 스펜서에 대한 비판은 량치차오가 단순히 진화론에 동조한 것이 아니라 진화의 도덕적 관점을 더 근본으로 봤음을 말해 준다.[154] 따라서 량치차오에게 가장 중요한 것은 진화라는 일반 개념이 아니라 어떻게 진화의 규율을 정할 것인지에 있다.

그렇다면 무엇이 미래의 이익과 힘을 보여 주는 것일까? 이를 위해서는 여전히 량치차오의 '군'群이라는 이상으로 되돌아가야 할 필요가 있다. 량치차오가 말한 '군체 진화'에서 '군'群 개념이 함축하는 도덕 이상은 한층 근본적인 원칙이다. 이른바 군체群體의 미래 이익에 해로운 요소는 모두 진화의 법칙에 부합한다고 이해될 수 없다는 것이다.[155] 바꿔 말하면 도덕의 준칙은 군체의 이익일 뿐 아니라 군체의 미래 이익이다. 따라서 개체에게 있어서 이는 급진적 집체주의일 뿐 아니라 급진적 미래주의이다. '인류 전체의 영속적인 진보'라는 각도에서 보면 단순한 개체의 생존투쟁은 인성 중 가장 '개인적'이고 '비사회적', '비진화적'인 이른바 '자연성'에 기인한다. 진화의 도덕적 설명은 바로 '자연성'을 절제하는 과정이다. 말하자면, '군집성'(群性)은 일종의 인간의 사회적 특성을 의미하는 것이다. 여기서 내가 말하고 싶은 것은 량치차오 사상 중 제대로 주목받지 못했지만 매우 중요한 한 측면이다. 즉 과학과 인식 방법에 대한 량치차오의 사고에는 "사적인 것을 버리고 공적인 것은 보존하는"(去私存公) '군'(群)의 이상이 담겨 있었다. 그래서 그의 과학 개념은 도덕이라는 내적 판단을 담고 있었던 것이다. 이처럼 자기의 사견을 절제하는 과학적 인식 방법은 '자연성'의 절제를 특징으로 하는 량치차오의 '군체 진화'관에 완전히 부합한다. 이는 또한 과학 실천이 인간이 자기의 '사회성'을 생산하는 독특한 경로임을 의미하기도 한다.

량치차오의 내재화된 과학 개념, '집체주의' 정치 이론, 역사 이론 사이에는 모종의 내적 연관성이 있다. 앞서 서술한 것처럼 량치차오는 다음과 같은 생각을 갖고 있었다. "세상에는 반드시 이론이 먼저 있고 나서야 구체적인 사실이 만들어진다. 이론이란 구체적인 사실의 어머니이다. 이론들은 모두가 구체적인 사실을 만들어 낸다. 설령 종교처럼 고상한 이론이나 철학처럼 심원한 이론이라 해도, 그것이 목적으로 하는 결과는 인격을 개량하고 '인간 사회의 도리'(人道)를 증진시키려 한다는 점에 있어서, 구체적인 사실을 따지지 않는 경우는 없다."[156] 이것이 바로 량치차오가 생각하는 지식-인격-구체적인 사실의 관계이다. 량치차오는 먼저 공양학적 틀에서 '군'(群) 개념을 논한 후 이를 민족국가라는 정치적 의미로 사용했다. 이러한 정치관의 변화는 '군'(群) 개념을 "사적인 것을 버리는"(去私) 지적(知的) 방법으로 기능을 전환했다는 의미를 내포한다. 즉, '군' 개념의 전향이 민족국가 개념으로 전환될 때 '군'은 특정한 가치 목표를 가지게 된다. 이 가치 목표는 민족국가와 시민의 함의를 해석하는 데 핵심적인 영향을 끼쳤다. 진화론에 대한 량치차오의 해석이 도덕 문제에만 그치지 않고 진화하는 역사 속에서 개인이 갖는 권리에 대한 판단에까지 미치고 있다는 점에서, 량치차오의 군체 진화에 대한 서술은 종종 자유주의적 개체 본위의 권리 이론과 어긋난다고 여겨져 왔다. 『신민총보』新民叢報와의 논쟁에서 왕징웨이汪精衛는 이 점을 명확하게 지적했다. 군주입헌론·개명전제론開明專制論•·독일 국가주의 이론에 대한 갈수록 강렬해지는 량치차오의 관심이 이런 판단을 공고화했다. 나는 량치차오의 군체진화론과 그의 도덕적 관점이 개인주의적 권리 이론에 대한 제한적 이해와 관련되어 있다고 생각한다. 여기서 말하는 제한은 두 차원에서 설명된다. 첫째, 그는 개인 권리와 공동체 이익 간의 조화를 강조했다. 둘째, 그는 개인의 권리가 반드시 시민(公民)이 충분한 운용 능력을 가졌다는 조건하에서만 충분히 발휘될 수 있다고 생각했다. 이 두 차원은 그의 정치적 태도와 긴밀히 연결된다. 따라서 우리가 먼저 대답해야 할 문제는 이러하다. 첫째, '군'群 개념의 가치 목표가 자유주의 권리 이론을 어떻게 수정할 수 있는가? 둘째, 진화론의 도덕적 관점과 사회진화론의 관계는 무엇인가?

먼저 첫 번째 문제 즉, 량치차오의 '집체주의' 및 그것과 자유주의 개인 권리 이론과의 관계에 대해 살펴보자. 량치차오의 '신민설'新民說은 개인 권리에 대한 변호이다. 그러나 장하오張灝가 말하기를, 이러한 변호 자체는 일종의 강렬한 집체주의적 특색을 지니며 자유주의와는 엇갈린다.[157] 이러한 기본적 판단의 이론적 근거는 자유주의적 권리 이

• 개명전제론(開明專制論): 개명(開明) 군주, 즉 위로부터의 근대화를 수행할 수 있는 계몽 군주에 의한 독재가 필요하다는 주장을 말한다. 프로이센의 프리드리히 대왕이나 일본의 메이지 천황 등이 그런 사례로 여겨지기도 하며, 량치차오 같은 이들이 그런 모델에 따라 중국의 개혁을 이루어야 한다는 주장을 펼치기도 하였다.

론, 특히 칼 프리드리히Carl J. Friedrich가 『인류와 그들의 정부: 정치학적 경험주의 이론』(Man and His Government: An Empirical Theory of Politics)에서 논한바, 두 종류의 자유 개념에 대한 해석에 있다. 프리드리히는 이렇게 말했다. "인류가 개인 혹은 집체의 방식으로 정치 활동을 행사할 때, 그리고 그들이 정치 활동을 행사하는 단계에 도달할 때, 다시 말하면, 선택하고 결정하고 혹은 그에 대한 의견을 표명하고 타인의 간섭을 받지 않을 때, 그들은 마땅히 자유롭다고 간주되어야 한다. …만약 이러한 활동이 주로 사사로운 범위에서 사람들이 하고 싶은 것을 하는 것을 의미한다면 우리는 이를 독립적인 자유라고 부를 수 있다. 그런데 만약 이러한 활동이 집단 활동에 참여하는 것을 의미한다면 이는 참여적인 자유이다."[158] 그렇다면 량치차오의 자유 관념은 독립적인 자유가 아닌 참여적인 자유에 해당한다. 이는 또한 량치차오의 사상 특징에 부합한다. 이를테면 그는 이렇게 말했다.

> 일부의 권리를 합하면 전체의 권리가 되고, 개개인의 권리 사상을 축적하면 한 국가의 권리 사상이 된다. 그래서 이러한 사상을 양성하는 것은 반드시 개개인으로부터 시작해야만 한다.
> 국민이란 개개인이 모인 것이다. 국가의 권리는 개개인의 권리가 모여서 이뤄지는 것이다. …그 국민들이 강하면 강대국이라 하고, 그 국민들이 약하면 약소국이라 한다. …그 국민들이 권리를 가진 것을 일컬어 주권국이라 한다.[159]

그러나 「신민설」新民說에서 량치차오는 자유를 '평민의 평등 권리', '시민(公民)의 정치적 결정 참여', '식민지의 자결권', '종교와 신앙의 자유', '국가 주권과 독립', '노동자의 노예적 지위로부터의 해방' 등 여섯 갈래로 열거한 적이 있다. 역사적 각도에서 그는 중국 사회와 유럽 사회의 차이를 분석하면서 특히 유럽 사회와 같은 신분 제도와 종교 전통이 없는 중국의 독특한 역사적 특징을 지적했다. 그리하여 상술한 여섯 항목의 자유 중 오직 인민의 참정권과 민족국가 건립의 자유 두 항목만이 중국이 처한 문제와 밀접한 관련이 있다고 단언했다. 바꿔 말하면, 량치차오의 자유관은 내용적으로 광범위할 뿐 아니라 역사에 대한 기본적인 판단을 내포한 것이었다. 그는 비록 자유를 지극히 높은 이념으로 보았지만, 자유에 대한 그의 해석은 민족의 특성에 관한―더 정확하게 말하자면 자유와 역사적 맥락의 관계에 대한―이해였던 것이다.

그렇다면 량치차오의 자유 관념과 영국 자유주의의 차이는 어떻게 이해해야 할 것인가? '군'群을 중심으로 한 량치차오의 자유 관념과 그의 진화 관념과의 관계를 어떻게 분석할 것인가? 그리고 사회진화론의 색채를 띤 그의 역사 이론은 어떻게 분석할 것인가? 이는 여전히 심도 있는 분석을 요하는 문제들이다. 우선 명확하게 할 것은 량치차오의 민족주의 관념이 민족국가와 공화정 체제의 연관 위에 수립되었다는 사실이다. 앞에서 민족운동과 프랑스 대혁명 중 생겨난 공화정 체제의 민족국가는 역사적 연관성을 띤다는 점, 그래서 민족주의와 민족 공동체 성원이 지니는 국가 시민의 신분 정체성은 직접적으로 서로 연결되어 있다고 말한 바 있다. 민족주의 운동의 중심에 있었던 량치차오가 장빙린 등의 사람들과 다른 점은, 그가 '내부 경쟁'(내부의 민족주의)이 아닌 이른바 '외부 경쟁'(외부의 민족주의)을 특히 중시하여 민족주의와 한 국가의 민주화를 명확하게 연관시켰다는 데 있다.[160] 이런 의미에서 량치차오의 '신민'新民이란 구상은 유럽 민족운동의 모델을 거의 완벽하게 따르고 있다.

'신민' 개념은 국민 능력의 배양에 대한 중요한 정치적 의미를 내포한다. 이 점에 대해 많은 논자가 충분한 설명을 해 왔다. 그렇다면 왜 량치차오가 구상한 민족국가와 공화정치의 연계는 개체 본위의 권리 자유주의로 기울지 않았을까? 이 대목이 바로 많은 연구자가 비판하는 지점일 것이다. 아마도 량치차오의 취향이 개인 권리를 홀시했다기보다는, 그가 처한 역사적 지위와 '국가', '사회' 범주에 대한 그의 이해가 현대 민주정치에 대한 그의 이해를 결정했다고 봐야 할 것이다. 「근세 국민 경쟁의 대세와 중국의 앞길을 논함」(論近世國民競爭之大勢及中國前途)이라는 글에서 량치차오는 '군'群 개념, '진화', '경쟁'의 개념으로 '국민 경쟁'이라는 한 폭의 세계 지도를 조직한다. 그가 보기에 현대 유럽의 여러 나라 간의 경쟁은 전통적 봉건시대의 할거割據나 진시황, 알렉산더, 칭기즈 칸, 나폴레옹의 제국 정벌과는 상당히 다르다. 왜냐하면 "그 경쟁은 국가에 속한 것이 아니라 사회에 속한 것이며, 군주나 재상이 아닌 민간에 속한 것이고, 정치에 속한 것이 아니라 경제에 속한 것이기 때문이다." 한마디로, 현대의 경쟁은 "국민들 스스로의 생존을 위한 경쟁에서 시작된" 것이다.[161] 이는 특정한 역사적 입장에서 관찰한 역사의 특징이다.

바로 이런 의미에서 량치차오는 이렇게 생각했다. 만약 중국이 지금의 세계 경쟁이란 추세에 적응하고자 한다면, 먼저 국가의 성격을 바꿔야 한다. 즉, 국가를 한 집안의 사적인 집단으로부터 국민국가로 바꿔야 한다고 본 것이다. '국민국가'라는 이 개념은 민족국가에 대한 일본어의 번역에서 온 것으로, 주권 개념이 깔린 사회관계를 드러낸다. 사실상 벤담이나 홉스의 주권 개념은 왕국 주권(royal sovereignty)과 군주 주권(lordly power) 간의 대비 속에서 전개된 것이다. 전자는 신민臣民의 인격과 재산을 존중하는 군주국이고, 후자는 신민을 제한 없이 통치하는 제국이다.[162] 그러나 유럽 왕권 국가가 신민의 재산권을 존중하는 데는 세습귀족 제도가 군주 주권을 효율적으로 억제할 수 있다는 것이 전제되어야 했다. 청나라 조정은 귀족 제도의 색채를 지닌 왕조였다. 그러나 옹정제雍正帝 이후 황권에 대한 귀족의 억제력은 이미 극소의 범위로 제한되었다. 금문경학今文經學의 중심 주제 중 하나인 "세습 귀족에 대한 비난"(譏世卿)이란, '세습하는 귀족'(世卿)에 대한 조롱과 황권에 대한 제한을 연계한 것이다. 황권을 견제하는 진정한 역량은 예의·제도·관료제 국가 자체에 있다는 점을 고려해 보면, 국민국가의 개념은 귀족 제도와 관계가 없다. 국민국가는 평등한 국민의 자주적인 능력과 그 국가 주권에 대한 결정 관계에 입각해 있다. 량치차오 논술의 중점이 민족 경쟁의 문제로 향해 있긴 했지만, 지금의 세계가 경쟁하는 형세에 대한 그의 이해는 중국 사회 내부에 대한 그의 입장에도 영향을 주었다. 즉, 경쟁이 국민 간의 경쟁 형식으로 출현한다고 한다면, 내부 개조의 관건은 바로 인민들의 군체群體 자각 및 능력의 배양에 있다. 량치차오는 신정新政 및 그 배양 시기가 지방자치 운동에서 초래할 분열적 결과에 대해 우려했지만, 이러한 국가의 앞날에 대한 그의 입장은 그가 1890년대 이래로 관심을 가져 왔던 지방자치 및 그와 직접 관련된 도덕의 배양 계획과 확연히 대립되는 것이 아니었다. 그는 시종일관 국가를 하나의 공동체 성원의 자치 결과로 보았다. 이는 세계 경쟁 형세에 대한 그의 이해와 완전히 맞아떨어지는 것으로 보인다.

이러한 관점에서 볼 때, 량치차오의 국가 관념 역시 재정의가 필요하다. 그의 '군'群 개념은 그의 국가 개념에 오늘날의 국가 관념과는 다른 어떤 의미를 제공한다. 즉, 국가를 도덕적 일치성을 함유한 자치 공동체로 보는 것이다. 우선적으로 이해해야 할 것은 그의 국가 관념이 현대인이 이해하는 국가와 다르다는 것이다. 현대인에게 국가란 바로 제도적 조치이자 관료화된 통일체이다. 정부는 시민의 도덕 공동체를 대표하지도 않고 드러내지도 않는다. 따라서 이러한 국가는 도덕적 일치성이 결핍된 사회에 강제된 구조다. 그러나 량치차오의 국가관은 그의 '군'群 개념과 연계되어 있다. 이 '무리'(群)는 도덕적 정치적 공동체로 간주된다. 이 공동체에 대한 충성은 이 공동체 성원의 도덕 실천의 일부이자, 그 정치 실천의 일부이기도 하다. 따라서 자유주의 정치 이론과 량치차오의 국가 관념 간의 차이는 두 개의 완전히 다른 국가 간의 충돌이지, 동일한 국가에 대한 서로 다른 입장이 아니다. "현대의 체계적인 정치관은 자유주의든 보수주의든, 급진주의든 사회주의든 상관없이, 모두 진정으로 덕성德性을 옹호하는 전통적 관점을 배척하지 않을 수 없다. 왜냐하면 현대 정치관 자체가 그 제도 형식 속에서 전통에 대한 체계적인 배척을 체현하기 때문이다."[163] 량치차오의 국가주의는 물론 독일 국가주의의 영향을 받았다. 그러나 '군'群에 대한 그의 이해, 그리고 이러한 '군' 관념으로부터 발전한 국가관과 도덕 관념은 모두 현대 국가 개념과는 중요한 차이를 갖고 있다. 량치차오의 근대 사회 비평을 이해하는 데 이 점은 중요한 의미를 지닌다.

량치차오의 국가 관련 견해를 논할 때 부딪히는 하나의 난제가 있다. 내가 보기에 그것은 역시 두 종류의 자유 관념이 아니라, 왜 량치차오의 사상 속에 인민 자치에 관한 사상이 국가주의와 연계되는가 하는 점이다. 지방자치와 '신민'新民에 대한 량치차오의 관점은 인민의 도덕적 능력에 대한 그의 관심을 내포한다. 이는 공양학公羊學과 육왕심학陸王心學의 도덕관이 그의 인민 자치 사상의 기초임을 암시하며, 현재 그것은 다시 국민 교육의 일부로 전화되었다. '군'群 개념은 한편으로는 군주 집권에 대한 분권의 주장이면서, 또 다른 한편 그것은 현대 개인주의 권리 이론에 대한 집단주의의 반박이다. 그렇다면 '군'群의 도덕 이념은 왜 량치차오에게 와서 완전히 다른 정치 모델로 적용된 것인가? 바꿔 말하면 왜 자치의 사상이 개인주의 권리 이론이나 공화정치로 발전하지 않고, 군주입헌 혹은 개명전제開明專制로 발전한 것일까? 가장 중요한 현실적인 이유는 당시의 정치적 환경과 민족주의자 량치차오의 그 환경에 대한 기본적 판단 때문이라 생각된다. 즉, 제국주의 시대에 지방자치의 정치 모델은 중국 내부를 와해하는 근원이 될 수 있다는 판단 때문이다.

그러나 이 외에 한층 은폐된 차원의 이유가 있었는데, 그 문제의 한 측면은 량치차오의 중국과 서양 역사에 대한 비교 속에 숨겨져 있었다. 량치차오는 중국과 유럽의 한대漢代 이전의 역사는 극히 비슷하지만 한 이후부터는 확연히 달라진다고 보았다. 그것은 분열과 통일, 귀족제와 평민제의 구별이라는 두 측면에서 드러난다. "여러 나라가 경쟁하는 것을 합방 통일과 비교해 보면, 합방 통일이 낫다. 계급 질서가 존재하는 백성과 계급 질서가 존재하지 않는 백성을 비교해 보면 계급 질서가 존재하지 않는 것이 낫다."[164] 그렇긴 하지만 량치차오는 바로 이 같은 중국 문명의 우월성으로 인해, 인민들은 "타인도 권리를 가지고 있음을 보지 못했고" "계급 질서가 존재하지 않기에 스스로 안주해 버린 까닭"에 "민권 신장에 대해 직접 나서서 추구하지 않게 되었음"을 인정했다. 그래서 근대 세계의 새로운 변화에 비춰 볼 때, 중국은 "오늘날 퇴보 중에 진보를 추구하고 있으니, 어쩌면 우리 중국이 돌연 도약하는 날이 있을지 모른다."[165] 바꿔 말하면 근대 세계의 경쟁은 "사람마다 자신의 생명과 재산을 위해 싸우는 것이다."[166] 량치차오가 봤을 때 바로 이러한 경쟁 과정에서, 서구는 일련의 개인 권리들을 발전시켜, 시민이 향유할 각종 권리를 평등하게 보장했다. 이러한 권리 자유주의와 그것의 법률상의 체현은 바로 개인의 권리를 집단의 목표보다 앞에 두는 것으로 나타났다. 그러나 개인주의의 권리 이론은 유럽 사회의 계급 구조를 역사적 배경으로 하고 있을 뿐 아니라, 중국과 같은 사회에 대해서는 새로운 형식으로 계급을 분화할 것을 요구한다. 량치차오는 서양을 배우자고 주장하면서 중국의 폐쇄주의를 격렬하게 공격했지만, 내면으로는 고대의 제도에 대한 이상주의를 품고 있었으며, 권리에 대한 강렬한 추구는 권리의 불평등과 관련되어 있다고 생각하고 있었다. 또 다른 측면에서, 이는 삼대三代라는 이상형의 평등한 사회만이 진정한 자치 사회임을 확인시켜 준다. 따라서 량치차오가 볼 때 문제는 개인주의의 권리 이론을 찬성하느냐 여부가 아니라, 상대적으로 평등한 사회를 계급사회로 분화하는 데 찬성하느냐의 여부, 하나의 사회가 도덕 공동체인가 아니면 도덕적 일치성이 결핍된 '위계화된 공화국'인가에 있다. 이런 맥락에서 볼 때, 량치차오와 근대 개인주의 이론과의 분기分岐는 이같이 서로 다른 사회관에서 기인한 것이다.

도덕 공동체에 대한 이 같은 관점을 량치차오의 지방자치 구상과 연계시켜 보면, 그의 자치관과 도덕성은 주로 지역 공동체를 모델로 하고 있었지, 민족국가를 상상적 집단으로 상정하지 않았다. 이 같은 사회관의 차이는 현대 서구 사회와 그 제도 형식에 대한 그의 이해를 지배하고 있었다. 1903년 초봄, 량치차오는 장기 미국 답사에 착수했다.

미국의 경험은 민주주의의 어두운 면과 자유주의 경제와의 관계에 대한 그의 이해를 증진시켰다. 주의할 점은 량치차오가 경쟁, 독점, 계급적 분화라는 측면으로부터 근대 사회를 이해했고, 그런 만큼 민주와 근대 사회에 대한 그의 이해는 정치 이론적 차원뿐 아니라 전체 사회 운영 과정 및 사회 분화까지 아우르고 있었다는 점이다. 따라서 개인주의 권리 이론과 경제 경쟁의 관계는 그에게 개인 권리와 그것이 초래하는 결과를 사고하는 데 관건적인 문제였으며, 다소나마 그의 사고에 사회주의적 색채를 입히는 역할을 했다. 그의 말을 빌리면, "경제계(生計界)의 조직적인 진화 현상은 정치계와 매우 비슷하다."[167] 그는 미국의 역사를 예로 들면서, 소상공업→유한회사→트러스트trust를 대표로 하는 경제형식이 각기 식민 시대→지방자치 시대→제국주의 시대의 정치 형식에 대응해 왔다고 말했다. 말하자면, 그는 자본주의의 발전이 나날이 강해지는 독점 추세와 같이 가고 있으며 이러한 독점 추세의 결과로 한층 엄격한 통치 구조의 출현이 초래되었음을 의식한 것이다. 정치상의 제국주의와 경제상의 독점 관계의 형성은 서로 밀접하게 관련되어 있다. 분명 이런 사고가 바로 그의 급진적 집단주의와 미래주의의 주요한 원천으로 보인다. 그가 질문한 것은 이것이다. 도대체 어떤 힘이 근대 세계의 운동을 지배하고 있는가? 이러한 운동의 최종 결과는 무엇인가? 단순히 자유를 논하는 것이 장기적 관점에서 사회의 이익을 보장할 수 있는가? 개인의 권리에 대한 그의 사유가 이런 문제와 완전히 무관할 리가 없다.

바꿔 말하면 량치차오는 정치 이론의 각도에서 개인의 권리문제를 생각했을 뿐 아니라, 비교적 완결된 관점으로 사회 발전을 이해했다. 그는 근대 세계를 '국가 경쟁'이 아닌 '국민 경쟁'의 시대로 봤는데, 이 같은 기본적인 판단은 근대 세계의 경쟁에 짙게 각인된 경제적 성격에 대한 이해 위에 수립되었다. 량치차오는 이렇게 말했다.

스펜서가 말하기를, 야만적인 무리는 산업 기관을 군사 기관의 공급품으로 삼는다. 문명적인 무리는 군사 기관을 산업 기관의 보호물로 삼는다. 내가 보기에 이는 문명을 가늠하는 기준이다. 어찌 오로지 군사 기관만 그렇겠는가? 정치적인 모든 기관이 생산을 보장하는 일종의 부속물인 것이다.[168]

량치차오의 이러한 판단은 청대 말엽 '군국민주의'軍國民主義 사조에 대한 수정이기도 하다. 이러한 사조의 가장 중요한 해석자가 바로 옌푸와 그가 번역한 『사회통전』社會通詮이었다. '군국민주의'가 강조하는 것은 국가의 조직적인 군사와 정치 역량이다. 경제적 경쟁을 특징으로 하는 시대에 문제의 초점은 모든 생산자의 능력과 그 능력의 자기 조직 기능 쪽으로 전환된다. 「20세기의 거대 괴물 트러스트」(二十世紀之巨靈托辣斯)라는 글에서 량치차오는 생산조직과 생산방식의 변화라는 각도에서, 트러스트(독점 대기업)와 경제 제국주의의 발전을 관찰하고, 그로부터 경제자유주의의 이론과 그것이 개인 권리와 갖는 관계를 새로 검토했다. 그의 기본적인 판단은 근대 정치 이론 중 독점과 통제에 관한 검토와 매우 근접해 있다. 이것이 바로 간섭주의에서 자유주의로의 발전이 전적으로 진화의 과정이 아닌 것이다. 오히려 경제자유주의의 발전이 제국주의와 사회주의 운동을 탄생시켰으며, 이로부터 다시금 간섭주의의 출현을 초래했다.[169]

량치차오는 트러스트의 발전을 자유경쟁의 부작용으로 보았다. 이런 관점에서 볼 때, 자유경쟁의 이론은 이론의 금과옥조가 아닌 특정한 역사 조건이 낳은 산물이다. 그는 자유경쟁과 16·17세기 배금주의 및 18세기 중농주의 간의 관계를 지적했을 뿐 아니라, 애덤 스미스의 자유경쟁 이론을 그러한 역사의 결과로 간주했다. 여기서 자유는 추상적인 개인의 권리가 아니라 통상, 교역, 생산 제조, 매매, 노동력의 자유이다. 자유란 또한 자연적으로 부여받은 권리가 아니라, 국가와 사회의 '모든 경제 정책'이다.[170] 자유경쟁은 생산력의 발전과 기술의 혁신을 낳았다. 그러나 동시에 공급과 소비 간의 조절 실패를 초래했으며, 생산의 과잉, 더 나아가 경제 위기와 중소기업의 파산 등 일련의 결과를 초래했다. 경제 위기는 노동과 자본 간의 충돌을 가속화한다. 왜냐하면 자본가는 투자 자본을 줄이기 위해 노동자의 임금을 깎고 아동과 부녀자를 고용하기 때문이다. 따라서 사회에는 자발적인 보호주의 운동이 출현한다.

> 온 천하가 자유에 싫증을 내고 다시금 간섭을 거리낌 없이 얘기한다. 그래서 학술적으로는 이른바 사회주의를 탄생시켰고, 현실에서는 이른바 트러스트가 생겨났다. 사회주의란 자유경쟁에 대한 반동의 결과이며, 트러스트는 자유경쟁에 대한 반동의 과도기적 형태이다.

량치차오는 트러스트를 '자유로운 합의에 의한 간섭'이라 정의 내렸다. 이러한 독단적인 간섭 과정 중 초기 자유주의가 변호했던 "개인의 독립적인 소상업은 점차 절멸해 갔고 유한회사의 깃발 아래로 줄지어 몰려든다." 트러스트의 출현은 자유경쟁에 대어가 치어를 잡아먹는 광경을 제공한 것이다.[171] 「20세기의 거대 괴물 트러스트」에서는 열두 갈래의 측면에서 트러스트의 이점을 서술하고, 다시 열 갈래의 측면에서 트러스트의 폐단을 분석한다. 량치차오의 초점은 트러스트의 장기적인 결과에 맞춰져 있다. 경제적인 관점에서 트러스트는 고도의 권력 집중으로 인해 감독하기 어렵고, 부당한 수단으로 자유경쟁을 저해하며, 노동력의 임금을 감소시켜 원료 생산자와 소비자 모두에게 부당한 약탈을 한다는 점 말고도, 량치차오는 분명 트러스트가 초래할 정치적 후과에 대해서도 주목하고 있었다. 트러스트의 "광범위한 지배권은 적당한 자치와 서로 공존할 수 없기에", 적절한 감독이 없다면 트러스트는 결국 "7천여만 명의 자유민을 모두 트러스트라는 전제적 집단의 노예로 만들고 말 것"이라고 봤다.[172] 주의할 점은 량치차오가 단순하게 트러스트의 기능을 부인한 것은 결코 아니라는 것이다. 오히려 그는 노동자의 임금의 증가라는 면에서 트러스트를 관찰하여, 트러스트가 사회주의 경제 형태로 가는 과도기적인 형태라는 사회주의적인 관점에 찬성한다. 트러스트에 대한 각종의 찬성과 반대 의견을 종합하면서 량치차오는 국가의 감독권과 관세 정책으로 트러스트에 간섭해야지, 트러스트를 압살해서는 안 된다는 쪽으로 기울고 있다.

그러나 량치차오가 중국 민족주의 운동에 주력한 사상가로서 더욱 주목한 것은, 트러스트의 독점적인 특징과 더불어 그것의 해외 시장 확장에서의 효율적인 추진력, 즉 제국주의 정책 쪽으로 자연스레 기울고 있었다. 자유경쟁이 독점과 통제를 불러왔다면, 경제자유주의는 결국 사회 자치력을 감소시킨다. 그래서 량치차오는 애덤 스미스 등을 인류 미래의 이익에 관심을 갖지 않는 현재주의자라고 비판했던 것이다. 이런 관점에서 보면 일정 정도의 국가 간섭에 대한 량치차오의 옹호는 바로 자치 이상과도 관련된다. 즉 과도기적인 방임주의는 사회와 인민의 자치 능력의 상실을 가져온다. 따라서 우리는 단순하게 량치차오가 개인의 자유권을 무시하고 참정권에만 주목했다고 비난할 수 없다. 시민의 참정권은 그들의 개인적 권리와 완전히 떼어낼 수 없다. 낙후한 식민국의 입장에서 보면, 제한 없는 자유경쟁과 시장 이론은 국내와 국외 양쪽에서 모두 독점 집단의 활동과 긴밀히 연결되므로, 사회 이익에 위협이 되며 결국은 자발적 보호주의가 불가피하게 생겨난다. 이러한 보호주의 운동 방식 중 하나로 가능성이 높은 것이 량치차오가 구상했던 '자치' 운동이다. 따라서 자치의 구상은 황권에 대해서도 일종의 민주 분권의 요구이지만, 자유경쟁이 야기하는 독점과 통제를 겨냥할 때에도 마찬가지로 일종의 민주 분권의 요구인 것이다. 다만 이 양 측면의 분권 요구가 가지는 의미가 다를 뿐이다. 이러한 분권의 기초는 군체群體의 도덕 일치성과 도덕적 자각에 있다. 여기서 도덕 공동체('군'群)에 대한 이해는 늘 량치차오의 민족주의와 연결된다. 자유주의자들은 여기에 근거해 이러한 도덕 공동체주의가 사회진화론이나 극단적 권위 정치의 근원이라 의심한다. 그러나 량치차오가 이해한

'국가'는 결코 단순한 정치적 구조가 아니다. '국가'는 그 성원들이 공인한 도덕 일치성의 기초 위에 수립된 공동체이다. 이러한 기초는 공동체 성원의 자치 능력일 뿐 아니라 각개의 작은 자치 공동체이기도 하다. 그렇다면 이러한 공동체는 어떤 외재적 정치 의지로부터 형성된 것인가, 아니면 역사 진화의 산물인가? 자치에 대한 량치차오의 고찰을, 풍속·제도·역사 진화에 대한 청대 학술 연구와 연계해 보면, 그의 공동체 개념과 역사 진화에 기초한 자연관 사이에는 어떤 연결점이 있다. 즉, 량치차오의 공동체는 지연·혈연·다른 사회관계를 유대로 하여 점차적으로 형성된 사회관계이다. 이런 맥락에서 볼 때, 량치차오가 이해한 국가와 사회는 우리에게 익숙한 정치학 교과서가 말하는 국가와 사회와는 완전히 다른 존재인 것이다.

이러한 전제 위에서 량치차오는 비록 당시 세계의 경쟁이 '국민 경쟁'이라고 확신하면서도, 경쟁의 승자가 도덕적이라고는 생각지 않았다. 그는 '국민 경쟁'이라는 측면에서 중국 민족주의 운동이 '국민'의 형성과 배양으로부터 시작해야 한다는 점을 이해하고 있었지만, 하나의 도덕 공동체의 구성원으로서의 '국민'('군'群이라는 범주에는 도덕 공동체와 정치 공동체의 엄격한 구분이 존재하지 않는다)에 대한 그의 이해는, 어떤 특정한 도덕 공동체로서의 사회에 대한 이해에 근거하고 있었다. 생존경쟁에 관한 량치차오의 상술한 견해를 이해한다면 진화론을 도덕화한 그의 해석을 이해하는 것은 그리 어렵지 않을 것이다. 상당 부분 량치차오의 진화론은 사회진화론에 대한 신랄한 공격과 대대적인 수정이라 할 수 있다. 그러므로 어떤 의미에서 보면, 그를 사회진화론자라 부르는 것은 엄격한 분석을 요하는 문제이다. 물론 량치차오가 일찍이 사회진화론의 영향을 받았다는 사실을 부인하는 것은 아니다. 이를테면 종족과 그 위계 구분에 대한 그의 견해는 이러한 사상의 흔적이라 할 수 있다.[173] 「정부와 인민의 권한을 논함」(論政府與人民之權限)이라는 글에서 량치차오는 "오늘날 지구상에 갈색인종, 흑인종, 홍인종 세 야만종을 제하고는 대체로 개화한 백성이다"란 표현처럼 종족적 편견과 문화적 편견을 담은 말을 했을 뿐 아니라, 정부의 권한 문제가 "인민의 문명-야만 정도와 비례"한다고 보기도 했다.[174] 그러나 사회 정치와 경제사상의 각도에서 볼 때, 량치차오의 도덕적 관점은 결코 사회진화론으로 단순화될 수는 없다.

신정新政* 전후로 량치차오의 사상은 점차 국가주의로 변해 갔다. 그의 개명전제론開明專制論과 국가 이론이 그 증거다. 그는 요한 블룬칠리 Johann Kaspar Bluntschli(1808~1881)와 슈미트Richard Karl Bernhard Schmidt* 등 독일 국가주의 이론을 빌려 국가, 국민, 민족 등의 상관관계를 해석하고, 국가를 하나의 유기체로 보았다.[175] 주의할 것은 청대 말엽 국가주의의 흥기는 결코 어떤 이론 전파에 의한 것이 아니라, 이 시기의 역사적 상황에 깊이 뿌리내리고 있다는 사실이다. 내 생각에 여기엔 최소한 세 가지 측면이 있다.

첫째, 국가 개념을 부각시켰던 것은 국가를 종족 위에 두고 청말 혁명파의 배만주의排滿主義에 반격하고 군주입헌제에 이론적 근거를 제공하기 위해서였다. 량치차오는 이렇게 말했다.

> 블룬칠리는 민족주의를 극도로 숭배한 사람이다. 그러나 그의 주장은 역사에 근거하고 현실을 고려한 것으로서, 민족주의를 건국의 유일무이한 방법으로 간주하지는 않았다. 진실로 국가가 가장 필요로 하는 것은 국민으로서의 자격이다. …지난 두 해 동안, 민족주의가 우리 중국으로 유입해 들어왔다. 그리하여 만주

• 신정(新政): 의화단 사건 이후 1901년 변혁이 불가피함을 인식한 서태후(西太后)에 의해 추진된 전반적인 정치 개혁.
• 슈미트(Richard Karl Bernhard Schmidt): 1862~1944. 독일의 정치학자이자 법학자로서, *Allgemeine Staatslehre*(국가의 일반 이론, 1900)를 저술했는데, 이 책의 국가주의적 이론은 량치차오에게 영향을 주었다. 왕후이의 원저에는 '波倫哈克'이라고 표기되어 있는데, 이는 슈미트의 중간 이름인 'Bernhard'를 음역한 것으로 여기서는 그의 원래 이름인 '슈미트'로 표기하였다.

족을 배척하는 사고가 왕성하게 부활하려 하고 있다. 오늘날 나는 이에 대해 세 개의 의문이 있다. 첫째, 한인漢人에게 과연 새로 국가를 세울 자격이 있는가? …둘째, 만주족 배척이라는 행동이 만주족이기 때문에 배척하는 것인가, 아니면 만주족 정부가 나쁜 정부이기 때문에 배척하는 것인가? …셋째, 반드시 만주족을 떼어낸 후에만 나라를 세울 수 있는 것인가, 아니면 만주족부터 몽골족, 묘족, 티베트족 등의 민족까지 화합하더라도 나라를 세울 수 있는 것인가?[176]

청나라 말엽이라는 맥락에서 보면, 국가 문제는 만주인 통치의 문제를 피해 갈 수 없었다. 그래서 량치차오의 군주입헌제 주장을 국가주의냐 자유주의냐 하는 문제로 해석해서는 안 된다고 주장했다. 어떻게 청나라 말엽의 소수민족 통치라는 문제를 다룰 것인가 하는 층위에서 분석해야 한다. 이민족 통치와 중국인 정체성 문제는 청나라 말엽의 사상과 청나라 말엽 사회 변동의 근본적 문제 중 하나였다.

둘째, 블룬칠리의 국가주의 역시 군주 권한의 제한이라는 관점을 내포하고 있다. 즉, 국가는 하나의 자기 의지를 지닌 유기체이기에, 황제라 하더라도 이러한 의지를 따라야 하지, 자신의 사적인 의지를 국가에 강제할 수 없다는 것이다. 블룬칠리가 군주입헌제를 추종하고 주치권主治權(대외적 주권)과 봉행권奉行權(실질적 통치권)의 분리를 주장한 것은 사실 '허울뿐인 군주만 인정하는 공화제'(虛君共和)란 의미를 담고 있다. 블룬칠리의 이론은 량치차오의 정치관에 부합하는 것이었다. 왜냐하면 블룬칠리의 이론은 국가를 자주성을 지닌 존재로 보고 있기에, '국가주의'가 국가와 그 행정조직을 이용하여 군권君權의 직접 통치와 종족 통치로부터 벗어나는 하나의 방법이 되기 때문이다. 동시에 이러한 국가주의는 선거와 민중 참여의 요소까지도 포함하고 있다. 이런 점에서 보면 량치차오가 이러한 국가 이론을 인민 자치라는 그의 입장과 완전히 어긋난다고 생각했을 리 없다. 그가 보기에 자치의 형식엔 자발적인 것과 정치가 조성한 것, 이렇게 두 가지 서로 다른 형식이 있었다. 후자의 경우에도 자치는 여전히 존재했다.[177]

셋째, 량치차오가 청 왕조의 보존을 개량의 전제로 삼았다고 볼 때, 군주입헌제는 그의 정치적 조화주의의 기본적인 선택이 된다. 이 선택은 만주족 배척을 피할 수 있을 뿐 아니라 혁명도 피할 수 있었고, 동시에 당시 중국 인민의 자치 능력에 대한 그의 판단에도 부합했다. 사실 혁명당의 인물들은 바로 이러한 세 측면에 근거하여 그의 국가 이론을 격렬히 비판했다. 왕징웨이는 스펜서식 국가유기체설에 기반하여 국가의 간섭 정책을 신랄하게 비판했다. 그는 량치차오와 『신민총보』의 군주입헌론에 대해 이렇게 말했다. "논자는 개명전제로 지금의 정부를 전망하고 있으나, 나는 민권입헌으로 지금의 국민을 전망하고자 한다. …그 첫째 논거는 국민의 능력이 결국엔 정부의 능력을 훨씬 능가한다는 것이다. …둘째 논거는 우리 중국의 국민에겐 분명 민권입헌의 능력이 있다는 것이다."[178] 주목할 것은 사회 변혁의 책략과 방법이라는 측면에서 개량과 혁명이 확연히 구별되긴 하지만, 그들 사이에 절대 넘지 못할 벽이 존재하는 건 아니라는 점이다. 이를테면 혁명가조차도 중국이 서구의 민법과 상법을 채용하면서 민사民事, 상사商事에 관한 중국의 관습을 고려하여 "각국 공통의 법리를 채택하면서도, 본국 고유의 관습까지 가늠해야 하며, 양자 중 하나를 폐할 수는 없다"라고 주장했다. 그들이 반대한 것은 일종의 전통 본질주의, 즉 중국과 서구의 관습·제도가 달라 서구의 민법, 상법 등을 결코 받아들일 수 없다는 입장이었다. 심지어 왕징웨이는 삼대三代의 제도를 국가 공법의 예증으로 간주했다. 그는 이렇게 말했다. "공법이란 국가 권력 발동에 관한 법이다. 중국은 요임금과 순임금 이래 이미 국가가 인민을 근본으로 함을 알고 있었다. 삼대의 책 중 왕에게 하늘을 공경하기를 권하지 않은 것이 없으며, 또한 하늘의 뜻이 인민을 편안하게 하는 데 있고 왕은 하늘의 뜻을 체현하여 인민을 편안하게 하도록 해야 하며, 그렇지 않으면 하늘이 큰 벌을 내릴 것이라고 생각했다. 그러므로 삼대엔

왕에 대한 제재력이 훗날보다 훨씬 강력했다. 이것이 중국 도덕 법률의 정신이다."[179]

량치차오와 혁명파의 주요한 차이는 민족주의와 당시 중국 인민의 자치 능력을 어떻게 평가하느냐에 있었지, 자치와 공화 제도의 필요성의 인정 여부에 있는 건 아니었다. 량치차오와 『신민총보』진영을 비판할 때 왕징웨이는 이미 이 점을 매우 분명하게 밝혔다. 『신민총보』제7호 33쪽의 주장에 대해 이렇게 대응했다.

> 공화의 참 정신은 스스로 질서를 유지하고 공익심이 풍부한 데 있다(의회 정치를 시행할 수 있는 까닭도 바로 여기에 있다). 국민의 마음가짐이 이렇기만 하다면, 공화정은 따로 약속한 바가 없더라도 저절로 이루어지는데, 미국이 이런 경우다. 또는 공화정이라 이름하지는 않았지만 공화정의 실질을 갖춘 경우가 있는데, 영국이 이런 경우다. 만약 국민의 마음가짐이 이렇지 않다면, 그저 요란스럽게 자유를 찾고 평등을 구해 봤자, 이는 국가가 형성되기 전인 원시사회의 마음가짐이라, 절대 지금 세상의 공화정하의 국민 마음가짐이라 할 수가 없는 것이다(자유와 평등은 공화 정신의 일부분이긴 하지만, 반드시 자치심自治心·공익심公益心과 합쳐져야만 비로소 완전한 공화정의 마음가짐이 완성된다. 만약 자치심·공익심과 분리된 독립의 자유와 평등이라면, 이는 올바른 공화 정신의 반대다).

왕징웨이는 변론 중에 지적하기를, 량치차오와 『신민총보』의 기술은 "나의 전제를 아직 인정하지는 않았지만, 사실 이미 묵인한 것이다. 그러니 내가 더 따질 게 뭐가 있겠는가? 논자(즉 량치차오와 『신민총보』)가 우리 국민에게 민주 헌정憲政을 수립할 능력이 없다고 말하고자 한다면, 반드시 나의 전제를 부인해야만 할 것이다. 만약 부인할 수 없다면 우리 국민에게 민주 헌정을 수립할 능력이 있다는 나의 말 한마디

로도 그 주장을 뒤흔들 수 있다."[180] 생각건대 량치차오의 정치관에는
자치에 관한 생각이 줄곧 존재했던 것 같다. 그런데 그의 이러한 자치
를 지방자치나 연성聯省자치 같은 자치 개념과 단순하게 동일시해서는
안 된다. 물론 특정한 역사적 환경 아래서 양자가 무관하다고 할 수는
없지만 말이다. 삼대와 신민新民에 대한 량치차오의 해석을 생각한다
면, 자치가 개인의 도덕적인 정도를 드러낼 뿐만 아니라 군체 능력의
표현이기도 하다고 말할 수 있다. 그의 '군치'群治에 대한 이상은 일정
한 의미에서 인민 자치의 사상일 뿐 아니라, 공화정의 원칙에 대한 표
현으로도 간주할 수 있다.

　량치차오가 전제적 황권과 트러스트식 통제를 함께 비판한 이유는,
이런 권력이 인민 자치를 부정하기 때문이다. 국가가 분열과 무질서
상태에 직면하게 되자, 량치차오는 더 이상 정치적 차원에서의 지방자
치를 주장하지 않았다. 오히려 그는 국민의 자치 능력을 통일 국가의
전제로 간주했다. 바꿔 말하면 일정한 의미에서 자치 사상은 실제의
정치적 견해가 아니라, 기본적 원칙이자 가치이다. 오히려 이러한 원
칙의 신봉자는 황제 제도 운동과 근대 사회 전체에 대해 기본적인 비
판적 입장을 견지했다. 량치차오의 진화에 관한 도덕적 관점은 군체의
조화적 자치 속에 드러난다. 사실상 인민 자치, 공화정치에 대한 신념
이 인민의 자치 실행 능력에 대한 판단과 서로 모순되기 때문에 량치
차오는 그의 '신민' 사상을 제기했던 것이다. '5·4' 시기 널리 유행했
던 '국민성 개조'라는 명제는 바로 혁명 후 신문화적新文化的 인물들이
이 사상으로 회귀하였던 것이다. 신문화적인 인물들이란 신해혁명 시
대의 '혁명 원로'가 아니면, 혁명 시대가 만들어 낸 새로운 인물들로,
그들은 모두 공화 제도의 신봉자였다.

1918~1929, 과학과 사람 중심의 세계

1. 문명의 위기와 진화론의 도덕적 시야

1918년에 출발하여 14개월간 진행한 역사적인 '유럽 여행'은 량치차오가 정치로부터 학술로 전향한 전환점이 되었다. 그러나 '유럽 유행' 그 자체는 량치차오의 사상 중 고유한 것과 이미 발아하던 사상적 요소를 강화한 것에 불과하다.[181] 근대 사상의 발전이라는 면에서 보면, '유럽 여행' 중 과학과 문명에 대한 량치차오의 사고는 어떤 특수한 각도에서 '5·4' 동서 문화 논쟁의 근본적인 문제에 대해 답을 제공한다. 또한 이것은 1923년 '과학과 인생관' 문제에 대한 토론•을 직접적으로 유발시켰다.

『구유심영록』歐遊心影錄의 중심 주제는 유럽 문명의 위기와 중국 문

• 1923년~토론: 1923년 장쥔마이(張君勱)가 청화대학(淸華大學)에서 '인생관'(人生觀)이란 주제로 인생의 가치는 과학만으로는 제대로 알 수 없다는 내용의 강연을 하자, 보편적인 과학적 방법론을 주장하던 딩원장(丁文江)이 이에 반박했고, 이런 양측의 입장을 각기 지지하는 학자들까지 합류해 벌인 논쟁을 말한다. '과학과 인생관'이란 논쟁의 대립 구도는 '과학과 현학(玄學)' 혹은 '과학과 형이상학'이라고도 칭한다. 당시 학자들의 실제 문장들은, 한성구가 번역한 『과학과 인생관』(중국근현대사상총서 3, 산지니, 2016)을 참조.

명의 희망, 그리고 근대 문명의 위기와 중국 사회 문제에 대한 근본적인 출구 모색이었다. 제1차 세계대전은 근대 사회가 내포하고 있는 심각한 내재적 모순, 즉 인간이 창조한 과학과 문명이 바로 인간 자신의 위기를 초래한다는 점을 현실로 보여 주었다. 이것이 이제까지 서구를 배우는 것을 급선무로 삼아 온 중국 지식인들에게 정신적 충격이었다는 점은 말할 필요도 없다. 그런데 이런 문제를 무시할 수도 없었지만 동시에 이런 문제를 비판하면서 개혁을 포기할 수도 없었다. 량치차오는 다윈, 밀, 벤담, 슈티르너Max Stirner, 키에르케고르Søren Kierkegaard, 니체Friedrich W. Nietzsche 등의 학설, 특히나 '과학 만능' 편향에 대해 날카로운 비판을 가했다. 그가 주목한 점은 '과학'과 그 규칙을 부정하는 데 있는 것이 아니라, 근대인이 '과학'을 운용하는 방식이 도덕적 목적에 배치背馳되고 도덕적 목적을 매몰시켰다는 데 있다. 따라서 근본적으로 봤을 때, 량치차오가 말한 문명의 위기는 과학의 위기라기보다는 도덕의 위기, 즉 도덕 원천으로서의 자유의지의 위기인 것이다.

훗날 콩트의 실증철학과 다윈의 『종의 기원』이 같은 해에 출판된 것을 계기로, 철학은 더더욱 근본적인 동요를 겪게 되었다. 솔직히 말하면 철학자는 그야말로 과학자의 깃발 아래 무릎을 꿇고 말았다. 과학자에게 의지한 새로운 심리학은 이른바 인류 영혼이라는 것을 물질 운동 현상의 일부분에 불과하다고 보고 있다. …이러한 유물주의 철학자는 과학의 비호 아래 순물질적·순기계적 인생관을 건설했다. …이런 법칙은 사실 일종의 모습을 바꾼 운명 예정설이라 부를 만한 것이다. 그러나 옛날의 운명 예정설은 운명이 팔자라거나 하늘에 의해 정해져 있다고 말하는 것에 비해, 이 새로운 운명 예정설은 운명이 과학적 법칙에 의해 완전히 지배된다고 말한다. …따라서 인류의 자유의지는 부정될 수밖에 없게 되었다. 의지가 자유롭지 않은 상황에서 무슨 선악의 책임을 질 수 있겠는가? …이는 도덕 표준이 어떻게 바뀌어

야 하는가의 문제가 아니라, 진실로 도덕이라는 것이 존재할 수 있는가의 문제가 되었다.[182]

위기의 본질이 도덕성에 있지만, 그 직접적 원인은 바로 '과학의 학설'과 '과학의 물질적 응용'이다. 그러나 사회 개혁에 온 힘을 쏟고 있던 중국 사상가로서는 '과학'과 그 문명의 위기가 서구 사상에서처럼 직접적으로 반反과학적 경향이나 비이성주의를 도출해서는 안 되었다. 이는 과학의 발전을 필요로 하는 동시에 도덕 질서를 재건해야 하는 중국이 처한 이중적 상황 때문이다. 량치차오의 내재적 사유 경로를 살펴보면, 그가 진정으로 관심을 가졌던 것은 과학의 사용이 반드시 도덕 목적에 맞아야 한다는 것이지, "과학을 비하하자"는 것은 아니었다.[183] 량치차오의 마지막 10년 동안의 사상적 활동은 대부분 '과학과 인간 중심의 세계'와의 관계라는 축을 중심으로 진행되었다. 관건은 어떻게 마음과 사물이라는 이원 대립을 인간의 생활에 통일시킬 것인가, 혹은 어떻게 인간 생활을 중심으로 외부 세계와 인간의 자유 영혼 간의 관계를 해석할 것인가에 있었다.

유럽 여행으로부터 '과현논쟁'科玄論爭• 전후까지의 일단의 시기 동안, 량치차오의 사고는 약간의 동요를 겪었다. 한편으로 그는 과학을 구체적인 학문 및 그것의 물질적 운용으로부터 끌어올려 과학을 정신의 창조로 귀납시킴으로써 과학과 도덕 사이에서 일종의 내재적인 '동일성'을 찾고자 한 반면, 또 다른 한편으로 과학의 적용 범위를 극도로 제한하여 과학과 도덕을 완전히 다른 성질의 범주로 구분했다. 후자의 경우 칸트의 '두 갈래 이성' 개념의 영향 아래 내려진 판단임이 분명하다. 이러한 논리적 곤혹에도 불구하고 량치차오의 기본 경향은 여전히 확연했다. 즉, 반드시 인간을 중심으로 하여 과학과 도덕, 필연성과 자

• 과현논쟁(科玄論爭): '과학과 현학(玄學)의 논쟁'의 줄임말로, 앞서 말했던 '과학과 인생관' 논쟁을 가리킨다.

유 사이에서 어떤 화해와 균형에 도달해야 한다는 것이다. 많은 학자가 량치차오의『구유심영록』과 '과현논쟁' 중 과학과 자유의지의 이원론적 관점에 주목했다. 그의 기본 관점은 "인생에서 이성에 관한 것은 절대적으로 과학적 방법으로 해결해야 하고, 감성에 관한 것은 절대적으로 과학을 넘어서야 한다"[184]는 것이었다. 그는 장쥔마이張君勵의 독립적인 자유의지에도 동의하지 않았지만, "과학 만능을 맹신"하여 "인생관까지 합치려는"[185] 딩원장丁文江의 주장에도 찬성하지 않았다. 그는 이 두 가지 범주에 대해 명확한 경계를 그었다. 앞 절에서 분석했듯이 량치차오의 감정 개념은 직접적으로 자유의지와 관련되어 있으며 그것은 도덕률의 통제를 받는다. 따라서 그것은 '순수이성'의 영역에 속하지 않는다. 상술한 량치차오의 이원론적 관점은 명백하게 칸트의 '두 갈래 이성'의 구분에서 근원한다.

비록 량치차오가 '절대적'이란 표현을 두 번이나 쓰고 있지만, 그의 이원론적 관점이 철저했던 것은 결코 아니었다. 그의 사유 속에는 양자를 조화시키되 그들 사이에 내재하는 '동일성'을 찾으려는 갈망이 싹트고 있었다. 량치차오의 대응책은 첫째, '과학'의 결과와 '과학 자체'를 구분하고, 수학·물리·화학 등의 개념을 '과학' 개념과 구별하여, 구체적인 과학과 과학의 물질적 결과를 초월한 '과학 정신'의 개념을 부각시키는 것이었다. 이 개념은 한편에서는 구체적인 과학 연구와 연결되면서, 다른 한편에서는 인간의 영혼과 연결된다. 둘째, 량치차오는 정치학·사회학·경제학 등 사회 발전과 연관된 '비물질적' 학설을 과학의 범주로 끌어들여 과학 내부에서 마음(心)과 사물(物)의 균형을 전개해 나가려고 했다. 1922년 8월, 량치차오는 남통南通에서 중국과학사中國科學社 연례 발표의 요청을 받아 연설할 때, '과학 정신'을 이렇게 정의했다. "체계적인 참된 지식을 과학이라 하고, 체계적인 참된 지식을 얻도록 사람들을 이끄는 것을 과학정신이라 한다." 그리고 과학 정신의 대척점에 있는 '두루뭉술', '독단', '거짓', '인습', '소실' 등과 같은 비과학적·반反과학적인 고질병은 모두가 도덕적인 정신병증이 분명하다고 보았다. 이러한 의미에서 참된 앎(知)과 인과因果(체계적 구조)를 얻고자 하는 과학적 연구의 과정 자체가 바로 도덕 완성의 과정이다.[186]

만약 과학이 어떤 정신과 방법으로 추상화될 수 있다면, 인류의 '참됨'(眞)에 대한 추구와 '아름다움'(美)의 창조는 공통된 기초를 갖는다. 그러나 "참됨과 아름다움의 합일"(眞美合一) 관념에 대한 량치차오의 논증은 오히려 객관적인 측면에서 출발한다. 「미술과 과학」(美術與科學)이라는 글에서 량치차오는 근대 문명이 르네상스에서 기원하며, 르네상스의 주요한 업적은 미술에 있다고 말했다. 미술과 과학이 '감성'과 '이성'이라는 절대적으로 상반되는 영역에 속한다면, "이렇게 온화한 아트art 선생이 어째서 이처럼 차가운 사이언스science라는 아들을 길러냈을까?"[187] 량치차오는 그 이유가 과학과 미술이 모두 자연을 관찰한 데서 출발했고, 또 '자연이라는 부인'(自然夫人)의 아들이기 때문이라고 생각했다. 그렇다면 "참됨과 아름다움의 합일"은 이상적 경지일 뿐 아니라, 반드시 도래할 현실이기도 하다. 량치차오는 '과학화된 미술'(科學化的美術)과 '미술화된 과학'(美術化的科學)을 바랐다.[188] 일찍이 그는 미술을 '취미'와 관련시켰고, '취미'는 다시 "객관적인 대상에 대한 감상과 재현", "심리 상태의 추출과 표시", "이상향에 대한 상상과 돌파" 등 영혼의 자유로운 활동에서 나오는 것이라 보았다.[189] 그런 의미에서 '미술화된 과학'은 '과학' 자체가 감성과 이성, 자유와 필연성 간의 화해 관계 위에서 세워질 수 있음을 의미한다.

이러한 조화론적인 구상과 상술했던 이원론적 관점 사이의 차이는 매우 중요하다. 이는 량치차오로 하여금 '진화론'의 문제에서 관점상의 변화를 낳게 했을 뿐 아니라, 그의 사상 발전의 지향도 보여 준다. 그는 마음과 사물, 감정과 이성의 이원 대립을 극복하고자 했다. 『구유심영록』에서 량치차오는 유럽 문명의 위기를 다윈 학설이 종교와 도덕을 파괴한 탓으로 돌리면서, 동시에 '진화론'이 자유의지와 서로 조화되는 것임을 감지했다.

베르그손은 과학에서의 진화 원칙을 입각점으로 삼아, 우주의 모든 현상은 모두 의식의 흐름이 구축한 것이며, …(의식의 흐름이란) 모두가 인류의 자유의지가 발동한 결과라고 보았다. 그래서 인류는 나날이 창조하고 나날이 진화하며… 심지어 과학과 종교조차도 점점 화해의 여지가 생기게 되는 것이다.[190]

베르그손, 오이겐(1846~1926), 한스 드리슈Hans A. E. Driesch(1867~1941) 와 같은 사람들의 영향 아래, 량치차오는 점차로 '진화'를 인간의 자유의지 속에 발동하는 유기계有機界의 발전 과정으로 이해했다. 즉, 유기계 자체는 소극적이고 타성적이어서 어떤 형식이나 능동성도 갖지 않지만, 자유의지가 유기계에 활력과 질서를 주기 때문에, 진화의 과정이 인간의 자유로운 창조의 과정으로 바뀐다는 것이다. 바로 이 때문에 량치차오는 "과학이 철학을 정복하는" 경향이나 '진화론'을 극렬하게 비판하는 동시에, 계속해서 모종의 '생물학적 세계관'을 수립하고, 그것을 자신의 '역사 연구법'에까지 관철시켰으며, 이로써 초기의 다소 기계적이었던 지리 결정론에 근거한 역사관을 수정했던 것이다.[191]

'진화론'에 대한 량치차오의 긍정이 상술한 틀에서 진행된 것이라면, 진화론에 대한 그의 격렬한 공격은 표면적으로 보이는 것처럼 그렇게 모순된 것은 아니다. 왜냐하면 이러한 공격의 출발점 역시 자유의지이기 때문에, 공격의 대상인 진화론은 오히려 베르그손 등의 개조를 거치지 않은 실증적·인과율적·결정론적 역사 관념이기 때문이다. '생물학적 역사관'에 대한 량치차오의 의심은 그의 '문화'와 '창조'라는 두 개념에 대한 분석에서 기원한다. 그는 이렇게 말했다. "문화란 인류의 정신적 능력(心能)이 축적되어 만들어진, 가치 있는 공동 산물(共業)이다." "창조란 인류가 자기의 자유의지로써 자기가 도달하고자 하는 지위를 정하고 자신의 '정신적 능력'으로 그 위치를 향해 돌진해 나가는 것이다." 그렇다면 '문화'는 자유의지에 의한 창조로서 "절대로 인과율의 속박이나 제한을 받지 않는 것"이다. 따라서 문화는 자연계와 완전히 서로 다른 범주에 속하게 된다.[192] 1922년에서 1923년 사이 남경南京의 금릉대학金陵大學 제일중학第一中學에서 진행했던 두 차례 강연에서, 량치차오는 자신이 막 탈고한『중국역사연구법』中國歷史研究法에 다음과 같은 중요한 수정을 가했다. 첫째, 귀납법은 다만 사료를 정리할 수 있을 뿐, 인류의 자유의지가 가진 독창성을 설명할 수 없다. 둘째, 역사 현상 중 자연계와 동류同類인 사물은 인과율 혹은 필연성의 법칙으로 설명할 수 있지만, 인류 문화 창조의 역사는 순전히 자유의지의 영역에 귀속된다. 셋째, 역사의 '진화'는 인류 평등과 일체의 관념 및 '문화적 공동 산물'(文化共業)에 적용될 뿐이며, 실제의 진행 과정은 비진화적이다.[193]

'진화론'과 진화론적 역사관에 대한 량치차오의 이러한 평가는 자기모순적으로 보이지만, 그의 기본적인 가치 입장은 일관적이다. 그는 자유의지를 모든 생명 활동과 역사 창조를 구축하고 통제하는 힘으로 보았다. 그의 끊임없이 변화하는 관점 속에서 그가 시종 주목해 온 문제를 발견할 수 있다. 그것은 '정신생활과 물질생활의 조화', '개성과 사회성 간의 조화'라는 문제였다. 그는 "이 두 문제가 합리적 조화를 이루지 못한다면, 현대의 인생은 어둠과 고통을 뿌리 뽑아 고명한 경지에 다다를 방법이 없다"고 확신했다.[194] 다시 말하면 량치차오가 필요로 했던 것은 과학과 도덕, 이성과 감성, 필연성과 자유라는 이원 대립을 극복하는 사상 체계였고, 인간의 생명 활동 자체가 이러한 이원 대립을 극복하는 유일한 경로였던 것이다.

2. 지행합일, 순수경험과 인간의 세계

과학과 자유의지 간의 대립을 화해시키고 극복하기 위해, 량치차오는 그의 생애 최후의 단계에서 전면적으로 유학儒學으로 되돌아가 '인간' 중심의 세계를 재건한다. 그는 "이 합리적인 조화를 위한 방도는 분명 존재하며, 사실 우리 중국의 선성先聖들이 일찍부터 우리에게 그 방도를 암시해 주었다"고 확신했다.[195] 그렇다면 중국의 사상은 어떤 방식으로 상술한 이원 대립을 해결하는가? 량치차오는 이렇게 말했다.

> 중국의 학문은… 지식에 대한 학문이라기보다는 행위에 대한 학문이다. 중국의 선철先哲들은 지식을 경시하지는 않았지만, 그렇다고 지식을 구하는 것을 출발점으로 삼지 않았으며, 지식을 구하는 것을 귀결점으로 삼지도 않았다. …중국 철학은 인류를 연구하는 것을 출발점으로 삼으며, 가장 중요한 연구 대상은 '사람이 사람 노릇을 하는 방도', '어떻게 해야 비로소 사람일 수 있는가?', '사람과 사람 사이엔 어떤 관계가 있는가?' 하는 것이다.[196]

> 서구에서 말하는 '앎을 사랑한다는 것'(愛智)•은 유가의 삼덕三德인 '앎(智)·어짊(仁)·용기(勇)' 중 하나인 앎(智)의 부분에 지나지 않는다.[197]

량치차오가 보기에 사람을 중심으로 하는 유가 체계는 결코 지식이나 과학에 반하는 것이 아니었다. 다만 지식과 과학에 출발점과 도달점을 제공할 뿐이었다. 유학을 '현학'玄學이라며 배척하는 세인들의 논점에 대해, 량치차오는 결코 '현학'을 위해 변호하지 않았다. 그는 유학과 '현학'의 차이를 이렇게 명시했다. "유학이란 본래 현학이 아니다." "유가와 과학은 서로 배치되지 않을 뿐 아니라, 이상할 정도로 서로 근접해 있다. 왜냐하면 유가가 사람을 본위로 삼고 자기 환경을 출

• 앎을 사랑한다는 것〔愛智〕: 철학 즉, philosophy의 의역(意譯)이다. 당초 일본의 유명한 번역가 니시 아마네가 'philosophy'의 어원이 고대 그리스어로 '사랑하다, 바라다'란 단어와 '지혜'란 단어의 결합이었던 것 감안해 이를 '희철학'(希哲學: 명철함을 바라는 학문)이라고 번역했다. 이후 '희'(希) 자가 생략되면서 '철학'(哲學)이 된 것이다.

발점으로 삼는다는 점에서 과학 정신에 근접해 있기 때문이다. 그러니 최소한 유가가 과학 정신에 위배되지는 않는다고 말할 수 있겠다."[198]

사람을 출발점으로 삼아 과학과 도덕을 조화시키는 이러한 논리로부터, 량치차오는 "함양은 삼감으로 해야 하고"(涵養需用敬), "학문은 앎을 완성하는 데 있다"(進學在致知)는 주희의 이분법에 비판적인 태도를 갖게 된다. 량치차오는 지식과 도덕의 이원성을 부인했다.[199] 이에 상응하여 량치차오는 공자·맹자 및 육구연·왕수인의 심성학心性學이 본체론本體論(우주론)에 관련되어 있으며 인간의 일상적인 도덕 실천에 주목하고 있어, 결코 공허한 학문이 아니라고 생각했다. 사실상, 량치차오는 일찍부터 캉유웨이의 영향을 받아 육구연·왕수인을 연구했다. 량치차오는 『남해강선생전』에서 캉유웨이가 육구연·왕수인을 좋아했다고 말했으며, 「중국 학술사상 변천의 대세」(論中國學術思想變遷大勢)에서는 캉유웨이가 주차기朱次琦(1807~1881)를 통해 육구연·왕수인의 학문에 입문해 깊이 들어갔음을 인정했다. 이런 언급은 캉유웨이의 학술적 연원의 중요한 측면을 보여 주며, 량치차오 자신의 애호와 취향을 드러낸다. 량치차오는 도덕적 실천과 과학적 인식이 동일한 사항이라고 여겼다. 그 근거가 바로 왕수인의 "양지가 곧 천리"(良知卽天理)라는 명제이다. 천리天理와 인욕人欲은 상대적인 것이라서, '천리'를 인식하는 과정은 "인욕을 제거하는"(去人欲) 과정이기도 하다. 그래서 첸무錢穆는 이렇게 말했던 것이다. "천리와 인욕이 인정人情인 것은 매한가지이다. 그 차이는 그저 공과 사에 있을 뿐이다."[200] 량치차오는 '양지'를 공리주의(사욕)와 대립시킨다.[201] 이는 '앎을 완성하는 것'(致知)이 '사욕을 제거하는'(去私) 도덕 실천과 밀접하게 관련되어 있음을 보여 준다. 이것은 '군群과 기己', '공과 사' 관계에 대한 량치차오 초기의 관점과 완전히 일치한다.

설령 왕수인의 '지행합일' 개념과 '양지'설이 주로는 도덕론과 가치론의 문제임을 매우 분명하게 알고 있었다 할지라도, 량치차오는 인간의 실천으로 과학과 도덕을 조화시키려 했기 때문에, '지행합일'의 개념이 근본적으로 지식과 도덕의 통일성을 해결한다고 확신했다. 이런 의미에서 볼 때, 량치차오 말년의 '과학관'은 그가 생각한 도덕론의 내적 논리 안에 숨어 있다. 량치차오의 기본 논점은 이렇다. 왕수인의 '지행합일'설이 비록 책으로 읽은 것을 입으로 떠드는 방식의 앎을 배척하긴 했어도, 지식 자체를 배척한 것은 아니다. 도리어 그것은 앎을 위한 준칙("핵심적인 종지宗旨•가 있어야 한다")을 세웠다. 앎이란 한편으로는 "성심誠心에서 나온 조건"이기도 하지만, 또 한편으로는 그 자체로 "주관적 양지에 근거한 판단"이기도 하다. 앎이 인간의 지적知的 욕망에서 나온 것이고, 그 동기 역시 '성의'誠意(진실된 뜻)에서 나왔다면, 세계에 대한 인식과 양지의 발현은 인간의 인식 활동 속에서 통일되는 것이다.[202] 1927년에 쓴 「왕수인의 지행합일이라는 가르침」(王陽明知行合一之教)에서 량치차오는 왕수인을 '극단적인 유심주의자'이자 '극단적 실험주의자'로 그려냈다. 왕수인은 선종禪宗과 안원顔元, 조지 버클리George Berkeley(1685~1753), 윌리엄 제임스William James(1842~1910)의 특징을 한 몸에 집약시킨 인물이다.[203] 이러한 기술은 사실상 인간의 실천으로 마음과 사물의 대립 관계를 해소하고 인간 활동의 연속선상에서 도덕론과 지식론을 통일시킨다.

 량치차오는 윌리엄 제임스처럼 '순수경험'이라는 개념으로 자신의 사상을 표현하지는 않았지만, 왕수인의 '몸(身)·마음(心)·생각(意)·앎(知)·사물(物)'의 통일성에 대한 그의 해석은 제임스의 '근본적 경험주의'와 실용주의에 상당히 근접해 있다. 제임스의 경험주의와 실용주의는 1920년대 보편적으로 '과학'에 대한 철학이자 과학적 방법 자체로 보편적으로 받아들여지고 있었다. 주지하다시피 '실험주의'•는 1920년

• 핵심적인 종지(宗旨): 왕수인은 『전습록』(傳習錄)에서 여러 차례 '두뇌'(頭腦)란 표현을 사용했는데, 대체적으로 '머리가 되는 부분', 즉 '핵심적인 부분'을 가리킨다. 여기서는 '핵심적인 종지'라고 의역했다.
• 실험주의: 여기서 사용되고 있는 '실험주의'(實驗主義)는 'experimentalism'의 번역어인데, 1920년대 후스의 소개 덕분에 중국에서 유행하였던 미국의 철학자 존 듀이

대 중국에 광범위하게 유행했지만, 실제로 영향력을 발휘한 실험주의는 후스가 제창한 듀이의 것이었지 량치차오가 주목한 제임스의 것이 아니었다. 러셀은 이렇게 말했다. "제임스와 듀이 박사는 중점을 두는 부분이 다르다. 듀이의 관점은 과학적이다. 그의 논점은 대부분 과학적 방법론의 고찰에서 나온 것이다. 그러나 제임스의 주요 관심사는 종교와 도덕이다."[204] 이런 의미에서 보면, 듀이와 제임스의 차이는 후스와 량치차오의 차이이기도 하다. 단적으로 말해 량치차오는 후스처럼 과학적 방법론의 각도에서 실험주의를 풀이하기보다, 철학 본체론의 의미에서 마음과 사물 관계의 통일성을 설명했다. 후스의 관심사는 과학 문제였고 량치차오의 관심은 도덕, 종교, 그리고 그것이 과학 활동과 갖는 관계였다. 따라서 왕수인의 '지행합일' 개념에 대한 량치차오의 해석은 제임스와 듀이의 '실험' 개념과 관련되지만, 그들의 '경험' 개념과도 관련된다. 단, 량치차오 자신은 '경험'이라는 개념을 직접 사용한 경우는 거의 없었다.

『진리의 의미』(Meaning of Truth, 1909)라는 책의 서문에서 제임스는 '근본 경험주의'(radical empiricism)를 '일종의 가정'이자 '일종의 사실 진술', 그리고 '일종의 개괄적 결론'으로 개괄한다. 그의 가정은 이렇다. "경험 속의 명사로 설명할 수 있는 사물만이 철학적으로 논쟁할 수 있는 사물이다."[205] 이는 "실재란 '알고 있는 바'와 같은 그 무엇에 불과하다"는 것을 의미한다.[206] 사실에 대한 진술이란 "사물 간의 관계가 연결되어 있든 분리되어 있든 간에 관계없이 모두 사물 자체와 마찬가지로 직접적이고 구체적인 경험의 대상"이다.[207] 개괄적으로 결론짓자면 다음과 같다. "경험의 각 부분은 관계에 의거하여 하나로 연결된다. 그리고 이러한 관계 자체가 바로 경험을 조성하는 일부이다. 결국

가 내세운 철학적 사조이다. 이는 일반적인 경험주의(empiricism)와는 달리 능동적인 실험과 행위를 통한 검증과 지식의 형성을 중시한다는 점에서 '실험적 경험론'으로 번역되기도 하는데, 여기서는 용어의 편의상 '실험주의'로 번역했다.

우리가 직접적으로 지각하는 우주는 결코 어떤 외재적이며 초경험적인 연계의 지지를 필요로 하지 않는다. 그 자체가 바로 하나의 '연속적인 구조'인 것이다."[208] 제임스는 세계 만물이 모두 하나의 원시적 소재나 질료, 즉 '순수경험'(pure experience)으로 구성되어 있다고 가정했다. 그리하여 인식 작용 역시 순수경험의 각 조성 부분 간에 발생할 수 있는 특수한 관계로 해석되며, 이러한 관계 자체가 순수경험의 일부분인 것이다. "그것의 한 축은 지식의 주체이자 담지자이자 지각하는 자가 되며, 다른 한 축은 지각되는 객체가 된다."[209] 다른 곳에서 제임스는 심리학적 각도에서 이 개념을 '사유의 흐름'(思想流), '의식의 흐름', '주관적 생활의 흐름'이라고 불렀다. "세상에서 더 쪼개질 수 없는 것"(러셀의 말)•으로서의 경험은 정신적이거나 물질적인 것이 아니다. 정반대로 정신과 물질이 모두 경험에서 구축되어 나오는 것이다. 제임스의 경험 개념은 전통 철학 중에서 의식과 자연, 인지자와 피인지자, 이 영혼과 저 영혼, 이 사물과 저 사물 같은 이원 분할에 대한 일종의 극복이다. 다시 말해 상술한 이원성은 경험들의 관계에서 나타나는 각종 차이로만 간주되는 것이다.[210] 그런 의미에서 관념의 진실성이란 바로 관념이 스스로를 실증해 내는 과정이며, 진리란 일종의 관계이다. 즉 우리의 관념과 비인격적인 실재의 관계가 아니라, 우리가 경험한 개념적 측면과 감각적 측면 간의 관계이다.[211]

량치차오는 철학사를 다루는 학자가 아니었다. 량치차오가 제임스를 자기와 동일시한 중요한 이유는 제임스가 마음과 사물, 인지와 피인지라는 이원 대립을 극복하는 길을 제공했기 때문이다. 이 역시 량치차오가 양명의 '지행합일'을 "마음과 사물의 합일"(心物合一), "마음과 이치의 합일"(心理合一)로 환원시키거나 혹은 전화시켜 해석했던 원

• 세상에서~없는 것: 경험론자인 러셀은 '논리원자주의'(logical atomism)라는 자신의 이론에서, 모든 명제를 쪼개질 수 있는 분자 명제와 더 이상 쪼개질 수 없는 원자 명제로 나누었다. 여기서 원자 명제는 기본적으로 세상을 구성하는 단순한 사실(fact)을 의미한다.

인이다. 양명학의 입장에서 보면 량치차오의 앎과 실천의 목적에 부합하는 것은 주희가 '격치성정'格致誠正*을 지식과 수신修身으로 나누어 이해했던 '이분법'을 극복하는 것이었다. 그는 맹자의 "배우지 않고도 할 수 있는"(不學而能) '양지'良知, 즉 주관적 '시비지심'是非之心으로 '앎'(知)의 성질을 해석함으로써 '성의'誠意와 '치지'致知를 하나로 연결시켰다. 이것은 말할 것도 없이 '격물'의 '물', '치지'의 '지', '성의'의 '의', '정심'의 '심' 사이의 관계를 언급한 것이다. 즉, 이들은 성질이 다른 사물인가 아니면 공통된 사물 중 각 관계항 간의 차이인가? 량치차오의 '마음과 사물의 합일'설은 이 문제에 대한 왕수인의 해석으로부터 연역된다. 왕수인은 "몸과 마음과 생각과 앎과 사물이 하나라는 것을 알아야만 한다"(『전습록』「진유준기」陳惟浚記)고 말했다. 또한 "몸의 주재자는 바로 마음이며, 마음이 드러난 것이 생각이다. 생각의 본체는 바로 앎이며, 생각이 있는 곳이 바로 사물이다"(『전습록』「서애기」徐愛記)라고도 했다. 량치차오는 이에 근거하여 '몸과 마음과 생각과 앎과 사물'(身心意知物)이란 오직 하나의 공통된 원시 재료의 각 관계항이며, 이 공통된 원시 재료는 그들의 상호 관계 속에 존재함을 논증했던 것이다('생각'이 특히 중요한 개념이다).

먼저 그는 생리학과 심리학의 방법으로 '몸'의 존재를 '몸'에 대한 '마음'의 주재라는 관계 속에 위치시킨다. 여기서 '마음'의 활동이 바로 '생각'이다. '생각'과 '마음'의 관계에는 '능지'能知가 있고 '물'物과의 관계 속에 '소지'所知가 있다. 이로 보건대, 마음과 사물의 관계를 논증하는 관건 중 하나는 바로 어떻게 '사물'의 성질과 '사물'과 '생각'과의 관계를 정의하느냐이다. 량치차오의 해석 방식은 먼저 '사물'의 범위를 형태가 있는 물질로부터 "어버이를 모시고"(事親), "나라를 다스리며"(治國), "책을 읽는"(讀書) 등의 추상적 일까지 확장하여, 이처럼

• 격치성정(格致誠正): 이는 "사물을 헤아리고, 앎을 이루어서, 생각을 성실하게 하여, 마음을 바로잡는다"(格物, 致知, 誠意, 正心)의 줄임말이다.

서로 다른 인식 대상에 "생각이 소재하는"(意之所在) 보편적 형식이 있음을 지적하는 것이었다. 량치차오는 이렇게 말했다.

> 무릇 우리의 의식 범위 안에 없는 사물(즉 왕수인이 말한 생각〔意念〕이 미치지 않는 대상)이란 기껏해야 물리학, 수리학, 기하학에서 존재할 수 있을 뿐이며, 윤리학이나 인식론에서는 존재할 수가 없다.[212]

이는 경험에 대한 제임스의 다음과 같은 기술과 딱 들어맞는다. "물론 경험할 수 없는 사물이 존재할 수는 있지만, 철학적 논쟁의 주제가 될 수는 없다."[213] 심리적 차원에서, "생각은 허공에서 작동할 수 없으니, 일단 작동하는 순간 사물에 미치게 된다." 사물(物)의 차원에서 말하면, "마음 바깥에 사물이 있지 않은 것이다."(心外無物) 사물은 '마음'과 떨어져 독립적으로 존재할 수 없다. 그래서 "마음은 본체(體)가 없으면서, 만물과의 감응을 본체(體)로 삼는다." "'앎'은 바로 '생각'의 본체이다."

이상이 바로 '마음과 사물의 합일'로부터 '지행합일'을 논하는 철학적 기초이다. 량치차오는 또한 '마음과 사물의 합일'의 각도에서 같은 문제를 논증했다. 왕수인의 "마음이 바로 이치"(心卽理)라는 선언은 주희가 "사물을 헤아려 그 이치를 탐구한다"(格物而究其理)고 한 말을 겨냥해 한 것이다. 왕수인은 "사물을 헤아려 그 이치를 탐구하는 것"(格物而究其理)이 "마음과 이치를 둘로 가르는 것"(析心與理爲二)이라고 보았다(『전습록』「답고동교서」答顧東橋書). 이러한 견해에 입각하여 량치차오는 '리'理를 자연계의 이치가 아니라 "우리가 사물에 접촉하고 감응하고 접하는 조리"라고 해석했다. 그렇다면 '리'에 대한 추구는 바로 "본심으로 되돌리는 것"(返諸本心)이 된다. 그러나 근대 사상의 맥락에서 '리'는 더 이상 도덕이나 수신의 범위에 국한될 수 없게 되었다. '리'(근대적 맥락으로 의미가 확대된 '리')에 대한 인식이 "마음을 바로 하고 생각을 성실히 하는 것"(正心誠意)으로 귀결되면서, 객관세계에 대한 인식 과정이 인간의 도덕적 상태와 긴밀히 연관되어 있다는 것까지 드러내 보여 주는 듯하다. 량치차오의 경우, '마음과 이치의 합일'과 '마음과 사물의 합일'은 같은 문제였다. 그는 왕수인의 『전습록』 「우시랑右侍郎 나흠순羅欽順에게 답함」(答羅整庵少宰書)을 인용하여 다음과 같이 말했다.

> 이치는 하나일 뿐이다. 그 이치가 응축된 것을 성性이라 할 수 있고, 그 응축을 주재하는 것이 마음(心)이다. 그 주재의 발동은 생각(意)이라 할 수 있으며 그 발동을 밝게 자각하는 것이 앎(知) 이며 그 자각이 감응하는 것이 사물(物)이다. 그래서 사물에 대해 말하면 '격'格(헤아림)이고 앎에 대해 말하면 '치'致(이룸)이며 생각에 대해 말하면 '성'誠(성실하게 함)이고 마음에 대해 말하면 '정'正 (바르게 함)이다.

'마음과 사물의 합일', '마음과 이치의 합일'을 전제로 하면 "헤아리고, 이루고, 성실하게 하고, 바르게 하는 것"(格致誠正)은 사물 인식의 '순서'가 아니라 한 가지 사물 속에 포함된 조건이다. 간단히 말하면 "몸, 마음, 생각, 앎은 오직 하나의 사물"이라는 철학 원리에 의거하여 "헤아리고, 이루고, 성실하게 하고, 바르게 하고, 수련하는 것은 오직 한 가지"라는 실천의 법문으로 돌아가는 것, 이것이 바로 양명학의 전체적인 중대한 용도이자 '지행합일'의 정수가 담긴 지점이다.[214]

'마음과 사물'의 관계를 해결하려는 량치차오의 노력은 결코 본심에만 치중되지 않았다. 오히려 그는 '자신과 타인의 일체'(自他一體), '하늘과 사람의 합일'(天人合一)의 상태를 추구하고 "몸뚱이로 너와 나를 구분하는" '이기적인'(私) 견해를 배제했다.• 이는 조화롭고 완벽한 사

• 오히려~배제했다: 왕수인은 『전습록』에 부록된 「대학문」(大學問)에서 이렇게 말

회 이상에 대한 표현일 뿐 아니라, 사람과 사물, 주체와 객체를 대립시켜 사람에 대한 사물의 통제를 조성한 근대 과학 문명에 대한 공격이기도 하다. 이러한 논증 과정의 출발점이 인간의 자유의지를 회복시키고 도덕적 본체를 재건하는 것이기는 하지만, 량치차오는 더 이상 자유의지와 과학(객관세계에 대한 인식)을 대립시키거나 서로 단절된 양극으로 삼아 논의를 전개하지는 않는다. 오히려 그는 '마음과 사물의 합일', '마음과 이치의 합일', '지행합일'로 상술한 이원적 현상을 조화시킴으로써 과학 문명의 도전에 대응했다. 량치차오는 양명학이 "즉각적인 깨달음을 추구하고, 지식을 배척하며, 실무에서 벗어나 버렸다"고 보는 관점을 부정했을 뿐 아니라, '고요함에 집중하자는 주장'(主靜之說)을 질타했던 안원顔元과 그의 '실천의 학문'(踐履之學)을 양명학의 연장으로 보았다. 그 이유는 그들이 모두 "지식은 반드시 실제 경험에서 얻어진다"고 주장함으로써, "근세 제임스와 듀이 등이 제창한 실험주의와 같은 말을 하고 있기 때문이다. 왕수인은 극단적 유심주의자였지만, 학문에 대해 논할 때 비단 주관적인 고담준론을 내뱉지 않았을 뿐 아니라, 순수하게 객관적인 경향에 치우쳐 있었다. 식견이 얕은 자들이 그의 주장에 모순이 있다고 의혹을 제기하기도 했지만, 이는 그의 '마음과 사물의 합일론'과 '마음과 이치의 합일론'이 결과적으로 실험주의로 귀결된다는 점을 전혀 몰랐던 것이다."[215] 량치차오는 또 이렇게 말했다.

> 마음과 사물의 합일이란 전제하에 사물이 마음에 의존하여야 존재할 수 있을 뿐 아니라, 마음 역시 사물에 의지해 존재한다. 마음과 사물은 분리할 수 있는 것이 아니기에, 극단적 유심론을 다

했다. "대인배는 천지 만물을 한 몸이라고 여기고, 하늘과 땅을 집 같이 여기며, 한 나라 전체를 한 사람과 같이 간주한다. 몸뚱이로 너와 나를 구분하는 사람은 소인배이다."

른 각도에서 보면 극단적 유물론이기도 하다는 것이다. …왕수인은 "실천(行)은 앎(知)의 공부"이라거나 "실천은 앎의 완성"이라고 했는데, 바로 실험주의가 이에 근거해 수립된 것이다.[216]

비록 도덕 실천론으로서의 '지행합일'설이 본체론, 진리론, 방법론으로서의 '실험주의'와 같지 않지만, 사상사적 각도에서 보면 량치차오의 해석방식은 분명 '철저한 경험주의'와 비슷하다. 더 중요한 것은 이 '지행합일'에 대한 실험주의적 해석이 중국의 전통적 도덕론과 근대 과학적 관점을 연결시켜, 후대의 중국인이 도덕과 지식의 상호 관계를 이해하는 데 중요한 사유 경로를 열었다는 점이다.

량치차오가 '마음과 사물의 합일', '마음과 이치의 합일'로 '지행합일'을 해석할 때, 마음과 사물이라는 개념을 유지하고는 있지만, 이들은 인간의 지속적인 활동 중에서만 구성되어 나올 수 있는 것이지 결코 독립적인 실체가 아니다. 이는 제임스의 기능 심리학의 영향을 받아 나온 명확한 해석일 가능성이 크다. 량치차오는 '몸, 마음, 생각, 앎, 사물'을 신경이 자극을 받아 일으키는 어떤 계통의 감각이 조직해 낸 일련의 '의식의 흐름'(stream of consciousness)으로 해석했다. 그리고 '생각의 본체'인 '앎'을 "마음도 사물도 아니면서"(非心非物), "마음이자 사물인"(即心即物), 제임스의 '순수경험'과 유사한 것이라 생각했다. 제임스처럼 량치차오는 인지 작용(양명학의 '치지'致知는 도덕 범주에 들어가긴 하지만 말이다)을 순수경험(물론 량치차오가 이 개념을 쓰지는 않았다)을 구성하는 여러 요소 사이에 발생할 수 있는 어떤 특수한 관계라고 생각했다. 물론 이러한 관계 자체도 경험의 일부분이며 그것의 양 축은 지식의 주체와 앎의 대상이 되는 객체이다. 실용주의 진리론은 진리의 진실성을 경험 속에서 스스로 실증하는 과정이자, 실험 속에서 유효성이 증명되는 과정으로 이해한다. 이런 이해는 량치차오로 하여금 자연스레 '지행합일' 개념을 연상하게 했다. 즉 앎은 반드시 '실천' 속에서 자신을 실증하고 반드시 실천 속에서 유효성이 증명된다는 것이다. 량치차오는 이렇게 말했다. "왕수인의 관점에 따르면, 당신들이 팔고 사는 것(학생들이 현대 학교에서 얻는 지식–필자)은 모두 가짜이다. 왜냐하면 응용되지 않은 지식은 결코 지식이 아니기 때문이다." 그는 "알면서도 행하지 않는 경우는 없으니, 알고도 행하지 않는 것은 그저 모르는 것일 뿐"이라는 왕수인의 말을 가지고 이렇게 보충했다. "행하지 않고서 아는 경우는 없으니, 행하지 않으면서 알고자 한다면 결국 영원히 알 수 없다." 사실 그는 실천과 효과라는 두 측면에서 "배움과 실천을 하나로 만든 것이다." '앎'이 학문적 사변일지라도 거기엔 '실천'의 성질이 들어 있는 것이다.[217]

그러나 '응용'과 '효과'의 의미에서 '앎과 행함'의 범주를 해석하는 것은 양명학의 사유 방식이라기보다는 안원·이공학파顏元·李塨學派의 학풍이다. 량치차오에게 있어서 양명학과 실험주의 사이에는 이해의 매개체 혹은 과도기가 있었으니, 그것은 바로『중국근삼백년학술사』中國近三百年學術史에서 말한 안원·이공학파의 '실천실용주의'이다. 사실 일찍이『청대학술개론』清代學術概論(1920)과 「안원·이공학파와 현대교육사조」(顏李學派與現代教育思潮, 1923)에서 량치차오는 안원·이공의 학문이 제임스·듀이와 같았거나, 심지어 "그들보다 훨씬 철저"하다고 보았으며,[218] 1924년의 「근대 학풍의 지리적 분포」(近代學風之地理的分布), 「명청 교체기의 중국 사상계 및 그 대표 인물」(明清之交中國思想界及其代表人物), 「대진戴震의 철학」(戴東原的哲學)에서 더 명확하게 이렇게 말한 바 있다. "안원과 이공은 사상계의 엄청난 폭탄이었다. …그들의 학설은 현대의 제임스와 듀이 등이 말하는 '실용주의'와 매우 비슷하다."[219] 주목할 것은 전술한 여러 글에서 량치차오는 정이·주희와 육구연·왕수인의 이학 및 경서의 전주傳注 고증에 집착하는 방식에 대해 "해악이 되는 부분을 깔끔히 정리하면서" "둘 다 가차 없이 버린" 안원·이공의 '대혁명'을 시종 강조했고, 특히 '양명학에 대한 반동'임을 지적하면서도[220] 「왕수인 지행합일의 가르침」(王陽明知行合一之教), 「유가 철학」儒家哲學(1927)에서는 양명학과 안원·이공의 유사한 점을 논증했다는 점이다.[221]

그렇다면 이러한 미묘한 변화는 무엇을 의미하는가? 혹은, 왜 이러한 변화가 생기는 것일까? 이 문제에 대해 대답하기 위해서는 량치차오가 문제를 토론하는 각도에 주의해야 할 것이다. 량치차오가 안원·이공 학문의 '혁명성'을 강조할 때, 그가 먼저 착목한 것은 안원·이공의 학술 체계와 내용상 이학에 대한 비판, 방법적 변화(실천이나 맨손으로 맹수를 때린다는 뜻의 '격'格 등•)가 내용의 차이에서 만들어진다는 점이었다. 정이·주희와 육구연·왕수인 이 두 학파는 '천리'를 인식하는 방법에 있어서 외적인 것을 중시하거나 내적인 것을 중시하는 차이가 있었지만, 선험 정신의 본체인 '천리'만큼은 두 학파 인식론의 공통된 전제이자 귀결점이었다. 반면 안원은 선험적 '천리'의 존재를 부정했다. 그의 지적知的 대상은 객관적으로 존재하는 사물이자 객관 사물에 존재하는 '조리'條理였다. 이른바 "사물에서 이치를 찾고"(見理於事) "실천 속에 앎을 기탁한다"는 것은 모두 선천적 지식에 대한 부정이다. 이러한 '실사구시적 학문'(事功之學)은 '양지를 완성하는 것'(致良知)을 핵심으로 삼는 양명학과 확연히 갈라진다. 안원·이공학파에겐 '실천'(踐履)도 마음속에 원래 있던 앎을 밖으로 확장하는 것이 아니었다.

그러나 량치차오는 왕수인과 안원을 '실험주의'라는 맥락에서 통합시키면서, 추상적 의미에서 '행함'(行)과 '실천'(踐履)이 함축하는 바,

---

• 실천이나~'격'(格) 등: 『안습재선생언행록』(顔習齋先生言行錄) 「강봉 제7」(剛峰第七)에서 안원은 이렇게 말했다. "『강봉집』(剛峰集)에서 이렇게 말했다. '학문을 하는 것은 생각을 성실히 하고 마음을 바르게 하는 데에 있으니, 사물을 헤아리고 앎을 완성하는 것이 이에 앞서지 않는다.' 이에 대해 안원 선생께서는 이렇게 말씀하셨다. '(해서海瑞가) 이렇게 말한 것은 그저 '격물'(格物: 사물을 헤아린다)이라는 두 글자를 이해하지 못해서, 성인의 말씀이란 성인의 행위에서 징험해야 한다는 것을 몰랐기 때문이다. 여기서 '격'(格) 자는 (『사기』에 나오는) '손으로 맹수를 때렸다'(格)라는 표현의 '격'(格)이다. '격물'이란 직접 움직여 실제로 그 일을 한다는 뜻이며, 바로 공자 문하의 '육예'(六藝)가 그러한 일이다. 또 예악을 연구함에 비록 매우 철저하다 하더라도, 만약 몸소 예를 실천하지 않고 손으로 관악기와 타악기를 연주하지 않는다면 결국엔 알 수가 없는 것이다. 그래서 '앎을 완성하는 것은 사물을 헤아리는 것에 달렸다'고 한 것이다."

"몸소 실천하고 실험하고 운용한다"는 방법론의 의미에 주목했다. 이 때의 전제는 그가 '지행합일'의 철학적 기초, 즉 '마음과 사물의 합일', '마음과 이치의 합일'에 대해 이미 상술한 것처럼 해석을 해 둔 상태였다는 것이다. 그는 왕수인의 「고린顧璘에게 답함」(答東橋書)이란 편지에서 "음식 맛의 좋고 나쁨은 반드시 입에 들어가고 난 다음에야 알게된다. …길이 험난한지 평탄한지는 몸소 지나가 봐야만 알 수 있다"와 같은 말을 인용했는데, 이는 분명 안원의 인식론과 이론적으로 유사한 '실천' 개념을 담고 있다. 량치차오는 안원의 학문을 양명학에 대입하여 이해했다. 한편으로 그는 안원 학문의 '실천', '공리'(事功), '사물'의 실재성으로 양명학을 개조하여 양명학을 근대 과학의 정신과 방법 면에서 상관성을 갖게 하려고 하면서, 다른 한편으로는 '마음과 사물의 합일'과 '지행합일'로 안원의 과도한 '유물론'적인 경향을 수정하려 했다. 그리하여 과학적 방법에 치중하면서도 도덕 실천과 자유의지와 활동에도 본체론적 인식론적 근거를 제공하려 했던 것이다.

'몸, 마음, 생각, 앎, 사물'과 이들의 상관관계에 대한 량치차오의 해석은 이론적으로는 과학과 도덕, 이성와 감성(종교적 신앙까지 포함)의 이원성에 대한 극복이다. 이는 과학을 믿으면서 또 인간의 자유의지를 견지하고자 하는 학자의 최종적인 선택이었다. 즉, 그는 근대 인식론의 주객 이원 대립을 거부하고, 조화롭고 도덕화된 방법을 찾아 우주 만물의 상호 관계를 해결하고자 했던 것이다. 그가 보기에 과학은 도덕 목적에 부합되어야 할 뿐 아니라 그 자체가 인간의 활동으로서 도덕성을 지니는 것이었다. 다시 말해 '참'(眞)을 추구하는 과정은 '아름다움'(美)과 '선함'(善)을 추구('사'私를 제거하고 '기'己를 극복하는 것)하여 '하늘과 사람의 합일'의 경지에 도달하는 과정과 완전히 일치한다. 제임스의 말처럼 합리주의에는 종교만 있고 사실이 없다면, 경험주의에는 사실만 있고 종교가 없다. "이 둘을 결합한 철학 체계를 원한다면 사실에 대한 과학적 충실함과 더불어 기꺼이 사실까지 고려해야 한다. 간단히 말해, 이에 적응하고 이를 조화하려는 정신을 가져야 한다. 아울러 인류의 가치에 대한 오랜 믿음과 거기서 우러나오는 자발성이 있어야 한다. 그 믿음이 종교적 색채든 낭만주의적 색채든 상관없다."[222] 제임스가 그의 '순수경험'에서 이러한 조화를 이루는 철학의 근거를 찾았다면, 량치차오는 이 '조화'의 충동 속에서 중국 사상의 현대적 의미를 새롭게 발견했다. 인류 문명의 위기와 중국 사회의 출로에 대한 량치차오의 사유는 당시에 폭넓은 주목을 얻지는 못했다. '신세대'에게 이는 시대착오적인 복고적 잠꼬대에 불과했다.[223] 그러나 량치차오의 강인한 사상적 탐색은 전통에 뿌리를 둔 이상주의적 광채를 내뿜었을 뿐만 아니라, 근대성에 대한 자각적 비판이기도 했다. 자신의 일생을 근대 중국 사회의, 국가의, 인간의 자아 개조를 위해 헌신했던 사람으로서, 쉬지 않고 각종의 근대성 방안을 추구하는 데 온 힘을 쏟았던 지식인에게, 이러한 사고에 내포된 자아비판의 의미는 상당히 의미심장하다. 량치차오는 중국 사상을 재발견함으로써 그의 일생의 탐색을 마쳤다. 이는 자기 문화로의 회귀라기보다는 그가 추구해 온 목표에 대한 회의라고 할 수 있다. 이러한 회의는 결코 근대성에 대한 전면적 부정이 아니었다. 오히려 근대성에 대한 그의 회의는 근대성의 추구를 특징으로 하는 그의 사상 내부에 내재한다.

본장의 취지는 량치차오의 과학관의 기초 개념, 논리적 사유, 그리고 그것과 도덕·정치·종교와의 관계를 해석하고 정리하는 것이었다. 상당한 정도에서 이러한 설명의 명징성은 량치차오에게 늘 보이는 모호한 표현 방식을 한참 넘어선다. 이러한 모호함은 언어 차원이 아닌 논리적인 것에 있다. 물론 량치차오의 저술과 그의 사상적 내원에 의거하여 그의 사상의 논리 구조와 변화 과정을 재현하는 것은 해석의 모험을 안고 있다. 그럼에도 나는 이러한 해석 방식이 사상사 연구에서 절대적으로 필요하다고 확신한다. 왜냐하면 어떤 사상 관점이든 결코 고립되어 있지 않기 때문이다. 물론 때에 따라서는 고립되기도 하지만, 여기서의 기술이 밝히려는 것은 이런 것이다. 량치차오의 사상적 변화는 시기에 따라 다를 뿐 아니라 내재적 논리를 갖추고 있었다.

이는 그가 사상적 체계를 세우는 데에 기반이 되었던 기본 개념 및 그 상호 관계의 운동에서 만들어진 것이다. 많은 측면에서 그는 초기의 사상을 보다 선명하게 정리했던 것이지, 초기의 사상을 버린 것이 아니었다. 그의 수많은 주장 중 일치하지 않는 관점 역시 겉으로 보이는 것처럼 자기모순이 있는 것이 아니다. 물론 모순이 전혀 존재하지 않는 것은 아니지만 말이다. 비록 여기서 논리적 방법으로 량치차오 과학관의 내재적 사유를 드러내기는 했지만, 량치차오의 철학적 신앙의 동기는 기본적으로 논리적인 것이 아니라 심미적인 것이라고 밝혀 두고자 한다. 그에게는 모종의 일관된 경향이 있는 듯하다. 이는 바로 논리적 사유에 따라 일련의 문제들에 대한 정확한 결론을 추궁하는 것이 아니라, 철학과 사상을 세계를 대하는 일반적인 태도를 드러내 보이는 것이라 간주하는 경향이다. 이 점은 제임스와 가장 중요한 유사점이다. 일찍이 제임스는 이런 말을 한 적 있다. "철학사는 대대적으로 인류의 여러 기질이 충돌하는 역사이다. …그(철학자)의 기질이 만들어 낸 편견은 그 어떤 엄정한 객관적 전제가 만들어 낸 견해보다 훨씬 강력하다. 마치 이런저런 사실이나 원칙처럼 기질 또한 그 철학자에게 이런저런 증거를 제공해서, 비교적 감정을 중시하는 혹은 비교적 냉혹한 우주관을 만들어 냈으며," 문학·의례·정치 등 여러 방면에 영향을 남겼다.[224] 량치차오의 시종여일한 관점을 살펴보면, 그에게는 언제나 어떤 조화로운 충돌이 있었던 듯하다. '비교적 감정을 중시하는 우주관, 혹은 비교적 냉혹한 우주관' 사이에서 어떤 평형 상태를 유지하고자 했던 것 같다. 다시 말해 그는 과학을 믿고 사실과 실험을 중시하고 객관 법칙과 이성적 태도를 존중했다. 그러나 동시에 그는 도덕과 종교에 열중하고 자유의지의 길을 갈망했으며 낙관주의적 취향과 태도로 인생의 유한함에 대응하기도 했다. 이렇게 보자면 그에게 분열된 기질이 있다고 하기보단 오히려 그의 감성과 이성 사이에 어떤 장력이 존재했다고 하는 것이 옳다. 그가 초기에는 칸트에게 이끌렸다가 나중에 제임스를 좋아했던 것 또한 바로 이런 사실에 기초한 것이 아닐까 한다. 그러나 우리가 본장 제1절에서 인용했던 "자유로이 어울리고, 어른과 어린이 사이에 질서가 갖춰져, 그 즐거움에 희희낙락하는" '삼대의 제도'를 기억해 본다면, 량치차오가 그의 사상을 피력하고 그의 일생 동한 추구해 오던 것들을 완성하고자 할 때 그의 내면 깊은 곳에서 요동치던 것은 어떤 시적인 이상에 대한 정감이었음을 알 수 있을 것이다.

제10장

무아의 자아와 공리의 해체

이른바 '공'空이라는 것은 대중이 동의하기 때문에 '공'이 된 게 아니라
자신의 학설이 지향하는 바를 '공'이라 한 것이다. 그러한즉 천리가
인간을 속박함이 법률보다 심하다지만, 공리가 인간을 속박함은
천리보다 얼마나 더 심하겠는가.
— 장빙린

장빙린이 말하는 개체와 자성, 그리고 공리 비판

1. 개체 개념은 왜 임시적이고 심연이 없는가?

장빙린章炳麟(1869~1936)은 자가 매숙枚叔이고 호는 태염太炎이며 광복회 지도자 가운데 한 명이다. 1903년 「혁명군 서문」(序革命軍)과 「캉유웨이를 반박하고 혁명을 논함」(駁康有爲論革命書)을 발표했고, 『소보』蘇報 사건으로 체포되어 옥에 갇혔다. 1906년 6월 29일 장빙린은 만기 출옥한 후 일본으로 건너가 『민보』民報 편집장이 되어서 논설을 발표했다. 『민보』 제7호(1906년 9월 5일)에서 시작해 제24호로 출판이 금지될 때(1908년 10월 10일)까지 장빙린은 많은 정치 논설을 발표했고, 동시에 일련의 철학과 종교 관련 논문을 발표했다. 그것은 사회와 정치에 대한 장빙린의 입장에 이론적 근거를 제공했다. 장빙린의 문장이 광범위한 영향력을 가진 동맹회同盟會* 기관지에 발표됐고, 아울러 그것에

---

* 동맹회(同盟會): 1905년 쑨원이 중심이 되어 일본 도쿄에서 결성한 반청 반외세 운동 조직. 만주족 청 왕조의 타도를 외치던 한족의 애국지사나 공화주의자, 사회주의자 등이 함께 힘을 합쳐 결성한 이 비밀 결사 단체는 기관지 『민보』(民報, 1905~1910)를 발행하여 공화 혁명 세력을 규합하고, 다른 한편으로 지속적인 무장봉기를 일으킨 끝에 1911년 신해혁명을 통해 청 왕조를 몰락시키고 1912년에 중화민국 성립을 주도하였다.

반응한 글과 호응이 있었기 때문에 장빙린을 사례로 한 이 연구는 어느 정도는 이 시기 잡지를 매개로 형성된 사회사상의 분위기에 대한 분석이기도 하다.

장빙린은 일찍이 캉유웨이와 량치차오의 개혁 사상에 동조했다. 강학회에 돈을 기부하고, 기꺼이 스승과 이별하고 『시무보』時務報에 글을 쓴 것으로도 알 수 있다. 하지만 28세 때부터 금문경학과 고문경학을 구분하였고 대량의 고문경학 관련 논문을 발표했다. 예를 들면, 『금고문변의』今古文辨義(1899), 『박잠고황평』駁箴膏肓評(1902), 『춘추좌전독서록』春秋左傳讀敍錄(1907), 『유자정좌씨설』劉子政左氏說(1909), 『박피석서삼서』駁皮錫瑞三書(1910), 그리고 『구서』訄書(1899)에 수록된 작품 가운데 경학 관련 논술의 경우가 그러하다. 하지만 장빙린이 전면적으로 금문경학에 대해서 변론을 전개한 것은 무술년(1898) 이후의 일로, 그의 정치사상을 경학이라는 틀로 해석하기는 쉽지 않다. 1905~1907년 사이 상승의 기세를 타고 있던 혁명당원 인사들과 캉유웨이·량치차오 등 망명자 그룹 사이에 전면적인 정치 논쟁이 벌어졌다.

이런 특별한 사상적 분위기 속에서 장빙린은 캉유웨이나 량치차오, 옌푸 등의 사회·정치 주장에 대해 비판했을 뿐만 아니라 공公·집단(群)·진화 관념을 기초로 하는 과학적 세계관과 완전히 상반되는 세계관의 구축을 시도했다. 그는 공개적으로 중화민국의 관념을 제기했고, 동시에 철학에서 그의 새로운 세계관의 핵심 관념인 개체·자성自性●·제물齊物·평등 등을 논증했다. 이런 관념은 일찌감치 금문경학과 고문경학의 범주를 벗어났다. 장빙린의 개체·자성 개념은 진화론과 근대 과학 방법론을 가지고 우주의 질서를 재건하려는 노력을 부정했다. 또한 공리公理를 내재화한 개인과 민족 도덕에 대해서도 부정했다. 장빙린은 개체·자성 및 그것과 관련된 담론을 가지고 국가·정부·가족·사회 그리고 인류 그 자체를 공격했다. 동시에 이를 통해서 새로운 종교

● 자성(自性): 범어로는 svabhva로서 자신의 본질, 본성을 갖는다는 의미의 말이다.

와 혁명의 도덕을 건립하려고 했다. 최종적으로는 불교의 유식학을 운용하여 『장자』莊子「제물론」齊物論을 해석함으로써 그의 새로운 세계관을 완성했다.

장빙린은 근대 과학 사상과 과학 방법론을 열렬하게 선전한 옌푸·량치차오와 달리 근대 중국의 과학적 우주관을 날카롭게 비판했다. 20세기 첫 10년은 장빙린의 사상이 가장 복잡하고 난해한 시기였다. 또한 그가 평생 동안 행한 사업 가운데 가장 중요한 시기였다. 한편으로 그는 문장이 대단히 고아하고 심오했고, 대단히 난해한 불교 어휘를 사용해서 자신의 사회사상을 표현했다. 또 다른 한편으로는 자성·개체가 긍정적 개념이었던 그의 사상 체계와 당시 그가 추구하고 있던 사회 목표 사이에 너무도 뚜렷한 모순이 발생했다. 이 때문에 저술의 형식이나 내용을 막론하고 장빙린 사상은 내재적 역설을 포함하고 있다. 그 가운데 가장 중요하고 분명한 점은 다음 두 가지 역설이다.

첫째, 개체 관념은 근대 사상이 전통 사상을 비판하는 중요한 도덕 자원이자 중국 근대 반전통주의의 출발점 가운데 하나이다. 하지만 장빙린에게서는 이 개체 관념은 도리어 반근대이면서 자아 부정이다. 둘째, 자성과 개체 관념은 보편적 관념과 집단 정체성을 부정하지만 장빙린에게서 가장 중요한 현실 임무는 민족의식(정체성)을 형성하고 중화민국을 건립하는 것이었다. 어떤 학자는 장빙린 사상의 역설을 "현실과 이상의 모순"으로 이해하고 또 어떤 학자는 이 역설을 장빙린 사상의 급격한 변화와 혼란으로 귀착시킨다. 하지만 이런 해석은 중국의 근대 의식이나 그것의 다면성을 이해하는 데 결코 의미 있는 해석이 아니다. 특별히 장빙린이 근대성 비판(특히 직선적 진보와 진화를 말하는 근대적 시간관념에 대한 비판)에 기초하여 내놓은 개체 관념은 그의 학생이었던 루쉰魯迅에게서 근대 도덕관과 문학관의 핵심 이념이 되었다. 그리고 '5·4' 문학과 사상 가운데 개체 관념은 이미 전체 근대 사상의 유기적 부분이 되었고, 그것의 합리성은 진보적 시간관념 위에 건립됐다. 장빙린의 자아 부정과 반근대적 개체 관념은 어떻게 근대 장빙린에게서 개체 관념은 본질주의적인 개념이 아니다. 그 자체가 자아의 부정과 해체를 포함한다. 이 사상을 이해하는 효과적인 방법 가운데 하나는 그것을 운용하거나 부정하는 것을 통해서 그것의 내용, 즉 개체 관념이 어떻게 국가, 정부, 중생, 사회, 인류 등을 부정하는가를 파악하는 것이다. 하지만 이것만으로는 부족하다. 비판을 전개할 때는 반드시 그것의 긍정적인 내용을 보여야 하기 때문이다. 장빙린은 원자 관념이나 자성 관념을 사용해서 개체 관념이 집체 관념에 비해 우월함을 논증했다. 뿐만 아니라 그는 자성의 관념에서 진여眞如의 관념을 이끌어 냈다. 아울러 이것으로부터 제물齊物의 우주 원리와 평등의 도덕론을 연역했다. 바로 제물론의 우주 모델에서 장빙린은 사회의 구성, 종족 공동체의 특성, 인류 사회 존재의 원리 등을 다시 이해했다. 그렇다면 원자론적 자연 관념이나 불교의 자성 관념은 어떻게 개체 관념의 원천이 되고 또한 어떻게 개체 관념을 부정했을까?

우리가 단지 사회나 정치 차원에서 개체 관념의 함의를 이해한다면, 아마도 이 관념을 캉유웨이, 량치차오 및 혁명당원의 정치 주장에 대응하는 현실 대책으로 한정하고, 이 관념의 전체 근대 정체성 형성 과정 중의 작용을 무시할 것이다. 만약 단지 관념의 내적 전개만을 취한다면 우리는 단지 불교와 장자莊子의 복잡하고 추상적인 사변에 빠지고 말 것이다. 그래서 나는 다음과 같은 방향에서 분석하고자 한다. 우선 개체 관념이 어떻게 구성되고 전개되는가를 분석하고, 다음은 이 관념이 전개되는 과정에서 지닌 직접적인 사회·정치적 함의를 분석한다. 마지막으로 완전히 새로운 세계관이 어떻게 다시 현실 세계를 이해하고 도덕적 성향을 확정하는가를 분석하겠다. 나의 논의는 주로 1906년에서 1910년까지의 장빙린 사상 활동에 집중한다. 비록 분석의 실마리는 시간의 선후와 장빙린 본인의 사상 변화를 고려했지만 내가 보다 관심을 가지는 부분은 문제의 구성과 텍스트의 관계이다. 이 문제는 다음과 같다. 임시적 개체 관념과 그것이 '공리'를 특징으로 하는 근대적 세계관에 대해 행한 비판, 근대 민족국가와 장빙린 사회·정치 사상 중의 개체 관념, 개체 관념과 '제물론'의 세계관이다.

2. 정체성 문제는 왜 일종의 도덕적 성향으로 이해됐나?

개인의 자아 귀속감은 근대적 사건이다. 나는 왜 가족이나 사회, 국가 같은 타인이 아니라 자기에게 귀속되는가? 왜 이런 자기에 대한 귀속감이 타인의 간섭을 거절할 수 있는 도덕 자원이 되는가? '자기'라는 말은 여기서 이미 공간상의 지칭일 뿐만 아니라 내재적인 깊이를 갖춘 자아 개념이다. 개인은 내재적 깊이를 갖춘 자아이다. 그렇다면 이런 자아는 또 어떻게 근대인에게 개인 권리의 합리성과 합법성의 기초를 제공하는가? 나와 나 자신은 어떤 관계인가? 나와 타인 혹은 다른 사물은 어떤 관계인가? 개체와 개인 그리고 자아 및 그것과 관련된 담론은 중국 근대 정체성의 주요한 내용을 구성한다. 그것은 개체와 자연, 사회, 국가, 민족, 성별 같은 사물, 그리고 집단의 복잡한 관계 등과 관련 있다. 이 장에서 토론하고자 하는 것은 이런 관계는 어떻게 역사적으로 구축되었고, 이런 임시성의 개체 개념의 시야 내에서 근대 사상의 가장 기본적인 가정 — 자아·공리·진화론·민족·국가·사회 등 — 이 어떻게 그들에 내재한 모순과 은폐를 노정했는가이다.

가령 옌푸가 자연·사회 그리고 국가의 질서를 재건하기 위해 노력함으로써 정체성을 탐색했다고 한다면, 장빙린은 자성·개체를 중요한 출발점으로 해서 동일한 문제를 다루었다. 이 때문에 문제는 정체성에 있지 않고 '무엇을 정체성의 기본 표준으로 했는가' 혹은 '무엇을 정체성의 전제로 했는가'에 있었다. 서방의 자아 관념과 근대 정체성의 관계를 논하면서, 찰스 테일러Charles Taylor는 그가 말하는 '정체성'을 다음과 같이 규정했다.

이 문제는 항상 사람들에 의해서 이런 방식으로 표현된다. "나는 누구인가?" 하지만 이 문제에 답할 때 그저 이름이나 가족 계보만으로는 해명할 수 없다. 이 문제에 어떻게 답할 것인가는 우리에게 있어서 무엇이 가장 중요한 것인가를 이해함을 의미한다. 나는 누구인가를 아는 것은 바로 내가 어디에 서 있는가를 이해하는 것이다. 나의 정체성은 약속(commitments)과 자기 동일시(identifications)가 규정한다. 이 약속과 자기 동일시는 일종의 틀과 시야를 제공한다. 이런 틀과 시야를 가지고 나는 각종 상황에서 무엇이 선善이고 혹은 무엇이 가치 있는지, 혹은 무엇을 응당 해야 하고, 혹은 무엇을 내가 지지하고 무엇을 반대해야 할지를 결정한다. 바꿔 말해 그것은 일종의 시각을 의미하며 그 가운데서 나는 일종의 입장을 취할 수 있다.[1]

뒤집어 말하면 일단 이런 약속과 자기 동일시를 상실하면 인간은 곧바로 어찌할 바를 모르고 사물이 자신에 대해 어떤 의미를 가지는가도 판단할 수가 없을 것이다. 이것이 이른바 '정체성 위기'이다.

사람들은 자주 자신이 누구인지 알지 못한다고 말한다. 이 문제는 또한 그들의 입장이 철저하게 동요하고 있음을 보여 준다. 그들은 틀과 시야를 결핍했다. 그 틀과 시야 속에서 사물은 안정적인 의의를 획득한다. 그 속에서 어떤 생활의 가능성은 훌륭하고 의미가 있기도 하고, 어떤 생활은 나쁘고 중요하지 않기도 한다. 이런 모든 가능성의 의의는 불확정적이거나 가변적이거나 혹은 미정이다. 이것은 고통스럽고 공포스런 경험이다.[2]

테일러는 『자아의 근원─근대적 정체성의 형성』(Sources of the Self: The Making of the Modern Identity)에서 이런 근대적 정체성의 세 가지 방면에 대해서 집중적으로 논의했다. 첫째 근대의 내재성, 즉 우리 내면 깊숙

이 존재하는 의식과 그와 관련된 우리라는 자아 관념, 둘째 근대 초기부터 발전해 왔던 일상생활의 형성, 셋째 일종의 내재된 도덕 원천으로서의 표현주의적 자연 개념 등이 그것이다.[3] 옌푸의 입장에서 보면 정체성의 기초는 우주 운행의 공리에 있고, 량치차오의 입장에서 보면 정체성의 기초는 오히려 개체와 자성이다.

개체와 자아 관념은 본래 상황의 변화에 의거해서 바뀐다. "자아는 인물 속에 내재하는데, 인물의 총체성이란 바로 한 인물의 총체를 말한다."[4] 흄과 로크 같은 경험론자들은 오직 심리적 상태와 사건에 의거해서 개인의 신분을 설명하고자 한다. 하지만 그들의 논제는 그에 상응하는 배경 조건을 결핍했기 때문에 숱한 사실을 이해할 수 없었다. "이런 배경 조건은 하나의 스토리라는 개념과 그 스토리가 필요로 하는 인물 총체가 제공해 주는 것이다. 역사가 단순한 행위의 연속이 아닌 것처럼, 하나의 행위라는 개념은 어떤 목적을 위해 이 역사로부터 추출되어 나온 것이다. 어떤 역사 속의 다양한 인물들은 수많은 개인들의 집합이 아니다. 개인이라는 개념은 역사로부터 추상화된 어떤 인물 개념이다."[5] 역사적 개체가 없다면 긍정적인 개념으로 이해될 수 없다. 그것은 단지 그 자신과 역사 사이에 존재하는 부정적 관계를 의미할 뿐이다. 어떤 자아라도 특정한 사회 성격과 밀접한 관계를 맺고 있다. 자아 개념이 일체의 사회적 신분에 대해 배반적이고 부정적으로 서술될 때 그것의 역사성은 반드시 이런 배반과 부정 가운데서 탐구해야 한다.[6]

이런 의미에서 '개인의 해방'은 단지 사상적 도덕적 본질 명제가 아니라 부단히 변화하는 정치, 경제, 문화 그리고 과학을 함의하는 명제로 간주해야 한다. 옌푸과 량치차오에게서 개인·개체 그리고 그것의 자유의 명제는 국가·사회·공리·자연·과학·진화 등의 범주와 긴밀하게 연관되어 있다. 그래서 당신이 만약 국가·사회·공리·자연·과학·진화 등의 범주의 함의를 이해하지 못하면 또한 개체와 자아를 이해할 도리가 없다. 하지만 장빙린의 개체 개념은 오히려 자신의 절대성 위에 건립된다. 그것은 국가·사회·공리·자연·과학·진화 등 보편 원칙과 부정적 관계를 형성한다. 선진 철학에서 사용하는 '기'그의 함의나 혹은 불교 사상 가운데 자아 범주로는 장빙린의 개인 및 상관된 담론을 해석할 수 없고, 중국 근대 사상 가운데 관련된 본질적 함의로 규정할 수도 없다. 우리가 지적할 수 있는 것은 단지 모든 이런 부정적인 관계 가운데 개체의 궁극적인 의미는 무엇인가 하는 것뿐이다. 하지만 이런 말이 결코 장빙린의 개체 관념이 반드시 위에서 말한 범주와 관련 없이 해석할 수 있다고 말하는 것은 아니다. 오히려 정반대이다. 이 개념은 그 상호 관계 속에서만 해석할 수 있다. 그렇다면 그것은 단지 부정적인 관계를 통해서만 표현할 수 있고 또한 일종의 특수한 성향을 통해서만 표현할 수 있다.

3. 개인 관념의 반도덕 방식과 확정된 가치에 대한 탐색

루시안 파이Lucian W. Pye는 『중국 정치의 정신』(The Spirit of Chinese Politics) 서문에서 중국 근대의 심리 격변은 결코 정체성의 문제가 아니었다고 단언한다. 그는 다음과 같이 말한다.

> 근대 세계의 충격이 초래한 문화 변화의 갖가지 요구에 적응할 때, 대다수 과도기에 처한 아시아 아프리카 민족은 강렬한 심리적 동요를 경험했다. 그것은 자주 정체성 위기로 묘사되곤 한다. 하지만 중국인에게서는 문제는 결코 정체성 방면에서 출현하지 않았다. 반대로 그들의 초조와 망설임은 상이한 함의를 갖고 있었다. 그것으로 중국 전통문화의 독특한 민감성을 추적할 수 있었다. 이 민감성은 바로 인류 감정에 대한 권위의 잠재적인 파괴적 성질의 중요성에 대한 예민한 감각이다. 권위·질서·예의와 감정 억제 사이에 존재하는 밀접한 심리 연계 시스템은 모두 심

층의 문화 의식을 지향한다. 한 인간은 단지 사회적 인간일 때에만 비로소 자신의 의의를 발견한다. 이런 자아에 관한 핵심적인 의식은 반드시 집단의 귀속감에서 기원한다. 그것은 공격 본성에 대해서 절대적으로 중요한 작용을 한다.[7]

중국 근대 사상에서 개인 관념은 집단에 대한 귀속감과 대단히 뚜렷하게 연계된다. 프레드릭 제임슨Frederic Jameson은 '탈국가적 자본주의 시대의 제3세계 문학'이라는 시야에서 출발해서 상이한 층위에서 다음과 같이 주장한다. "제3세계의 텍스트, 심지어 그것이 개인적으로 보이고 적절하게 리비도적 '역학'이 투여된 텍스트라 할지라도 필연적으로 민족적 알레고리라는 형식에서 정치적 관점을 투영한다. 개인 운명에 관한 이야기도 언제나 제3세계 대중문화와 사회가 처한 궁지에 몰린 상황의 알레고리이다."[8] 제임슨은 서방에 대한 자아비판에 기초해서 자신이 세계의 주인이라고 생각하는 서방을 노예주로 간주한다. 노예주는 눈에 보이는 사물을 분열적 주체의 활동으로, 하나의 환상으로 축소시킨다.

이런 관점은 고립되고 개인 경험이 결핍된 것이다. 그것은 사회 총체를 파악할 수 없다. 마치 집단의 과거와 미래가 없는, 빈사 상태의 개인 몸뚱이나 마찬가지이다. 이처럼 개인의 위치가 없는 개인과 구조주의는 우리에게 사르트르식 사실 부정의 사치를 제공해 주어 역사의 몽마로부터 벗어날 수 있게 해 준다. 하지만 동시에 우리의 문화를 심리주의와 개인 주관의 '투사'로 오염시킨다. 자신의 처지 기반으로 인하여 제3세계 문화와 그 물질적 조건은 서구 문화의 심리주의와 주관적 투사를 가질 수 없다. 바로 이 점은 제3세계 문화의 알레고리적 성격을 설명해 줄 수 있다. 한 개인과 개인 경험에 관하여 이야기할 때, 결국 전체 집단 자체가 경험한 고난의 서술을 담게 되는 것이다.[9]

제임슨의 입장에서 보면 개인과 집단 사이에 존재하는 이런 알레고리 방식의 연계는 중국 문화 전통에서 파생된 특수한 현상이 아니다. 그것은 제3세계가 제1세계와 대항하는 가운데서 놓인 위치가 결정한 보편적인 특징이다. 제임슨의 견해에 따르면 중국의 개인 관념과 경험은 집단적 경험을 포함한다. 개인과 개인 경험에 대한 서술은 동시에 집단과 집단 경험에 대한 서술이기도 하다. 하지만 제임슨은 개인과 민족의 집단적 경험이 맺는 관계는 어떻게 건립되는지 혹은 무엇을 매개로 건립될 수 있는지 언급하지 않았다. 이런 조건 아래 심리주의와 특수한 관계를 맺는 개념, 즉 정체성을 사용하여 중국 근대 사상 가운데 존재하는 개인과 자아 문제가 과연 의미가 있는지, 그리고 그 이외에 중국 근대 문화의 동요는 과연 단지 개인의 집단 귀속감하고만 관련되는지도 언급하지 않았다. 한 걸음 더 나아가 이 문제를 논하기에 앞서, 아마도 정체성이라는 이 말에 대해서 좀 더 정확한 해석이 필요할 것이다. 찰스 테일러가 이른바 '정체성 위기'(identity crisis)를 토론할 때, 정체성 문제는 의의와 가치와 관련되기 때문에 정체성(identity)과 성향(orientation) 사이에는 기본적 연계가 존재한다. 바꿔 말하면 '네가 누구인가?'를 아는 것은 또한 도덕 공간에서 자신의 성향을 조성하는 것이다. 바로 이런 공간에서 좋음과 나쁨, 할 만한지 그렇지 않은지, 무엇이 당신에게 의미가 있고 중요한지, 무엇이 하찮거나 부차적인지 등의 문제가 출현한다.[10]

그렇다면 정체성과 성향의 연계는 어떻게 구성되는가? 이 문제에 대한 대답은 우선 역사적이다. 왜냐하면 이런 문제는 근대 문제가 발생하기 전에는 전혀 달랐다. 중국의 전통 오륜 사상은 조금도 흔들림 없이 확정적인 방식으로 그 시대의 도덕 성향과 정체성을 규정했다. 천과 천리 그리고 천도를 중심으로 건립된 우주 도식용 보편성 개념을 가지고 정체성의 문제를 해결했다. 하지만 장빙린의 개인과 자아 개념의 출현은 다음을 의미했다. 천, 도 등 전통적인 보편성 개념이든지 아니면 자연, 진화, 공리, 군群, 사회 및 국가, 종족 등의 범주이든지를 막론하고 정체성 문제를 해결할 수 없었다. 천, 도, 자연, 공리 및 가설된 가, 국, 사회 등의 보편성 범주와 도덕 필연성의 연계는 더 이상 자명하지 않았다. 바꿔 말하면 최종적으로 자연주의 범주의 합법성 함의를 와해시켰던 것은 공리와 규율에 대한 과학의 가설도 아니고, 또한 근대 국가 및 그것의 필요성도 아니었다. 개체, 자성 등의 개념이야말로 자연주의 범주에 대한 진정한 도전이었다.

예를 들어 야로슬라프 프루섹Jaroslav Prusek을 포함한 수많은 중국문학사가들은 5·4운동 이후 중국 근대 문학의 중요한 특징으로 주관주의와 개인주의를 꼽는다. 그 이유는 근대 문학 작품이 작가의 개성을 대단히 뚜렷하게 체현했고, 그 정서와 심리를 표현하는 방식이 되었기 때문이다.[11] 5·4 문학의 기본적 주제가 개인으로서의 주인공과 전체 외부 세계의 첨예한 대립이었던 것도 이와 관련 있다. 5·4 문학에서 자전적인 서사 방식이 유행했는데, 사람들이 인물과 작자의 관계를 자아 표현으로 이해한 것도 이유가 있다. 이런 외부 세계는 모든 존재를 포위하고 있는 전통 사회이다. 근대 문학사가는 일반적으로 이런 개인주의를 사회의 구조적 변화 가운데서 개인이 전통으로부터 해방을 획득한 증거로 간주했다. 5·4 이전부터 보면 1906~1911년 사이 장빙린, 루쉰 등은 보편성의 대명사로 출현한 정부, 취락, 인류, 중생, 세계, 공리, 진화, 유물, 자연, 의무, 책임 등을 자성이 없는 것으로 보았다. 아울러 이런 부정적인 방식을 통해서 개인의 자주성 문제를 제기했다. 바꿔 말하면 개인 관념은 공公의 잠재물로서 출현했다. 그것은 보편성 개념에 반대하는 방식으로 도덕의 기초를 재건했다. 이 때문에 개인 관념은 한 측면에서는 공公, 군群 관념이 대면하고 있던 그런 사회 문제들을 마찬가지로 대면하고 있었고, 다른 한 측면에서는 선善이라는 문제와도 연관되어 있었다. 우주와 사회 가운데서 무엇이 자성을 가지고서 본연적으로 착한 사물인가? 단지 개인 및 그 자주성만이 본연적으로 선하다고 할 때, 개인과 사회의 대립은 비로소 도덕적인 선악 대립을 구성할 수 있다. 이런 의미에서 개인 관념, 자아의식은 선의 문제와 내재적인 연계를 맺고 있다.

찰스 테일러는 이런 문제를 사용해서 서구 사상 가운데 정체성 문제의 비역사적인 측면을 기술했다. 왜 우리는 '나는 누구인가?'라는 문제로 기본적 성향을 사고해야 하는가? 나는 누구인가라는 질문은 잠재적 대화자로서 인간을 대화자의 사회에 위치시킨다. 그 때문에 나는 누구인가에 대한 대답은 늘 나와 타인의 관계라는 범주의 제한을 받는다.[12] 개인은 이런 관계를 떠나서 자기 자신에게 제기된 이런 질문에 대답할 수 없다. 그가 대답할 수 있는 것은 '그가 어디에 서 있는가?'이고 그가 대답하고 싶은 것은 '무엇인가?'이다. 이 때문에 우리는 늘 자연스럽게 우리의 기본 성향을 이야기함으로써 나는 누구인가 하는 문제를 대체하는 경향에 빠진다. 이런 성향을 상실하거나 혹은 그것을 발견하지 못하면 또한 나는 누구인지 알지 못한다.

일단 이런 성향을 획득하면 당신이 문제에 대답하는 입장을 확정하고 또한 당신의 정체성을 획득한다. 이런 점에서 말하면 중국 근대 사상에서 '나는 누구인가?'라는 질문은 대단히 드물었다. 하지만 개인과 자아는 일종의 독특한 가치 판단의 원천으로서 도덕의 공간을 제공한다. 이런 도덕의 공간에서 인간은 자신의 방식과 이런 공간에서 자신의 위치, 그리고 사물이 우리에게서 갖는 의의 등을 찾았다. 나는 중국에서 정체성 문제가 존재하지 않았다거나 혹은 이 정체성 문제를 개인과 집단의 사회적 관계 속에 두고서, 이런 개인과 집단의 관계는 정체성 문제와 밀접하게 관련됨을 부인하는 데 동의할 수 없다. 제임슨의 문제는 개인과 집단의 알레고리 관계에 관한 것이었다. 그는 결코 이런 알레고리 관계와 정체성 문제가 관련된다고 말하지 않았다. 이 때문에 그는 개인과 집단의 관계가 어떻게 역사적으로 구성되는지 좀 더 나아가 분석할 수 없었다. 이것은 아마도 그가 주로 문학 텍스트를 분석한 것과 관계가 있을 것이다.

중국 근대 사상 가운데 개인과 자아의 관념 그리고 그것의 운용에 대해 연구하고자 하는 동기는 단지 중국의 근대 정체성과 개인 관념의 관계를 추상적으로 토론하려는 게 아니다. 내가 특별히 중시하는 점은 개인 관념의 역사적 구성이다. 혹은 개인 관념의 계보학이라고 할 수 있다. "도덕 개념 발달사에 언어학, 특히 어원학적 연구는 어떤 시사점을 주는가?"[13] 니체는 위에서 우리가 지금 사용하는 이성이 아니라 어원과 그 운용에 입각해서 인간의 행위 준칙을 해석하고 규범화해야 함을 이야기했다. 그래서 도덕 관념이 발생하게 된 자연, 사회, 생리, 심지어 병리적 조건을 보여 주었고, 인간이 다른 시기와 조건 아래에서 상이한 가치 판단을 창조하는 원초적인 동력을 발굴했다.

앞에서 기술한 것처럼, 공과 군 관념과 다른 점은 개인과 자아 관념이 반도덕적 방식으로 출현했다는 점이다. 하지만 이런 반도덕적 방식은 당연히 반대 방향에서 확정적인 가치를 찾는 행위로 이해된다. 중국 근대 사상에서 개인 관념은 자연·공리·국가·단체 등 모든 보편적 개념의 대립물로 자신을 범주화했다. 하지만 만약 우리가 개인 관념을 근대 중국의 맥락에 두고서 그것의 기원과 운용을 관찰한다면, 우리는 인간의 자주성과 독자성 그리고 유일성에 대한 강조가 바로 저런 보편성 관념이 해결하려고 한 문제를 그 목표로 하고 있다는 사실을 발견할 것이다. 바꿔 말하면, 만약 공이나 집단 같은 관념은 만청晚淸 사회에서 실제적인 정치 의의를 가진다고 한다면, 개인 관념도 마찬가지로 정치적인 개념이다.

임시성의 개체 관념과 '공리'에 대한 해체
— 반근대적인 개체 개념은 왜 또다시 보편성으로 돌아갔나?

1. 근대적 태도: 개체를 군체 진화라는 시간 목적론 속에 집어넣다

유럽 사상에서 근대 관념은 개인·자아 관념과 밀접하게 관련된다. 18세기 이후 심리학, 철학은 모두 인간의 자아에 관한 연구를 발전시켰다. 개인의 행복에 대한 고려가 많아질수록 개인에게서 도덕, 사회, 국가는 더욱 문제가 되었다. 개인은 어떻게 다른 사람의 생활과 연결되는가? 집단생활은 또한 어떻게 개인의 생활을 초월하는가? 이것이 바로 계몽운동의 실천 문제였다. 이런 각종 토론을 통해서 근대 유럽 사상은 하나의 암묵적 합의에 도달했다. 자연이 규정한 개인은 원초적으로 이미 부여된 사실이며 단순하고 자명한 사실이다. 일체 개인을 초월한 관계는 모두 반드시 개인을 해석의 출발점으로 삼아야 한다. 이런 점에서 말하자면 17세기 자연주의 형이상학은 18세기 윤리학의 배경을 형성했다. 18세기에 사람들은 원자론에 유비하여 개인의 함의를 고려했고, 17세기에는 오히려 단자론에 유비하여 이 문제를 고려했다.[14]

장빙린은 나중에 원자론과 유사한 개인 관념을 발전시키기도 하지만, 그의 개인관에는 여전히 18세기 유럽의 개인 관념과 중요한 차이

점이 있었다. 그 때문에 한편으로 그의 개인 관념은 심리나 정감의 문제를 거의 다루지 않았다. 다른 한편으로 그의 사상 속에서 개체 관념은 처음에는 '군'群과 '독'獨의 사상 범주 속에서 해석되었기 때문에 사회와 국가(그들 모두 '군'의 범주 안에 있다)를 우선 고려해야 할 범주로서 개인에 대한 논술 속에 포함시켰다. 1894년 8월 장빙린은 「독거기」獨居記를 지었는데 나중에 「명독」明獨으로 제목을 바꿔 『구서』訄書의 「명군」明群 뒤에 넣어 두었다. 이 글에서 "대독大獨은 반드시 군群을 이루고, 무리를 이루지 않으면 독獨이 아니다.", "대독은 반드시 무리를 이루고, 무리는 반드시 독獨으로 구성된다.", "작은 무리(가족)는 큰 무리(국가)의 적이다. 대독은 큰 무리의 어미다.", "그래서 고독한 자가 무리를 이루면 무리는 고독해진다."[15] 전문을 훑어보면 '독'獨에 대한 장빙린의 중시는 '군'群에 대해 '독'獨이 갖는 의의에서 연원한다. 이 때문에 그가 재차 강조하는 문제는 진정한 '독' 즉 "대군"(큰 집단)인 전체 사회나 국가에 유리한 '독'이 무엇인가 하는 거다. 말을 바꾸면 '독'은 반드시 '군' 및 그것의 수요로 귀결한다. 그래서 '독'은 책임, 의무 그리고 사리 및 좁은 의미의 집단 이익(예를 들어 가족의 이익 같은)의 제거를 의미한다.

정치적 의미로 말하면, 장빙린이 논의한 '군'도 캉유웨이가 말한 "대군(큰 집단)을 이루고 나서야 힘이 두터워진다"는 주장을 결코 뛰어넘지 못했다. 그는 「명군」에서 다음과 같이 말하고 있다.

> 오늘날 '무리를 이룸에 구분을 명확히 함'(合群明分)은 학자보다 재빠른 자가 없다. 이것은 무엇 때문인가? 장차 변법으로 공公을 바로 세우려(辟公) 한다면 반드시 천하의 총명한 눈과 귀가 보고 듣게 하고, 힘을 길러 제대로 통치할 수 있어야 비로소 내부의 업신여김을 막을 수 있다. 그래서 합군合群이 중요한 것이다.[16]

이는 캉유웨이의 변법 주장과 실천을 긍정하는 것이었다. 그는 사회 발생의 측면에서 '군'群과 '임금'(君)의 관계를 논의했고 '군'群을 '임금의 도'(君道)로 보았다. "군群은 쟁도爭道이다. …그것의 영역을 분명히 해서 '군'群에 속한 이들이 혼란스럽지 않게 한다. 그래서 임금(君)이 곧 군群이라고 말했다."[17] '군'群은 인류 사회가 형성할 수 있게 하는 질서와 제도이다. 거기에는 부류와 등급(그 신분을 명확히 함)도 포함되어 있는데, 이는 순자가 말한 '합군명분'合群明分과 대체로 유사하다. 그리고 변법 시대에 그것은 오히려 상회, 학회, 신문 그리고 의회 등을 가리킨다. 그래서 장빙린은 동일한 문장 내에서 이렇게 말한다. "상서上書는 신구가 섞여 있으니 새로운 것을 가지고 그것을 제정하고, 군의群議는 신구가 섞여 있으니 옛것을 가지고 그것을 제정한다. 그래서 거란세에는 봉사封事•로 소통하고, 혼란이 끝나면 의회를 설치한다."[18] "의회는 법률이 확정된 후에 숭상하는 것이지 법이 막 변화하려 할 때에 취할 바가 아니다."[19] "학당을 건립하기 전에 의회를 설치할 수 없고, 의회를 설치하기 전에 민주民主를 건립할 수 없다."[20] 상회, 학회, 학당, 신문, 의회 등은 모두 왕조 정치로부터 조금씩 벗어나거나 독립해 나와 형성되는 범주들이며, 또한 근대 '사회'와 '국가' 관념 형성의 제도적 기초이기도 하다.

'군'群의 관념은 만청 중국의 맥락에서 '공'이나 '공리' 관념과 호환되어 사용될 수 있는 개념이었다. 이 개념의 유행은 사회 관념이나 진화론 관념과 밀접한 관계를 가지고 있다. 옌푸는 1903년에 허버트 스펜서Herbert Spencer(1820~1903)의 『사회학 연구』(The Study of Sociology)를 번역한 『군학이언』群學肄言에서 다음과 같이 말하고 있다.

> 군학群學은 무엇인가? 과학의 율령律令으로 민군民群의 변화 단서를 관찰해서 지난 일들을 분명히 하고 미래를 예측한다. …스

• 봉사(封事): 밀봉한 상서를 올리는 일.

펜서는… 오랫동안 천연의 심오한 뜻을 파헤쳐 민군에게 그것의 도리를 분명히 밝혔다.[21]

군群은 인도人道가 모른 척할 수 없는 것이다. 군群에는 여러 가지가 있다. 사회는 법령이 있는 군群이다. 사회는 상업, 산업, 정치, 학문을 모두 갖추고 있지만 가장 중요한 의미는 국가를 이루는 데서 완성된다.[22]

군학은 과학 율령('천연'의 공리)이 인류 사회의 지식 영역에서 전개된 것이고, 사회의 내재 구조와 등급 질서 또한 과학 공리의 물질적인 전개이다. 이런 진화론을 기초로 한 사회 관념은 전체 중국 근대 사상의 가장 중요한 기초의 하나를 구성했다. 캉유웨이나 량치차오의 '삼세三世 진화'와 입헌 주장이 그것에 기초했을 뿐만 아니라 쑨원과 기타 급진파의 주장도 진화론적 사회 관념에 근거했다. 『민보』의 「발간사」에서 쑨원은 군群과 진화론의 관념으로 그의 삼민주의三民主義를 논증했다.

집단(群)을 다스리는 도리는 집단과 함께 진보하는데, 다른 것들 가운데 골라서 가장 적합한 것을 취사선택한 것일 따름이다. 이 집단의 역사가 이미 저 집단과 다르기에 이를 도와 진보시키는 각 단계에 선진과 후진의 구별이 없지는 않다. 내가 생각하기에 유럽이나 미국의 진화는 모두 3대주의로써 이루어진다. 민족, 민권, 민생이 그것이다.[23]

사회 통치 기술의 방식은 사회의 조직 방식과 함께 진화한다. 서로 다른 사회집단은 서로 다른 역사 조직 방식을 갖고, 그래서 사회 통치의 기술 방식도 차이가 난다.

만청에서 '5·4' 시대까지 중국 사상계의 중요 특징은 사회 진화의 의미에서 사회와 개인의 관념 및 그것의 의의를 토론했다는 점이다. '진화'는 일종의 '과학적 공리'이기 때문에 사회와 개인의 진화는 '공리'의 물질적 발현에 불과했다. 진화 관념은 사회가 새로운 미래를 향해 가는 동력이나 목표를 제공했다. 이것이 이른바 '근대성'이라는 시간 관념이 중국에서 발생하게 된 이론 근거이다. 진화가 가리키는 것은 사회 전체의 진화이다. 역사에 대한 서술 방식으로서 진화 관념은 우주와 인류 사회의 최종 이상을 제시했다. 개인 관념에 대한 근대 사상의 상세한 설명은 집단과 진화론의 근대적 관념 위에서 이루어진다. 그것의 논리 결과는 개인의 권력, 의무, 책임에 대한 고려를 사회의 이익과 역사의 최종 목표에 두고서 판단하는 것이었다.

량치차오는 『신민설』「논자유」論自由에서 정치 자유, 종교 자유, 민족 자유, 경제 자유 등 네 가지 자유를 구분했다. 그 가운데 정치 자유는 세 가지로 나뉘는데, "평민이 귀족에 대해 자유를 확보하고", "국민 전체가 정부에 대해 자유를 확보하고", "식민지가 모국에 대해 자유를 확보하는 것"이다. 여기서 자유는 역사성을 띤 문제로 간주됐다.[24] 이런 역사적 시야에서 만청 사상은 자유와 집단의 관계를 강조했다. 이것이 이른바 "자유는 단체의 자유이지 개인의 자유가 아니다"[25]라는 것이고, "우리는 총체總體의 자유를 추구하지 개체의 자유를 추구하지 않는다. 개체의 자유로써 공화를 이해하면 나중에는 엄청난 차이가 발생할 것이다."[26] 진화론의 '집단·개인'(群己)관은 최종적으로 이런 역사화된 자유관으로 표현됐다.

이런 맥락에서 만청의 개인 관념 출현과 집단(群) 관념은 직접적으로 관련된다. 옌푸는 밀의 『자유론』을 번역한 『군기권계론』群己權界論에서 individual을 소기小己로 번역했고, society를 군군群, 국군國群, 혹은 국인國人으로 번역했다. 모두 이런 진화론적 사회 관념의 지배하에서 이루어진 개인에 대한 이해와 해석이었다. 바꿔 말하면 개인은 단독적으로 이해해서는 안 된다. 반드시 일종의 관계로서 이해해야 한다. 만약 관계 범주로서 군群이 존재하지 않는다면 개인의 범주도 존재할 수 없다. 이 때문에 개인은 자연의 범주가 아니고 단독적으로 활동하고 자주성을 가진 인간이 아니다. 그것은 일종의 관념 구성이다. 이렇게 집단과 긴밀하게 관련되는 개인 범주는 분명하게 근대 사상가가 구축한 민족국가 이론과 사회 관념의 유기적 구성 부분이다.

이런 개인/집단의 논술 방식도 역사적 변화를 겪었다. 예를 들어 신해혁명 이후, 특별히 '5·4' 반전통주의 문화운동 중에 개인과 사회의 관계는 늘 대립 관계로 해석됐다. 개인은 전통과 현대, 신과 구의 틀 속에서 이해되는 경우가 훨씬 많았다. '5·4' 사상과 문학에서 개인 관념은 그 자체가 도덕과 가치의 원천이 되었다. 하지만 그것이 이런 원천이 될 수 있었던 까닭은 개인 관념이 사회의 진보나 전통 비판 등 근대 관념과의 내재적 연계 때문이다. 그 시기의 상호 모순과 충돌 속에서 개인, 개체, 개위個位 등의 관념은 국가, 사회, 가정 등의 집체성 개념에 비해 훨씬 중요한 개념이 되었다. 하지만 그렇다고 해서 이 시대 사람들이 이미 보편적으로 절대적 개인이 주의할 만한 유일한 것임을 믿었던 것은 전혀 아니다. 차라리 개인의 해방은 집단, 사회 그리고 국가에 통하는 진정한 해방을 위한 기본 조건이라고 말해야 할 것이다. 그것은 근대성의 목적론적 역사관과 민족국가 이론의 독특한 표현 방식에 불과했다.

근대 계몽사상은 시간의 내재 목적론과 인류 역사의 귀착지를 규정하고 있다. 정확히 미셀 푸코Michel Foucault가 계몽과 근대성을 분석하면서 다음과 같이 지적한다.

> 계몽의 분석―역사를 인류가 인간의 상태로 되는 과정이라고 규정했다―은 당대 현실과 전체 운동 및 그것의 기본 방향을 연계하였다. 하지만 이와 동시에 그것은 이 특정한 순간에 각 개인들이 어떻게 특정한 방식으로 전체 과정에 대해 책임을 질 것인가를 표명한다.[27]

바꿔 말하면 계몽의 분석에서 개인의 존재와 노동의 의의는 그가 존재하는 특정한 시점, 즉 근대와 연계된다. 그리고 이런 연계는 전체 역사 및 특정 목적의 과정에 대한 반성과 내재적 관련을 맺고 있다. 푸코가 말한 '근대성의 태도'는 귀속의 관계를 표시하고 또한 일종의 임무로, 당대 현실과 어떤 관계를 가진 방식으로, 특정한 사람들이 행한 자발적 선택으로, 사유와 느낌의 방식으로, 심지어는 행위와 행동의 방법으로, 간단히 에토스로 자주 묘사되었다. 그래서 근대성의 개인 관념을 이해하는 효과적인 길은 이런 개인의 관념이 어떻게 그것과 당대 현실, 나아가 전체 역사 과정과 관계를 건립하는가 이해하는 것이다. 개인이 집단과, 개인이 과거나 미래의 특정한 시간과, 그리고 개인이 진화한 인류 전체 역사와 맺는 관계 양식은 일종의 도덕 공간을 구성했다. 이런 공간에서 개인은 그의 도덕 성향, 책임, 의무 그리고 생존의 의의를 확정해야만 한다.

2. 반근대적 태도: 개체를 군체 진화라는 역사 목적론과 연관 짓는 것을 거부하다

개체 관념의 내포는 그것이 전체 역사에 대한 반성 양식과 맺는 관계에 의지한다. 그래서 장빙린의 개체 관념과 그 내포를 명징하게 이해하기 위해서는 반드시 전체 역사 및 개체 관념이 전체 역사와 맺는 관계에 대한 그의 언급을 분석하는 데서 시작해야 한다. 나는 이미 장빙린의 개체 관념과 근대성 비판에 대해 언급한 바 있는데, 이 명제의 함의는 우선 그의 개체 관념과 전체 역사의 연계 방식이 반근대적이었음을 지적한 데 있다. 즉 그는 개체와 진화론적 역사 목적론의 상호 관련을 거부했고, 또한 개체 도덕의 성향은 사회 전체의 도덕 공간에 의지함도 거부했다. 아울러 개체의 존재 이유에 대한 확인을 어떠한 다른 목적을 이루기 위한 방법으로 보는 것을 거부했다. 이것으로 그 자

신의 사회·정치사상을 형성했다. 개체는 국가와 법률의 시민도 가정과
사회의 성원도, 역사와 도덕의 주체도, 객체로서 자연과 가지는 관계
속의 주체도 아니다. 아무튼 개체는 다른 어떠한 보편적 사물과 맺는
관계를 통해서 자신의 의의와 위치를 확정할 수 없다. 바꿔 말하면 그
것은 자기를 '무'無 위에 건립했다. 원자가 자연계를 구성하는 것과 마
찬가지로 사회는 개체로 구성되어 있기 때문에 단지 개체 자신만이 진
실하다.[28]

　　이와 동시에 장빙린의 개체 관념은 진여, 자성 등의 관념과 직접적
으로 관련한다. 이것은 개체 관념이 기타 사물과의 부정적인 관계 속
에서 자신의 긍정적 내용을 가짐을 의미한다. 하지만 보편 사물에 대
해 개체의 우월성을 확인하는 이런 개념은 최종적으로는 또한 개체
개념의 자아 부정을 구성한다. 이런 복잡한 문제를 한 걸음 더 나아가
논의하기에 앞서 나는 먼저 장빙린이 옥중에서 『유가사지론』瑜珈師地
論을 연구할 무렵의 '진'眞에 대한 해석을 인용하고자 한다. 이 해석은
우리가 그의 또 하나의 개념인 '자성'을 이해하는 데도 도움을 줄 것
이다.

　　『설문해자』說文解字에서는 "진眞이란, 선인仙人이 모습을 바꿔 하
늘에 오르는 것이다. '匕'(匕: 화)와 '目'(목)과 'ㄴ'(은)을 따른다. 'ㅣ'
(기)는 하늘에 오를 때 타는 것이다."(眞, 仙人變形而登天也. 从匕从目从
ㄴ, ㅣ所乘載也)라고 말했다. '𡪁'(𩱱: 진)은 '진'眞 자字의 고문古文이
다. 생각건대 고문 '𡪁'(진) 자의 아랫부분은 '𠬸'(𩱱)을 따르는데,
이는 '𠁈'(卵: 란)을 따르되 가운데 부분을 붙여 버린 것이다. 다세
포 생물은 반드시 죽기 마련이지만, 단세포 생물은 만세토록 죽
지 않는다. '𠁈'(란) 자는 두 귀(耳: 㔾)를 등지게 한 것으로, 다세포
의 모습을 본뜬 것이다. '𠬸'은 다세포를 뜻하는 '𠁈'(란) 자의 가
운데 부분을 붙여서 하나로 만들었으니, 이는 단세포를 뜻한다.
진인眞人(즉 선인仙人)은 죽지 않으니 필시 단세포 생물로 변화

하는 것이다. 그래서 '**丠**'(화)와 '**螅**'이 들어간 것이다. [29]

세포에 비하면 개체는 결코 자성自性이 없다. 하지만 사회에 비하면
개체는 오히려 진실성을 갖추고 있다. 이 때문에 개체는 그 스스로 입
법자이다. 이런 의미에서 말하면 장빙린이 말하는 다세포와 단세포의
관계는 무자성과 유자성의 관계이기도 하다. 자성에 관해서 장빙린은
일찍이 여러 차례 해석했다. 그는 이렇게 말했다.

> 자성은 변화와 파괴가 불가능한 것을 말한다. 유정 세계의 존재
> 자 가운데 파괴되지 않는 게 없고, 기 세계의 존재자 가운데 변
> 화되지 않는 게 없다. 이것을 만물의 무자성이라고 한다.[30]

또 말했다.

> 이른바 자성은 나눌 수 없고 결코 변하지 않는 존재자가 그것을
> 가진다. 갖가지 형상이 합쳐서 조직된 경우는 각각 그것의 자성
> 을 가지기 때문에 이 조합 외에 따로 자성을 갖지는 않는다.[31]

가장 기본적인 의미에서 이른바 자성은 당시 물리학이 인식한 물질
의 최종적이고 쪼갤 수 없는 구성물인 원자와 같았다. 이런 의미에서
장빙린의 자성 개념은 실증주의적 의미를 띠고 있는 것 같기도 하다.
유식학의 입장에서 보면 분명 법아法我의 집착에 떨어질 위험이 존재
한다. 말을 바꿔 보면 진眞, 자성 그리고 원자는 모두 우주와 세계의 궁
극적 근원이자 구성 요소이다. 하지만 장빙린에게서 자성과 단세포의
견강부회는 임시적이다. 자성은 최종적으로는 원자와 같지 않다.[32] 아
래 단락에서 나는 우주의 최종 구성물에 대한 이해는 장빙린의 비판
사상의 출발점이고 또한 그가 보여 준 개체에 대한 긍정과 부정이라는
이중적 태도의 이론적 연원임을 지적할 것이다.

진화론에 대한 장빙린의 비판은 우선 역사 목적론과 역사 결정론에 대한 부정이다. 이것은 계몽운동이 만들어 낸 보편주의 이성 개념과 불가역한 시간 개념을 기초로 하는 역사관을 부정한 것이다. 진보나 진화에 대한 청말 사상의 이해는 다윈의 진화론과 그것의 사회 운용 방면에 집중됐다. 하지만 장빙린의 이해는 훨씬 심오했다. 많은 측면에서 그의 진화론 이해는 『천연론』 번역자인 옌푸에 비해 훨씬 정확하고 심오하다. 헉슬리는 『진화와 윤리』에서 분명하게 지적했다. 진화는 단지 상대적으로 단순한 상황에서 상대적으로 복잡한 상황으로 진화하는 진보 현상만 있는 것이 아니라 "상대적으로 복잡한 상황에서 상대적으로 단순한 상황으로 나아가는 퇴화 현상도 있다."[33]

헉슬리는 인류의 곤경과 진화의 관계에 대해 광범위하게 논의했다. 그의 주제 가운데 하나는 상이한 문화가 죄악과 고통에 대처하는 태도이다. 이것은 진화 과정에서 줄곧 수반되는 문제이다. 거기서 헉슬리는 인도 문화가 고통에 대한 이해에서 출발하여 전체 진화 과정을 거들떠보지 않은 것을 언급했다. 스펜서 사상을 이용해서 헉슬리를 해석한 옌푸와 비교해서 장빙린의 「구분진화론」은 헉슬리의 요지를 장악했을 뿐만 아니라 사회진화론에 대한 비판을 심화했다. 장빙린은 「구분진화론」의 서두에서 그가 비판하는 대상이 단지 다윈의 생물진화론이 아니라 헤겔Georg W. F. Hegel의 역사철학에서 기원한 전체주의적 역사관임을 분명하게 지적했다. 여기서 그의 이론적 통찰이 드러난다.

> 최근 사람들이 말하는 진화론은 헤겔에서 기원한다. 비록 진화에 대한 분명한 언급은 없지만 이른바 '세계의 발전은 이성의 발전'이라는 말에서 진화론은 싹이 튼 것이다. 다윈, 스펜서 등은 그의 학설을 응용해서 한 사람은 생물 현상으로 증명하고, 한 사람은 사회 현상으로 증명했다. 그들이 매달리는 궁극적인 목적은 반드시 완벽한 사회에 도달해야만 진화론이 비로소 완성된다는 점이다.[34]

장빙린은 헤겔의 이성 진화론에 대해 헉슬리가 생물학을 통해 비판한 것이나 쇼펜하우어Arthur Schopenhauer가 비이성의 측면에서 비판한 것은 핵심을 잘못 짚었다고 생각했다. 그래서 이런 역사관의 진정한 핵심 문제는 생물과 사회의 역사를 결코 객관적으로 진술하는 게 아니라, 이런 역사 서술을 통해서 가치와 도덕의 기원을 확정하는 것이며, 나아가 사회 정체성의 자원을 제공하는 것이다. 이 때문에 진화론에 대한 비판은 주로 역사 목적론 비판이었고 나중에는 도덕의 영역에서 진행됐다. 또한 장빙린은 '객관 사실'로서 진화(즉 변화)를 부인한 게 아니다. 그는 이런 변화가 선善을 향한 도덕적 함의를 가진다는 사실을 부인했다.

> 비록 내가 진화설이 그르다고 말하지는 않지만 쇼펜하우어가 말한 '의지'도 또한 진화가 아니라고 한 적도 없다. 만약 진화의 궁극이 완벽한 세계에 도달하는 거라고 말하면 하나만을 들어서 말한 것이지 완전히 사실에 부합하지는 않는다. 저들은 진화가 진화일 수 있는 까닭은 한 방향으로 진화하는 게 아니라 반드시 쌍방향으로 진화하기 때문임을 알지 못하고 오직 하나의 방향만을 들어서 지식이 진화한다고 말할 뿐이다. 만약 도덕으로써 말하자면 선善도 진화하고 악惡도 진화한다. 만약 생계로써 말하자면 즐거움도 진화하고 고통도 진화한다. 쌍방향으로 병진하는 것은 마치 그림자가 형상을 따르는 것과 같고, 귀신이 그림자를 쫓는 것과 같으니 다른 게 있지 않다. 지식을 더 발전시킴에 한쪽으로 나아가고자 하여도 불가능하다. 과거에는 선과 악이 작았지만, 오늘날에는 선도 악도 커졌다. 과거에는 고통과 즐거움이 작았지만, 오늘날에는 고통도 즐거움도 커졌다. 그러므로 선과 즐거움을 목적으로 삼는 것은 과연 최고의 행복으로 진화하는 것인가, 아니면 최고의 불행으로 진화하는 것인가? 진화의 실질은 그릇된 것이라 할 수 없지만 진화의 응용 방식은 취할 바

가 못 된다. 나는 스스로 이 글에 '구분진화론'이라고 제목을 붙이겠다.[35]

장빙린이 국가, 사회, 단체 등 인류 문명의 '이성화'라는 산물을 비판한 것도 이런 선악 병진의 비역사적 목적론의 판단에 기초한다. 그는 말했다.

국가나 사회가 성립되기 전에 살상은 그렇게 심하지 않았다. 집단이 형성되자 창과 칼을 사용하고, 화기를 사용하기에 이르렀다. 한 번 전쟁에 수백만 명이 죽고 온 세상을 피로 뒤덮는다. 살상이 옛날보다 월등히 심하다. 무력을 사용하지 않고 전략을 통해서 공략하여 전 세계를 통일하려 한다면 옛날보다 더욱 심각해질 것이다. 왜냐하면 칼로 사람을 죽이는 것이 기술로 사람을 죽이는 것만 못하기 때문이다.[36]

그의 결론은 저급한 포유동물이 인류로 진화는 역사 과정에서 선과 악은 동시에 진화한다는 것이다.[37] 그 이유는 장빙린의 불교 용어로 말하면 첫째는 훈습성薰習性이다. 이것은 생물 본성은 선과 악이 없지만 일체 생물은 진화의 법칙을 따라 행해지게 되는 것을 말한다. 그래서 결코 무기無記(무선무악)의 상태로 머물지 않고 반드시 선악 종자가 있어서 그것과 섞인다. 이 때문에 "본식本識(아뢰야식)•에 훈습되어 종자가 된다."[38] 생물의 진화 정도는 "진화하면 할수록 선해지고 악을 행하는 능력도 더욱 진화한다. 이것은 쉽게 이해되는 부분이다." 두 번째는 아만심我慢心에서 기인하는데 말라식末那識이 아뢰야식을 자아라

• 본식(本識): 아뢰야식(阿賴耶識), 알라야식, 장식(藏識) 등으로 불린다. 대승불교의 유식학파 등에서는 인간 의식이 안(眼)·이(耳)·비(鼻)·설(舌)·신(身)·의(意) 등 6식(識)과 제7식인 말라식, 제8식인 아뢰야식으로 이루어졌다고 본다. 아뢰야식은 가장 심층의 의식으로 산스크리트어 ālaya vijñāna의 음역어이다.

고 집착해서 한순간도 놓지 않는다. 이 때문에 네 가지 마음을 낸다. 진리를 추구하는 마음(好眞心), 선을 추구하는 마음(好善心), 미를 추구하는 마음(好美心), 이외에 다시 이기고자 하는 마음(好勝心)이 있다. 선악도 그것을 따라서 발생한다.[39] 장빙린이 이런 불교 술어를 이용해서 밝히려는 기본 문제는 인류 문명의 발전은 결코 시간에 따른 불가역한 진화나 끊임없는 진보의 과정이 결코 아니며, 근대 사회의 관념, 제도 그리고 물질의 발전은 결코 합목적적 과정이 아니라는 점이다. 거꾸로 그것이 내포하고 만들어 내는 악은 고대에 비해 더했으면 더했지 모자라지 않다.

3. 소극적인 자유: 개체 관념의 내포와 '공리' 세계에 대한 비판

장빙린이 말하는 선악 병진은 개체의 입장에서 말한 게 아니라 "한 사회나 국가의 다수 인류의 입장에서 말한 것이다." 그의 착안은 지식이나 물질, 그리고 제도의 변화가 아니라 이런 변화가 도덕에 대해 갖는 의미이다. 여기서 말하는 도덕은 일반적으로 말하는 '공덕'公德이나 '사덕'私德이 아니다. '진여평등의 무차별'이라는 본체론 원리에 기초한 평등관이다. 꼭 지적해야 할 점은 장빙린은 역사 과정(그가 말한 '객관적')으로서의 진화를 반대하지 않았다는 사실이다. 그의 주된 논지는 근대 사회가 고대 사회에 비해 잔혹함을 증명하려는 게 아니다. 그는 역사 과정을 다시 서술함으로써 근대 가치의 연원인 '공리', 근대적 지식 체계, 그리고 이런 '공리'화의 근대 지식 체계에 기초해서 발생한 근대성의 태도를 와해시키려 했다. 진화론적 역사관에 대한 비판은 '공리'화한 근대 지식 체계 비판의 일부이다. 이것은 그가 2년 후 『민보』제22호에 발표한 「사혹론」四惑論에서 매우 분명히 드러난다. 장빙린은 다음과 같이 말한다.

옛날 사람들은 신성불가침한 것은 명분名分이라고 말했다. 오늘날 사람들은 신성불가침한 것은 첫째는 공리이고, 둘째는 진화이고, 셋째는 유물이고, 넷째는 자연이라고 말한다. 사실과 비슷하다 하여 억지로 받아들이게 하는 경우도 있고, 사실이 아닌데도 잘못 기탁하는 경우도 있다. 요컨대 그것들 모두 미혹하여 실질(小青)에 어긋났으며 진리(誠諦)에 기반을 두지 못하고 있다.[40]

사실 진화·유물·자연은 모두 과학 '공리'로서 중국 근대 이데올로기를 형성하는 구성 요소이기도 하다. 어떤 사람은 진화, 유물 그리고 자연의 사유가 '공리'로 이해될 때라야 중국 근대 정체성의 기본 자원과 중국 근대 정치사상의 이론 기초가 될 수 있다고 말한다. 장빙린이 '공리' 세계관을 폭로하고 비판한 것은 특히 근대 사회의 정체성과 정치사상의 기본적인 출발점이 가진 문제와 관련된다.

주의해야 할 것은 장빙린의 개인 관념과 그것의 내포는 '공리'에 대한 비판 과정에서 출현했고, 그래서 이런 개인 관념은 부정적인 방면에서 근대라는 정체성과 사회·정치사상의 기초 문제에 관련된다는 점이다. 장빙린은 다음과 같이 말한다.

공리는 대부분의 사람이 인정하는 영역이다. …하지만 이 리理는 자성을 갖지 않으며, 우주에서 독존하는 사물도 아니며, 인간의 원형 관념이 사물에 대응하는 데 기대어 성립한 것이다.[41]

공리는 존재하지만 그것은 우주적 원리나 선험적 규범이 아니다. 그것은 인간의 관념이 구성한 것이다. 즉 사물로 구성한 일정한 인식 체계 속의 존재이다. 공리는 사물의 본성이 아니라 인간의 창조이다. 또한 그것은 인류의 공통된 인식이라기보다는 개인의 학설이다. 그래서 공리의 창조 과정은 '공'의 전개가 아니라 '사'의 왜곡된 표상이다. 사회적 역할에 대해 장빙린은 다음과 같이 말한다.

만약 세계를 근본으로 삼아서 개인의 자유를 침범한다면 그것이 인간을 속박한다는 점은 이른바 천리와 마찬가지다. …이른바 공公은 여러 사람이 동일하게 인정하여 공이라고 하는 게 아니라, 자신의 학설을 추구하여 공이라고 여긴다. 그러한즉 천리가 인간을 속박하는 게 법률보다 심하다지만, 공리가 인간을 속박하는 것은 천리보다 얼마나 더 심하겠는가.[42]

"개인의 자유"는 여기서 일종의 지고한 원칙이 된다. 그것은 공리·사회·세계 등의 이름으로 출현한 어떠한 집단적 관념도 거부한다. 이런 관념은 전체 근대 혁명 과정에서 근대성의 태도로 표현됐다.

저들은 말한다. "사회와 서로 돕지 않으면 공리를 위배한 것이고, 은둔도 공리를 위배한 것이고, 자살도 공리를 위배한 것이다."[43]

나는 위에서 이미 근대적 태도의 특징 가운데 하나는 진화론과 목적론의 역사관이고, 그것은 개인과 개인 생존 의의를 합목적적 역사 과정이라는 당대 시각과 관련시킨 것이라고 지적했다. 종족 혁명과 사회 혁명의 과정에 참여한 장빙린은 사회가 개체에 대해 갖는 결정성과 우선성을 부인하고 개체의 회피·은둔·자살의 자주권을 옹호했다. 그 정치적 함의는 이사야 벌린Isaiah Berlin(1909~1997)이 말한 '소극적 자유'(negative liberty)[44]에 근접한다. 또한 이런 의미에서 장빙린은 개체의 자주성에 대한 강조를 자유에 대한 이해와 연결시키는데, 단지 개인과 개인의 자유에 대한 그의 논증 방식은 그의 자성, 원자 그리고 진정한 우주 구성 원리에서부터 펼쳐진다.

장빙린의 이해에서 공公과 공리公理의 대립물로서 개인 및 개인의 자유는 다음과 같은 몇 가지 층위가 있다.

첫째, 개인은 절대 자유의 존재이고, "세계를 위해서 태어나지도 않왔고, 사회를 위해서 태어나지도 않았고, 국가를 위해서 태어나지도 않았고, 타인을 돕기 위해서 태어나지도 않았다. 그래서 사람은 세계·사회·국가 그리고 타인에 대해서 기본적으로 아무런 책임이 없다."[45] 바꿔 말하면 개인은 세계의 분자나, 사회의 성원, 국가의 국민, 종교의 신도, 타인의 친구가 아니다. 그래서 독립된 개인 위에 그것이 법률, 교의, 자연법이든 아니면 사회의 책임과 의무든 간에 어떠한 명령이나 타율도 존재하지 않는다. "자아는 절대이기에 한 터럭도 타인이 가져갈 수 없다."[46] 개체는 개체 자신의 절대자이며 그는 어떤 관계의 범주에 예속되지도 않는다.

둘째, 개인의 자유는 다른 사람을 해치지 않는 것으로 경계를 삼는다. 이런 종류의 자유의 근본 의의는 거절의 자유이다. 사회, 역사 혹은 필연성 등 '공'公의 형식으로 조성된 개인에 대한 어떠한 요구도 자유에 대한 부정이다. 바꿔 말하면 개인 자유의 진정한 함의는 개인이 무엇을 할 수 있는가가 아니라 개인이 무엇을 하지 않을 수 있는가이다. 회피, 은둔, 자살은 개인 자주성의 최고 표현이다. 이것은 이런 행위가 일종의 소극적인 행위이기 때문이다. 그것들은 개인이 무엇을 할 수 있는가를 설명하는 게 아니라 개인이 "신성불가침한 것"―책임, 의무 등등―에 대해서 거절의 태도를 취할 수 있음을 보여 주는 데 있다.

바꿔 말하면 개인의 자주성이야말로 절대적이다. "무기無記 이상으로 사람을 탓하면서 그것을 공리公理라고 한다면 사람을 속박함이 너무 심하다"[47] 헤겔이나 프루동Pierre-Joseph Proudhon처럼 "상호 견제를 자유로 여기고", "사물을 모두 힘으로 귀속시키기 때문에 절대(至極)를 지향하게 하여 반드시 강권强權을 숭상하게 될 것이다. 명목상으로는 사람을 자유롭게 한다지만 사실은 전혀 자유를 획득할 수 없다."[48] 천리에 비해서 공리는 "사회에 상존하는 힘으로 개인을 억제한다." "속박은 끊임없고" "세계에서 피할 곳이 없다." 그래서 "공리의 참혹함은 오히려 천리보다 훨씬 심하다"[49] 바꿔 말하면 근대의 사회조직과 그것의 이데올로기가 개인에게 가하는 압박은 전제 사회나 천리를 중심 개념으로 하는 윤리 체계보다 훨씬 심하다.

셋째, 장빙린은 이런 절대적 개인 관념을 동시에 차이(不齊)로써 평등(齊)을 회복하는 법칙으로 이해했다. 그래서 이 관념은 최종적으로는 제물齊物의 우주 원리와 역사 관념으로 귀결했다. 일종의 우주 원리로서, 그것은 세계를 인지하는 방식과 세계에 대응하는 윤리를 제공하기도 했다. 이것은 또한 우주 원리의 개인 관념이 해결을 시도하는 점이 그것의 부정 대상인 공, 군, 공리 등의 근대 세계관과 마찬가지로 사회 정체성의 기초 문제임을 의미한다. 단지 그것은 보편적인 개념으로서가 아니라 절대적 개인 자주성을 진정한 사회 법칙으로 삼았을 뿐이다. 장빙린은 다음과 같이 말한다.

> 장자莊子는 "제물은 확정된 장소(正處), 확정된 맛(正味), 확정된 색깔(正色) 같은 고정된 법도가 없다. 사물이 각각 자신이 선호하는 것을 따르게 한다"고 말했다. 공리를 뛰어넘는 이론은 실로 어지간한 이가 아니면 헤아릴 수가 없다. 장자의 말대로라면 "그렇지 않은 사물은 하나 없고, 옳지 않은 사물도 하나 없다." 헤겔이 말한 "모든 사물은 이성에 합치되고 각각의 사물은 완전하다"는 것과 말은 서로 비슷하다. 하지만 하나는 사람의 마음은 같지 않아서 표준화하기 힘들다고 생각하고, 한쪽은 이를 최종 목적을 위해 거쳐야 할 길이라고 여긴다. 근본에서는 완전히 다르다.[50]

장빙린이 제물 사상과 헤겔의 역사 이성을 분명하게 대비시키는 가운데, 이런 제물 사상과 개인 관념은 반결정론과 반목적론의 우주관을 구성했다. 이 점에 관해서 나는 장빙린의 『제물론석』齊物論釋을 논할 때 다시 상세하게 이야기하겠다.

진화, 유물, 자연에 대한 장빙린의 비판은 마찬가지로 '공리'에 대한 오해와 거짓에 대한 폭로이다. 이 세 방면은 근대 사상이 과학이나 그것의 공리로 사회 변혁의 이유를 삼은 것과 관련된다. 이렇게도 이야기할 수 있다. 그가 공리 세계관을 해체하려는 노력은 진화론의 역사목적론, 혹은 유물론적 역사 결정론 그리고 과학주의적 자연 관념에 대한 구체적 분석을 통해서 진행됐다. 장빙린의 철학 비판 방식은 결코 복잡하지 않다. 인식 층위에서 장빙린은 증명을 시도한다. 진화, 유물, 자연 등의 과학 사상은 근본적으로 인간의 이성 활동일 뿐이다.

첫째, 진화는 결코 세계의 상태가 아니라 인간 의식의 구성물이다. 불교 술어를 사용해서 말하면 조건적 인식(緣識)에 의해서 성립되었다. "이른바 진보는 본래 아뢰야식(根識)의 미망이 형성한 것이지 실제로 이런 진보가 있는 게 아니다. …지구를 관찰해 보면 언제나 태양을 중심으로 회전한다. 그것이 회전하는 궤도는 원을 그리며 순환하지 직진하는 길은 없다."[51]

둘째, 과학이 연구하는 물질은 스스로 존재하는 물질이 아니라 특정한 조건 속에서 확인된 물질이다. 그것은 단지 인과율을 통해서만 자신을 드러낼 수 있다. 이 때문에 과학은 우선 세계 구성을 그 대상으로 삼는다. 그리고 그것의 범주 관계 가운데 집어넣고서 해석을 시도한다. 이런 의미에서 유물은 허망한 것이고 과학은 단지 세계에 대한 해석 체계에 불과하다. 그것은 결코 세계 자체를 해석할 수 없다. "응용과학은 과학 자체는 아니다. 과학에서 연구하는 물질은 진정한 물질이 아니다. 이것은 무슨 의미인가? 이른바 과학은 인과율을 벗어날 수 없다. 인과는 물질이 아니라 원형 관념의 일단일 뿐이다." 인과의 존재를 승인하면서도 물질 외부에 다른 무엇이 존재함도 승인한다. 또한 유물로써 표준을 삼지도 않는다. 원자라고 하더라도 여전히 "경험을 초월해서 무방분無方分*에서 그것의 근본을 찾는다"[52]

• 무방분(無方分): '방분'은 공간을 지칭하는 의미로, '무방분'은 공간이 없는 극미의 상태를 말한다.

셋째, 이미 과학의 인지 대상으로서 물질이 과학에 의해서 구성된 것이라면, 이 때문에 물질을 내용으로 하는 자연도 필연적으로 자성을 갖지 않는다. 그래서 자연은 과학이 구성한 인식 대상에 지나지 않는다. "사물이 무자성이라는 주장을 이해한다면 자연설은 무너진다. 요즘 어떤 사람은 자연 규칙이 자연과 법이法爾•에 합치된다고 말한다. 법이는 본래 마음을 떠나서 아무것도 얻을 수 없음을 말한다. 여기서 법은 마음의 미혹이 구성한 것이다. 자연 규칙을 말하는 자는 자성에 집착하여 만물이 모두 조건을 통해서 발생하고, 이런 조건에 의한 사물의 발생과 전개가 실은 의식(心量)으로부터 전개됨을 알지 못한다."[53]

장빙린이 생각하기에 지식의 추론은 언제나 환원과 유사하다. 그것은 복잡에서 단순에 이르고, 표면상의 다양성에서 이런 다양성을 구성하는 기초적 동일성, 즉 마음이 조작한 바에 이른다.[54] 이런 사유 방식의 주된 특징은 인간 의식의 여러 층위에 놓여 있는 차이와 다양성을 말살한다는 데 있다. 그리고 단지 이런 차이와 다양성을 거짓과 오해로 간주한다. 이런 거짓과 오해를 말끔히 씻어 내야 인간의 인식 가운데 있는 각 사물의 형태와 중요도의 차이가 해소된다. 그는 예를 들어 설명했다. 감각 가운데 단지 광상光相과 화상火相이 있지 해와 불이 존재하지는 않는다. "해와 불은 의식에 의지해 경계를 취해서 명명한 것이다."[55]

장빙린의 의도 가운데 하나는 과학에 대한 믿음이나 전통의 습속 그리고 지식의 명명으로 건립되고 보호되는 각종의 인위적 차별, 즉 명상名相을 제거하려는 것이다. 그는 근대적 역사관과 우주관이 말하는 특수한 규율 및 이런 규율이 발생시킨 새로운 도덕 의식과 사회 정체성은 단지 실제 상황과 거리가 먼 일종의 가설이자 거짓일 뿐임을 힘써 드러냈다. 진화와 퇴화, 고통과 쾌락 등등은 결코 높낮이의 구분에

• 법이(法爾): 법이 본래 그러한 것 내지는 저절로 그렇게 되는 것을 가리키는 불교 용어로, 자연(自然), 천연(天然)과 유사한 의미이다.

있지 않다. 또한 이론상의 근본적인 차별도 없다. 거꾸로 모든 구분과 차별은 무차별의 감각으로 귀결할 수 있다. 이것은 인식론 측면에서 "진여는 평등하여 무차별"이라는 본체론적 원리에 기초한 평등 관념에 기초를 제공했다.

판단과 지각을 동일시하는 방법론에서 보자면 이런 생각은 클로드 아드리앵 엘베시우스Claude Adrien Helvétius(1715~1771)가 그의 『정신론』(De l'Esprit)에서 보인 관점과 유사하다(단지 어느 정도의 유사함이다). 나중에 사람들은 모든 정신 활동을 판단으로 환원할 수 있다고 생각했는데 판단은 단지 개별 관념의 차이와 일치에 대한 파악에 불과하다. 하지만 차이와 일치에 대한 인식은 의식의 원시 활동을 전제한다. 이런 활동은 감각 가능한 성질에 대한 지각과 유사하거나 혹은 심지어 동일하기까지 하다. 엘베시우스가 판단과 지각을 동일시했을 때 "윤리 표준이라는 건축물과 지식의 논리 층위의 구조물은 붕괴됐다. 이런 두 가지 건축이 사라진 까닭은 지식의 유일하고 움직일 수 없는 기초는 감각이라고 말했기 때문이다." 에른스트 카시러Ernst Cassirer(1874~1945)는 엘베시우스의 방법론이 18세기의 특징을 구성했지만 그의 이런 관념은 프랑스 계몽철학이나 백과전서파와 완전히 대립된다고 지적한다.[56] 장빙린의 특징은 이하에 있다. 그가 비록 지식(名相)과 감각의 연결을 강조했지만 이런 감각 자체에 대해 마찬가지로 매우 회의적인 태도를 취했다.

4. 자연법칙과 인도人道의 원칙

진화·유물·자연 등 근대 관념은 아마도 자연 역사나 자연 규칙 그리고 세계의 물질 기원 등의 문제를 다루는 것 같다. 하지만 이것은 단지 표면적인 것일 뿐이며 그것의 핵심 이론은 아니다. 장빙린은 그것을 '공리' 세계관의 구성 부분으로 삼아 분석을 진행했다. 이런 비판

전략은 우리가 자연철학이 아니라 응당 윤리학에서 이론 핵심을 찾아야 함을 분명하게 보여 준다. 비록 이런 '공리' 윤리학은 '공리화'의 자연 관념 혹은 우주론을 그의 이론 자원으로 삼지만. 말을 바꿔 보면 진화, 유물 그리고 자연 및 근대 사상이 이런 관념들에 대해 취하는 변호는 결코 순수한 과학 교조 혹은 형이상학 교조가 아니라 일종의 율령이다. 이 율령은 단지 사물의 성질에 관한 논점의 확립을 가리킬 뿐만 아니라 명령과 금지를 가리키기도 한다.

표면적으로 보면 이런 관념과 그것의 변호는 엄격하고 일관된 결정론 체계로 보이기도 한다. 그것의 논리를 따르자면 사람들은 인간 혹은 인간의 주관성을 통해 해석된 어떠한 특징도 자연에 부가해서는 안 된다. 이 때문에 자연에는 정의나 비정의란 존재하지 않으며 또한 선이나 악 또한 존재하지 않는다. 자연에서 모든 생물과 사건은 그것의 가치나 유효성으로 보자면 모두 평등하다. 모든 현상은 필연적이며 생물의 기존 속성과 생존 환경은 그것이 단지 실제 보이는 것처럼 활동할 수밖에 없도록 결정한다. 사물의 성질과 관련된 논점을 인간과 인간 활동에까지 미뤄 보면 또한 인간의 원자론적 이해가 이루어진다. 즉 원자의 구조는 인간을 형성한다. 인간의 주관성으로 결정되지 않는 원자의 운동이 인간의 성격과 운명을 결정한다.

하지만 장빙린은 이런 유물론적 언급 속에 심오한 대립이 숨어 있음을 발견했다. 바로 홀바흐Baron d'Holbach의 『자연의 체계』(System of Nature) 같은 18세기 유럽 계몽철학에서 그러했던 것처럼 이런 자연과 관련한 관념은 단지 보다 넓은 전체의 전주곡이고, 사회체제와 보편 도덕에 관련된 기초였을 뿐이다. 이런 관념의 진정한 경향은 오직 사회와 도덕 영역에서야 비로소 분명하게 드러난다.

나도 진화설을 말하지만 객관 사실에 한정해서 그것을 말했을 뿐이다. 진화를 하나의 주의로 삼는다면 어떤 일도 강제할 수 없다. 즉 다른 사람이 반드시 실행하게 할 수 없다. 저들은 자유를 높이 치켜들면서 또한 앞으로 진화할 것이라 예견한다. 이 때문에 어떤 이는 학설을 세워 사람들을 현혹했다. "노동은 인간의 천성이다." 만약 이런 식이라면 정말로 진화교進化敎라고밖에 할 수 없다.[57]

진화 혹은 공리는 결코 사물의 성질 자체는 아니다. 사물의 성질에 대한 강제적 규정이다. 이런 강제적 규정을 사회의 행위 규정이나 가치 기준으로 삼는 것은 사회 전제(專制)의 인식론적 기원이다.

이런 식으로 강권을 주장하는 자들은 또한 훈령으로 사람들을 마음대로 농단하면서 "강권에 복종하는 것이 바로 자연적인 본성"이라고 말한다. 이것은 신교설神敎說과 다를 게 뭐가 있는가?[58]

자연 규칙이 본래 인도와 무관하기 때문이다. 그것을 따른다고 잘난 것도 아니고 그것을 거스른다고 해서 죄인 것도 아니다. 진화는 자연 규칙이다. …개인이 스스로 진화를 멈추려고 하면 못할 것도 없다. 개인의 진화 거부가 다수가 되어 한 시대를 풍미해서 모든 것이 진화하지 않더라도 개인의 잘못일 수 없다. 진화는 본래 지구를 가득 채우고 있는 사건이지만 인도와는 애초에 아무런 관계가 없다. 하지만 진화를 굳이 고집하는 사람은 다른 사람이 자신과 다르다는 사실을 싫어해서 자연 규칙을 위배했다는 이유로 다른 사람을 비난한다. …지금 자연 규칙을 믿고 신앙하는 사람은 하나는 폐기하고 하나는 선택한다. 스스로 모순됨을 깨닫지 못한다. …옛날에 어리석은 사람은 운명에 안주하지 않는다고 다른 사람을 질책하더니, 요즘의 덜된 인간들은 진화를 추구하지 않는다고 다른 사람을 비난한다. 둘은 적극(行)과 소극(藏)이라는 점에서 비록 다르지만 그 근거는 오히려 동일하

다.[59]

장빙린은 자연 규칙과 인위 규칙을 구별하려는 자세를 견지했다. 그는 자연 사건이 절대 필연성을 가진다는 이런 관념이 이미 그 자신이 짜놓은 함정에 빠진 것이라는 사실을 분명하게 보았다. 그래서 이런 관념에 근거하면 우리는 도대체 어떤 권리가 있기에 규범을 논하는가? 또한 어떤 권리가 있기에 요구하고 평가하는가? 이런 관념은 '필수'를 '필연'으로 간주한 게 아닌가? 우리는 필연을 이끌고 그것의 경로와 도달점을 규정할 수 있는가?[60] 근대 세계관은 공리, 진화, 유물, 자연 등등 '아뢰야식의 미망'이 조성한 것이다. 만약 미망이 조성한 도덕 질서를 승인한다면 이런 미망의 '공리'는 곧바로 위험한 전제 통치를 구성할 것이다. 그래서 여기서 그것은 인간의 지식을 소거할 뿐 아니라 근본적으로 인간—보편적 인간이 아니라 구체적 인간—의 행복과 자유를 박탈한다. 이런 공리, 진화, 유물, 자연 등의 개념 혹은 명상을 철저하게 제거해야만 자연의 질서가 이런 개념 혹은 명상名相이 구성하는 초자연적 세계관의 간섭이나 위협을 받지 않고 또 전복되지 않을 수 있다.

5. 무아의 개체는 도덕의 기원이 될 수 없다

이론적 맥락에서 보면 '공리' 세계관에 대한 장빙린의 비판은 불교의 우주 '진여'설, 특히 불교의 연기론과 무상론에서 출발한다. 하지만 이것이 장빙린의 사상이 바로 불교 사상의 연역이라는 말은 아니다. 그가 개인의 자주성을 위에서 말한 갖가지 '공리'와 대립시킬 때 이런 '공리'는 개인을 에워싸고 개인을 압박하는 전제專制적 역량에 불과하다. 이런 의미에서 개체 혹은 개인이 비록 자성을 갖지 않지만 오히려 상대적으로 말하면 비교적 진실한 존재이고 심지어는 도덕의 기초이기도 하다. 1907년에 장빙린은 그가 『민보』에서 불학佛學을 본격적으로 논의했을 때 받은 비판에 대해 이렇게 대답한다.

> 요약하면 제가 신봉하는 바는 '의자불의타'依自不依他(자신에 의지하지 남에 의지하지 않는다)를 궁극으로 합니다.[61]

'의자불의타'의 관념은 왕수인의 '자존무외'自尊無畏이다. 이는 바로 위로는 공자, 맹자, 순자에서 아래로는 정호程顥·정이程頤 형제, 주희, 육구연, 왕수인, 안원顏元, 이공李塨이 취한 "자신의 마음을 귀히 여기고 귀신을 찾지 말라"는 "한족漢族 심리"이기도 하다. "중국의 덕교德教가 비록 각기 상당히 다르지만 근원은 한 가지로 귀결된다. 바로 "자기에 의지하지 타자에 의지하지 않는다"일 뿐이다."[62] 장빙린은 심지어 이같이 말하기도 한다. 양명학처럼 "행여 아견我見에 치우칠 수도 있지만" "여기서 말하는 아견은 자신에 대한 믿음이지 이기利己가 아니다. 오히려 자신을 귀하게 여기는 기풍이 있는데 니체가 말하는 초인과 거의 흡사하다(하지만 니체의 귀족설과는 다르다)."[63] 개체와 자아는 도덕의 의미를 함축하고 있다. 도덕은 오히려 '중화 부흥'의 기초이다.[64] 개체와 자아 관념에 대한 이런 이해는 그의 불교 이해에도 영향을 미쳤는데, 예를 들면 그는 무심코 법상종法相宗과 선종禪宗의 차이를 무시하고서 "법상종이나 선종은 다른 뜻이 아니"라고 말한다. 그 이유는 "자신의 마음을 중시하고 타력에 의지하지 않는 방식은 고난과 위급의 시대에 사용할 만한 것 중의 하나"[65]이기 때문이다.

하지만 위에서 말한 개체와 도덕의 연결을 간단하게 이해할 수는 없다. 왜냐하면 장빙린이 말한 '자성'이나 '아'는 개체나 '아견'과는 중요한 차이를 가진 개념이기 때문이다. 그것의 의미는 오직 불교의 '무아론'의 논리에서만 분명하게 드러난다. 개체는 공리, 진화, 유물, 자연 그리고 정부, 국가, 사회, 가족 등에 대해 우선성을 가진다. 하지만 이런 우선성은 단지 그것이 자성과 매우 가깝지만 자성과 동등하지 않다는 데서 기인한다. 최종적으로 그것은 또한 다른 자성 없는 사물과 마찬가지로 응당 무로 귀결할 것이다. 바꿔 말하면 개체 관념은 장빙린의 논술 과정에서 임시성 개념이다. 개체와 도덕의 관계는 '무아론'에서 말하는 아, 즉 불교 연기론에서 파생된 개념인 아와 개체의 복잡한 관련성 위에 세워진다.

불교에서 말하는 '아'는 주재와 실체의 의미이다. "그것의 카테고리를 살펴보면 세 가지가 있다. 항상성, 견고성, 파괴 불가능성이다. 좀 더 따져 보면, 아는 자성의 다른 이름일 뿐이다. 이것이 분별아집分別我執이 되는데 변계소집자성遍計所執自性에 속한다."[66] 이른바 '무아'는 오히려 일체 존재는 독립 불변하거나 자아 존재 또는 자아 결정의 실체가 아니라 자아 주재의 아 혹은 영혼이 없다. 연기론의 관점에서 말하면 일체 사물과 현상은 모두 상대적 관계와 조건하에서 발생한다. 그래서 인연이 만들어 낸 것이며, 상대적이며, 순간적이다. 장빙린은 「인무아론」人無我論에서 근대 물리학의 원자 발견은 '인아'人我의 관념을 깨뜨렸지만 그것은 이른바 자성을 '다른 종류의 근력根力으로 귀결시킴으로써 법아法我의 오류에 빠졌다고' 생각했다. 그래서 장빙린은 '아'도 '인무아'人無我와 '법무아'法無我 두 개의 층위에서 타파했다. 하지만 중심은 아무래도 '인무아'였다.[67] 유식학의 입장에서 출발해서 장빙린은 먼저 '일반적으로 가리키는 자아'와 '사견이 가리키는 자아'를 구별했다.

전자는 아이가 세상에 나오면서 이미 좋고 싫어하는 감정을 가지는 것처럼 전체 생명 과정에서 "한 찰나도 아견이 있다고 집착하지 않는 경우가 없다." "이것은 구생아집俱生我執이며 의타기자성依他起自性에 속한다."[68] 또한 각종 인연으로 구성되고 상대적 자성을 간직한 자아이다. 장빙린이 말한 '무아'의 '아'는 '변계소집자성'의 의미에서 언급한 "사견私見이 지시하는 아"이다. 또한 그가 「무신론」에서 말한 '유아론'唯我論이다. "상키야(수론數論으로 한역한다) 철학에서는 신아神我를 세우는데 신아는 자성 3덕에 의해 속박되고 23원리(諦)를 놓는다. 이것이 이른바 유아론이다."[69]

장빙린은 유아唯我 문제를 토론할 때 결코 불교만을 이용하지 않았다. 그는 또한 서방 근대 사상에서 해석을 찾아냈는데, 피히테Johann Gottlieb Fichte와 쇼펜하우어가 바로 그의 예증이었다. "상키야 학파 같지만 더 나아간 경우도 있고 물러난 경우도 있다. 전자는 피히테이고 후자는 쇼펜하우어이다." 이런 유아론의 특징은 "지식과 의욕이 서로 의지한다."[70] 주목할 점은 장빙린이 여기서 언급한 피히테와 쇼펜하우어의 서로 다른 관념론은 모두 "칸트가 '물자체'物自體(Ding an sich) 개념을 이야기하면서 직조한 갖가지 적대적 사상에서 발전한 것이다."[71] 빌헬름 빈델반트Wilhelm Windelband(1848~1915)는 피히테 지식학의 기본 문제, 즉 '경험의 기초는 무엇인가'를 토론하면서 다음과 같이 지적했다. "지식학이 애써 증명하려는 것은 모든 경험된 의식이 설령 존재, 객체, 사물에 그것의 목표를 집중하고 아울러 이것들을 자신의 것으로 삼을지라도 결국은 그것의 기초는 여전히 자신에 대한 의식의 원시적 관계에 존재한다."[72]

자아의식은 피히테 유심주의의 원칙을 구성했다. 주관의 측면에서 말하면 이런 유심주의 원칙은 오히려 지식학이 단지 지성의 직관에서 출발해서 자기의 인식을 발전시키고, 의식은 단지 자신 행위에 대한 반성에서 출발해서 자기의 활동을 진행한다고 생각한다. 객관의 측면에서 말하면 일상생활에서 사물과 객체 및 칸트가 말한 '물자체' 모두가 이지의 작용이다. 그래서 객체는 단지 주체를 위해서 존재한다. 지식의 대상은 단지 이성 체계이다. 쇼펜하우어는 피히테의 영향하에서 '덕성주의'德性主義 입장에서 만물 본질에 대한 인식으로 비약했다. "관념으로서의 세계"는 단지 현상일 수밖에 없다. 객체는 주체 가운데 있을 때라야 가능하다. 객체는 주체의 형식에 의해 결정된다. 지식학의 의미에서 말하면, 오직 직관이 있어야 세계의 본질을 이해한다. "이런 직관에 의존하여 인식주체는 자신을 통해서 직접적으로 의지를 드러낸다." 이 때문에 또한 외부 세계의 수수께끼도 해결되었다. 물자체는

바로 의지인 것이다.[73]

장빙린의 유아론 비판의 핵심은 다음에 있다. 그는 지식 의욕이 단일하고 보편적인 우주 의지라거나, 하나이자 전체라는 사실, 그리고 도덕의 근원이라는 사실을 인정하지 않는다. "유아설과 불가의 유식설은 가깝다." 그것의 차이는 "불가에서는 유식을 말하고서 또 무아를 힘써 이야기한다."[74] 이렇게 되면 장빙린의 '무아론'과 '무신론'의 논지는 칸트의 물자체 이론과 매우 가까워진다. 그는 자아, 물질, 신을 분석함으로써 아뢰야식이나 진여의 존재를 확인했다. '의타기'의 아는 단지 아뢰야식과 진여의 존재를 증명할 뿐이다. 진여는 바로 칸트의 물자체처럼 현상계나 지각을 통해 인지하는 구체 사물이 아니며, 개별 사물의 차이를 따라서 변화하고 구별되는 영혼도 아니다. 그것은 바로 만유를 함축하는 보편 본질이자 일체 현상의 기원이다.

6. 아뢰야식, 무아로서의 자아, 그리고 다시 보편성으로의 회귀

이 점을 이해하는 건 아래에서 기술하는 문제를 이해하는 데 대단히 중요하다. 개체 관념은 윤리 기초이자 도덕 원천으로서의 '공'公의 관념을 해체했다. '공리'화한 근대 세계관에서 가족, 국가, 사회의 '공' 윤리까지 도달하지만 그것 자체는 또한 무아無我이다. 이것은 도덕 허무주의로 이끄는 것은 아닐까? 혹은 개체로서 한 인간이 무아라면 진정한 자아는 존재하는가? 만약 존재한다면 이런 자아와 개체로서의 인간은 어떤 관계인가? 장빙린은 다음과 같이 말한다.

변계소집遍計所執의 자아는 업이 이미 해체됐다. 그렇지만 인간은 아견我見을 갖지 않은 자가 없다. 이것은 사집邪執에 의지해서 획득한 게 아니다. 이른바 의타기依他起의 자아는 비록 환유이지만 반드시 진상眞相에 의지해야 한다. 예를 들어 무지개는 실제 사물이 아니지만 햇빛과 수증기를 조건으로 해서 모습을 드러낸다. 햇빛과 수증기는 참이지만 무지개는 허깨비이다. 이른바 자아도 이와 같다. 옛날 사람은 오온五蘊을 진실하다고 여겨서 법집法執에 떨어졌다. 하물며 오온을 각각 나누어 별도로 취급하는데 어찌 일물一物도 그것을 통괄하지 않겠는가? 그래서 아뢰야식 건립 이후 아상我相이 의지하는 바를 알았다. 바로 근본장식根本藏識이다. 이 식은 만유를 함장含藏한다. 일체의 견식見識과 상식相識이 모두 이 식에 속하지만 스스로 자아라고 지칭하지는 않았다. 그래서 이 아뢰야식이 전개된 것을 의근意根이라고 이름하고 말라식末那識이라고도 이름한다. 매 순간 이 아뢰야식을 자아라고 집착하는데 이것은 많은 증거가 필요 없다. 인간의 자살을 통해서 관찰하면 곧바로 알 수 있다.[75]

'이른바 의타기의 자아'가 비록 '진상', 즉 진여 혹은 아뢰야식에 의거해서 발생했지만 여전히 일종의 '거짓 자아', '아상', 혹은 현상의 자아이다. 주의해야 할 점은 아상我相에 대한 폭로를 통해서 장빙린은 인간 의식 바깥의 진상을 해체하려고 한다는 사실이다. 장빙린은 자살을 예로 든다. 자아를 구하려는 목적으로 자살을 하는 사람은 형체를 자아라고 여기는 게 아니라 형체 외부에 반드시 이른바 자아가 존재한다고 여긴다. 자살은 하나의 길로 해석될 수 있다. 세계에 의해 속박된 형체로서의 아에서 벗어나 진아에 도달하는 길이다. 이런 자살자의 아는 이 때문에 거짓 형체가 자아가 된 아뢰야식이다. 실체성이나 보편성, 그리고 영원성이 없는 '아상'과 비교해 보면 아뢰야식이야말로 진정한 자아이다. 그것은 보편적이고 영원하며 자주적인 "완전 자유의 아"이다. 그것은 인아와 일체 만물의 기원이기도 하고, 다른 한편으로 일체 사물 가운데 존재한다. 이것이 이른바 "일체중생은 이 진여를 함께하고 아뢰야식을 함께한다"는 것이다. "그래서 이 식識은 자체에 국한되지 않고 중생에게 보편하고 하나이지 둘이 아니다."[76]

장빙린은 여기서 형체를 초월한 자아·아뢰야식·진여를 동일물로 취급한다. 그것은 일체중생 각자가 가진 상이한 개체가 아니라 일체중생이 공통으로 가지고 있는 연생체連生體이다. 이렇게 그가 말하는 아는 개체와 구별된다. 이미 몇몇 학자는 이런 생각이 유식 사상에 부합하지 않는다고 지적했다. 유식학 입장에서는 아뢰야식이 비록 진여를 실성實性으로 삼고 있지만 분명 일체중생이 각자 가지고 있는 일종의 주체 현상이지 진여처럼 편재한 것은 아니다.[77] 이것은 장빙린이 말한 "식識이 전변한 자아"는 일반적으로 이야기하는 육체 혹은 물질과 상대하는 정신 혹은 영혼이 아님을 증명한다.

그래서 영혼은 "동·서를 막론하고 인정되는 것이며 그것의 본래 의미를 살펴보면 단지 꿈틀거리는 호흡을 명명한 것이고", "개인이 단독으로 소유한 것이다." 하지만 아뢰야식은 "유정 세계와 기 세계의 근본이 되며 한 사람에 한정되지 않는다. 나중에 말라식의 집착 활동 때문에 이상을 형성한다."[78] 그는 심지어 공자가 말한 "극기복례위인"克己復禮爲仁(자기를 이기고 예로 돌아가는 것이 인이다) 가운데 극기를 살기殺己로 해석했다. 그래서 다음과 같이 논증했다. "인仁은 자아의 실성實性이다. 형체가 비록 사라지지만 자아는 사라지지 않는다. 그래서 인은 그것에 의지해서 일어난다."[79] 진아, 아뢰야식, 진여, 인 모두 변화, 생멸 그리고 구체 사물을 초월한 세계 본체이자 진실하고, 보편하며, 항상하는 존재이다. "반드시 의타기의 자아가 완전히 사라져야 원성실자성圓成實自性은 확연히 드러난다. 이런 때라야 비로소 무아의 자아가 있다고 말할 수 있다."[80]

장빙린이 아뢰야식이 개인에게 국한된다고 생각했다면, 그가 말한 '항상', '고정', '변화 불가능'의 자아는 일종의 대아大我이다. 칸트가 말한 '물자체'와 비슷하게 현상계를 초월한 우주 본원이다. 무아의 자아와 도덕의 관계를 보면 장빙린은 "무아를 증명할 수 있어야 비로소 세간에는 평등한 대자비가 가능하다"[81]고 보았다. 장빙린에게서 평등의 원칙은 윤리의 규정이 아니라 본체의 상태이다. 이것은 그가 유식

사상과 장자의 「제물론」을 서로 연관시킨 내재적 기초이기도 하고 공公, 군群을 부정한 개체에서 지고하며 개체를 초월한 공公으로 나아가는 사상적 교량이었다.

장빙린이 개인의 자주성을 보호하기 위해 시작한 공리 세계관 비판은 다시 개인 및 그것의 자주성을 부정하는 단계에 도달한다. "이른바 자아는 아뢰야식을 버리고서 다른 게 없다. 이 아뢰야식은 참이지만 이 자아는 거짓이다. 이 거짓에 집착하여 진짜라고 생각하는 게 첫 번째 전도견顚倒見이다."[82] 개인은 무아이기에 실체가 없고, 끊임없이 변화하며, 보편적이지 않은 존재이다. 이 때문에 오온五蘊 화합으로 형성된 무자성의 사물이라는 측면에서 말하면, 개인은 공리·진화·유물·자연·정부·국가·사회·취락 등등 그것의 대립물로서의 집체적 관념과 마찬가지로 환상에 불과하다. 뿐만 아니라 개체는 의식 가운데서 "장식藏識을 자아라고 집착하고 자아 집착의 고집이 의식에 나타나면 선악의 관념이 발생한다."[83] 그래서 개체로서의 자아가 도덕의 원천이 될 가능성이 전혀 없다기보다는 차라리 그것이 죄악의 연원이자 분쟁의 계기이며 등급의 기원이라 해야 할 것이다.

장빙린은 무아의 증명을 우주 보편과 절대 평등의 전제로 보았다. 이것은 무아론이 진아와 본체, 즉 아뢰야식과 진여를 통달하는 필수적인 방법이기 때문이다. 바꿔 말하면 장빙린은 개인 자주성에서 시작해서 공리 세계관과 '공'의 이름으로 출현한 각종의 사물을 부정하고 최종적으로 도달한 곳은 절대 자주의 개체가 아니라 본체론적 의미에서의 보편성이다. 이런 보편성은 우주의 원리이다. 그래서 사회가 따라야만 할 윤리와 도덕이기도 하다. 이것은 장빙린이 개인의 자주성을 종국의 도덕 기초로 삼은 게 아니라 단지 개인 자주성을 '공리'와 '공'적 세계 양식의 비판을 위한 전제로 삼았음을 의미한다. 무아의 자아야말로 본원성의 존재이고 일체 속박을 벗어난 주체이다. 나아가 '평등'이라는 우주 원리의 기초이다.

장빙린이 아뢰야식과 인仁을 유비했을 때 그는 사실 본체론 의미에서 보편 원리, 즉 '공리'의 사상을 수용했다. 단지 그의 보편 원리는 결코 공리 세계관처럼 '공'의 이름으로 개체로서의 인간을 직접적으로 제약하지는 않았다. 특히 사회 계급의 구조적 관계 가운데에서 제약적인 도덕 원리는 없었다. 아뢰야식은 인아人我와 법아法我를 초월하여 본원적으로 존재한다. 만약 그것이 소환될 수 있다면, 이런 소환은 우주의 모든 등급을 초월하여 직접적으로 평등한 개체와 이루어지는 대화이다. 내가 이미 지적한 근대 사상 가운데 공公·군群 관념의 사용 방식은 예제禮制를 핵심으로 하는 순자의 군群의 정치사상과 중요한 관련을 맺고 있다. 그리고 장빙린이 여기서 불교 언어로 표현한 공公 사상은 장자가 말한 "하늘은 사사로이 덮는 일이 없고, 땅은 사사로이 싣는 일이 없는데, 하늘과 땅이 어찌 사사로이 자아를 탐내겠는가?"라는 자연의 공公, 특별히 우주론적 의미에서의 평등관은 내재적 유사성을 지닌다.[84] '자연의 공'은 우주의 본성이지 장악되거나 이용될 수 있는 규칙이 아니다. 우주의 존재와 그 자체의 현현이 바로 그의 원인이지 다른 원인은 없다.

보편성(공리 혹은 공)에 대한 부정을 통해서 최종적으로 보편성에 대한 긍정에 도달했을 때 새로운 정체성의 기초는 확인된다. 이런 기이한 추리 과정은 불교 유식학과 노장사상의 언어 가운데서 건립됐다. 나는 앞으로 장빙린 제물론의 우주론과 본체론에 대한 분석에 집중해서 해석할 것이다. 하지만 이에 앞서 우리는 우선 장빙린의 사회·정치 사상과 그것의 역사적 맥락으로 돌아가야 한다. 왜냐하면 난해하고 모순돼 보이기까지 한 이런 추상 관념론은 장빙린이 직접적으로 대면한 사회·정치 문제와 긴밀한 관련이 있기 때문이다. 장빙린의 우주론과 본체론을 좀 더 분석하기에 앞서 그의 우주론과 본체론을 이해하기 위한 지식사회학적 배경을 제공하려 한다.

민족국가와 장빙린 정치사상 중의 개체 관념
─ 개체/국가라는 이원론 방식에서 왜 사회를 생략했나?

1. 개체 개념은 왜 반국가적이고 무정부적인가?

장빙린의 개체 관념은 단지 철학 혹은 도덕 개념일 뿐만 아니라 그에 앞서 정치 개념이기도 하다. 이것은 개체 관념이 공公/군群을 핵심 개념으로 하는 근대 세계관과 대립하는 가운데 그 의미가 전개되기 때문이다. 그리고 공/군 관념은 만청의 맥락에서 결코 추상적 도덕 관념이 아니라 근대 민족국가 및 상회, 학회, 국회, 정당 그리고 신사紳士-향촌 사회 공동체 같은 사회조직 형식의 별칭이자 도덕 기초였다. 공리, 진화, 유물, 자연 등 근대 관념의 운용은 민족국가 건립이라는 중심을 둘러싸고 전개됐다. 어떤 사람은 그것이 중국 근대 민족국가 담론 가운데 가장 중요하고 가장 크게 활약한 부분이라고 했다. 내가 여기서 설정한 문제는 장빙린의 개체 관념과 민족국가의 담론 건립은 어떠한 관계가 있는가이다.

좀 더 직접적으로 말하면 '중화민국'이라는 근대 민족국가 개념의 창시자이자 만청 종족 혁명의 이론가였던 장빙린의 학술 생애와 혁명 실천에서 민족주의는 특히 중요한 내용을 구성했다. 하지만 동시에 장빙린은 임시성의 개체 개념을 통해 단지 국가, 정부 그리고 각종 근대 민족국가 건설과 사회동원을 목적으로 하는 사회단체에 대해 비판하고 부정했다. 그리고 민족 개념에 대한 최종적 포기까지 이끌었다. 만약 개체 개념이 근대 민족국가 담론의 중요한 부분이라고 말한다면 이 개념은 또한 어떻게, 어떤 의미에서 민족국가 담론을 부정했는가? 이 역설은 어떻게 구성되었는가? 개체 개념의 이런 정치적인 운용은 동시에 이 개념 형성이 구성하는 사회 맥락을 보여 준다. 만약 개체와 자아 개념이 종족, 국가, 단체, 취락 등의 개념과는 다른 측면에서 중국의 근대 세계관과 그것의 구성 방식과 관련 있다고 한다면, 그것에 대한 해석 역시 장빙린이 보편성의 부정을 특징으로 하는 개체 관념을 왜 보편성으로 귀결시켰는지에 대한 답을 줄 수 있을 것이다.

장빙린의 개체 관념의 정치적인 함의는 우선 이 개념의 국가 개념과 정부 개념에 대한 부정으로 체현된다. 그래서 이것은 반국가적이고 무정부적인 개인 개념이다. 「오무론」五無論, 「국가론」 및 「대의연부론」代議然否論 등의 글에서 장빙린은 그가 「사혹론」四惑論, 「인무아론」, 「무신론」 등의 글에서 논술한 논리를 직접적으로 정치 영역으로 전환한다. 개체, 자성 등의 개념은 국가와 정부 그리고 대의제 등 근대 국가기구를 비판하는 이론의 전제가 된다. 장빙린은 「국가론」에서 국가를 배척하는 세 가지 이유를 제기했다.

> 1. 국가의 자성自性은 거짓 존재(假有)이지 실재(實有)가 아니다. 2.국가의 작용은 어쩔 수 없이 고안된 것이지 논리적으로 당연한 귀결이 아니다. 3.국가의 사업은 가장 비천한 것이지 신성한 게 아니다.[85]

이 세 가지 이유 가운데 첫째 이유는 원리적인 것이다. 뒤의 둘은 첫째 이유에서 발전한 것이다. 또한 국가가 정말 자성을 가졌는가를 토론하는 과정에서 장빙린은 개체와 국가를 완전히 대립적인 관계에 위치시켰다. 장빙린은 우선 불교 유식학의 자성 관념을 논할 때 접근했던 원자론의 관점을 반복한다. 자성은 쪼갤 수 없고 변화 불가능한 존재이다. "여러 가지 형상이 조합했다면 각각 자성을 가진다. 이 조합에는 별도로 자성이 없다." 모든 물체와 원자가 맺는 관계와 같다.

> 모든 개체는 또한 갖가지 사물이 모여서 형성됐으며 실재는 아니다. 하지만 개체가 모여 형성된 것에 대해서 개체는 오히려 실재라고 할 수 있고 집합은 거짓 존재라고 할 수 있다. 국가가 인민의 조합이라면 각각의 인민은 실재라고 말할 수 있지만 국가는 실재가 아니라고밖에 말할 수 없다. …요약하면 개체는 참이고 단체는 거짓이다. 일체가 모두 그러하다.[86]

장빙린은 원자론의 물질 관념과 사회 국가의 구성을 비유했는데, 그것의 의도는 국가가 주체이고 인민이 객체라는 국가 학설을 부정하는 데 있다.

> 국가가 주체가 된다는 것은 단지 말뿐이고, 처음부터 실재하지 않았다. …어떤 이는 "국가는 본래부터 법률과 제도를 가지고 있다. 인민이 비록 시대에 따라 교체되지만 제도나 법률은 인민을 따라서 교체되지 않는다. 이것이 실체이기 때문에 주체"라고 한다. 이 또한 그렇지 않다. 제도 법률은 처음부터 변화해서 결코 규칙을 따르지 않는다. 설령 변화하지 않더라도 앞세대 사람들이 남긴 '무표색'無表色일 뿐이다.[87]

주목할 점은 국가와 개체의 관계를 논하면서 장빙린이 논한 것은 누가 주체인가 하는 문제였다. 하지만 그는 결코 개체의 주체성이 절대적이라고 생각하지는 않았다. 그것은 단지 국가나 다른 사회단체와의 관계에서 상대적 우선성을 가질 뿐이다. 바꿔 말하면 장빙린 '국가론'에서 개체 관념도 여전히 임시성의 개념이다. 개체가 "조합된 단체에 대해서는 진실에 가깝지만"[88] 그것 자체는 또한 "거짓 존재"이다. 그렇다면 국가가 일종의 거짓 존재라는 결론은 단지 추론의 결과만은 아니다. 또한 그것은 사물의 질서 가운데서 "분위分位에 의해서다."[89]

장빙린은 결코 자성 관념과 '분위' 관념의 상호 관계를 논술하지 않는다. 왜냐하면 원리적으로 보면 자성 관념은 모든 차등적인 질서와 상대적 관계를 배척하기 때문이다. 하지만 왜 세계에 다시 분위, 즉 질서가 있다고 생각했을까? 이런 분위와 질서는 한편으로는 개체의 우선성을 강조하기 위해서 설정됐다. 다른 한편으로는 장빙린이 토론한 문제는 본체론 문제가 아니라 정치 문제였다. 그래서 '분위'가 가리키는 것은 우주의 선험적 형식이 아니라 현실의 사회체제와 정치 구조였다. 이렇게 개체와 국가, 그리고 자성을 일종의 등급 관계에 배치하는 논술 방식은 개체 개념의 직접적 정치성을 또 한 번 증명했다.

우리는 장빙린이 개체 문제에서 출발해서 전개한 국가 비판을 세 가지 방면으로 귀결시킬 수 있다. 우선 집체성에 대한 개체의 우선성 논증이 겨냥한 점은 국가 주권의 관념(또한 저우룽鄒容, 천톈화陳天華, 쑨원, 량치차오, 옌푸 등이 모두 논증한 전체의 자유가 개체의 자유에 대해 우선한다는 관념)이라는 것이다. 이 논증의 근거는 유식 사상의 자성 개념이다. 하지만 자성을 가졌는가 하는 관점에서 국가가 주권을 가지는가를 토론했다는 사실은 장빙린이 여기서 논술한 주권 개념이 국가 간의 관계에 미치지 않음을 표명한다. 다음의 한 방면에서 장빙린은 견고한 민족주의자(국가주의자가 아니라)였다. 장빙린이 행한 국가 비판의 두 번째 측면은 국가의 지리 설정과 등급 구조가 가진 실체 의의에 대한 부정이다. 이것은 "하늘과 땅은 본래부터 높고 낮음의 차별이 있다는 생각은 망념에서 나온 것이다. 일체 분위는 보기에 따라 금방금방 바뀐다. 고정된 양이 있는 게 아니다. …하늘과 땅의 고정된 지위도 이것을 따르면 알 수 있다. 명분名分에 대한 고집도 이것으로 해체된다."[90]

무차별의 관념에서 출발하면 자성이 없는 국가는 그것의 외연(국가 경계)이든 내부의 등급 구조든 간에 '망념'의 산물에 불과하다. 국가의 주권, 범위 그리고 등급 구조의 허구성에 대한 분석은 최종적으로는 세 가지 결론을 이끈다. 국가는 도덕의 원천이 아니라 죄악의 원천이다. 개체야말로 가치의 창조자이다. 여기서 말한 개체는 '각각의 인민'을 가리킨다. 즉 인민이라는 보통명사를 가리키는 게 아니라 개체, 즉 각각의 인민을 가리킨다. 주권자는 국가도 아니고 전체로서 인민도 아니다. 바로 개체 즉 각각의 인민이다. "모든 사업은 반드시 개인이 이룩했기 때문에 가장 빼어나다"고 한다. 집체성의 사업은 추상적 단체의 공도 아니고 단체 우두머리의 명예도 아니다. 바로 개체의 창조이다.[91]

이 결론 뒤에 숨어 있는 것은 집체성 사업이 개인의 생명을 다루거나 그것의 의미를 해석할 권력이 있는가 하는 질문이다. 근대 혁명의 역사에서 보면 이 문제는 혁명의 이유나 혁명에 대한 호소가 도덕적이었는가 하는 문제를 언급할 뿐만 아니라 자신과 전체 역사 과정을 상호 연관시키는 근대적 태도가 합리적인가 하는 문제를 언급하기도 한다. 또한 근대 민족국가와 그와 관련된 활동이 자연적 합법성을 가졌는가 하는 문제에까지 미치기도 한다. 죽음을 무릅쓰더라도 절대 다른 사람과 연루되지 않는 종교적 사업과 비교하면서 장빙린은 다음과 같이 말한다.

> 국가사업은 오히려 그렇지 않다. 그것은 종족 혁명인가? 정치 혁명인가? 사회 혁명인가? 결코 한 사람의 용감무쌍함으로 성취할 수 있는 게 아니다. 내가 시작을 알리고 나를 따라서 위험을 무릅쓰는 자가 억만 인이 될 것이다. …홀로 말만 내세우면서 이름을 날리고자 한다면, 이것은 또한 도적질과 무엇이 다르겠는가?[92]

장빙린의 눈에는 사회 개조와 국가사업을 기치로 내건 요순, 워싱턴, 나폴레옹, 바쿠닌, 크로폿킨은 모두 보도普度 중생을 위해 직접 자신을 고난의 상황에 던진 석가, 에피쿠로스, 진중자陳仲子, 관녕管寧 등과 비교할 수 없다. 그래서 전자의 명성은 다른 사람의 희생 위에 건립됐다.

2. 개체/국가 이원 대립의 논술 방식에서 어떻게 개체/민족의 관계를 이해할 것인가?

국가와 개체의 이원 대립적인 논술 방식의 또 다른 측면은 장빙린의 극렬한 민족주의이다. 논리에 부합하는 질문은 민족과 개체의 관계는 어떠한가이다. 이 문제에 대한 해석이 우선 다음과 같은 문제를 언급한다. 장빙린의 입장에서 국가와 민족은 어떤 관계인가? 격렬한 민족주의자로서 장빙린의 역사에 대한 부정은 어떤 역사적 상황에서 나온 것인가? 이런 모든 문제와 연관해서 가장 중요하고 영향이 큰 문제는 왜 장빙린의 논술 방식이 개인/사회/국가의 훨씬 복잡한 논술 방식이 아니라 개인/국가의 이원론인가 하는 점이다. '사회' 범주는 장빙린의 논술 방식에서 어떤 지위를 점하는가?

근대 중국 민족주의의 각종 논의 가운데서 국가, 국가 주권 그리고 국가 제도의 구조는 가장 중요한 논제이면서 또한 중국 민족주의와 전통적인 화하華夏 중심주의가 구별되는 중요한 표지이다. 일종의 집단 정체성으로서 중국 사상 중의 족류族類와 문화 관념은 모두 그 기원이 매우 이르다. 『좌전』에서 말한 이른바 "우리 종족이 아니면 그 마음도 반드시 다르다"고 한 것이나 『예기』에서 말한 "지각이 있는 무리는 자신의 종족을 사랑할 줄 모르는 경우가 없다"고 한 것이나, 순자가 말한 "선조는 족류의 뿌리이다"라는 것과 같다. 왕얼민王爾敏의 연구에 따르면 춘추시대의 족류는 대체로 종족宗族 계파를 가리킨다. 하지만 또한 적지 않은 부분은 종족(족군族群)의 자아 인식과 관련된다. 이것이 『좌전』이나 『논어』에 보이는 오랑캐와 화하의 구별이다. 이런 종족상의 정통 의식은 문화적 자아 정체성이다. 공자가 말한, "관중管仲이 없었다면 우리는 그 머리를 산발하고 옷깃을 왼편으로 여미는 오랑캐였을 것이다"라는 말이 명확한 증거이다.

하지만 많은 학자가 이미 제기한 점은 중국 민족의 투쟁과 동화 과정에서 족류의 관념은 문화 관념이 사람들의 마음에 깊이 각인되는 것과는 비교할 수 없다는 것이다. 심지어는 "문화로써 종족의 경계를 허무는 것이 선진 이래 정치사상의 전통이었다."[93] 화하 중심과 사이四夷의 관계에서 보면 동화의 형식은 중요하게는 중무장한 군대를 배치하거나 총독을 파견하는 게 아니라, 단지 한 권의 중국 월력을 봉행하게 하는 것만으로 가능했다. 상고시대 중국의 중국 중심설은 왕기王畿나 오복五服의 관념으로 체현됐다. 그것은 제왕을 중심으로 밖으로 퍼지는 차등 관계의 이상이다.[94] 제도로 말하면 사이에 대한 관계는 주로 예부에서 담당했지 외교부나 혹은 식민부가 담당하지는 않았다.

이것은 왕도 중심을 유지한 것이 국가가 아니라 정치와 도덕이 한 몸에 통일된 천자였음을 명확하게 설명하고 있다. 이런 방사선식의 구조에서는 국가 간의 대등 관계가 발생한다는 것은 지극히 어려운 일이다. 이런 의미에서 전통 속에서의 '중국' 개념이 비록 복잡하고 다면적인 함의를 가지지만 주요하게는 '문화적인 방토邦土 인식'이지 민족국가는 아니다.[95] 달리 말해 중국 개념과 화하 개념은 동일하며 주로 문화와 종족의 통일 관념이다.

바꿔 말하면 중국 개념과 제하諸夏 개념은 동일한 것이다. 그것은 주로 문화와 족류의 통일 관념에 기초한다. 청대 중엽 장존여와 유봉록이 공양학을 제창하면서부터 내·외와 이夷·하夏의 구분을 부정하는 관념은 만청 금문경학 운동의 핵심 사상이 되었다. 캉유웨이와 량치차오는 이 관념을 개량적인 정치 실천에 사용했다. 장빙린 같은 고문가들도 그것에 깊은 영향을 받았다. 무술년 이전에 완성된 구판 『구서』訄書는 객제客帝와 분진分鎭 관념으로써 청대 정치의 변혁 문제를 토론했다. 객제 관념은 청나라 황제의 합법성을 승인했고, 분진 관념은 지방분권적 정치 이론을 제시했다. 이런 의미에서 그는 1903년 『소보』에 발표한 「캉유웨이를 반박하고 혁명을 논함」이란 글에서 거듭 종족 혁명의 관념을 드러냈다. 이것은 민족주의에 대한 체득일 뿐만 아니라 자기가 일찍이 신봉한 내·외나 이·하의 구분을 거부하는 공양 사상에 대한 부정이기도 했다. 바꿔 말하면 청대 사상의 전개라는 측면에서 보면 장빙린의 민족 사상은 공양학에서 벗어나 송유宋儒의 춘추관으로 복귀하는 과정에서 출현했다. 이른바 송유의 춘추관의 핵심은 이하의 구분이다.

청말 중국 민족주의의 형성은 이하夷夏의 경계를 제창하는 데서 시작했다. 또한 아편전쟁 이후 중국 민족주의는 점차 국가 주권과 국가 이익의 사상을 흡수했고 청일전쟁이 실패하고 유신운동이 흥기한 시기가 되어서는 주로 서방에서 연원한 '국가' 관념이 이미 중국 근대 민족주의의 가장 현저한 특징이 되었다. 뿐만 아니라 그것은 서로 다른 정치 집단의 정치 활동을 관통하는 중심 개념이기도 했다. '민족국가'의 관념은 조정의 정치 개혁 방안(상소나 상유上諭의 형식으로), 민간 지식분자의 선전(문자 혹은 간행물의 형식), 그리고 혁명당원의 이론과 실천(연설, 문장, 간행물 그리고 해외 활동의 형식)을 경유해서 건립됐다.

1850년대에 풍계분馮桂芬은 "오늘날 국가는 오랑캐 관련 업무를 가장 중요한 정치 사안으로 여긴다. 내부의 반란(태평천국)을 소탕하는 걸 다음으로 삼는다. 적賊은 없앨 수 있지만 오랑캐는 없앨 수 없다. 하나의 오랑캐를 없애더라도 나머지 수많은 오랑캐는 사라지지 않는다. 오늘날 해외의 여러 오랑캐는 춘추시대 열국과 마찬가지이다"[96]라고 말한다. 무술운동 초기에 캉유웨이는 "마땅히 열국의 세력으로 천하를 통치해야지 일통수상一統垂裳(황제의 지배하에서 하나로 통일된 형세)의 형세로 천하를 통치해서는 안 된다"[97]라고 말했다.

량치차오는 직접적으로 '국'國의 개념을 '일통'一統 및 '천하'天下 개념과 서로 대립시켰다. "우리 지나인이 애국심이 없는 게 아니다. 애국을 모르는 것은 무엇이 국가가 됨을 알지 못하기 때문이다. 중국은 옛날부터 하나로 통일되어 …그것을 천하라고 불렀다. 국國이라고 하지는 않았다. 수천 년 이래 함께 작은 천하 가운데 살았다. 대등한 국가 간의 교류란 없었다. 우리나라 바깥에 다른 나라란 없다고 생각했다."[98] 일련의 글에서 량치차오는 개인 혹은 자아와 국가(群)를 서로 대립시키기도 했다. 하지만 그의 성향은 정확히 장빙린과 반대였다. 즉 중국의 약화를 "사람들의 마음속에 단지 자신 하나만 있지 전체(群)로서의 나가 없다"[99]는 데 그 이유를 돌렸다.

> 국가 사상은 무엇인가? 첫째, 한 사람의 개인에 대해서 국가가 있음을 아는 것이다. 둘째, 조정에 대해서 국가가 있음을 아는 것이다. 셋째, 외부 민족에 대해서 국가가 있음을 아는 것이다. 넷째, 세계에 대해서 국가가 있음을 아는 것이다.[100]

국가 개념은 개인, 조정, 외부 민족 그리고 세계와의 상호 관련 가운데 형성된다. 하지만 량치차오가 여기서 생략한 것은 종족과 국가의 관계이다. 이것을 생략한 정치적 함의는 매우 분명하다. 즉 만주족과 한족 간의 민족주의 충돌을 약화시키고 다민족 국가로서 중국의 통일성을 강조하려는 것이다. 종족이 아니라 국가가 진정한 주체이자 근대 정체성의 원천이 되었고 아울러 세계 질서에 관한 중국인의 상상 틀을 재구성했다.

쑨원은 중국은 진한 이후로 민족국가였고 그래서 중국의 '민족주의'는 국족주의國族主義라고 생각했다. 량치차오와 마찬가지로 쑨원도 국가 개념과 가족·종족을 대립의 양극단으로 삼아서 논술했다.

하지만 꼭 언급해야 할 점은 위에서 이야기한 쑨원의 견해는 1924년 중화민국이 이미 성립한 이후 발표됐고, 이것은 그가 1906년『민보』 1주년 기념 대회에서 행한 민족주의에 대한 연설에서 천명한 것과 자못 다르다. 그때 그가 비록 민족 혁명이 만주 민족을 완전히 없애 버린다는 견해에 찬동하지 않았지만 그는 중국인이 이미 "망국민"이라고 강조했고, 아울러 민족성(種性)과 한족 정권의 건립을 민족주의의 주요 내용으로 삼았다.[101] 이것은 그의 국족주의가 이미 한족 통치를 이룩한 정치가로서 '민족국가'에 대한 천명임을 의미한다. 이 때문에 민족 통일 국가의 사상은 한족 주권의 보호라는 합법성과 직접적으로 관련된다.

위에서 언급한 근대 인물이 말한 국가의 내포가 비록 다르지만 서방 근대성의 가장 중요한 성과로서 민족국가는 중국 사상의 세계관을 재구성했다. 국가 정체성의 요구는 국가 자체가 진정한 주권 단위임을 의미한다. 이런 국가 주권은 다른 국가에 대한 이야기일 뿐만 아니라 국가 내부의 개인, 가족, 가문, 종족 등의 사회집단에 대한 이야기이기도 하다. 바꿔 말하면 효과적인 사회동원을 위한 국가의 자주성의 강조는 개인, 가정 등 사회 단위의 자주성의 전체적 혹은 부분적 상실을 의미한다.

민족국가 담론을 수립하는 역사적 환경에서 국가에 대한 장빙린의 부정적 태도가 함의하는 것은 결국 무엇인가? 우선 언급해야 할 점은 장빙린은 문화적 입장에서는 '국'國의 개념을 배척하지 않았다는 점이다. 근대 중국 '국학' 운동의 주요 지도자로서 그의 '국수'國粹 즉 언어 문자, 전장 제도, 인물 전기에 대한 정리와 해석은 전체 중국 민족 국가 관념의 구성 과정에서 매우 중요한 부분이다. 1905년 2월 국학보존회國學保存會의 기관지 『국수학보』國粹學報가 상해에서 창간됐을 때, 여전히 옥중에 있던 장빙린은 이 간행물에 그가 수감되기 전 썼던 네 통의 편지와 옥중의 '만필'漫筆을 발표했다. 그리고 그는 스스로 "하늘이 국수를 임무로 나에게 맡겼다"[102]라고 말했다. 1906년 장빙린이 『민보』를 담당했을 때 만주족을 배척하고 한족 정권을 부활하자는 국수파의 사상은 대량으로 이 간행물에 나타났다. 왕쯔천王緇塵 편저의 『국학강화』國學講話는 국학을 논하면서 다음과 같이 말하고 있다.

국학의 명칭은 옛날에는 없었다. 반드시 국國이 국國과 상대하고 나서야 비로소 국가 관념이 존재한다. 이 때문에 비로소 자기 나라의 학술을 국학이라고 말한다.[103]

여기서 대략적으로 국가와 국가 사상의 관계를 이야기했다. 황제黃節는 「국수학보서」에서 국체國體와 국학國學을 병렬해서 논의하는데, 그는 다음과 같이 말한다.

우리나라의 국체는 오히려 외래 민족 전제의 국체이다. 우리나라의 학설은 오히려 외래 민족 전제의 학설이다.[104]

하지만 여기서 말한 '국학'의 '국'이 가리키는 것은 한족의 '국'이고 '학' 또한 한족의 학술이다. 그것이 직접적으로 대립하는 면은 '오랑캐 민족'(夷族) 전제와 '오랑캐 학문'(胡學)이다.[105] 그래서 '국수' 혹은 '국학' 개념 가운데 '국'은 주로 오랑캐 특별히 만주족 통치를 겨냥해서 발생한 종족적·문화적 개념이다. 근대 국제 관계 중의 정치적 국가 개념은 아니다.[106] 장빙린은 「동경유학생환영회연설사」東京留學生歡迎會演說辭에서 자신의 민족주의 사상을 두 마디로 개괄했다. "첫째, 종교를 통해서 신심을 일으켜 국민의 도덕을 진작시킨다. 둘째, 국수로써 민족성을 격발하여 애국의 열정을 고취시킨다." 국수 제창은 "단지 사람들이 우리 한족의 역사를 아끼게 하는 것뿐이다."[107] '국수' 제창이 서구화에 대항하려는 의도와 관계있지만 그것의 주요한 내용은 오히려 문화적으로 반만주족(反滿)의 필요성을 논증하는 것이었다. 장빙린은 자신의 사상이 장양기蔣良騏의 『동화록』東華錄과 정사초鄭思肖, 왕부지王夫之의 사상을 계승했음을 순순히 인정한다. 그의 관심은 종족과 문화의 자주와 순결이었고, 그것의 논리적 귀결도 필연적으로 '배만排滿 혁명'이었다.

장빙린의 국가 부정은 분명 문화의 층위에 있지 않고 정치의 층위에 있다. 직접적으로 말하면 만청 시기 국가 담론은 언어는 청조 정부의 주의奏議, 문독文牘 가운데서 발생했다. 이른바 국가의 주체는 말하지 않아도 청조 정부를 가리킨다. 『신민총보』에서 국가 개념의 사용을 통해서 강조한 것은 중화민족 공동체, 즉 문화의 동화 작용으로 발생한 다민족 통일 국가였다. 그래서 국가 개념은 캉유웨이나 량치차오 등의 담론에서는 열강의 침략을 겨냥한 주권 사상뿐만 아니라 (주로는) 배만 혁명의 주장을 겨냥해서 제기한 수사 책략이었다. 즉 문화의 동일성을 사용했지 종족 및 문화의 순결성을 국가의 기초로 삼지는 않았다. 나아가 국가 개념을 이용해서 정치 혁명과 사회 혁명의 사상을 비판했다. 장빙린 민족주의가 중시하는 점은 국내의 종족 관계이다. 캉유웨이나 량치차오의 민족주의가 중시하는 점은 국제 관계이다.

예를 들어 1903년에서 1906년 사이에 미국을 직접 살펴보고 난 량치차오는 더 이상 국가와 민족을 동일 개념으로 사용하지 않았다. 그는 국민과 민족의 차이에 관한 요한 블룬칠리(1808~1881)의 이론을 끌어와서 "국가는 완전히 통일되고 영생하는 공동체"라고 생각했다. 이런 정치 유기체는 국민과 국민 활동의 정신으로부터 성취된다. 반면 민족은 오히려 동일 언어와 풍속 그리고 동일 정신과 성질에 의해 구성된 것이다. 국민의 인격이나 법적 집단이 구성되지 못한 상황에서는 민족은 국민이 아니다. 게다가 국가도 아니다. 국가 구성(다민족 국가, 단일 민족 국가, 다국가 민족 등등)의 여러 가지 유형을 분석하고 나서 량치차오의 문제는 다음과 같았다.

애국지사는 과연 배만을 궁극적 목적으로 해야 하는가? 아니면 국가 건설을 궁극적 목적으로 해야 하는가?

량치차오는 중국의 문제는 만주인 혹은 만주인에 대한 복종에 있는 게 아니라 독재에 대한 한족의 복종에 있다고 생각했다. 그래서 문제를 종족 문제에서 정치 문제로 전환했다. 그는 장빙린이 말한 "변법은 안 되고 마땅히 혁명을 해야 한다. 변법도 마땅히 혁명해야 한다"는 배만주의를 직접적으로 가리켜서 이는 건국주의를 복수주의로 탈바꿈 하는 거라고 생각했다. 장빙린의 배만 혁명론에 대한 비판에 기초해서 량치차오는 두 가지의 민족주의 양식을 제출했다. 즉 소민족주의와 대 민족주의이다. 소민족주의는 한족의 국내 기타 종족에 대한 관계를 가 리킨다. 대민족주의는 "국내 주요한(本部) 민족과 소수(屬部) 민족을 통 합함으로써 국외의 여러 민족을 대적하는 것"을 가리킨다. 그의 대민 족주의 개념 배후에는 중국 문화가 만주족이나 기타 민족에 대해 동화 능력을 가지고 있다는 가설이 숨어 있다.[108]

3. 개체/국가의 논술 방식과 만청 국가주의

분명히 장빙린의 국가 부정과 배만 민족주의는 깊은 연관이 있다. 하지만 이것은 여전히 그가 왜 국가를 비판하면서 '국가/개인' 상호 대 립이라는 논술 방식을 채택했는지를 설명해 주지 못한다. 이 점에 대 해서 우리는 반대로 국가에 관한 그의 논적들의 논술을 분석해 볼 필 요가 있다.

량치차오는 미국 방문을 마치고 돌아와서 미국의 민주 제도와 기존 에 신봉했던 서방 자유주의에 대해서 심각하게 회의했다. 그는 독일의 국가주의 정치 이론을 찬성하는 쪽으로 돌아섰는데 특히 블룬칠리와 콘라드 본학Conrad Bornhak의 국가 이론이다. 량치차오는 블룬칠리가 행한 루소 사회계약론 비판을 소개했고, 사회계약론이 국민과 사회의 차이를 섞어 놓았다고 생각했다. 량치차오는 다음과 같이 말한다.

국민은 변동하지 않는 전체이다. 사회는 오히려 끊임없이 변동 하는 집합체일 뿐이다. 국민은 법률상 하나의 인격이다. 사회는 오히려 인격을 갖지 않는다. 그래서 국민이란 시종 국가와 마주

하여 잠시라도 분리되지 않는다. 사회라고 한다면 다수 개인의 결집이다.[109]

앞서 언급한 국민과 민족의 관계 외에 량치차오가 인용한 블룬칠리와 콘라드 본학의 국가 이론은 몇 가지 의미를 함축한다. 첫째, 개체가 모여서 이루어진 사회와는 달리 국가는 정신 의지나 신체 구조, 자유행동 그리고 발육 과정이라는 통일된 유기체적 정체성을 가진다. 이런 이유 때문에 그는 루소의 민권과 사회계약론에 대한 블룬칠리의 비판에 찬성하고 '국가 주권'은 어떠한 개인이 나누어 향유할 수 없다고 주장했다.[110]

둘째, 정치체의 입장에서 말하면 블룬칠리는 군주입헌이 다른 정체, 특히 공화정체와 비교해서 훨씬 훌륭한 정체라고 생각했다. 이것은 공화정체의 성립이 특정한 역사 조건에 의지한 것일 뿐만 아니라 입헌권과 행정권을 분리시키는 것이 국권을 약화시킬 것이라고 생각했기 때문이다. 공화정체는 자유와 평등을 표방하지만 실제상에는 하등 국민을 멸시하고 뛰어난 사람을 기만한다. 본학의 견해에 따르면 공화정체는 통치 주체와 통치 객체를 혼동하고 있다. 인민 바깥에 국가의 위치는 없다. 직접적인 정치적 결론을 말하자면 량치차오가 말하고 싶은 것은 "우리 중국이 오늘날 가장 모자라서 가장 급박하게 필요한 점은 유기적 통일과 힘 있는 질서이다. 자유와 평등은 그다음일 뿐이다."[111]

셋째, 주권은 군주에게 속하지 않고 사회에 속하지도 않는다. 국가에 있지도 않고 국가의 바깥에 있지도 않다. 국가와 헌법이 주권의 연원이다. 량치차오는 특별히 주권이 개인의 집합권 혹은 법인法人을 아직 구성하지 못한 민족의 주권이라는 견해를 반박하고, 주권이 있으면 국가가 있고, 주권이 없으면 국가가 없다고 보았다.[112]

넷째, 국가의 목적으로 말하면 블룬칠리는 비록 국가 자신을 목적으로 하는 관점과 국가를 '각각의 개인', 즉 국민의 공구로 여기는 관점 사이에서 평형을 유지하려고 시도했지만 기본적 경향은 오히려 명확하게 국가 목적론이었다. "국가 목적이 첫째고 각 개인은 이런 목적에 도달하기 위한 공구이다."[113] 이상에서 말한 국가에 관한 견해로 인해 최종적으로 량치차오는 중국의 구체적 상황에서는 '개명전제'開明專制가 군주입헌보다 훨씬 적합하다고까지 생각하였다.[114]

여기서 우리는 장빙린이 개체 각도에서 국가를 비판한 진정한 이유를 뚜렷하게 볼 수 있다. 이것은 우선적인 정치 가치로서 국가라는 관점에 대한 철저한 부정이다. 개체로 보면 국가는 자신의 특징을 갖지 않는다. 또한 결코 내재 생명의 유기체를 갖지도 않는다. 개체로 보면 국가는 주권이 없으며 개체(각각의 인민)야말로 주권의 소유자이다. 개체로 보면 일체의 상대적 관계는 모두 불평등의 기원이다. 우주와 세계는 본체론적 의미에서 평등하고 아무런 차이가 없다. 정치면에서 보면 장빙린의 개체 개념의 가장 중요한 정치적 함의는 '개명전제'와 '군주입헌'의 정치 주장에 대한 전면적인 부정이다. 하지만 문제의 핵심은 여전히 만주인이 통치하게 할 것인가 아닌가 하는 민족주의 문제이다.

루퍼트 에머슨Rupert Emerson(1899~1979)은 일찍이 다음과 같이 지적했다. 19세기 블룬칠리와 독일의 다른 정치학자가 제창한 제한적인 군주입헌제는 입헌 방법으로 군주의 전제를 통제하여 군주가 국가에 대한 충성을 보증하고 국가에 대해 최대한 봉사하도록 하려는 것이었다.[115] 량치차오의 개명전제론과 블룬칠리의 제한적인 군주입헌제는 국가를 최고 가치의 목적으로 신봉한다. 군주 전제에 대해서 제한을 가했다는 의미도 포함한 듯 보인다. 량치차오는「정치학 대가 블룬칠리의 학설」(政治學大家伯倫知理之學說)을 쓸 때, 블룬칠리에게서 하나의 계시를 획득했다. 그것은 민족과 국가의 구분과 관련되는데, 즉 법인法人 단체로서의 국가와 공동 언어, 종교, 습속, 종족을 근거로 삼는 민족의 구별이다. 그는 처음에는 근대 국가를 건립하는 과정 혹은 방식으로서 민족주의는 분열의 후과를 초래할 수도 있다고 생각했다. 왜냐하면 중국은 하나의 다민족 사회이기 때문이다. 그래서 국가 목적론이 청말 맥락에서 명확히 내부 민족주의 혹은 그가 말한 대로 소민족주의에 대한 부정을 내포했다. 말하지 않아도 알 수 있듯, 장빙린 같은 이들의 입장에서는 이런 국가 목적론은 청조 통치를 옹호하는 이론 무기였다. 주즈신朱執信(1885~1920)이 「심리적 국가주의」心理的國家主義라는 글에서 말한 것처럼 량치차오의 『신민총보』新民叢報, 양두楊度 의 『중국신보』中國新報와 『동방잡지』東方雜誌 등 간행물에서 말한 '국가'는 "만주 정부 말고 다른 것을 가리키는 게 아니다."[116]

돌이켜 보면 장빙린의 「중화민국해」는 반복해서 중국의 국가와 종족의 통일성을 논증하고 있다. "한漢을 내세워서 족族의 이름을 삼았는데 방국邦國의 의미가 여기에 있다. 화華를 내세워서 국國의 이름으로 삼았는데 종족의 의미가 또한 여기에 있다. 이것이 중화민국中華民國이 시호諡號가 된 까닭이다." 그는 중국을 지역 개념으로 해석하거나 중화를 문화 개념으로 해석하는 데 단연코 반대했다. 그것은 중국 개념의 종족 성질을 강조하기 위해서였다.[117] 그는 또한 국가 주권의 개념을 강조했지만 그의 주권 개념은 완전히 종족적 주권 개념이지 정치적 주권 개념이 아니다. "나는 전부터 만주족을 물리쳐야 하는 이유를 말했는데 우리나라를 침탈했고 우리의 주권을 빼앗았기 때문이다."[118]

주의할 점은 민족주의에 관한 량치차오와 장빙린의 논쟁은 1903년에 일찌감치 발생했고, 장빙린은 1907년 국가 문제를 재론했을 때 이미 훨씬 직접적인 정치성을 띠고 있었다는 사실이다. 이는 『민보』가 『신민총보』나 『중국신보』 등 개량파 신문과 벌였던 논쟁이 혁명인가 개량인가 하는 첨예한 대립까지 미쳤기 때문만은 아니다. 또한 1905년에서 1907년 사이에 '예비입헌'의 '신정'新政이 이미 지식인들이나 사회단체의 논제가 됐을 뿐 아니라 청 정부의 국가 행위가 되었기 때문이다. 1905년 말 청조 정부파 짜이쩌載澤, 돤팡, 다이훙즈戴鴻慈, 리청두어李盛鐸, 상치형尚其亨 등 다섯 명의 대신은 일본과 미국, 그리고 유럽을 방문하여 헌정을 고찰했다. 망명 중인 량치차오는 그들을 위해서 약간의 상주문을 초안하기도 했다.

1906년 청 조정은 예비입헌을 선포했다. "대권은 조정이 통괄하고, 서민 정치는 여론으로 공론화함으로써 국가에 만년토록 도가 집행될 수 있는 기초를 수립한다." "단지 당장은 규제가 미비하고 백성들의 수준이 미개하여" 다만 먼저 관제에서부터 시작할 수밖에 없다. 『청말주비입헌당안사료』清末籌備立憲檔案史料에 수록된 자료를 보면 전체 '예비입헌'은 관제, 의회, 자의국咨議局 그리고 지방자치, 법률과 사법, 만한 관계, 교육, 재정과 관복 등의 방면까지 다루고 있다. 그것의 기본적인 구상은 청 조정을 중심으로 해서 서구나 미국과 유사한 근대 국가의 차등적 관료 체제를 수립하고 효과적인 사회동원을 진행한다. 그리고 위에서부터 아래까지 "각각 충군애국忠君愛國의 의의와 합군진화合群進化의 이치를 밝힌다. 사사로운 견해로 공익을 해치지 못하게 하고 작은 욕심으로 국가적 기획을 망치지 못하게 한다. 질서를 존숭하고 평화를 지킴으로써 입헌 국민의 자격을 준비해야만 희망이 있다." [119] '예비입헌'은 청 조정과 망명 중인 지식인들의 공동 작품이었다.

청 조정의 합법성을 핵심으로 하는 국가주의와 그것의 가치는 '신정' 시기 사회 분위기의 주요 특징 중의 하나이다. [120] 프라센짓 두아라 Pransenjit Duara는 청말 신정을 "근대화와 민족 형성이 함께 교직된 중국 방식의 국가 권력 확장"이라고 보았다. 이것은 "중앙과 지역의 모든 정권이 국가 권력을 사회 심층으로까지 확장하려는 기도였다. 그 목적이 어떠하든 그들은 모두 새로 탄생한 정권 기구가 향촌 사회를 통제하는 가장 효과적인 수단이라고 믿었다." [121]

4. 개체/국가라는 이원론적 논술 방식 가운데 왜 사회 범주를 생략했나?

청말의 특수한 국가주의적 분위기 속에서 장빙린은 개체의 진실성으로 국가의 허구성을 부정했다. 개체의 소극적 자유를 통해서 민족국가의 총체적 자유를 비판했다. 임시성의 개체 개념은 곧바로 광범위한 정치 함의를 가진다. 장빙린의 개체/국가에 관한 이원적 논술 구조에서 특별히 주의해 볼 만한 하나의 누락이 있다. 바로 사회 개념의 생략이다. 장빙린의 용어 가운데 결코 사회 개념이 없는 건 아니다. 내가 말하는 누락은 그가 결코 국가/사회/개인이라는 세 겹의 관계에서 개인 문제를 토론하지 않고 국가와 사회를 개체와 서로 대립하는 조직 형태로 보았다는 것이다. 이렇게 사회가 국가 및 정부와 상호 작용하고 제약하는 관계도 토론 범위 내에 있지 않았다.

　중국 근대성 사상의 주요한 특징 가운데 하나는 사회 관념의 형성이다. 이른바 '공公/군群' 개념의 유행은 서방 사상에서 '사회'와 관련된 학술과 사상의 유입과 직접적으로 관련된다. 캉유웨이나 량치차오 등의 '학회'(學群)이나 '상회'(商群), 그리고 '국회'(國群)에 대한 이론 연구와 정치 실천은 모두 사회/국가(주로 황제 권력)의 관계를 축으로 전개됐다. 그것의 목적은 사회의 역량을 형성해서 황제 권력을 제한하고 사회 정치 제도를 완성한다는 사회 개조였다. 량치차오와 옌푸 같은 인물로 말하자면 개인의 자주성은 사회 계약 단체에서 근대 국가 체제의 건립까지 절대적 관련을 맺고 있다.

　한편으로 자주성을 가진 사회단체는 사회동원을 진행해서 근대 민족국가를 건립하는 매개 조직이다. 다른 한편 자주적 사회단체와 국가의 제약적 관계는 개체의 자유를 위해 공공公共 공간을 제공한다. 이것은 수많은 서방 학자가 '시민사회'와 '공공 영역'의 범주로써 근대 중국 '군'의 이론과 실천을 해석하는 원인이다. 다시 말해서 량치차오나 옌푸 같은 사람의 개체 관념은 '군'과 민족국가 속에서의 개체 관념이다. "우리 중국이 독립국이 되지 못한 이유는 국민이 독립된 덕성을 결핍했기 때문이다."[122] 개체 독립에 대한 량치차오의 기술은 국민 도덕의 건립을 수단으로 삼고, 독립된 민족국가 건립을 목적으로 삼는다. 사회단체의 형성은 오히려 매개이자 전환점이다.

　하지만 장빙린의 개체 관념은 반국가이면서 또한 비사회이다. 「사혹론」四惑論에서 말한 것처럼 "인류가 공인하는 점은 개인 때문에 사회를 짓밟을 수 없고, 사회 때문에 개인을 짓밟을 수도 없다는 것이다." 여기서 말한 사회는 국가, 정부를 포함한 인간을 원자로 해서 조직된 모든 사회단체를 가리킨다. 개인은 국가, 사회, 타인으로써 탄생하는 게 아니다. 그래서 법률, 책임, 의무 등을 인정하지 않는다.[123] 자성을 가졌는가 아닌가 하는 입장에서 출발해서 장빙린의 창끝이 겨누는 지점은 국가 부정을 훨씬 초월했다.

> 국가만이 아니라 저 촌락 집단도 오직 개인만이 실제 자성을 갖지 촌락이라는 집단은 자성을 갖지 않는다.[124]

사물의 총체성이라는 질서에서 조직으로 구성된 사물은 모두 자성이 없다. 「오무론」은 전면적으로 장빙린 사회사상의 여러 방면을 나타냈다. 즉, 무정부, 무취락, 무인류, 무중생, 무세계이다. 그는 '오무'의 실천 과정을 세 단계로 나눴는데 무정부, 무취락을 제1기로, 무인류, 무중생을 제2기로, 무세계를 제3기로 했다. '오무'의 추론 과정은 우선 개체를 일체 사회를 구성하는 원자로 간주했다. 그래서 이런 조직은 자성이 없는 상대적인 관계이다. 이 때문에 사회 측면에서 국가와 기타 사회조직에 대한 부정은 개체를 모든 상대적 관계 가운데서 해방시키고자 하는 요구에서 기원한다. 이것은 장빙린의 사회사상이 단지 무정부가 아니라 무사회임을 의미한다. 하지만 사회 원자로서 개체 자신도 분할 가능하다. "만약 원자라면 본래 무방분無方分이다. 상호 접촉 이후에 모습을 드러낸다. 이미 무방분으로 합쳐져 하나가 됐는데 어떻게 서로 접촉하는 일이 있는가? 그래서 원자란 단지 망언임을 안다."[125] 이것이 그가 인류, 중생 그리고 세계에 대해서도 한결같이 부정한 이유이다.

나는 여기서 다시 장빙린이 각종 사회집단을 부정한 정치 함의를 분석하겠다. 이것은 그의 이른바 '무취락' 사상이다. 하지만 그의 논점을 구체적으로 분석하기에 앞서 먼저 다음과 같은 문제에 대답해야 한다. 왜 장빙린은 국가를 비판하는 동시에 량치차오 같은 인물도 특별히 주의를 기울인 자주적 사회단체까지도 부정했는가? 서방, 특히 서구의 역사 경험을 비춰 볼 때 시민사회나 이런 기초 위에 발생한 공공 영역은 국가 권력을 제한하고 민주 사회를 형성하는 근본 조건이 아닌가. 여기서 근본적인 문제는 장빙린이 말한 사회는 국가를 포함한 각종의 비개인적 집합체이지 국가 외부에 있고 사적 영역과는 특수한 관계를 맺는 시민사회는 아니다.

만청의 맥락에서 도시의 계약 단체를 형성하는 동력이나 실천이든 아니면 종족-신사紳士를 핵심으로 하는 촌사村社 공동체를 다시 해석하고 이용하는 사회 작용이든 관계없이 모두 근대 민족국가의 건립이나 사회동원의 실현을 목적으로 하고 있다. 서구 시민사회의 형성 과정도 근대 민족국가의 형성과 발전의 과정이다. 유럽 시민사회와 그것에 기초해서 형성된 공공 영역은 전제 국가에 대해서 중요한 제한 작용을 한다. 나아가 민주 제도의 사회 기초를 형성한다. 그리고 청조 정부와 일부분의 지식인들이 도시 단체와 신사-촌사 공동체를 이용한 것은 오히려 완전히 다른 의의를 갖는다. 이런 사회조직은 단지 민족국가 건립을 주요 목적으로 할 뿐 아니라 그들 자신의 지도, 건립 그리고 사회 공능은 바로 일종의 국가 혹은 준국가적 행위였다. 만청 학회, 상회 그리고 기타 단체의 조직자와 참여자는 언제나 정부와 관계가 밀접한 신사나 지식인이었고 어떤 이들은 관원이었다.

이런 사회조직의 출현은 위에서 아래로 행해진 만청의 국가 개혁 운동의 일부분이었다. 심지어 종법 사회에 관한 토론도 근대 국가에 대한 그것의 조직 작용의 의미에서 진행되었다. 이 모든 것은 다음을 증명한다. 이런 사회조직의 행위와 국가 행위 사이에는 결코 분명한 경계선이 없고 그것들 자체가 국가 건설(state-making)이며 특별히 국가 권력이 기층으로 침투해서 정치와 경제를 통제하는 중요 수단이었다. 국가 문제는 사회 활동의 중심 문제이다. 이것도 만청의 '군' 개념의 모호성에서 해석할 수 있다. 일반 사회조직, 예를 들어 상회, 학회 그리고 국회 같은 국가 조직은 모두 '군'의 개념을 이용해서 지칭할 수 있다. 그리고 '군'의 최고 등급 즉 '대군'大群은 국가를 가리킨다. 만약 위에서 제시한 생각이 가능하다면 장빙린의 '취락'과 각종 사회 '군'에 대한 비판은 그의 국가 비판의 구성 부분이다. 이것은 또한 왜 *그가 국가를 부정하는 동시에 일체 단체까지 부정하고 그것을 개체의 대립면에 세웠는가를* 설명해 준다.

5. 집단의 부정(1)—개체에 입각해서 대의제와 정치 평등 문제를 비판한다

서방 민족국가를 청사진으로 해서 국가 건설을 진행한 청말 '신정'을 배경으로 장빙린은 정부가 의회의 설립과 지방자치를 통해서 기층 사회에까지 국가 권력을 확장하려는 데 격렬한 비판적 태도를 견지했다. 그가 우선 언급한 것은 상층의 구조이다. 량치차오가 '국군'國群이라고 부른 의회이다. 특별히는 '예비입헌'에서 많이 이야기하는 대의제이다. 장빙린의 의회 공격은 「캉유웨이를 반박하고 혁명을 논함」(1903)에서 시작해서 '예비입헌' 시기에는 「대의제는 가능한가」가 가장 저명하다. 많은 학자가 장빙린이 의회를 비판한 관점에 대해 분석하고 정리한 부분을 여기서 다시 일일이 반복하지는 않겠다. 내가 굳이 지적하고 싶은 점은 장빙린의 대의제 부정은 국가가 자기를 건립하는 조직 체계를 통해서 기층을 통제하는 과정과 매우 깊은 관련이 있다는 사실이다.[126] 말을 바꾸면 장빙린이 대의제를 비판한 가장 중요한 이유는 국가가 의회의 형식으로 사회를 조직하거나 동원하는 데 반대했기 때문이다. 이것은 다음과 같은 몇 가지 층위의 의의를 가진다.

첫째, 대의정체는 봉건정체의 변모이다. 그것의 주요한 폐단은 귀천 등급으로 사회를 조직한다는 데 있다. 이것은 중국 역사 형태에 대한 장빙린의 독특한 생각을 언급하기도 한다. 그는 중국의 전제 제도는 서방이나 일본의 입헌 제도와 비교해서 훨씬 평등한 사회 형태라고 보았다. 그는 다음과 같이 말한다.

> (용렬한 자는 저급하게도 일본을 모방하려 하는데─역자) 저들 일본이 봉건과 가까운지를 알지 못하고, 우리가(중국) 봉건과 얼마나 먼지 알지 못한다. 봉건과 먼 경우 백성은 모두 평등하고, 봉건과 가까울 경우 백성은 귀족과 서민의 구분이 있게 된다. 입헌 제도를 모방하여 백성 사이 귀족과 서민의 구분이 있게 하는 것은, 차라리 군주 일인이 상층에서 권력을 장악하되 제도가 거대하여 엄혹한 통치가 구석구석까지 미치지 않아 백성들이 오히려 죽음을 지연할 수 있는 것만 못하다.[127]

> 국회를 두기 위해 의회를 설치하지만 백성을 돕기에 충분하지 않아 오히려 먼저 평등의 미덕을 상실할 것이다. ⋯그래서 선거를 실행하면 위로는 가난한 집이 사라지고 아래로는 고기와 기장밥이 사라진다. 이름은 국회이지만 사실은 간악한 정부(奸府)이다.[128]

국회의원은 표면적으로는 인민을 대표하지만 실제는 정당에 속한다. "그래서 국회는 국가가 우민愚民을 유혹해서 입에 재갈을 물리는 방법이다."[129]

둘째, 장빙린은 다음을 매우 심각하게 보았다. 중국 각급 지구에 의회를 설립하는 것은 단지 실행이(많은 인구와 유한한 의원, 광활한 지역과 선거인의 교육 정도 사이에 있는 모순) 극히 어려울 뿐만 아니라 보다 중요한 점은 국회 설립 목적이 경제상 기층 사회를 통제하려 하며 특히 중앙정부가 해결하기 힘든 납세의 문제를 해결한다는 사실을 말이다. 장빙린은 납세의 많고 적음으로써 선거권을 확정하는 것이 조성할 만한 문제를 매우 꼼꼼하게 분석했[...] 그는 다음과 같이 지적했다.

> 대의제를 시행하려는 까닭은 증[...]책을 상층부 사람들[...]서부
> 터 발동하는 게 아니라 하층 인민[...]부터 실행하려는 것이[...].
> 지금 선거권을 늘리려고 한다면 오히[...] 대의제를 시행하기도 [...]
> 에 먼저 무단으로 세금을 늘리게 될 [...]니 원인과 결과를 따
> 보면 또한 전도된 것이다.[130]

말을 바꿔 보면 중앙정부는 선거와 [...]의 설립을 통해서 정치
형식으로 촌사 체제를 재건하고 [...]지방 역량을 이용해서 조
세 문제를 해결하고 [...]제한다. 대의제는 원래 민권을
확대하기 위한 [...]는 재부의 불평등 때문에 정치의 불평등
을 확대한[...][...]고 새로운 사회 계급 구조를 조성한다. 국가 권력의
확장이라[...]각도에서 보면 대의제는 기층 사회에 대한 국가의 정치적
경제[...] 통제를 강화한다.
[...]재, 장빙린은 의회제는 의원(즉 귀족)의 특권을 합법화하기 때문
[...]이것은 민생주의 경제 평등의 원칙과 충돌한다고 생각했[...]. [...]
[...]은 "관리를 억누르[...] 백성의 [...]정
[...]방안을 제시[...]는 것과 동시에 특별히 그의 경제 [...]안을 제기했다.
우리는 간단하게 '토지의 균등 분배', '관립 공장 건설', '상속 제한'(부
의 상속 제한), '의원 공직 급여'(정당의 뇌물 수수 금지), 관/상의 엄
격한 분리(정경유착 방지) 등등으로 개괄할 수 있다.[131] 표면적으로 보
면 장빙린의 이런 주장은 쑨원의 민생주의와 기본적으로 유사하지만
(그 자신도 민생주의 개념을 사용했다) 내용은 오히려 매우 다르다.
이것은 주로 자본주의, 특히 자본의 활동에 대해서 신랄한 비판 태도
를 취했기 때문이다.
장빙린이 말한 '토지 균등 분배'는 저 황무지에 한정되는 게 아니라
산림이나 심지어 가축까지 포함된다. 매우 분명하게 자본가의 활동을

타격하려는 의도가 있다. 그가 말한 '관립 공장'은 쑨원의 대기업 국유와는 같지 않다. 결코 '자본 발달'의 내용은 없다. 단지 개인의 공상업에 반대하는 데서 출발한다. 이것은 쑨원이 국가 자본을 발달시켜 자본주의 경제를 발전시켜야 한다는 주장과 완전히 반대가 된다.[132] 「오조법률색은」五朝法律索隱 등의 글에서 그는 특히 전통적인 '중농억상'重農抑商론을 숭배했고, 상업을 천시한 '진나라의 법령'(晉令)을 실행할 것을 주장했다. 아울러 사회 혼란의 책임을 '상인을 존중하고 장려하는 분위기'에 돌렸다.[133] 「사혹론」에서 보인 신식 산업과 기술에 대한 장빙린의 반대와 연관해서 위에서 기술한 그의 생각은 명확하게 반근대의 특징을 가진다.

주의해야 할 것은 장빙린의 국가 부정은 개체의 입장에서 출발한다. 하지만 이런 개체 입장은 사유권이라는 경제사상으로 전혀 발전하지 못한다. 거꾸로 정치 권리의 측면이든 경제 권리의 측면이든 간에 개체의 개념은 모두 평등의 개념과 밀접한 관련을 가진다. 경제 점유권의 의미에서 그가 말한 토지의 '균등 분배'든 아니면 공장의 '관립'이든 모두 일종의 '공'의 원칙을 체현했다. 만약 개체 관념이 공리 세계관과 대립하는 가운데 그것의 특징을 전개한다면 구체적인 사회 정치와 경제사상의 측면에서 개체 관념과 공적 가치의 관련은 특히 주목할만하다. 이 점은 우리가 장빙린의 보편성 비판이 왜 보편성으로 귀결하는지를 이해하는 데 도움이 될 것이다.

6. 집단의 부정(2)—상업에 대한 부정은 누가 국가 권력을 향유하는가와 연관된다

장빙린의 상인과 상인 단체에 대한 비판은 일찍이 그가 도대체 지주 계급의 대변인인가, 아니면 민족자산 계급 중하층, 혹은 자작농 이상 계층의 대변인인가 하는 논쟁을 일으켰다.[134] 하지만 오히려 '상'商에 대한 비판이 그의 국가 비판의 한 부분임을 지적하는 경우는 극히 적었다. 구체적으로 말하면 청조 정부의 '신정' 및 개량주의자에 관한 관점에 대한 부정이다. 「오무론」에서 장빙린은 명확하게 의회 비판과 상인 비판을 결합시키고 있다. 그 핵심 문제는 누가 국가 권력을 나누어 가질 것인가이다. 정부(官)와 상업(商) 문제는 한편으로는 상인이 국가에 대한 침투를 통해서 특수한 이익을 얻는 것과 관련 있고, 다른 한편으로는 국가가 상업 활동을 통해서 국가 권력을 확대하고 민간 사회를 약탈하는 것과 관련된다. 그 가운데 이익을 획득하는 자는 여전히 호민豪民일 뿐이다. 장빙린은 일본 의회의 부패상을 분석하고 나서 다음과 같이 말한다.

> 의회를 설립한다는 것은 관리의 뇌물을 나누어서 귀족에게 주는 것일 뿐이다. 돌이켜 전제 국가를 보면 오히려 이런 무질서가 없었다. …전제 국가에서 상인은 국가와 권력 분점에 대한 일을 알지 못했다. 전제 정치에서 달라지면서 그렇지 않게 되었다. … 그래서 공화정을 세운 이후 재정과 권력을 분산하고 국회의원을 제어하지 않는다면 오히려 전제정만 못하게 된다.[135]

장빙린은 상회와 국가 권력의 관계에 착안해서 '상'의 문제를 논했다. 이것은 만청의 맥락에서 이해하기 어렵지 않다. 정관잉鄭觀應이 쓴 「상전」商戰(상,하), 그리고 「상무」商務(1~5)에서 우리는 중국의 국가 주권과 이익 의식은 상전商戰과 커다란 관계가 있음을 이미 알았다. 상회의 자치 능력을 논의하면서 정관잉은 다음과 같이 기술한다.

> 각국 항구에는 모두 상회를 설치하고 각국 수도에는 상무 총회를 설치하여 그 관리자를 사장으로 삼는다. 그들의 권력은 의회와 대립하기도 하는데, 만약 억울한 일이 있으면 그 사안을 의회에 호소한다. 그래서 상인들은 믿는 구석이 있어서 두려움이

없다.[136]

　캉유웨이의 「공거상서」에서도 상회의 정치 역량을 언급했다. 아울러 "지금 각 성이 상회(상인 조직), 상학(상업 학교), 비교창比較廠*을 설립하게 하고 상무대신商務大臣으로 그들을 관리하게 하십시오"[137]라고 건의했다. 1896년 초 총리아문總理衙問은 「거듭 상무를 강구하길 청하는 상주」(奏復請講求商務折)에서 "관리와 상업은 하나같이 애써 이익과 권세를 추구합니다. 관리를 단속하고 재부를 보호하는 법령의 시행은 오늘날 절실히 요구됩니다"[138]라고 말했다. 무술변법운동 후에 상무국은 한때 좌절됐다. 1904년 청 정부는 「기업에 관한 간명 장정 26개조」(奏定商會簡明章程二十六條)를 반포했고, 상부商部는 기업 설립을 권장했다. '1905년 이후 신정' 기간, 정부와 기업은 밀접한 연계를 보였다. 1907~1908년 두 차례 전국상업대표자대회를 개최해서 상법商法을 논의하고 정부가 참고할 수 있도록 했다. 기업의 역사에서 기업과 정부의 관계는 일종의 통제와 반통제의 관계이다. 한편으로 '예비입헌' 시기에 상회는 정부를 지지하는 가장 중요한 사회 역량 가운데 하나였다.

　예를 들어 상해상무총회가 간행하는 『화상연합보』華商聯合報는 예비입헌을 칭송했는데 "2천 년의 장애를 단번에 없앴다"고 하면서 인민이 행동을 통해서 조정의 입헌을 도와야 한다고 호소했다.[139] 상회는 적극적으로 헌정 활동에 참가하고 또한 지지했다. 특별히 지방자치 활동이나 자의국과 지방의회의 활동 등이다. 다른 한편, 상회와 국가 간에도 중요한 이익 충돌이 있었다. 국가가 상회 설립을 권장한 목적은 "이익의 원천을 확대하기 위함"이다. 결국 과중한 세금이나 경제적 이익의 수탈, 이권 매매 등의 행위가 따르게 된다. 상회의 '상공업 진흥'은 오히려 상인 자신의 이익을 의도한다. 장빙린의 입장에서는 국가와 상회(상인) 양쪽은 협조하면서도 충돌하는 관계이다. 한편으로는 국

---

* 비교창(比較廠): 상품의 개발 개선을 위해 서양 제품을 조사 비교하기 위한 업체.

가가 상업 활동을 이용하지 않고서는 자신의 체제를 합리화할 길이 없음을 증명하고 또 다른 한편으로는 상회 등 비국가 조직은 사실은 준국가 조직임을 증명한다. 이는 또한 장빙린이 '상'을 성토한 근본 원인이다.

7. 집단의 부정(3)─학회와 정당 그리고 국가 권력의 확장

도시 단체에서 상회를 제외하면 학회와 정당이 가장 중요한 단체이다. 장빙린의 정치 단체 비판도 국가 권력의 작동 및 그것의 도덕 결과에 착안한다. 자강학회 이후 제제帝制 말기의 학회는 대부분 정치적 단체가 되었는데 또한 중국 근대 정당의 원형이었다. 학회를 가장 열렬히 선도한 이는 량치차오이다. 그는 '군'의 개념으로 각종 사회 정치 유기체를 표현했다. 그들의 주요한 기능은 바로 중국인을 통일 국가로 결합하는 것이다. 량치차오는 『변법통의』變法通義 「논학회」論學會에서 사회단체를 세 가지로 나누었다.

> 국군國群은 의회라고 하고, 상군商群은 공사公司라고 하고, 사군士群은 학회라고 한다. 그리고 의회와 공사 이 둘의 이론이나 활동은 학술에서 기원한다. 그래서 학회는 이 둘의 어미 같은 존재이다. 학회는 서구에서 기원하는가. 아니다. 중국 2천 년 동안 이루어진 모범이다.[140]

장하오가 지적한 대로 량치차오가 학회에 이처럼 중요한 지위를 부여한 이유는 학회가 국가건설(state-making)에서 일종의 조직 매개체 역할을 한다고 생각했기 때문이다. 학회는 인민을 훈육하는 책임을 질 뿐만 아니라 정치 정체성을 형성하는 방식이기 때문이다. 이 때문에 학회는 복잡하고 느슨하게 조직된 중국 사회를 연합하여 통일되고 응집력 있는 국가를 만드는 데 필수 불가결한 매개가 되었다.[141] 만청 입헌 운동 시기의 정당과 학회는 매우 깊은 관련을 맺고 있다.

장빙린의 이런 정치 단체에 대한 주된 비판은 그들과 국가 권력의 관계에 대해 이루어진 것이다. 장빙린은 "요약하면 나라에 정당이 있으면 정사政事가 부패할 뿐 아니라 사대부의 절행節行도 쇠퇴한다. 정부를 바보로 만들고 국사國事를 숨어서 하는 놀이로 만들어 버린다. (중략)" 정당이 선출한 의원은 "하루아침에 권력의 중심에 올라앉아서 도를 논하지만 오직 정당의 주장을 펼칠 뿐 민의를 대변하지 않는다. 공상업 분야의 정책은 사사로운 자신의 논리를 따르지 않는 이가 없다."[142]

1911년 10월, 장빙린은 「정당 비판」(誅政堂)을 발표했다. 이 글에서 그는 다음과 같이 말한다. "근세 붕당이 신당新黨에서 나타나고 있으니, 정당은 신당의 변화된 모습이다. 중국의 전체 국면은 이미 과거와 다르지만 붕당의 비루함은 옛날 사람보다 심하다.", "붕당은 반드시 말세에 일어난다." "정객보다 세상에서 더 비루한 것은 없다." 중국 정당은 "망령되지 않으면 허황되다." 그는 수준을 비교해서 일곱 가지로 분류했다. 캉유웨이·량치차오의 학당, 상층의 입헌주의자, 입헌 운동을 추진하는 정문사正聞社 그리고 각급 자정원資政院, 자의국 관리, 입헌파 선비 등등 모두 그 반열에 올렸다.[143] 그의 정치 단체 부정도 쌍방향적이다. 한편으로 그들은 자신의 이익을 추구하는 사회집단으로 국가 건설의 합리화를 방해한다. 다른 한편으로 중국 정치 활동은 국가 행위의 일부분이다. 이것은 또한 그가 신해혁명 후 곧바로 "혁명군이 일어나면 혁명당은 소멸한다"고 주장한 이론의 기초이다.

8. 집단의 부정(4)—개인, 민족주의와 그것이 보인 신사 – 촌사 공동체에 대한 부정

「오무론」의 논술 구조에서 '취락'의 타파는 주로 지연과 혈연으로 구성된 종족과 부락을 가리킨다. 주의해야 할 것은 취락의 부정은 바로 정부에 대한 타파로부터 이어진다. 그래서 정치 측면에서 장빙린의 이런 독특한 사상을 이해할 필요도 있다.

> 종족 간 전쟁은 모두 정부가 서로 사이가 벌어지게 하였기 때문이다. 가령 정권이 사라지면 개나 말같이 다른 부류에 대해서도 친하게 대하는 인간은 인류에 대해서야 무슨 문제가 있겠는가?[144]

하지만 장빙린의 무정부 사상은 무조건적인 '무정부주의'는 아니다. 그가 보기에 정부의 기원은 전쟁이다. 만약 전쟁이 끊이지 않는다면 정부는 단 하루도 사라지지 않는다. "그래서 정부는 오로지 백성을 다스리기 위해서 건설된 게 아니라 사실은 다른 나라 정부와 서로 상대해서 건설된다. 다른 나라에 정부가 있으면 일국의 정부가 홀로 없을 수가 없다."[145] 이 때문에 무정부의 함의는 국가의 경계를 없애고 언어를 통일하며 나아가 전면적으로 전쟁을 그치게 한다. 이른바 '무취락'도 바로 다툼을 전면적으로 중지시키는 의미에서 제출된 것이다. 그래서 국가 경계와 정부가 사라지더라도 인류가 거처하는 자연조건은 동일하지 않다. 그래서 종족, 언어 혹은 지역의 차이로 형성된 자연 취락 사이에는 여전히 무리 지어 서로 다툼이 있을 수 있고 아울러 새로운 국가와 정부가 탄생한다.

> 그래서 정부가 없으려면 반드시 취락이 없어야 한다. 농민은 유농游農이 되고, 노동자는 유공游工이 된다. 여자는 유녀游女가 된

다. 집을 바꿔 가며 거주하고 서로 옮겨 다닌다. …날씨가 춥고
땅이 거친 지역에 사는 사람과 따뜻하고 윤택한 지역에 사는 사
람은 해마다 땅을 바꾸고 집을 바꾸어 거주하여, 서로 교대하여
집착함이 없도록 해서 침탈이 발생하지 않도록 한다. 그러므로
무정부는 반드시 무취락설과 함께 실천해야 한다.[146]

　여기서 장빙린이 말한 취락은 주로 지역적인 분포로 형성된 부락 조
직을 말한다. 비록 구체적으로 무엇을 말하는지는 분명하지 않지만 취
락에 대한 그의 부정은 국가와 정부에 대한 부정에서 기원한다는 것은
의심의 여지가 없다. 장빙린이 말하는 "농민은 유농이 되고, 노동자는
유공이 된다. 여자는 유녀가 된다"는 말은 지연, 직업, 혈연관계의 타
파를 강조한 것이다. 그 가운데 지연과 혈연 문제는 중국 종법 제도에
대한 장빙린의 이해를 말해 준다. 「『사회통전』 상태」社會通詮商兌에서
그는 종법 사회는 '백성을 중시하지만 토지에 의지하지 않는다'는 에
드워드 젱크스Edward Jenks(1861~1939)의 견해에 대해서 중국의 종법 사
회는 농지와 대단히 깊은 관계를 맺고 있는데 그것은 조상 숭배와 호
적 제도의 결합이라고 말한다.
　장빙린의 종법 제도 비판은 그의 민족주의 이해와 깊은 관련이 있다.
그는 옌푸가 에드워드 젱크스의 학설에 기대어 중국 사회가 "종법 사
회이면서 군국주의를 겸행했다"고 한 견해를 비판했다. 장빙린이 보기
에 옌푸가 말하는 '종법'의 '법'은 단지 종족만 언급하지 '국'을 언급하
지 않기 때문에 민족주의를 보편이라는 대단히 넓은 개념으로 잘못 사
용한 것이었다. 그렇다면 왜 장빙린은 국가를 비판하는 동시에 '국'의
문제를 제기했을까? 이것은 그가 배만 민족주의 운동을 일종의 주권
쟁탈의 정치 투쟁으로 이해했기 때문이다. 그는 다음과 같이 말한다.

　지금 우리 당이 말하는 민족주의 주장에서… 만주족을 반대하
는 이유가 어찌 단지 당신들은 애신각라씨愛新覺羅氏이고 우리는

희씨姬氏나 강씨姜氏이니 당신들이 우리 혈육과 자손을 살해할까 걱정해서이겠는가?[147]

우리 당이 지향하는 바는 우리 민족의 국가와 주권을 회복하는 데 있다. 만약 적을 물리치는 데 성공하여 만주족 추장이 모두 북경을 벗어나서 황룡부黃龍府(만주족 근거지)로 돌아간다면 마땅히 일본, 태국과 마찬가지로, 그들이 순화되는 것을 보아 이를 받아 들이면 될 따름이다.[148]

장빙린이 말한 국가와 그것의 주권은 국제 정치 관계 속의 민족국가 및 주권을 가리키는 게 아니라 중국 영토에서 한漢 '민족국가와 주권'을 가리킨다. 민족국가의 주권을 획득하고 나서는 절대 종족 혈연을 이유로 외부를 배격하지 않는다. 이렇게 그는 만주족과 한족의 투쟁을 국가 주도권 탈취를 위한 정치 투쟁으로 보았다. 이른바 "민족주의 속에서 국가 관념을 취한다"는 것은 또한 이런 의미에서의 실천이었다.[149] 장빙린은 만약 젠크스가 말한 종법 사회가 민족주의 사회의 관점이라고 한다면 중국의 종법 사회는 오히려 다른 민족의 통치를 용인한다고 보았다. 그는 특별히 민족주의의 정치성을 지적했는데 중국 사회의 민족 영도권, 즉 이른바 주권 개념을 사용해서 종법 사회를 비판했다. 아울러 완비된 조직 체계를 건립해서 군국 사회의 형식으로 사회동원을 실현할 것을 주장했다.[150]

분명하게 장빙린의 종법 사회 비판은 '국'國 개념을 돌출시킨 듯하다. 하지만 그가 말한 '국'은 한漢 민족의 '국'을 가리킨다. 그는 종족 및 그것의 윤리 체제를 파괴하려 했고 민족 가운데서 개체를 혈연과 지연 관계로부터 해방시켜 직접적으로 민족국가 위에 조직하려 했다.[151] 이것은 또한 그가 개체/사회/국가라는 논술 방식이 아니라 개체/국가라는 논술 방식으로 중국 문제를 논한 주요한 원인 가운데 하나이다. 이런 논술 방식의 배후에는 여전히 그의 반만 사상이라는 정치성이 있다.

다른 한편, 장빙린이 비록 배만排滿의 의미에서 '국'의 정치적 개념을 제기하긴 했지만, 만청의 맥락에서 그의 종법제에 대한 부정과 마찬가지로, 이는 국가와 그 권력 확장에 대한 반대의 고려와 함께 연결된다. '신정' 시기 국가 관리와 입헌파 지식인의 '지방자치'에 대한 고려는 바로 신사-촌사 공동체를 빌려서 국가 역량을 강화했다. 「청말주비입헌당안사료」清末籌備立憲檔案史料에 수록된 '지방자치'와 관련된 대량의 상주문은 그 중심 의제가 바로 국가는 어떻게 신사, 종족, 자연촌의 체제를 이용해서 사회를 착취, 조직, 동원 그리고 통제할 것인가였다. 예를 들면 「남서방 한림원 오 사감이 지방분권 통치를 시행하길 청하는 상주문」(南書房翰林吳士監請試行地方分治折)에서 다음과 같이 말한다.

> 권력이 중앙에 집중되는 것을 두려워하지만 나라의 신민들은 단지 복종의 의무가 있음을 알지 협동의 의무가 있음을 알지 못합니다. 또한 지방분권제로써 그것을 보호해야 합니다.[152]

청말 신정은 마을이 하나의 재정 제도를 수립해서 신식 학교와 새로운 행정 조직, 그리고 자위 조직을 수립하길 요구했다. 아울러 국가는 끊임없이 농촌에 지역 할당 세금(그 할당량은 경작지에 물리는 세금을 훨씬 능가해서 몇 배에 달했다)을 물리기 시작했다. 이는 거액의 배상금을 지불하는 데 쓰이거나 뒷날 발생한 전쟁에 쓰였다. 두아라의 1900~1942년 화북 농촌 연구에 따르면 지역 할당 세금(攤款)은 근본적으로 경작지에 물리는 세금이나 과거의 기타 세금과 달랐다. 그것은 장정의 수나 개인 재산에 근거해서 배당한 것이 아니라 마을 단위로 할당했다. 마을은 자신의 세금 할당 방식을 스스로 제정했고, 그래서 마을이 징세 권력을 갖게 해서 나아가 마을 예산을 발전시켰다. 신식 학교가 건립되고 공공사업이 확대됨에 따라 이런 새로운 문물과 배정, 할당 세금 징수를 감독하기 위해서 새로운 유형의 마을 지도 조직은 더욱 강화됐다.[153] 청 정부는 한편으로는 일군의 지방 지도자를 육성해서 사회를 조직하고 동원하여 국가의 목적을 실현할 필요가 있었고, 다른 한편으로는 반드시 사회와 정통성의 위기를 피하고 전통의 권위와 체제를 존중해야 했다. 이것이 바로 신사-촌사 공동체(마을은 그 자연 형식이다)가 만청 사회에서 이같이 중요한 화제가 된 원인이다.

실제 종법 사회를 이용해서 지방자치가 "국가를 보호하고 백성을 기른다"는 사상은 일찍이 풍계분의 『복종법의』復宗法議 같은 글에서 이미 단서를 드러냈다. 무술운동 후에 특히 신정 시기에 이 사상은 당시 간행물이 토론한 중요 의제 가운데 하나였다. 예를 들어 허샤오蛤笑가 1908년 『동방잡지』에 「지방 자치의 시급함을 논함」(論地方自治之亟)을 발표했는데 그는 중국 종법 사회는 "종족宗族 자치가 극히 발달해서" 2천 년 전제정체의 잔악함을 거치고도 여전히 지금까지 연속할 수 있었고, 바로 "우리 민족의 자치 능력"을 설명한다고 여겼다. 그는 향약 제도나 군현의 지방정부를 서방 사회의 지방의회와 서로 비교하며 중국 자치의 존재를 논증했다.[154] 그것보다 훨씬 빨리 공파즈攻法子는 『절강조』浙江潮에서 「우리 마을 사람에게 삼가 고함」(敬告我鄕人)을 발표하여 명확하게 지적했다.

> 중국 각 지방에 신사紳士가 있다. 맹자가 말한 거실巨室이 그것이다. 지방의 공적 사무는 대부분 신사가 처리한다. 지방관이 도모하는 일이 있을 경우 반드시 신사와 협의한다. 신사의 판단이 지방 사업의 흥폐를 결정한다. 그래서 신사는 실제로 지방자치의 대표이다. 중국에 지방자치제가 어디에 있냐고 묻는다면 신사가 바로 그것이다. 신사가 간여하는 지방의 공무의 범위는 각국 지방자치체와 대략 비슷하다. 어떤 경우는 그것을 초과한다. 각국 지방자치체는 병권이 없지만 중국은 유사시에 신사가 단련團鍊(군사 조직)을 구성할 수 있다. …그래서 중국의 지방자치는 자연의 추세에 따라 발전해 왔기에 자치의 실질은 있지만 자치의

이름은 없다. …대개 근세 국가는 먼저 국가가 있고 나서 갖가지 기관이 있다. 자치 기관이 국가에 앞선다고 말한다면 정확한 주장이 아니다. 하지만 중국의 지방자치를 말한다면 오히려 국가와 동시에 출현했다고 해도 틀린 말이 아니다.[155]

하지만 청 정부가 지방자치를 이용해서 국가 권력을 확장하려는 시도는 결코 완전하게 성공하지는 못했다. 국가 재정 수입의 증가와 지방의 무정부상태는 동시에 발생했다. 이것은 국가의 향촌 사회 통제 능력이 향촌 사회를 착취하는 능력보다 떨어졌기 때문이다. 정식의 국가 정권은 정식 기구에 의지해서 자신의 정책을 추진할 수 있었다. 하지만 그것은 이런 기구를 통제할 수 없었고 그 결과 국가 기구의 합리화는 지방 관리의 부패 때문에 방해받았다. 그리고 국가 권력의 확장은 또한 사회가 한층 더 억압당하고 파산하는 것을 의미했다.

두아라는 클리포드 기어츠Clifford Geertz의 내권화內卷化(involution)• 개념으로 만청 국가 정권의 확장이 보여 준 특징을 묘사했다. 그가 지적한 점은 "내권화한 국가 정권이 성장하는 과정에서 향촌 사회의 비공식 단체는 과거의 향급 정권 조직을 대신해서 통제하기 힘든 세력이 되었다." 이런 조건 아래서 국가 정권의 내권화가 가리키는 것은 국가 기구가 기존의 기구나 새로 증대된 기구의 효율을 제고하기보다는 기존의 국가와 사회 관계인 촌락을 복제하거나 확대하는 것에 의존하였다는 것을 의미한다. ─여기서 말한 사회관계란 중국의 고유한 영리형 경영 시스템(贏利型經紀制)을 가지고 통제력을 확대하는 것과 같은 것을 말하는데 이것은 기존의 경영층을 확대할 뿐만 아니라 경영 시스템을 사회 최저층까지 침투시켰다[156] ─ 장빙린이 견지한 지방 선거 및 지방 호족(豪右)에 대한 견해는 이미 이 과정에 대한 깊은 통찰을 보여 주었

• 내권화(內卷化): 국내에서는 사회학·경제학·문화인류학적 용어보다는 주로 의학 용어로 사용되며 '퇴화', '퇴행', '퇴축' 등으로 번역된다.

다. 하지만 그가 당시 보다 주목한 점은 아마도 지연과 혈연 관계를 기초로 형성된 자치 조직 및 그 행위가 국가 행위의 일부분이라는 사실일지도 모른다.

9. '개체는 참이고 단체는 거짓'이라는 여러 겹의 정치 함의

이제 우리는 "개체는 참이고 단체는 거짓"이라는 명제의 역사적 함의를 좀 더 깊이 이해할 수 있다. 첫째, 장빙린은 개체/사회/국가라는 논술 방식을 채용하지 않고 개체/국가라는 이원 대립적 논술 방식을 사용해서 개체와 국가의 부정적인 관계를 토론했다. 이것은 국가 권력의 확장이라는 맥락에서 사회는 실제 국가에 의해 압제되고 각종 사회 단체는 신사-촌사 공동체, 상회와 도시 업종, 학회, 정당을 포괄해서 정부와 민중 사이에 개입하는 중개성의 국가 조직인 의회는 모두 국가 건설을 기본 목적으로 조직되고 작동한다. 배만 민족주의자로서 장빙린은 만주족 청 정부를 공고하게 하거나 발전시키는 어떠한 사회 행위도 거절했다. 이런 사회 행위는 동시에 국가 행위로 간주된다. 이에 따라 개체와 국가의 대립 모델은 비국가적 사회조직을 포괄하는 '국가'와 개체의 대립 방식으로 발전했다. 이 때문에 장빙린이 사회의 범주를 빠뜨렸다고 말하기보다는 그가 사회를 국가로 이해했다고 말하는게 낫다. 이런 개체/국가의 이원 대립의 논술 방식은 중국 근대 정치사상에 매우 깊은 영향을 미쳤다. 그 증거 가운데 하나가 계몽 지식인은 습관적으로 개인과 국가라는 이원 관계에서 정치 정체성(대항이든 동일시든지 간에)을 획득했지만 개체와 국가 사이에 존재할지도 모르는 사회 매개와 공공 공간을 거의 연구하지 않았다.

둘째, 개체/국가의 논술 방식 속에서 개체는 더 이상 하나의 추상적 철학 관념이 아니라 매우 복잡한 의미 구성을 가진 개념이다. 절대 주권이자 절대 평등의 존재로서 개체의 의의는 구체적 사회 맥락에서 전개된 것이다. 그 핵심은 '억지로 나눠 놓은' 모든 상대적 관계―민족주의, 국가주의, 촌락 사상, 종법 사상―에 대한 격렬한 부정이다.[157] 국가에 대해 말하자면 개체 개념은 무정부 사상의 기초일 뿐 아니라 인민 주권(각각의 인민)의 선언이다. 근대 관료제라는 측면에서 말하자면 개체 개념은 일체 이성화한 사회 계급에 대한 타파이자 정치 평등에 대한 내재적 요구이다. 경제 체제에 대해서 말하자면 개체 개념은 토지 균분(平均地權)의 이유이고 또한 국가 공유의 사회주의 사상의 원천이다. 도시 단체에 대해 말하자면 개체 개념은 계약 관계의 부정이면서 또한 개인/사회/국가의 논술 모델에 대한 거부이다. 종법제 촌사에 대해 말하자면 개체 개념은 국가 권력 확장의 수단으로서 신사-촌사 공동체(특별히 종족 혈연과 지연 관계)에 대한 비판이자 중국 전통의 윤리 구조에 대한 전면적 부정이기도 하다.

그리고 내가 간단하게 지적하고 싶은 점은 장빙린이 비록 문화와 학술에서 '국수'와 중국 전통을 내세웠지만 그가 개체 각도에서 진행한 종족과 기타 사회단체에 대한 부정은 오히려 중국 근대 반전통주의 사유의 논리를 제공했다. '5·4' 반전통 사상의 중심 주제 가운데 하나는 이런 개인과 가족 제도 및 전통 윤리의 대립이다. 이런 대립은 이미 첨예한 선악 대립이다. 군이 지적하고 싶은 것은 장빙린의 개체 개념은 자본주의적 사적 소유권의 사상 기원이 되지도 않았고 또한 민주를 특징으로 하는 근대 국가 제도의 이론 전제가 되지도 않았다. 말을 바꿔보면 그의 개체 관념 및 관련 담론은 결코 서방식의 개인주의 문화를 촉진하지는 않았다. 거꾸로 개체 개념은 정치·경제·사회 영역에서 오히려 일종의 정치상으로 무정부적이고, 경제상으로 사회주의적이며, 사회상으로 반계급(조직)적 사상 경향으로 발전했다. 개체 개념과 보편 평등의 내재적 관계는 개체 개념과 '공'公 관념의 은밀한 연계를 보여 주었다.[158]

셋째, 현실 정치의 측면에서 국가나 어떠한 사회집단에 대한 개체의 격렬한 부정은 모두 배만 민족주의와 매우 깊은 관련이 있다. 왜냐하면 여기서 말하는 국가와 사회단체는 청조 정부를 합법 권위로 하기 때문이다. 이렇게 개인 개념과 민족 개념 사이에서 보이는 이론상의 부정적 관계(민족은 당연히 일종의 단체이다)는 현실적으로 긴밀한 상관성을 가진다. 혹은 모종의 은유적 관계라고 할 수도 있다. 장빙린에게서 중국 민족국가의 건립은 바로 한족漢族이 국가 주권을 소유하는 것이다. 즉 한족이 만주족 청 정부에 대해서 정치 통치권을 탈취하는 것이다. 그리고 개체 개념은 원리상 청 정부의 국가 건설의 허구성을 논증했다. 이런 의미에서 개체 개념은 중국 근대 민족국가 담론 구성의 일부분이자 자아 해체 기제의 일부분이다.

넷째, 개체 개념은 동시에 자아 부정의 개념이다. 그래서 자아 초월의 개념이기도 하다. 장빙린은 개체와 국가, 정부의 대립 가운데서 이런 집체성 사물이 무자성임을 논증했다. 최종적으로 이런 무자성의 사물은 여전히 인간이 창조한 것임을 지적하면서 무인류無人類의 개념을 제기했다. 또한 인류 진화의 역사를 고려하면, 미생물이 진화를 통해서 다시 인류 및 사회를 이루는 것을 피하기 위해서 무중생의 개념을 제출했다. 마지막에는 세계는 본래 없다는 불교 원리에 근거해서 무세계의 개념을 제기했다. 사실 이런 괴상한 개념은 모두 불교의 '인무아'人無我와 '법무아'法無我의 원리에서 나온 것이다. 개체 개념인 자아를 부정하는 이유는 개체는 "언제나 아뢰야식을 자아라고 집착하고, 자아에 집착하는 입장에서 의식을 드러내며, 이로부터 선악의 관념이 발생하기" 때문이다. 이런 자아 혹은 아견我見은 모두 상대적인 관계에서 발생하는 편견이거나 환상이다.[159] 바꿔 말하면 장빙린이 말한 개체와 진정한(영원하고 실재적이고 보편적인) '자아'는 분리된다.

이런 개체는 본체가 없는 개체이다. 그래서 개체 자체는 자성을 갖지 않은 사물이라서 도덕 정체성의 최종 원천이 될 수 없다. 개체 개념은 여기서 자아 초월의 개념이 된다. 그것은 반드시 그것 외부에서 본체 혹은 자성을 찾아야 한다. 개체와 자성('자아')의 분리는 장빙린의 임시성 개체 개념의 가장 중요한 특징이다. 이런 분리는 개체가 자신의 심연이나 내재성이 없어서 가치 정체성의 기초가 될 수 없도록 결정했고, 또한 장빙린 사상의 내재 논리도 결정했다. 개체에 대한 강조는 최후에는 도리어 개체 자체의 부정과 종교나 신앙 그리고 보편적 우주 모델에 대한 추구를 초래했다. 이것이 「종교 건립론」(建立宗敎論)과 『제물론』의 우주 모델이 태어날 수 있었던 사상 동력이다.

근대적 정체성을 찾는 과정에서 개체와 자성, 혹은 개체와 자아의 분리는 정체성을 찾는 또 하나의 역정을 의미한다. 개체의 자성이나 자아에 대한 갈구는 마치 인간이 그림자를 추구하는 것과 같다. 이것은 '5·4'에 대한 나의 해석 가운데 이야기하고 싶은 점이다. 즉 개체의 내재적 심도의 형성이다.

개체 관념, 종교 건립론과 '제물론' 세계관의 인간 중심주의에 대한 지양
― 무신론적 근대 맥락에서 무엇이 도덕의 기원인가?

1. 무신론 그리고 도덕 재건을 목적으로 삼는 종교 실용주의

장빙린의 임시성 개체 개념이 남긴 중요한 한 가지 문제: 개체 개념은 단지 공리, 진화, 유물, 자연, 국가, 사회 및 기타 사회 군체의 부정성 관계에서만 우선성을 가질 뿐 그것 자체도 무자성의 존재이다. 그렇다면 그것이 위에서 기술한, 사물에 대해 진행한 비판의 도덕 기초는 무엇인가? 바꿔 말하면 개체가 무아라면 그것 자체는 정체성의 궁극적인 기초를 제공할 수 없다. 만약 개체가 자신에 의거해서 도덕의 방향을 확정하지 못한다면 반드시 개체 바깥에서 정체성의 기초 혹은 가치의 내원을 찾아야 한다. 이 문제의 다른 측면은 개체 바깥에서 도덕의 기초를 찾으려는 노력은 반드시 보편성 혹은 개체 바깥의 타자에 대한 긍정을 초래한다는 점이다. 장빙린의 개체 개념과 종교, 도덕 그리고 제물론 세계관의 관계에 대한 나의 연구가 말하고 싶은 것은 장빙린의 완정한 세계관에서 개체의 위치를 토론하는 데 있다. 극히 추상적으로 보이는 새로운 세계관과 그가 개체 각도에서 행한 보편적 사물에 대한 비판은 어떤 관계인가? 개체 위 혹은 바깥의 가치 원천은 무엇인가? 하지만 그의 제물론 세계관을 다루기에 앞서 먼저 나는 그의 '종교 건립론'을 분석하고자 한다.

장빙린의 종교 건립 구상은 근대적 조건 아래에서 발생했다. 이것은 장빙린이 근대 지식학 맥락이 가한 여러 겹의 압력에 어쩔 수 없이 직면했음을 의미한다. '종교 건립론'의 전제는 근대 지식의 세례를 입은 무신론이다. 이 점은 장빙린의 종교 사상이 근대성의 지식 계보와 맺는 깊은 관계를 분명하게 설명해 준다. 장빙린은 그가 행한 신학 목적론 비판이 많은 부분 종교 건립의 지식학 기초와 근대 조건하의 종교 건립의 가능성을 와해시키고, 그에게 가장 중요한 점이 여전히 종교 건립의 세속적 함의였음을 분명하게 알지 못했다. 바꿔 말하면 장빙린이 제시한 '종교 건립론'의 내재 논리는 아마도 종교 형성의 전제들을 심각하게 타격했고, 이것은 절실하게 근대적 맥락에서 근대성에 대한 지식 계보에 대한 자발적 비판과 반항 자체는 많은 정도에서 근대성 논리에 적용됨을 설명했다. 내가 보기에 장빙린은 '건립 종교'의 도덕적 고려로부터 출발해서 도덕과 종교 신앙을 초월하는 범주와 제물론을 구성하는 우주 본체론으로 전변했다. 이는 근대 지식 맥락의 압력 아래서 가치와 정체성의 기초를 탐색하는 어쩔 수 없는 선택이었다.

　　장빙린의 종교 사상은 하나의 중심적인 전환 과정을 갖고 발전했다. 즉, 세계 기원에 대한 유물론적 해석에서 종교의 도덕적 의미에 대한 관심으로 바뀌었다. 장빙린 초년 저작, 즉 『고란실찰기』膏蘭室札記, 「균설」菌說, 『구서초각본』訄書初刻本 같은 글에서 상이한 방면으로 중국과 서방 종교의 창조론과 신학 목적론을 비판했다. 주요한 이론 근거는 중국 사상 중의 유물론 전통(특히 왕충王充의 사상)과 근대 서방의 자연과학이었다. 그는 "하늘을 이야기하지 않는데 어떻게 상제를 논하겠는가?"[160]라고 생각하고, 세계 만물은 "자연적으로 나고 이루어지지" "천도가 그렇게 시키지는 않는다"[161]고 여겼다. 또한 이미 "만물이 스스로 발생했는데 어떻게 하늘이나 상제가 창조를 하겠으며, 어떻게 천도와 천명이 있겠는가?"[162]라고 말한다. 주목해야 할 것은 창조론과 신학 목적론에 대한 그의 비판은 근대 물리학의 원자론 위에 건립됐다는 점이다. 즉 물질의 최소 구성의 논증으로부터 세계 기원을 논했다. 이는 그가 개체와 단체의 관계를 논증할 때 채용한 방식과 동일하다. "사물의 처음은 아톰일 뿐이다."[163] 그는 칸트의 성운 가설을 수용했다.[164]

장빙린은 두 가지 중요한 가설로 만물 기원을 해석했다. 우선 그는 세계 만물의 발생은 변화 혹은 진화에 의해서라고 가정했다. 다음은 이런 진화의 동력은 "각 원질原質이 모두 욕망하는 바를 취하려 하고, 혐오하는 바를 물리치려는 성질을 갖기 때문인데, 욕망하는 것을 취하려 하는 성질은 애착하는 힘이나 흡입하는 힘이 되고, 혐오하는 것을 물리치려는 성질은 벗어나는 힘이나 몰아내는 힘이 된다. 이런 것들이 있기 때문에 여러 원질은 흩어져서 객체가 되지 않을 수 없고, 흩어진 후에 다시 서로 합쳐지지 않을 수 없다."[165] 이것은 세계 기원에 대한 장빙린의 원자론적 해석에 매우 짙은 물활론物活論적 특징이 있음을 의미한다. 그는 정신 동물과 기타 물질이 모두 "욕망하는 것을 취하고, 혐오하는 것을 물리치는" 욕구와 능력을 가졌다고 보았다. 아울러 "힘써 노력해서 스스로 조작하고" "생각으로 스스로 짓는" 형식으로 각자 환경에 적응하여 변화한다고 보았다. 이것은 중국 근대 자연관의 주요한 특징 가운데 하나이다.[166]

장빙린은 물질 바깥의 초험적 정신의 존재를 부정했다. 또한 목적론적 역사관도 거부했다. 담사동譚嗣同이 에테르를 성해性海로 간주한 관점을 겨냥해서 장빙린은 "원질이 형체를 가지면 에테르도 지극히 미세한 형체를 가진다. 아무런 간극도 갖지 않는 성해로 표현할 수 없다. …지식을 전부라고 여겨도 신체를 벗어날 수 없다." 여기서 견지하는 점은 물질을 기초로 하는 육체와 정신의 통일관이다.[167]

장빙린의 무신론 사상은 그가 일본에 체류할 때 중요한 논문인 「무신론」에 전면적으로 발휘됐다. 하지만 당시 그의 유신교 비판은 세계 물질 기원에 대한 해석에는 더 이상 집중하지 않았다. 오히려 종교 건립의 기초와 이런 종교 건립의 방식이 야기할 수 있는 결과에 천착하였다. "세상에서 종교를 창시하거나 철학을 논하는 자들은 그 출발점

이 세 가지 실마리에서 벗어나지 않는다. 유신, 유물, 유아이다." 그는
나누어서 평가했다.

> 유아설과 불교의 유식학은 가깝지만 유신론, 유물론은 오히려
> 멀다. 불교는 유식을 이야기하고서도 애써 무아를 이야기한다.
> 그래서 유물론은 어떤 때는 불교에서 채용되기도 한다. …무엇
> 때문인가? 유물론은 오히려 평등에 가깝지만 유신론은 일존을
> 숭배하므로 평등과 완전히 동떨어졌다. 중생을 평등하게 하고
> 자 한다면 먼저 유신교를 타파해야 한다. 그래서 기독교도나 베
> 단타 학파의 득실을 논하면서 아울러 여러 범신론을 부언한 것
> 이다.[168]

이렇게 장빙린의 종교 유신론 비판의 중심은 우주 구성 원리에 대한
분석에서 '중생 평등'을 핵심 가치로 하는 사회 윤리의 토론으로 전환
한다. 그는 칸트가 순수이성과 실천이성의 구분에서 자상自相 모순에
빠졌다고 비판했지만, 그가 도덕의 입장에서 종교를 사고할 때 그 자
신이 무신론과 종교 건립론 사이에서 만났던 문제는 오히려 칸트와 매
우 유사했다.

무신론의 전제 위에서 종교를 건립하는 데 있어서 장빙린이 관심
을 가진 부분은 도덕 형성에 대한 종교의 의미이다. 이것은 그가 말
한 "종교로써 신심을 일으키고 국민의 도덕을 증진한다"는 것이다. 다
시 말해 장빙린은 종교를 세속의 역량으로 삼아 이용하고자 했다. 「혁
명도덕설」革命道德說에서 장빙린은 여러 방면으로 도덕의 의의를 논했
고 "도덕 쇠망이 진실로 망국 멸종의 근원이라"고 강조했다. "도덕 타
락은 혁명 실패의 근원이라"고 말한다.[169] 하지만 장빙린이 말하는 혁
명은 "혁명이 아니라 광복"이다.[170] 이런 관점에서 보면 장빙린의 종
교 주장도 종족 혁명을 위한 도덕 사상의 유기적 부분이라고 말할 수
있다. "세간의 도덕은 종교에서부터 발생한다."[171] "만약 종교가 없다

면 도덕을 결코 진작할 수 없다."[172] "백성의 도덕을 진작시키려면 불법佛法 말고 또 어디에 귀의하겠는가?"[173] 장빙린이 『민보』民報를 『불보』佛報로 만들었다는 다른 사람들의 비난에 대해 장빙린은 다음같이 논증했다: 『민보』의 여섯 가지 주의主義를 실행하고자 한다면 오직 불교라야 이런 주의를 실행하는 사람을 만들 수 있다. "용맹함으로 나약한 마음을 치유하고, 두타의 청정행으로 허황된 마음을 다스린다. 유아독존으로 비굴한 마음을 없애고, 헛된 말을 경계하여 거짓된 마음을 다잡는다."[174]

상제, 신, 천天, 천도 등 초경험적 실체의 존재를 인정하지 않는 전제에서 장빙린은 종교를 도덕의 기원으로 삼았다. 이것은 하나의 문제를 일으키는데, 즉 무신의 종교에서 무엇이 도덕의 기원인가? 만약 상제나 천 등 초경험적 존재가 없다면 누가 절대명령을 발동하고 혹은 존재의 정당한 원리를 제공하는가? 장빙린은 이 문제에서 근대 지식 맥락에서의 두 가지 곤경에 빠졌다. 근대성의 지식 체계는 종교적 신앙 기초를 와해시켰지만 동시에 과학과 기타 근대 지식은 생존의 문제를 해결하지 못했을 뿐만 아니라 정의, 도덕 그리고 미美의 문제를 적절하게 해결할 수 없었다. 장빙린의 종교에 대한 생각은 근대 과학과 근대 지식 체계가 종교 및 신앙에 대해 가했던 괴멸적 타격을 피해 갈 수 없었고, 동시에 근대 지식 자체에 의거하여 가치의 원천을 재건할 수도 없었다. 장빙린이 불교 유식학을 선택한 것도 바로 이 딜레마에서 이루어진 일이다.

장빙린은 한편으로 종교로 도덕을 건립한다고 말했고, 다른 한편으로 오직 불법만이 중국에 가장 적합하다고 말했다. 그렇다면 종교는 무엇인가? 불법은 종교가 아닌가? 장빙린은 스스로 몇 가지 문제를 설정했다. 만약 신앙하는 바가 있다면 바로 종교이다. 그렇다면 각종 지식과 학문(회의론을 제외하고)은 종교 아닌 게 없다. 만약 귀신 숭배를 종교라고 한다면 도교, 기독교 그리고 이슬람교는 모두 종교이지만 불교는 오히려 친속을 멀리하고, 귀신을 숭배하지 않고, "마음, 부처, 중생 이 셋이 차별이 없음을 믿는다." 마음 바깥에서 부처를 구하지 않는데 어떻게 종교라 할 수 있는가? 신앙이 종교의 척도가 될 수 없음을 잘 알 수 있다.[175] 장빙린은 종교를 구세救世의 도구로 간주했는데 이 점에서 그는 상당히 종교 실용주의 경향이 있다. 그래서 그는 "도덕이 보급된 시대는 종교가 사라지는 시대"[176]라고까지 말할 수 있었다. 캉유웨이가 공자교를 국교로 정하고 공자를 교주로 받드는 일들에 대해 비판하면서 그는 공자는 종사宗師이지 교주가 아님을 강조했다. 공학孔學을 종교로 바꾸는 것은 지혜의 문을 닫아 버리는 꼴임을 강조했고 종교를 '지극히 비루한 것'으로 폄하했다.[177] 그는 지식의 중요성을 종교 이상(이른바 '학술은 펼치고 종교는 물리친다')[178]으로 끌어올렸다. 근대 지식학의 입장에서 종교에 대해서 부정적인 태도를 취한 듯 보인다.

종교를 도덕의 기원으로 삼는 이런 명제 자체는 근대적 지식 체계의 한계에 대한 문제 제기이다. 하지만 동시에 근대 지식 자체도 종교에 대한 문제 제기이기도 하다.[179] 이것은 근대 맥락에서 하나의 딜레마이다. 장빙린이 불교 유식학을 선택한 것은 일정 정도 종교와 지식의 간극을 해결하거나 혹은 봉합하려는 의도였다. 그는 다음과 같이 설명한다.

> 불법은 단지 철학가와 함께할 수 있지 종교가와 함께할 수는 없다. … 불타라는 명호는 '각'覺 자로 번역된다. 반야는 '지'智 자로 번역된다. 일체 대승의 목적은 소지장所知障을 끊고 일체지一切智를 성취하는 것이다. 분명 지혜 추구의 의미이지 결코 하나의 종교를 건립하거나 사람들에게 신앙을 권하는 게 아니다. … 갖가지 물리 현상을 생각해 보면 모두 실험을 통해서 발견한 것이지 순수하게 이론에 근거하지 않았다. 철학은 거꾸로 순수하게 이론에 근거하지 실험이란 없다. 이 정도면 차이가 엄청나지 않은가? 불법의 대단한 점은 한편으론 이론의 완벽성이고 다른

한편으론 성지聖智의 자내증自內證이다. 종교를 위해서 나오지도 않았고, 생사 해탈을 위해서 나온 것도 아니다. 도덕을 제창하려고 나온 것도 아니다. 단지 진여眞如의 견해를 설명하려면 반드시 진여를 실증해야 한다. 여래장如來藏*의 견해를 설명하려면 반드시 여래장을 실증해야 한다. 그것은 종교라기보다는 '철학의 실증자'라는 것이 낫다.[180]

장빙린은 불교의 자내증自內證*과 물리학의 실증實證을 서로 통일시켰고 나아가 지식 문제와 진여 이해 사이에 다리를 놓았다. 장빙린은 그가 부처의 본지는 도덕과 종교가 아니라 진여와 여래장의 발현과 실증임을 논증할 때, 스스로 이미 무엇이 지식인가 하는 근대 지식의 이데올로기의 규정을 받아들였음을 의식하지 못했다. 지식은 실증적이고 실증된 지식이야말로 유효하다는 것이다.[181] 지식의 이런 근대적 규정은 종교의 쇠망을 불러왔다. 아래 글에서 우리는 불교에 대한 장빙린의 이런 이해가 바로 종교 건립의 도덕적 의도로부터 제물론 우주관으로 나아가게 한 내재 동력의 하나임을 알 수 있다.

하지만 장빙린은 분명 종교를 건립하려 했고 아울러 그것으로 국민의 도덕을 형성하려 했다. 장빙린이 중시한 점은 종교의 도덕적 역할이지 종교 절대주의가 아니었다. 그는 매우 자연스럽게 종교에 대해 다원주의적 태도를 취했다. 그는 다음과 같이 말한다.

종교의 높낮이와 수준에 대한 기존의 판단은 수용하지 않겠다. 위로는 진실을 잃지 않고 아래로는 백성들의 도덕에 이익 되는 게 그것의 준칙이 된다. …만약 인도人道를 해치지 않는 것이라

- 여래장(如來藏): 모든 중생이 본래부터 여래가 될 수 있는 가능성을 지니고 있다는 의미의 불교의 교리이다.
- 자내증(自內證): 스스로 내면의 진실을 깨달음.

면 수용하여 나란히 할 수 있다.[182]

"위로는 진실을 잃지 않는다"는 근대 지식에 대한 회응이고, "아래로는 백성의 도덕에 이익 되게 한다"는 종족 혁명의 종교 실용주의이다. 이 때문에 우리가 묻고자 하는 중요한 지점은 그가 말한 종교의 내포이지 형식(무슨 교 무슨 종인가)이 아니다. 보다 정확히 말하면 그의 내포와 그의 형식 사이의 실질적 관계이다.

바로 이런 조건 아래에서 본문의 논제로 돌아가 보자. 즉 무신론의 전제 아래에서 도덕 합리성의 연원은 무엇인가? 장빙린이 개체를 참으로 여기는 입장에서 보편적 사물을 도덕의 가능성 바깥에 위치시킨 이상, 개체는 그의 종교 건립 노력 가운데 어떠한 지위를 점하는가? 단도직입적으로 말하면 개체 사상은 장빙린이 건립하려던 도덕의 원천을 구성했는가? 아니면 그의 종교는 개체(상제 혹은 신과 대응하는)의 종교인가? 만약 부분적으로 그렇다면 그는 왜 직접적으로 개체주의로써 그의 도덕 기초로 삼지 않고 이런 개체 사상을 불교 유식종의 본체론 안에 끌어들였는가? 이 문제는 제1절에서 대략 다룬 바 있는데 여기서는 좀 더 상세하게 살펴보겠다.

2. '의자불의타' 주장과 불교 삼성설

장빙린은 종교를 건립해서 인간의 도덕과 용기를 북돋우고, 이해 관계를 벗어나 자기를 희생하는 혁명 의지를 고취한다. 개체는 그의 불교 사상에서 중요한 자원이 되었다. 논의의 편리를 위해서 나는 다시 첫 부분에서 이미 다루었던 내용을 상세하게 논증하겠다. 장빙린은 다음과 같이 말한다.

명말에 만주족에 대항하여 굽히지 않은 이들은 선관禪觀에 빠진

자가 아니면 요강학파姚江學派의 무리다. …내가 어찌 불학을 선택하지 않을 수 있겠는가? 대개 중국의 도덕과 종교가 비록 각각 다르지만 근원은 하나로 귀결한다. 바로 '의자불의타'일뿐이다. …불교가 중국에 유행한 이후 종파가 십수 개가 되었지만 유독 선종만이 왕성했다. 스스로 그 마음을 존중하고 귀신을 수용하지 않은 것이 중국의 심리와 서로 잘 맞았기 때문이다.

다시 말하였다.

법상학이나 선종은 본래 다른 내용이 아니다. …스스로 자신의 마음을 존중하고 타력에 의지하지 않는다. 그 방식이 어렵고 위급한 때에 이용될 수 있다는 점에서 동일하다. …삼론三論•이 연이어 흥성했고, 선종과 법상학이 뒤를 이었다. 종파는 비록 다르지만 자신에 의지한다는 점에서는 동일하다. …요약해 보면 내가 섬기는 바는 '의자불의타'를 근본으로 삼는다.

"자신에 의지하지 남에 의지하지 않는다"(依自不依他)는 '자'自와 '타'他를 대립시켰다. 분명하게 다른 층위에서는 개체와 단체(개체 외부의 일체 타자)의 이원 대립의 논술 방식을 재현했다. 하지만 장빙린이 "남의 힘에 의지하지 않음"(不依他力)을 언급하면서 동시에 그것과 함께 제기한 것은 '자귀기심'自貴其心(스스로 그 마음을 귀중히 여긴다)이다. 그리고 "상종相宗·선종禪宗은 유심이라는 점에서 동일하다"[183]고 생각했다. 이것으로 미루어 보면 '의자'의 '자'가 가리키는 것은 자기의 육신이 아니라 마음이고, '의자' 또한 '의자성' 즉 '유심'이다. '자귀기심'은 '불의타력'과 상호 호응할 뿐만 아니라 '불원귀신'不援鬼神과 함께 제기

• 삼론(三論): 중국 수나라 때 인도의 고승 용수(龍樹)의 『중론』(中論)과 『십이문론』(十二門論), 제바(提婆)의 『백론』(百論) 등 삼론을 주로 연구한 불교 종파이다.

됐다. 이것은 '심'과 귀신의 무관함을 표명한다.

하지만 귀신을 부정한다고 결코 다음과 같은 문제가 저절로 증명되는 것은 없다. 이 '심'은 도대체 개체의 마음, 주관적 마음인가, 아니면 보편하는 마음인가? 혹은 객관적 마음인가? 만약 '심'이 가리키는 바가 개체의 주관적 마음이라면 개체는 곧바로 도덕과 가치의 원천을 구성한다. 만약 '심'이 가리키는 바가 진여라면 개체는 단지 진여-여래장(장빙린은 한편으론 진여-여래장을 실증하려 했는데 이때 진여-여래장이 외재하는 개체인 듯하고, 다른 한편으로 '성지내증'聖智內證을 말했는데 이때 진여-여래장은 마치 개체에 내재하는 듯하다)을 실증하는 도구일 뿐이다. 그 자체는 결코 가치와 도덕의 원천일 수 없다. 장빙린은 자신도 모르게 법상종의 '유심'과 선종의 '유심'의 차이를 혼돈했다. 하지만 아뢰야식의 '심'이든 '진여'이든 모두 개체의 '심'은 아니라는 점(비록 그것이 보편적인 존재이겠지만, 아뢰야식과 개체는 같지도 다르지도 않다)은 오히려 명확하다. 그래서 개체가 장빙린의 불교 사상에서 점하는 위치는 '심'의 성질과 개체가 심과 맺는 관계에 의해 결정된다. 이 문제에 대한 해석은 그의 종교 본체론과 법상 유식학의 삼성설 및 아뢰야식설의 내재 논리 속으로 돌아갈 필요가 있다.

먼저 법상 유식학의 삼성설에 대한 장빙린의 해설을 분석해 보자. 그는 "무슨 이유로 종교를 세우는가? 삼성 때문이다. 삼성은 종교를 위해서 설한 게 아니다."[184] 이 의미는 종교의 기원은 삼성이지만 삼성은 자재의 존재이지 결코 종교의 유무로 생멸하지는 않음을 말한다. 삼성설은 유식학의 중요한 원리이다. 그것이 해석하려는 문제는 다음과 같다. 우주 인생은 유식소현唯識所現이다. 하지만 왜 사람들은 이것을 깨달을 수 없고 오히려 객관 존재와 자신은 아무런 관련이 없고 개인은 우주에서 극히 미미한 존재라고 생각하는가? 삼성설이 탐구하는 것은 우리 일상생활의 지식이 어떻게 구성되며 사물의 실제 모습은 어떠한가, 이런 실제 모습의 현상과 본질 등등이다.[185] 삼성은 무엇을 말하는가? "첫째는 변계소집자성遍計所執自性이고, 둘째는 의타기자성依

他起自性이고, 셋째는 원성실자성圓成實自性이다."[186]

변계소집자성은 보편적 판단 척도로 얽매이는 존재의 자성을 가리킨다. 또한 언어로 표현된 모든 현상이기도 하다. 이에 따르면 우리 일상의 모든 지식은 착각이다. "본래는 자식自識이 아뢰야식이 변현한 사물(의타기상)을 인식 대상으로 해서 자식 내에 영상影像을 일으켰는데도 오히려 마음 바깥에 실제로 존재한다고 얽매인다."[187] 장빙린은 자성을 "의식이 주변계탁周遍計度해서 그려 낸 것"이라고 말했다. 색色과 공空, 자아와 타자, 내부와 외부, 인식주체와 인식 대상, 본체와 작용, 같음과 다름, 있음과 없음, 생성과 소멸, 오고 감, 원인과 결과 등의 대립 범주와 그것의 표현 형태는 "의식을 떠나면 어떠한 차별도 존재하지 않는다."[188] 이것과 관련해서 자/타, 개체/타자의 대립 범주는 의식이 그려 낸 환상에 지나지 않고 실성實性을 갖지 않는다.[189]

의타기자성에 관해서 장빙린은 다음과 같이 해석한다. "제2자성은 제8아뢰야식, 제7말라식, 그리고 눈, 귀, 코, 혀, 몸 등 오식五識의 허망분별虛妄分別이 구성한다."[190] 저우수자周叔迦의 해석을 따르면 의타기자성은 일체 사물이 종자種子로부터 인연을 만나 일어나 현행現行하는 현상이다. 곧바로 심법心法(정신 작용), 심소유법心所有法(심리 작용), 색법色法(물질), 심불상응행법心不相應行法이다. 이런 존재(법)는 갖가지의 인연을 조건으로 발생한다. 허깨비처럼 거짓으로 존재하며 실체가 없다.[191] 오진五塵(색, 성, 향, 미, 촉. 장빙린은 여기서 '즉차색공'即此色空으로 표현했는데 정확하지 않다)은 오식의 허망분별이 구성했다. "색과 공은 오식의 구분이 이루어지는 경계이다.""자아와 타자는 말라식의 구분이 이루어지는 경계이다." 그리고 위에서 이야기한 범주 모두는 "아뢰야식의 구분이 이루어지는 경계이다. 이런 몇 가지 식은 의식의 주변계탁이 집착하는 명언名言이 아니다. 이 식에 근거해서 견분見分과 상분相分 둘을 일으킨다. 그것의 내용(경계)은 비록 없지만 그것의 형상은 거짓으로 존재한다. 이것이 의타기자성이 된다."[192]

본문에 대해서 말하면 제2자성 가운데 주의할 만한 것은 종자, 심

그리고 그것들과 아뢰야식의 관계이다. 장빙린은 말한다. "아뢰야식은 자식自識의 견분으로 자식 가운데 일체 종자를 상분으로 인식한다. 그래서 마음이 반드시 현행現行하는 것은 아니지만 그것의 내용(境)은 상존한다. 말라식은 자식의 견분으로 아뢰야식을 상분으로 인식한다. 이 상분에 대해서 곧바로 자아라고 고집하거나 혹은 존재(法)라고 고집한다. 마음은 현행하지 않지만 경계는 상존한다. 또한 아뢰야식과 다름이 없다."[193] 바꿔 말하면 아뢰야식은 색과 공, 자아와 타자, 주체와 객체, 본체와 작용, 같음과 다름, 있음과 없음, 생성과 소멸, 단절과 영원, 오고 감, 원인과 결과를 경계로 삼는다. 이 몇 가지는 각각 자상을 가지지만 결코 서로 귀속하지는 않는다. 이것은 색과 공, 자아와 타자 등이 비록 자성은 없지만 아뢰야식에 간직하고 있는 일체 종자를 상분의 근거로 삼는다.

여기서 말한 종자는 결코 각각 독립되거나 최소 단위의 미세한 실체가 아니다. "종자는 생성의 잠재력을 가졌기 때문에 씨앗이라고 명명한다." 그래서 그것은 작용, 습성, 기분으로 불린다.[194] 슝스리는 다음과 같이 분석했다. 종자설은 법상가의 주장과 유식가의 주장으로 나뉜다. 전자가 말하는 종자는 "제행諸行을 떠나 따로 존재하는 실물이 아니라 단지 제행에 의지해서 생성의 잠재력을 가진다. 그래서 종자라고 불렀다." 하지만 유식가가 말하는 종자는 "제행과 달리 실물이 있다." 또한 사물은 각각 자신의 종자를 생인生因으로 삼는다. "다만 제행은 생성된 결과물이고 종자는 생성하는 원인이다. 능能·소所가 각각 다르다. 그래서 전7식前七識(이것이 곧 제행이다)의 종자는 전7식을 떠나서 제8 아뢰야식의 자체自體 가운데 간직되어 아뢰야식의 소연所緣으로 상분이 된다. …아뢰야식 자신의 종자는 아뢰야식 자체에 간직된다. 또한 아뢰야식의 소연 상분이다. (이미 상분이 되었다면 너무도 분명하게 독립된 사물이다.) 이것에 근거하면 종자와 제행은 각각 자성을 가진다. 바꿔 말하면 종자는 제행의 배후에 건립되고 제행과는 인연을 구성한다. 또한 제행의 근본이라고 말해야 한다. 그래서 종자는 제행을 떠나서 실물이 있다."[195] 장빙린은 이것으로 집착을 깨뜨릴 뿐만 아니라 또 건립하려는 바가 있었다. 이 때문에 후자로 기울어진 것은 자연스럽다.

> 종자식種子識은 아뢰야식이다. 마음을 일으킬 때 모두 의식이지 아뢰야식은 아니다. 하지만 이 의식은 반드시 종자를 가진다. 만약 종자가 없다면 의식이 일어나지 않을 때 식은 이미 단멸하고 마는데 그렇다면 나중에 어떻게 다시 생기할 수 있겠는가? …이 것은 의식이 일어나지 않더라도 종자식이 없는 게 아니라는 사실을 확증할 수 있다.[196]

심心에 대해서 장빙린은 이미 "심은 현행하지 않아도 경境은 상존할 수 있다. 아뢰야식과 다름이 없다"고 말한 적이 있다. 심도 구체 사물과 같은 몸뚱이의 심이 아니라 사물 배후의 원인과 자재自在의 존재로서의 심임을 볼 수 있다. 장빙린은 논증해서 말했다. 경境은 심을 조건으로 발생하고, 심은 경을 조건으로 발생한다. 만약 경이 존재하지 않는다면 심을 유로 건립할 수 없는 게 아닌가? 하지만 심을 회의하거나 부정할 때 결코 다른 사물을 통해서 그렇게 할 수는 없다. 그래서 "심을 의심하고 부정하는 마음도 바로 이 마음이다." 이 마음은 의심할 수도 부정할 수도 없다. 또한 이른바 기심起心(마음이 일어날 때는 모두 의식이다)의 마음과는 구별된다.[197] 한편으로 종자설로 인아와 법아의 집착을 깨뜨리고 다른 한편으로는 제법이 인연으로 생성한 것이고 다른 것에 의지해서 발생했기 때문에 거짓 존재이고 실제로는 비존재임을 증명한다. 하지만 비록 거짓 존재이지만 변계소집자성과 원성실자성의 근거이기도 하고 또한 인아견, 법아견의 근거이기도 하다.[198] 다른 말로는 한편으로 장빙린이 말한 '참된' 개체는 결코 실성實性이 없다. 하지만 다른 한편으로 개체를 허무화해서 이해하는 방식은 오히려 아뢰야식이나 심 등 초경험적 범주에 대한 신앙을 이끌었다. 장빙린이 연설 가운데 이야기한 법상종의 '만법유심'萬法唯心은 일체의 유형의 색상, 무형의 개념은 모두 착각이고 환상이며 결코 실재하는 참된 존재가 아님을 가리킨다.[199] 그래서 현세 사물은 우상이 될 수 없다. 이런 의미에서 의자불의타와 자귀기심에서 의지처로서 '자'와 존중할 바로서 '심'은 같지도 않고 다르지도 않으며, 안도 밖도 아니고, 자도 타도 아니다. 그것은 개체인의 깨달음을 통해서 체현하는 아뢰야식과 진여이다.

어떻게 원성실자성을 이해할 것인가? 장빙린은 말한다. "세 번째 자성은 실상, 진여, 법이法爾(자연이라고 말하는 것과 같다)가 형성한다. 또한 아뢰야식의 환멸로 형성된다. 변계소집의 명언에는 자성이 없지만, 변계소집의 명언을 벗어나면 진실로 자성이 있다. 이것이 원성실자성이다."[200] 원성실자성도 진여, 법계, 열반인데 장빙린은 플라톤의 이데아와 유사하다고 생각했다.[201] 원성실자성은 인공人空, 법공法空을 드러내어 원만 성취한 제법의 실성이며 또한 제법 평등의 진여이다. 그것은 보편하고 상주하고 진실하지만 파악할 만한 형상은 없다. 이 실성을 조건으로 해서야 비로소 변계소집을 제대로 인식하여 다시는 실유라고 고집하지 않게 되고, 염분染分의 의타기성을 완전히 제거하고 나서야 원성실자성을 증득證得한다.[202]

장빙린의 원성실자성과 그의 의자불의타와 자귀기심의 관계를 이해해야만 우리는 그가 말하는 '자'의 진정한 함의와 '자신에 의지함'의 원칙이 그의 종교 건립론과 맺는 내재적 연계를 이해할 수 있다. 장빙린은 각종 종교 주장을 비판한 뒤, "오늘날 교敎의 건립은 자식自識을 종宗으로 삼는다. 식識은 무엇인가? 진여가 곧바로 유식실성이며 이른바 원성실성이다"라고 말한다.

하지만 원성실자성은 크고 충만하여 형상이 없기 때문에 그것에 진입하려면 어쩔 수 없이 의타기에 의지해야 한다. 원성실성을 증득하기만 하면 의타기자성은 자연 사라진다. 그래서 "지금 귀경歸敬하는 것은 원성실자성이지 의타기자성은 아니다. …일체중생은 이 진여를 함께하고 이 아뢰야식을 함께한다."이 식은 보편하며 어떤 사물 하나에 한정되지 않는다.[203] 그래서 의자불의타의 '의자'는 '불의타'에 있어야 한다. 즉 여기서 '자'는 '의타기자성'의 의미에서는 이해할 수 없다. 단지 원성실자성의 의미에서만 이해할 수 있다. 이 '자'가 비록 자기의 본성을 가리키지만 여기서 자기는 소기小己가 아니라 자아와 만물이 동일하게 본체로 삼는 본래 청정한 체성體性이다. 또한 중생에게 보편하고 유일무이로서 개체를 초월한다. 이렇게 '의자'의 도덕은 "단지 한 개인으로 자아를 삼지 않고 중생으로 자아를 삼고," "중생을 이롭게 하는 것으로 염원을 삼고, 열반을 증득하는 것으로 목적을 삼는다."[204]

3. 종교 본체론과 개체의 의의

장빙린 삼성설 이해를 풀이하고 나서 우리는 그의 종교 본체론을 논할 수 있다. 장빙린은 모든 철학과 종교는 하나의 사물을 본체로 건립하려고 하고, 역대의 종교학자가 저지른 가장 큰 오류는 빠짐없이 신아神我나 물질, 그리고 신교神教를 본체로 착각했다는 점임을 지적했다.

우선 장빙린은 신아의 학설이 '아'를 영원한 실체로 보고 이런 '아'가 아견我見 혹은 의식의 산물임을 알지 못한다고 주장했다. 유식학의 입장에서 보면 이른바 '아'는 바로 아뢰야식이고 절대 개체는 아니다. 그래서 "이 식은 참이지만 이 자아는 거짓이다. 이 거짓에 집착하여 본체로 여기는 게 첫째 도견倒見(전도견)이다."[205]

다음으로, 물질, 특히 쪼갤 수 없는 원자를 세계의 본체로 보는 것도 마찬가지로 진실이 아니다. 비록 어떤 사람이 물질의 구성은 "두께가 없다"고, 형식을 갖지 않는다고 생각하고 나아가 색, 성, 향, 미, 촉 등의 감각 바깥에 여전히 '힘'(力)이라는 존재가 있다고 생각하지만 '힘'을 떠난 다섯 감각 대상이 존재하지 않고 또한 다섯 감각 대상을 떠난

'힘'이 존재하지 않는다면 물질의 구성은 반드시 다섯 감각 대상과 힘의 연생緣生에 의지한다. "연생이라고 말했다면 그것이 본체가 아니라는 것을 알 수 있다. 그렇다면 이 힘이나 오진五塵은 무엇에 의지해서 나타나는가? 마음의 상분은 견분에 의지해서 나타날 뿐이다. 이 마음은 참이지만 질료는 가짜이다. 이 허깨비를 본체라고 매달리는 것이 두 번째 도견이다."[206]

셋째, 유신론의 종교 본체론은 일신교, 다신교, 범신론 등으로 구분할 수 있다. 하지만 그 기원은 한 사물을 숭배하여 번뇌를 피하고 복을 구하는 것에 기인하거나, 혹은 우주의 무궁함과 신비 그리고 불가지를 곤혹스러워해서 한 사물을 숭배하여 신앙을 드러낸 데 기인한다. 그래서 "여기서 마음은 진실이지만 신은 환상이다. 이 환상에 집착하여 그것을 본체로 여기는 게 세 번째 도견이다."[207]

특별히 주의해야 할 점은 종교 본체론을 토론하는 동시에 장빙린은 플라톤의 이데아론(그는 伊躓耶라고 했는데 즉 idea)까지 논의를 했다. 그는 개체의 존재를 유有와 비유非有를 겸한 것(즉 개체는 이데아와 등치되지 않지만 또한 이데아와 분리되지도 않는다)으로 이해하는 플라톤의 견해를 수용하지는 않았다. 유식학의 입장에서 출발해서 그는 "개체의 구성은 견분과 상분이 식에 의지해서 일으킨 것이고, 의타기자성을 이야기하지 않으면 개체를 완전히 성립시킬 수 없다"[208]고 말한다. 이상의 비판을 하고 나서 장빙린의 결론은 다음과 같다. 종교 건립은 만유 가운데 마음대로 어떤 하나를 신으로 여겨서도 안 되고 또한 만유의 상위에 거짓되게 어떤 하나를 신으로 삼아서도 안 된다. 그들은 의타기가 아니라 바로 변계소집이기 때문이다. 모든 철학자, 종교학자 들은 그들이 건립한 본체 가운데 다시 내용을 구성하여 차별한다. 바꿔 말하면 자성과 본체가 없는 존재이며 의식의 산물이다. 개체로 말하면 그것도 의식이 구성한 명상名相에 불과할 뿐이다. 그래서 내재적 심도를 결여한 개체이다.

정리하면, 사물의 합법성을 판단할 때 개체는 상제, 신들 그리고 물질과 마찬가지로 근거가 될 수 없다. "자심自心을 공경할 때에야" 비로소 바른 길이다. 이 자심은 외계에 대한 상대어이다. 이 외계도 그 안에 개체를 포괄한다. 장빙린이 건립한 종교는 무신의 종교이자 "자식自識으로 종宗"을 삼는 종교이다. 또한 자심에 귀경하는 종교이기도 하다. 하지만 이 자식이나 자심은 개체의 자아의식이 아니다. 개체의 내재 체험도 아니다. 바로 진여이자 유식실성이다. 이른바 원성실자성이다. 개체는 무아이다. 자아는 세계의 본체이다. 하지만 이 자아는 바로 진여와 아뢰야식이다. 종교 건립의 의의에서 말하면 사회 비판의 도덕원천은 개체를 초월하는 자아이다. 이런 의미에서 장빙린이 외재하는 강제적 힘에 대해 행한 비판은 계몽주의의 인류 중심주의 구조를 초월했다. 나아가 오래된 비非인류 중심주의의 우주론과 본체론이 근대 맥락에서 갖는 비판적 의의를 격발했다.

그렇다고 해서 장빙린이 개체의 자아를 간단하게 부정한 것은 아니다. 인간은 의타기의 자아를 통해서야 원성실성의 길에 도달하기 때문이다. 이런 견해는 현세에 대한 모종의 긍정을 포함한다. 일본에 있을 때 강연 원고에서 장빙린은 불법에는 본래 진제眞諦와 속제俗諦 두 가지가 있다고 특별히 적고 있다. 속제를 벗어나서 진제를 논할 수 없다. 예를 들어 마음은 사람들이 스스로 증득할 수 있는 것이기 때문에 대승에서 말하는 '만법유심'설은 파괴되지 않는다. 만약 속제 가운데 마음을 이야기하지 못한다면 이 진제도 성립시킬 수 없다. 「종교건립론」에서 그는 유정 세계와 기 세계의 차별을 자세하게 구분했다. 하지만 이 강연 원고에서 그는 오히려 『유가사지론』에서 식물, 광물을 무생명의 기 세계로 보아 그것들을 유정 세계와 중생계에서 배제하는 것을 비판하였다. 그는 '만법유심'의 전제하에서 일체는 평등하게 모두 생명의 빛깔을 띤다고 강조했다. 이런 일종의 물활론적 관점은 어떤 면에서는 '제물론'의 관점이기도 하다.[209]

장빙린은 피히테의 이야기를 빌려 이같이 말한 적이 있다. 동일률로 보면 내가 곧바로 나지만 모순율로 보면 내가 말하는 나는 타인이 말하는 타인이다. 내가 말하는 타인은 타인이 말하는 나이다. 충족률充足率로 보면 이른바 타인은 없고 오직 나뿐이다.[210] 충족률상의 '나'(我)를 장빙린은 긍정한다. 충족률상의 '나'는 진여를 증득하는 방식이기도 하고, 그가 불교의 적멸을 통해서 현세로 나아가는 통로이기도 하다. 심지어 그의 종교 건립의 유식 사상과 제물론 우주관 사이에 놓인 중요한 교량이라고 말할 수도 있다. 만약 우주의 삼라만상이 모두 '나'라고 하면 그들 사이에 어떠한 차이가 있다손 치더라도 그들은 결국 자재평등하다.

장빙린의 개인 개념의 기본 논리를 해석하였으니 그가 구축한 비인류 중심주의 세계관 자체에 대해 논해 보고자 한다.

4. 제물론의 자재평등: 본체는 형기가 아니며, 이치는 언어를 끊고, 명상을 씻어 낸다

장빙린은 일찍이 "처음엔 세속을 바꾸어 진제를 이루려 했고, 종국에는 진제를 세속으로 되돌렸다"[211]고 자신의 학술 사상의 변천을 평가했다. 그리고 그는 불교 용어인 속제에 대한 해석에서 "이 중생으로써 이 아뢰야식을 동일시하기 때문에 대서원大誓願을 세워서 중생계를 제도하려면 겁수劫數에 얽매이지 않고 미래까지 온 힘을 쏟아야 한다"[212]며 인간적 관심을 보인다. 그의 '제물론' 우주관의 형성은 진제를 속제로 회향한 표지라고 할 수 있다. 그의 말로 이야기하면 "불법이 힘쓰는 일은 노장老莊과 동일하다." "노장의 경우 사회 정치에는 과감한 주의를 기울이지만 작은 은혜를 베풀려고 노력하거나 가난을 어떻게 해보려고 하지는 않는다." "세간世間 법에서는 평등 이 두 글자를 벗어나지 않는다. 장자는 '제물'이라는 말로 바꿔 놓았다."[213] 하지만 이 평등은 인류 평등이나 중생 평등, 혹은 천부인권天賦人權상의 평등이 아니라 철학 본체론상의 평등이다. 평등은 진여와 도의 존재 상태이다. 바꿔 말하면 장빙린에게서 평등은 일종의 도덕 요구가 아니라 일종의 자연 상황이며 이런 자연 상황은 우리 일상의 지식과 언어에 의해서 차단돼 있을 뿐이다.[214]

장빙린이 제물의 의미에서 평등을 해석한 것 가운데 가장 간명한 것은 다음이다.

> 본체는 형기形器*가 아니다. 그래서 자재하지만 상대적이지 않고, 이치는 언어를 떠나기 때문에 평등하면서 모두에 호응한다.

또 말한다.

> 「제물론」은 한결같이 평등을 논의한 것이다. 그것의 실제 의미를 잘 따져보면 단지 유정 중생을 우열 없이 평등하게 보라는 게 아니다. 언설상言說相, 명자상名字相, 심연상心緣相을 벗어나야 궁극적 평등이며 「제물론」의 의미에 부합한다.[215]

이 때문에 평등 원리는 형체를 떠난 본체와 언어를 벗어난 이치, 그리고 명상名相의 타파 위에서 건립된다. 그리고 이 세 가지 측면은 사실은 동일한 것이다. 즉 우주의 본체는 어떻게 존재하는가? 개체는 어떻게 이 본체에 도달하는가 혹은 어떻게 본체와 서로 같아지는가?[216]

이른바 '체비형기'體非形器는 도나 진여 같은 우주의 본체가 비록 천지 만물이 생겨난 근본 원리이지만 '자본자근'自本自根, '무시무종'無始無終, '무소부재'無所不在의 자연 존재이다. 구체적으로 형질을 가진 사물이 아니다. 또한 시공을 초월하는 존재이다. 구체 사물의 존재는 언제나 기타 사물의 존재를 조건으로 하지만 이 본체는 오히려 '무대'無待이다. 달리 말하면 본체는 일신이나 다신, 혹은 범신이 아닐뿐더러

* 형기(形器): 정신적인 것에 상대되는 물질이나 물체를 가리킨다.

물질이나 원자 혹은 에테르도 아니고 주관적 자아는 더더욱 아니다. 그래서 모든 종교철학이 설정한 본체는 모두 인간의 의식과 언어가 상대적 관계 가운데서 조작한 것이다.

이런 형체의 '본체'는 인위적 존재일 뿐만 아니라 신이나 물질 그리고 '아'我의 이름으로 숭배되고 형성된 불평등의 관계이다. 이 때문에 "본체는 형기가 아니"라는 사상은 비종교적 사상이라고 말할 수 있다. 하지만 본체는 형기가 아니라는 말은 단지 종교 등급에 대한 부정만이 아니라 모든 평등성의 근거이다. 또한 자연(자연계의 자연이 아니라 원래 모습으로 자연이다)적 사상이라고 말할 수 있다. 노자가 말한 '도법자연'道法自然은 "본체는 형기가 아니다"의 매우 뛰어난 주석이다. 장빙린의 언술 방식에서 "본체는 형기가 아니다"와 '자재무대'自在無對는 일종의 인과관계를 가진다. '자재'自在의 '체'體로서 '무대'無對를 해석하는 것은 무엇이 '자재'인지와 관련이 있다. '자재'는 제물의 의미에서 평등이다. 장빙린은 말한다.

> 만약 유정 중생이 너와 나를 가지면 지식에는 옳고 그름이 있다. 비록 다시 사랑과 이익을 함께 나누더라도 남과 내가 갖춰지면 경계가 이미 나뉜 것이다. 어떻게 가지런함(평등)이 있겠는가?[217]

본체가 이미 형기가 없다면 선악도 없다. 만약 형상에서 남과 내가 구분이 된다면 도덕과 정감상에서도 너와 내가 구분된다. 그렇다면 '자재'가 아닐뿐더러 '무대'도 없다. 이런 의미에서 장빙린은 겸애는 "너무도 어리석은 자의 이야기이고" "군대를 감축하는 것은 군사를 일으키는 근본"이라고 말했다. 만약 신에게 기도를 하는 이들은 그것에 순응하면 안녕하고 그것을 거스른다면 "비록 시체나 피를 밟고서 있다고 하더라도 오히려 하늘이 그것을 벌했다고 말한다."[218] 이것과 관련해서 말하면 종교와 도덕의 신조는 천, 신, 사랑의 이름으로 시행되는 억압의 도구 아닌 게 없다. 그래서 평등과는 완전히 다르다. 그래서 겸애는 인의仁義보다 모질고, 인의는 법률보다도 잔혹한 것이 매우 분명하다.[219] 그래서 "본체는 형기가 아니다"라는 말도 상하, 대소, 내외, 선악, 애증, 피차가 없음을 의미한다. 이것은 '자재무대'의 절대 평등이다.

이른바 '이절명언'理絶名言이라는 말은 '공리'公理라는 이름으로 출현한 규칙에 대한 거부이다. 제물평등齊物平等의 조건하에서는 착한 자가 착하지 않은 자를 개조해서 선으로 귀의하게 할 이유(리理 또는 공리)가 존재하지 않는다. 장빙린은 「제물론」 내용 가운데 자기子綦와 자유子游의 대화를 풀이하면서 다음과 같이 말하고 있다.

> 「제물론」은 본래 명상名相을 관찰하여 그것을 일심一心으로 회귀시킨다. 땅의 피리(地籟)로 부는 바람은 의상意想 분별을 비유한 것이고, 온갖 구멍(萬竅)에서 웡웡거리며 부는 소리가 각각 다른 것은 세계의 언어가 각각 다르고 집닭과 들 까치의 소리가 각각 다른 소리를 내며 각자 자신의 뜻을 드러냄을 비유했다. 하늘 피리(天籟)는 장식藏識(아뢰야식)의 종자를 비유한 것이다. 요즘 원형관념이라고도 하는데 단지 언어만을 함의하는 것이 아니라 상相의 본질이기도 하다. 그래서 "부는 바람은 모두 다르지만 스스로 그러하게 시킨다"고 말하였다. 장식에 의지하여 의근意根이 있으며 스스로 장식에 집착하여 그것을 자신이라고 여긴다.[220]

세계는 본래 장식이 일으켰다. 장식은 자재평등하다. 장식에 의지하여 일어난 만물은 각각 상이하다. 하지만 하나같이 평등하다. 그래서 각각 도리를 지닌다. 이것이 이른바 집닭과 들 까치는 서로 다른 소리를 내며 자신의 뜻을 드러낸다는 말이다. 장빙린은 유식학으로 장자의 본체론을 해석했다. 하지만 상대적인 세계 만물이 각각 자신의 이치를 지닌다는 측면에서 장빙린은 장자의 견해를 확실하게 수용했다. 평유란馮友蘭은 장자의 자유와 평등사상을 해석하면서 다음과 같이 말했다.

"장자의 학설은 인간과 사물이 절대 평등하다는 관념에서 출발하며 세계의 사물은 좋지 않은 게 없고 세상의 견해 가운데 맞지 않은 게 없다고 여긴다. 이것이 장자와 불학의 근본적인 차이이다. 불학은 세상의 모든 사물은 좋지 않고 모든 견해는 옳지 않다고 여긴다."[221]

장빙린의 특징은 세간의 의미에서는 사물(인간을 포함한)은 각각 자신과 자신의 이치를 가짐을 긍정하지만, 이런 평등한 사물과 평등한 이치는 최종적으로는 본연의 평등 혹은 보편적이고 언어를 초월한 이치로 귀결된다는 것이다. "제물이란, 부는 바람은 갖가지로 다르지만 스스로 그러하게 시킨다"는 말과 같다. 이것은 사물이 각각 자신을 가진다는 사실을 긍정한 것이다. 하지만 그는 이어서 "그것의 핵심은 사적인 지혜를 폐지하고, 판단을 멈추며 몸소 어떤 사안에 대해서 따지고 의심하지 말고 대중과 함께 대오에 참여하는 것"[222]이라고 말하고 사물이 각각 가진 자기와 자기의 이치에 대한 긍정을 사견의 부정이나 중생 이익과 서로 연결시켰다. 이 두 측면은 어떻게 통일되는가?

장빙린이 「제물론」의 '정처'正處, '정미'正味, '정색'正色에 대해 어떻게 해석했는지를 보자. 장자는 만약 단 하나만을 정처나 정미, 정색이라고 정해야 한다면, 사물은 각각 느끼는 바가 다른데, 무엇이 세상의 정처, 정미, 정색인지를 누구도 알 수 없고, 만약 하나만을 정처, 정미, 정색이라고 여기는 일이 없다면 각각 사물에 대해 느끼는 바가 천하의 정처, 정미, 정색이 될 것이라고 본다. 장빙린은 불교 용어를 사용해서 이를 해석했다.

무엇 때문인가? 중생의 미혹도 역시 각이며, 중생이 사물에 대해 미혹[迷]하지 않은 적이 없기 때문이다. 그래서 사물에 대해 깨닫지[覺] 않은 적이 없다. 지금 본문에서 말한 "사물에 대해 알지 못한다."라는 구절은 '비록 일체지자一切智者라도 어떻게 그것을 알 수 있겠는가?' 하는 의미이다. 그렇다면 두 번째 "선생님께서는 자신이 알지 못하는 바를 아십니까?"라는 질문과 세 번째 "그렇다면 사물에 대해 알지 못하십니까?"라는 질문은 모두 불가지의 것으로 논의할 수 없고, 오직 첫 번째 "선생님께서는 만물이 공통으로 옳다고 인정하는 바를 아십니까?"라는 하나만 질문으로 수용하여 논의할 수 있다. 촉, 수, 상, 사는 오직 망상분별이 어지럽게 교차하여 일으켰기 때문에 앎(知, 촉, 수, 상, 사와 같은 인식)은 '알지 못함'인 셈이다. 일진법계를 통달하면 마음에 분별이 없다. 그래서 '알지 못함'(不知, 분별이 없음)이 곧 지(知, 무분별지)인 셈이다. …이는 저쪽이 안다고 하는 것을 이쪽은 또한 알지 못하는 것이라고 여기고, 이쪽에 알지 못하는 것을 또 저쪽에서는 안다고 말하는 데 해당한다. 그렇다면 사물의 실정이 이미 다른데 무엇을 바탕으로 삼겠는가? …누군가 사물의 속성은 반드시 원래 그러하고 중생의 감정은 반드시 공통된다고 말한다면 '제대로 보지도 않고 해대는 주장'(一槪之論)으로 결코 「제물론」의 주장은 아니다.[223]

사물은 식을 조건으로 해서 발생한다. 이것은 동일한 점이다. 하지만 사물은 어떤 조건 아래서, 어떤 감각으로 식을 조건으로 발생하는가는 부처 본인도 알 수 없다. 이와 같다면 세상의 견해를 모두 자연스런 '화성'化聲●으로 보는 것은 '도', '진여' 혹은 '아뢰야식'의 관점으로 사물을 보는 것과 완전히 일치한다. 이것은 장자 「추수편」秋水篇에서 말한 "도의 입장에서 보면 사물은 귀천이 없다. 사물의 입장에서 보면 자신을 귀하다고 여기고 상대방을 천하다고 본다. 세속의 입장에서 보면 귀천은 자신에게 있지 않다. 차이의 관점에서 볼 때 큰 것을 크다고 하면 만물 가운데 크지 않은 게 없고, 작은 것을 작다고 하면 만물 가운데 작지 않은 게 없다"[224]이다.

달리 말해서 장빙린이 말하는 "이절명언", "평등하여 모두에 호응

● 화성(化聲): 시비에 대해 논쟁하는 각종 변론을 말한다.

한다"는 관점은 초월의 관점을 기초로 한다. "이것도 하나의 시비이고 저것도 하나의 시비이다"도 시비 아님이 없다. 또한 자신의 시비로 세상의 시비를 삼는 시비관에 대한 부정이다. 긍정의 측면에서 말하면 이 부정은 바로 "만물과 내가 하나"라는 '심관'心觀, '도관'道觀(물관物觀, 속관俗觀, 차관差觀, 공관功觀, 취관趣觀이 아니다)이다. 이런 관점 안에서만 비로소 "이부제위제"以不齊爲齊의 '제물'의 경계에 도달할 수 있다.

이른바 명상名相의 부정은 제물의 경계에 도달하는 유일한 길이다. 장빙린은 말한다.

차이를 가지런히 하는 건 수준 낮은 이들의 잘못이고 가지런하게 하지 않는데도 가지런해지는 것은 뛰어난 자들의 오묘한 논의이다. 스스로 명상名相을 완전하게 걷어내지 않는다면 누가 이것을 해 줄 수 있겠는가?

또 말한다.

마음이 일으키는 것은 상相, 명名, 분별分別 이 세 가지를 벗어나지 않는다. 명(이름, 개념, 언어―역자)은 모든 것을 덮어 버리고 그것에 집착하면 할수록 더욱 정도가 심해진다. 그래서 명으로 명을 부정하는데(以名遣名), 이것은 매우 미묘하다.[225]

장빙린의 제물은 "차이로써 가지런히 한다"(以不齊爲齊)이다. 즉 만사 만물에 차이가 있음을 인정하는 것이다. 이는 명대의 이지李贄가 말한 "사물이 가지런하지 않음 또한 사물의 상정常情"이라고 한 관점과 매우 유사하다. 하지만 이런 평등 경계에 이르기 위한 장빙린의 방식은 '자재무대', '이절명언'과 같은 보다 강한 불교적 의미를 지닌 것이었다. 바꿔 말해서 오직 말로 표현될 수 있는 형상(言說相), 이름 붙일 수 있는 형상(名字相), 마음이 말미암을 수 있는 형상(心緣相)이라는 허상으로부터 벗어날 수 있어야 비로소 가지런하지 않은 차이를 둔 채로 가지런히 여길 수 있는 경지에 이를 수 있다.• 명상을 배제하기 전에는 형기, 분별 그리고 차등이 있다. 지식이 개념 또는 명상으로 구성된다고 한다면 진여를 깨달을 수 있는 것은 무지식의 경험, 즉 불가에서 말하는 현량現量일 수밖에 없다. 펑유란은 윌리엄 제임스William James(1842~1910)의 '순수경험'(pure experience)을 빌려와서 이런 지식 없는 앎을 해석했다. 즉 경험한 것에 대해서 단지 "이와 같음"(that)을 깨달을 뿐이지 "무엇"(what)인지는 알지 못한다. 즉 단지 순수하게 감각한 것이지 개념을 통한 분별로써 오염시키지 않는다.[226] 이것 또한 장빙린이 말하는 "명으로 명을 부정한다"는 것이다.

　　경험된 사물은 구체적이지만 '명'이 지시하는 것은 오히려 추상적이며 경험의 일부분이다. 또한 주관적 관념의 일부분이다. 그래서 명이라는 글자상으로는 사실 착오가 있게 된다. 상대적인 개념이 존재하지 않는다면 자아의 존재를 알지 못한다. 만약 본래부터 자아가 존재하지 않는다면 비록 대상으로 형상이 있다고 하더라도 누가 그것을 인식하겠는가? 만약 대상과 자아가 모두 공空이라고 한다면 잘못된 인식은 발생할 리가 없다. "이런 점들에 비춰 규명해 보면 반드시 진심이 있어서 중생들이 공유한다. 그래서 만약 진재眞宰(진정한 주재자)가 존재한다고 말한다면 불법에서는 여래장과 장식이 있다."[227] 바꿔 말하면 명상을 없애야만 상대적 개념을 없앨 수 있다. 상대적 개념을 없애야만 진여를 깨달을 수 있다. 이른바 "씻어 없애다"라는 말이나 "언어를 벗어나고, 문자를 벗어나고, 인식을 벗어난다"는 말은 모두 인식 없음의 앎은 원시의 무지, 즉 지식적 경험을 통해서 획득하는 순수경험과는 다름을 의미한다.[228] 이 때문에 명상을 지우는 것은 여전히 아견, 아

•　바꿔 말해서~있다: 이 부분은 『대승기신론』의 구절을 가지고 '제물'이라는 개념을 설명하는 내용이다.

상의 부정이며, 중생 공유의 진심을 드러내는 것이다.

장빙린의 제물 사상은 종교 건립의 도덕적 고려에서 다시 우주 자연('도법자연' 의미에서 자연이다)에 대한 해석으로 회향한다. 하지만 이렇게 자연을 해석하는 동력은 당연히 사회의 합리적 상황을 위한 근거를 마련하는 것이다. 그렇다면 '부제위제'不齊爲齊의 합리 상태는 누군가 말하는 '다원주의' 같은 것인가? 이 문제에 대답하기에 앞서 우리는 먼저 제물 사상의 정치 내용을 고려해야 한다. 장빙린의 이 '부제위제'의 우주론은 직접적인 정치성을 가지고 있음이 분명하다. 그 가운데 언제나 사람들이 인용하는 것은 문명과 야만의 구별에 대한 그의 비판이다. 장빙린은 다음과 같이 말한다.

> 어떤 사람은 「제물론」의 작용은 매우 다양해서 여러 가지 방식이 있는데, 지금 유독 쑥 풀을 가지고 이야기하는 것은 무엇 때문인가? 답하여 말한다. 문명과 야만의 견해는 쉽게 제거할 수 없다. 다른 나라를 멸망시키는 경우 이런 논리를 빌려서 명분으로 삼는다. …요즘 보면 무정부를 이야기하는 사람들은 스스로 극한의 평등을 이야기한다. 국가나 지역 간에 완전히 간극을 없애면 좋으니 나쁘니 하는 일체의 것들이 사라질 것이라고 말한다. 하지만 여전히 문명과 야만의 견해에 집착하여 굳이 기술을 발전시키고 음식이나 복식을 더욱 꾸미려 하고, 몸을 수고롭게 해서 이런 일을 행한다. 그런데도 백성이 이 일을 하는 게 당연하다고 말하니 이 얼마나 망령된 짓이란 말인가? 그래서 응당 애써야 할 논의는 문명과 야만의 해소를 궁극적인 지점으로 삼아야 된다.[229]

제국주의가 문명과 야만의 이름으로 저지르는 침략을 비판하는 동시에 그는 또한 종교를 평가하며, 다음과 같이 말한다.

묵자에 비록 공격을 금지하는 뜻이 있지만 「천지」天志와 「명귀」
明鬼를 이야기하면서 그것을 위배하는 자는 구분하여 마땅히 주
살하는 것도 사양하지 않는다. 이것은 물론 기독교나 이슬람교
가 매우 열심히 하는 점들이다. …살펴보면 대개 종교에 의지해
서 다른 나라를 공격했다. …장자를 돌이켜 보면 비록 문명으로
다른 나라를 멸망시키는 명분일지라도 오히려 그것의 숨겨진 의
도를 알아차릴 수 있었다.[230]

문명/야만, 성/속, 정통/이단 등의 구분은 모두 인위적인 허구이다.
목적은 다른 사람을 침탈하기 위해서이다. 장빙린의 문명과 야만의 구
별에 대한 비판은 분명하게 그의 민족주의와 호응한다. 그의 종교 비
판도 민족주의의 유기적인 부분이다. 주의해야 할 점은 장빙린은 문명
과 야만 담론을 비판하면서 특별히 다음과 같은 점을 지적했다는 사실
이다. 무정부주의(주로는 『신세기』를 겨냥했다)가 과학 기초와 물질
향유를 추구하는 것은 또한 그것을 문명과 야만의 담론으로 귀속시키
는 것임을 제기했다. 이로부터 장빙린의 제물평등 관념이 심각한 반근
대화, 반진화, 반문명의 특징을 가지고 있음을 알 수 있다.

정치사상의 각도에서 말하면 장빙린은 절대의 자유·평등과 일체의
질서·제도를 대립적인 양극단으로 간주했다. 장빙린의 자유사상의 핵
심은 자연에 순응하고 피차를 가리지 않고 일체의 제도와 질서를 벗
어난 절대적 소요逍遙이다. 그래서 절대의 평등, 즉 부제위제不齊爲齊일
때에만 비로소 절대의 자유에 도달할 수 있다. 그래서 제물론 우주관
의 정치적 표현은 '오무'五無의 사상이다. 관념상의 표현은 '사혹'四惑
의 사상이다. 장빙린이 「제물론」과 유식학을 빌려서 제기한 '차이로써
평등하게 한다'(以不齊爲齊)의 평등사상 속에는 다음을 포함한다. 사물
의 다양성, 의견의 차이, 입장의 다원성에 대한 존중이다. 이런 제물평
등의 관념은 정치상의 다원주의라는 결과를 초래할 수 있다고 하더라
도 단순히 철학상의 다원론과 등치시킬 수 없다.

윌리엄 제임스는 『다원적 우주』(A Pluralistic Universe)에서 사물의 가변성이나, 사물이 존재하면서 그리고 피차 상호관계하면서 가지는 다양성, 발전 과정 중에 있는 세계의 소박함에 주목하고 그것을 중시하였다. 이는 모두 경험주의 경향을 띤 사상가의 특징이었다.[231] 이런 면에서 보면 장빙린의 제물 사상은 확실히 다원론의 특징을 가지고 있다. 하지만 본체론에서 보면 다양성에 대한 장빙린의 견해는 초월적 시점에 의해 포섭된다. 이 초월성의 시점은 우주 만물이 존재하는 원리이다. 근본적으로 그의 다원론은 인류 중심주의의 고전적 우주론에 대한 초월의 산물이다. 그래서 우주의 다양성에 대한 묘사의 배후에는 아무런 형기가 없는 본체에 대한 긍정이다. 이것이 바로 도, 진여, 아뢰야식이다. 세계는 확실히 다원적이다. 하지만 다원의 세계는 빠짐없이 연식緣識을 통해서 형성됐다. 이런 의미에서 '부제위제'의 세계 묘사가 정말 다원론인가에 대해서 강한 의문이 든다.

사회·정치사상으로서 다원주의가 주로 가리키는 점은 사회에서 상이한 집단, 예를 들어 교회, 공회, 직업 단체 혹은 소수민족 등이 향유하는 독립 자주권이고, 정치 다원주의 학설의 특징도 주로 독립 자주권을 가진 집단으로 체현한 사회 기능에 대한 긍정이다. 하지만 장빙린 제물 사상에서 기본 단위는 결코 집단(만약 집단이 있으면 반드시 질서와 등급 및 분별이 있어야 한다)이 아니라 개체(사물과 인간)이다. 우주 만물의 다원 존재에 대한 논증은 "도로써 사물을 관찰한다"(以道觀物)는 시점에 의거한다. 이런 시점에서 사회의 정치 제도와 일체 질서(이런 질서가 정치성이든 아니면 도덕성이든 상관없이)는 모두 개체에 대한 훼손과 침탈이다. 앞서 나는 이미 국가, 의회, 사회 단체, 촌사 등의 집단적 존재에 대한 장빙린의 비판을 분석했다. 이런 정치사상의 전제에서 보자면 장빙린의 제물 사상을 일종의 사회·정치 사상으로서의 다원주의와 등치시키는 것은 부족한 부분이 있다.

5. 개체/본체의 수사 방식과 자연의 공公

위에서 이야기한 분석은 장빙린의 개체 개념을 분석하고 총괄할 수 있는 기회를 다시 제공해 준다.

우선 건립 종교의 도덕으로부터 제물론의 우주 존재 방식의 해석까지 고려하면서 개체의 의미에서 중요한 변화가 발생했다. 종교 건립론의 틀 속에서 개체의 가장 심각한 특징은 무아이며 또한 개체와 자성, 즉 자아의 분리이다. 변계소집자성으로 말하면 개체 및 자/타의 구분은 단지 의식의 산물일 뿐이며 내재심연과 실체성이 없는 추상 관념이며 알맹이 없는 말이다. 또한 망집 혹은 망념이기도 하다. 의타기자성으로 말하면 개체와 자/타의 구분은 다른 것에 의지해서 발생한 허깨비이고 원성실자성이나 진여 그리고 아뢰야식에 도달하거나 그것을 깨닫는 공구 혹은 통로이다. 장빙린의 종교 건립의 목적이 도덕 혁명의 형성이라고 한다면 불교 삼성설의 틀 속에서 그가 증명하고자 하는 것은 일상생활 속의 개체가 욕구하고 사유하고 외경하는 모든 것이 허깨비라는 사실이다. 아울러 더 나아가 인류으로 일상을 살고, 생명·의식·정감·심리 활동을 가진 개체를 허무화한다. 그가 논증하려는 '자아'(진여, 아뢰야식)는 오히려 개체와 일상의 인류을 초월하는 보편하고 영원하며 진실한 존재이다.

이 때문에 도덕의 기원은 개체를 초월하는 진여와 아뢰야식이다. 개체는 단지 도덕의 기원과 정체성의 기초가 아닐뿐더러 그것이 의식적이고 정감적이며, 심리적이며 또한 언어 능력을 가진 존재이기 때문에 오히려 진여를 증득하는 데 장애가 된다. 달리 말해 삼성설 가운데 개체는 개인의 자주권이라고 말할 만한 것을 갖지 않는다. 이런 상황은 제물론의 우주 존재 방식에서는 다른 점이 있다. 변화를 발생시키는 주된 원인은 이런 우주 방식에 있지 결코 도덕으로 귀결을 삼지 않는다. 만약 '부제위제'의 제물 사상도 모종의 도덕이라고 한다면 이런 도덕은 일상의 인류이라는 의미에서의 도덕(비록 그것이 일상의 인류을 이끌어 주는 의미를 가진다고 하더라도)은 아니다. 장자가 말한 "형체는 도가 아니면 발생하지 않고, 삶은 덕이 아니면 밝지 않다"는 의미에서 도덕이다.

강무江㲀는 다음과 같이 말한다.

> 부재不在한 곳이 없는 것을 도라고 하고, 스스로 획득한 바를 덕이라고 한다. 도란 사람이 함께 말미암는 바이고, 덕은 사람이 스스로 얻는 바이다.[232]

하지만 제물평등 사상으로 말하자면 여기서 말하는 사람이 공유하고 자득한 것은 사물이 공유한 것으로 고쳐야 마땅하다. 대개 제물의 입장에서는 사람과 사물은 결코 차이가 없다.

이런 의미에서 제물의 입장에서 개체는 단지 개인을 가리키는 게 아니라 우주의 일체 존재를 포괄적으로 가리킨다. '이부제위제'의 평등은 우주의 존재 상태이다. 하지만 그것은 원칙을 승인하지 않은 원칙이자 공리를 승인하지 않은 공리이기도 하다. 그것은 개체를 능가하는 어떠한 규칙이나 공리를 인정하지 않으면서 아울러 모든 개체가 자신의 규칙과 원리를 가짐을 강조한다. 언어와 명상名相이 추상적 보편성이라고 한다면, 언어와 명상은 개체를 초월하는 지식, 규칙 그리고 공리이므로 그것들도 부정의 대상이다. '이부제위제'의 절대평등관은 어떤 부분에서는 개체의 자주성에 대한 존중이라고 볼 수 있다. 하지만 이런 자주성은 질서(언어 질서를 포함하여) 바깥에 있는 어떤 자주성이다. 그것은 차라리 도덕, 즉 만물이 존재하는 원리의 체현이다. 제물평등의 입장에서 사물(인간을 겸하여)은 생명(살아있고, 움직이고, 변화한다)과 지위, 독특성을 가진 존재물이다. 하지만 여전히 내적 심연을 가진 개체라고 말하기 힘들다. 명상과 질서를 초월한 개체는 일종의 순수경험이다. 이 때문에 그것도 반지식, 반이성, 반근대(실제 시간과 공간까지도 초월한다. 그래서 공간과 시간도 명상일 뿐이다)의 개체라고 말할 수 있다.

다음으로 장빙린이 삼성설과 제물론의 틀에서 개체와 그것의 자주성 문제를 논의하는 경우, 이것은 개체 문제가 본체론과 우주론의 원리 가운데서 나온 것임을 의미한다. 바꿔 말해, 형식상으로 개체 개념은 사회, 집단 등의 개념과는 무관하다. 당연히 브뤼노 라투르Bruno Latour가 말한 '집단귀속감'과도 무관하다. 오히려 개체가 우주에서 차지하는 위치와 존재 방식의 체험, 이런 정체성(실감) 문제와 관련된다. 개체 자주성에 대한 논증이든 아니면 개체 진실성에 대한 회의이든 모두 개체/사회, 개체/집단, 심지어 개체/자아의 관계에 있지는 않다. 이런 개체/본체의 특수한 수사 방식은 장빙린의 자유와 평등 개념이 초사회적임을 결정했다.

그래서 사물과 사물(인간과 사물, 인간과 인간, 사물과 사물) 사이의 평등 관계는 우주의 존재 원리와 본연(자연) 상태이다. 자유는 오히려 이런 원리와 상태의 다른 표현 방식이다. 장빙린은 이런 원리도 분명 국가와 국가, 인간과 인간의 관계를 지배하는 정치적·도덕적 원리임을 암시했지만, 이런 자유와 평등 개념은 권리 개념을 언급하지 않았을 뿐 아니라 또한 의무 개념을 언급하지 않았다. 그것들은 법률의 범주에도 속하지 않고 도덕의 범주에도 속하지 않았다. 당연히 소유 관계의 범주도 언급하지 않았다.

우리는 '이부제위제'의 경계 내에서는 바람 소리는 갖가지로 다르고 사물은 각각 자신을 가지고, 그래서 그것들 각각 합당한 이치를 가짐을 안다. 하지만 우리는 자기와 자기 사이, 그리고 이치와 이치 사이에 모종의 협조와 규범이 필요한지 여부에 대해서는 알지 못한다. 바꿔 말하면, 장빙린의 논술 방식 가운데 개체는 본체와의 사이에 아무런 중개자가 없고, 특히 사회 개념과 관계가 없다. 장빙린의 자유 평등 개념에는 이미 개인이 사회구조에 앞선다는 원칙이 없을뿐더러, 사회 형태가 개인 현상보다 앞선다는 원칙도 없다. 그래서 '사회적'이라는 이 말은 질서나 명상, 상대성의 관계, 보편성, 전제와 폭력의 가능성을 의미한다. 이런 점에서 말하면 장빙린의 개체 개념과 그 관련 담론은 정치적이고 사회적인 운용이다. 하지만 오히려 정치학이나 사회학적 운용은 아니다. 이것은 장빙린의 개체 개념과 논술 방식이 량치차오, 옌푸 등이 군/기, 사회/개인의 논술 방식에서 제시한 개인 개념과 구별된다. 뿐만 아니라 근대 서방 사회사상이 개인 및 그것과 사회의 관계 방식에 대한 토론과도 크게 다르다.

세 번째, 장빙린의 종교건립론은 '의자불의타', '자귀기심'의 사상을 부각시켰다. 하지만 여기서 '자'와 '심'은 원성실자성과 개체 초월의 진심이다. 마찬가지로 장빙린의 제물론 우주관은 사물이 각각 자기를 가진다는 '이부제위제' 사상을 강조했다. 하지만 '부제'와 '자기'는 모두 훨씬 높은 상태에 대한 인증이다. '이부제위제'는 '도로써 사물을 관찰한다'라는 사고의 산물이다. 바꿔 말해 '의자'依自의 강조와 공리의 부정이 도달하는 결론은 개인의 절대 자주성이 아니라 지고한 우주 원리, 즉 '공'公의 사상이다. 이런 '공'은 예제의 공도 아니고 사회의 '공'도 아니다. 바로 절대 평등한 자연의 공이다. 여기서 『장자』「응제왕」應帝王 편을 다시 음미해 볼 만하다.

> 너는 마음을 담담한 상태에서 거닐게 하고 기氣를 적막한 세계에 맞추어 모든 일이 자연에 순응하며, 사사로운 마음을 개입시키지 않는다면 천하는 잘 다스려질 것이다.

곽상郭象은 이 부분을 다음과 같이 해석한다.

> 본성에 맡겨 저절로 일어난 게 공公이고, 마음으로 하고자 해서 거기에 뭔가 보탠 것이 사私이다. 사를 용납하면 결국 생을 낳을 수 없고, 공에 순응해야만 온전해진다.[233]

'자신에 의지함'(依自)도 좋고, '부제'不齊도 좋다. 모두 '무사'無私의

상태이다. 또한 '공'의 상태이다. 장빙린의 개체 관념이 임시성인 이유
는 결국 '공'이야말로 영원한 자연 상태이기 때문이다. 바꿔 말하면 장
빙린이 비록 개체를 이용해서 국가에 대항하기에 극단적 개체주의자
로 보이지만 그의 입장에서 개체는 결코 가치 원천이나 정체성의 기초
가 아니다. 거꾸로 가치 원천과 도덕 기초는 독특한 자연 상태에 연원
하는데, 이런 상태는 '무사'의 공公이다.

제8장 우주 질서의 재구축과 자연의 공리

1 옌푸의 손자 옌췬(嚴群)이 『천연론』(天演論)에 쓴 서문. 嚴譯名著叢刊, Thomas Henry Huxley 著, 『天演論』(北京: 商務印書館, 1981), 4쪽.

2 吳汝綸, 「答嚴又陵」, 『桐城吳先生全書·尺牘』, 권1, 159쪽. 이후 그는 『천연론』을 위해 쓴 서문에서 "중국에서 서양 책을 번역한 이래로 옌푸를 능가하는 사람은 없었다"라고 칭찬하였다(『吳汝綸序』), 嚴譯名著叢刊, Thomas Henry Huxley 著, 『天演論』, 6쪽.

3 熊月之, 『西學東漸與晚淸社會』(上海: 上海人民出版社, 1994), 701쪽.

4 嚴復, 「天演論 譯例言」, 嚴復 譯, 『天演論』, 12쪽.

5 같은 책, 7쪽.

6 루이스 하츠(Louis Hartz)의 서문, Benjamin Schwartz, 葉鳳美 譯, 『尋求富强: 嚴復與西方』(江蘇人民出版社), 1989, 1~2쪽.【역주】이 책은 Benjamin Schwartz 의 *In search of wealth and power: Yen Fu and the West*(Harvard University Press, 1964)의 중국어 번역본으로, 국내에서는 『부와 권력을 찾아서』(최효선 옮김, 한길사, 2006)로 번역 출간되었다.

7 한편 슈워츠는 근대 세계에서는 어떤 사회도 국가 역량 없이는 존립할 수 없다고 보았다. 그는 여전히 가치가 힘을 달성하기 위한 수단이 되는 곳에서는 이러한 가치는 곧 불안정하고 생명력이 없고 왜곡된 것이라고 믿었다. 그는 무한히 부강을 추구하는 파우스트식의 종교와 사회 정치적 가치(더 근본적인 인류 가치)의 실현이라는 이 둘의 관계가 그들과 마찬가지로 우리에게도 여전히 수수께끼로 남아 있다고 개탄했다. 같은 책, 235쪽.

8 옌푸는 '공'(公) 개념을 통해 서양 사회의 민주제도를 해석했는데, 만청 시기의 지식계에서 이는 결코 특수한 현상이 아니었다. 일찍이 1844년 양정담(梁廷枏)은 중국인이 편집하여 쓴 체계적인 미국 역사책을 간행하였다. 그는 이 책에서 "미국은 국가를 건립한 이래로 모든 국민이 논의하여 국가의 상벌과 금령을 정하고, 그런 뒤에 사람을 정하여 그것을 지키게 한다. 대통령이 있기 이전에 먼저 국법이 있다. 법이란 공적인 민심이다"라고 말하였다(梁廷枏, 『合省國說』권2, 13쪽). 그런데 그가 왜 '공' 개념을 통해 미국의 제도를 서술하였을까? '공'은 분명 그들이 서양의 민주제도를 관찰하기 이전에 이미 일종의 가치로서 확립되어 있었다. 따라서 서양 사회에 대한 그들의 관찰은 '공'의 가치에 새로운 내용을 제공하는 것이었다.

9 Benjamin Schwartz, 앞의 책, 1~2쪽.

10 같은 책, 234~235쪽.

11 시어도어 후터스(Theodore Huters)는 1895년 이후로 발표된 옌푸의 초기 저작에

나타난 긴장을 살펴보면서, 중국 지식인이 서양 사상을 어떻게 흡수하였는가 하는 문제를 재검토하였다. 그는 옌푸가 한편으로 이러한 저작을 통해 서양의 새로운 사상과 과거 중국의 진부한 사상을 예리하게 대비시키면서 개혁을 서둘러야 하는 절박성을 표명한 것이라고 보았다. 다른 한편으로 옌푸가 서양에서 수입한 새로운 개념과 중국 사상 본래의 개념 사이에는 잠재적 유사성이 있다는 것을 언제나 발견했다는 것이다. 옌푸는 일종의 수사적 방법으로 이러한 궁극적 긴장을 해결하고자 하였으며, 중국과 서양 사이의 담론의 차이를 매우 강조함으로써 중국 사상의 유효성을 거부하고자 하였다. 옌푸의 이러한 동기는 대부분 다음과 같은 감각에서 유래된 것이다. 즉, 이전 양무운동 시기의 사상가들은 이미 변혁을 이끌어 갈 사상적 역량을 잃어버렸는데, 그 이유는 그들이 서양의 새로운 사상과 중국 본토의 사물 사이에 연계성이 매우 많다고 보았기 때문이다. 그런데 옌푸 이후의 지식인들이 동일한 전제에서 옌푸를 중국의 전통 사상과 지나치게 타협한 인물로 묘사하는 것은 아이러니이다. Theodore Huters, "Appropriations: Another Look at Yan Fu and Western Ideas", 『學人』 제9집(南京: 江蘇文藝出版社, 1996), 259~356쪽.

12 스펜서(Herbert Spencer)는 The Study of Sociology(옌푸는 『군학이언』群學肄言으로 번역함)의 결론 부분에서 영국의 수상 글래드스턴(William Ewart Gladstone, 1809~1898)의 종교와 과학에 대한 견해를 언급하고 있다. 옌푸는 이 부분에 특별히 자신의 의견을 덧붙이고 있는데, 거기에는 간섭주의에 대한 견해를 다루고 있다. 옌푸는 다음과 같이 서술하고 있다. "글래드스턴은 종교를 매우 신봉하며 종교를 절대적 진리로 생각하였다. 종교가 없으면 인간의 도리가 장차 무너지고 사람들은 세상이 어떻게 될지 알 수 없을 것이라고 하였다. 그래서 100여 년 사이에 종교의 힘이 쇠퇴해진 것에 대해 언제나 무한한 슬픔을 느꼈다. …스펜서가 종교는 과학과 양립할 수 없다고 하자, 글래드스턴은 자못 불안해하면서 다시 수차례 편지를 보내어 해명하였다. 그 편지는 대략 다음과 같다. 즉 이전에 내가 한 말은 과학을 비난하고자 한 것이 아니라, 단지 그러한 주장이 지나치면 잘못이 많다고 생각한 것이다. 예를 들면, 자유를 많이 주장하게 되면, 그로 말미암아 흉악한 재앙이 생겨난다. 간섭주의를 주장한다면 민직(民直: 즉 세상에서 흔히 말하는 권리이며 다른 책에서 말하는 민권)이 침해될 수 있다. 설령 내가 말하는 것처럼 하더라도, 반드시 자유와 반대되는 것은 아니며 또한 법을 숭상하는 자의 반도(叛徒)가 되는 것도 아니다. 나는 진화론의 본질을 아직 잘 모르지만, 어찌 외부에서 그것을 힐난할 수 있겠는가? 선생과는 각자 자신의 영역을 지키는 것이 좋을 것이며, 이로 인해 다툴 것은 아니다." 『군학이언』에는 두 곳에 옌푸의 주석이 있는데, 이것이 그중의 하나이다. 원문에는 글래드스턴의 이러한 해명의 글은 없다. 여기에서 인용한 것을 보면, 간섭주의가 민권을 침해할 수 있는 가능성을 암시하고 있는 것으로 보인다. 그렇지만 이러한 관계 또한 필연적인 관계는 아니다. 萬有文庫本 『群學肄言』, 北京: 商務印書館, 1931, 이하 같은 책에서 인용. 글래드스턴과 관련된 단락은 Spencer, The Study of Sociology, Ann Arbor: The University of Michigan Press, 1961, p.358.

13 『嚴幾道晚年思想』(즉 嚴幾道與熊純如手札), 臺北: 崇文書店, 1974, 113쪽.

14 『老子評語』, 『嚴復集』 제4책, 1079~1080쪽.

15 옌푸는 다음과 같이 말했다. "황로(黃老)의 도는 민주국이 사용하는 것이다. 그러므

로 키워 주지만 통제하지 않고 작위하지 않고서도 하지 않는 것이 없을 수 있다. 군주국은 황로의 방법을 사용하지 않았다. 한(漢)의 황로는 대체로 겉으로 모습만 취한 것이다. 군주의 날카로운 무기는 아마도 유술(儒術)일 것이다. 신불해(申不害)와 한비자(韓非子)는 시대적 문제의 해결에 도움이 되었다.”신불해와 한비자가 문제 해결에 도움이 되었다고 말한 것은 매우 중요한데, 이는 분명 어느 정도의 집권과 법제가 도구적 성격을 띠고 있는 것이지 목적이 아니라는 것이다. 같은 책, 1079쪽.

16 『노자』 18장의 주석에서 옌푸는 다음과 같이 말했다. “그러므로 오늘날의 정치는 자유를 숭상하는 것이 가장 중요하다. 자유는 사물이 각각 자신의 하고자 하는 일을 하는 것이다. 거기에 ‘천택’이 작용하여 가장 적합한 것을 보존하여, 기대하지 않아도 태평성대가 저절로 다가온다.” 같은 책, 1082쪽.

17 『嚴幾道晚年思想』(즉 嚴幾道與熊純如手札), 같은 책, 58~60쪽. 옌푸는 다음과 같이 설명한다. 장자는 “명(名)은 공공의 도구이므로 많이 취할 수 없다. 인의(仁義)는 선왕의 움막과 같으므로 다만 하루는 머물 수 있으나 오랫동안 처할 수는 없다. 장자는 옛날에 인의를 말했지만, 지금 다시 태어난다면, 당연히 평등·자유·민권·박애와 같은 학설을 말할 것이다. 장자는 유학자가 『시경』과 『서경』 같은 책으로 무덤을 파고 있다고 말했으며, 롤랑도 역시 자유여, 자유여, 얼마나 많은 죄악이 너의 이름을 빌려 행해졌느냐고 말했다. 심지어 ‘애국’이라는 두 글자도 요즘에는 매우 신경이 쓰인다. 그런데 영국의 학자 존슨(Samuel Johnson)은 ‘애국’이라는 두 글자가 때로는 지극히 흉악한 쇠칼이라고 말했다.”

18 Benjamin Schwartz, 앞의 책, 209~210쪽.

19 錢基博, 『經學通知』(中華書局, 1936), 38쪽.

20 옌푸는 『천연론』에 붙인 자신의 서문에서 다음과 같이 서술하고 있다. “최근 200년 동안 유럽에서는 학술이 부흥해서 고대를 훨씬 능가하게 되었다. 새롭게 찾아낸 명리(名理)와 일반 규칙이 모든 분야에서 탁월하고 확고한 지위를 차지하고 있다. 그러나 때로는 유럽보다 먼저 고대 중국인들이 만들어 낸 것이 있다. 이는 견강부회로 자신을 뽐내고자 하는 말이 아니다. 나는 그중에서 매우 분명한 것을 예로 들어 세상 사람들에게 질정을 받고자 한다.” 여기에서 그가 제시한 예가 곧 『주역』이었다. 『천연론』, 9쪽.

21 『穆勒名學』 部甲, 北京: 商務印書館, 1981, 35쪽. 『嚴復集』 제4책, 1031쪽. 이하 같은 책.

22 『穆勒名學』 部首, 引論, 8쪽.

23 슈워츠는 다음과 같은 것을 들고 있다. 일원적이며 범신론에 가까운 자연주의, 우주를 ‘무궁무진하고’ 복잡하고 다양한 힘과 능력의 ‘창고’로 보는 것, 스펜서가 제시한 기계적 진화론으로서의 다윈주의, 사회유기체에 대한 생물학적 유비, 자유주의에 대한 특수한 해석(원서의 揭示는 解釋의 잘못―역자) 등은 모두 스펜서로부터 영감을 얻은 것이다. Benjamin Schwartz, 63~64쪽.

24 같은 책, 67쪽.

25 같은 책, 69쪽.

26 같은 책, 93쪽.

27 헉슬리는 자신의 저작 가운데서 진화론을 근거로 진행되는 약육강식에 분개하고

'종족주의'를 비판했지만, 자세히 읽어 보면 그의 주요 의도가 사회 공동체 내부의 생존경쟁이었다는 것을 알 수 있다. 예컨대 그는 다음과 같이 말하고 있다. "우리를 놀라게 하는 것은 그들이 능동적이든 수동적이든 사람 중에서 약자, 불행한 사람, 불필요한 사람을 제거하는 데 익숙하다는 사실이다. 그들은 자신들의 이러한 행위를 변호하면서, 이는 우주적 과정에 의해 비준된 것이며 종족의 진보를 보증하는 유일한 길이라고 자칭한다. 만일 그들의 주장을 견지한다면, 반드시 의학은 요술로 분류되고 의사는 생존에 부적합한 사람을 악의적으로 보호하는 사람으로 간주될 것이다. 그들이 결혼을 중매할 때는 사육용으로 키우는 말의 번식 원칙이 주요한 영향을 미친다. 따라서 그들의 일생은 자연스러운 감정과 동정심을 억제하는 고귀한 예술을 배양하는 것이다." Thomas Henry Huxley, 『進化論與倫理學』, 飜譯組 譯, 科學出版社, 1971, 25~26쪽. 【역주】이 책은 Thomas Henry Huxley의 *Evolution and ethics, and other essays*(Macmillan, 1894)의 중국어 번역본으로, 국내에서는 『진화와 윤리』(이종민 옮김, 산지니, 2012)로 번역 출간되었다.

28 *The Essence of T. H. Huxley*, edited by Cyril Bibby(London: Mcmillan and Company Limited), 1967, p.156.

29 Thomas Henry Huxley, 앞의 책, 3쪽.

30 같은 책, 4쪽.

31 헉슬리는 오이디푸스의 예를 들어 말한다. 오이디푸스의 마음은 순결하였다. 그로 하여금 아버지를 살해하고 어머니를 아내로 삼게 하고, 그의 인민에게 조난을 초래하고, 그 자신을 급속하게 파멸로 이끌게 한 것은 사태의 자연적 과정—우주 과정—이었다. 여기에서 우주 과정은 유죄로 판정받은 것 같다. 그렇지만 우주 과정에 대한 이러한 심판은 실제로는 우주 과정과 사회 과정의 불가피한 관계를 전제로 받아들이는 것이다. 이러한 의미에서 우주 과정과 사회 과정의 대립을 어떻게 해석할 것인가 하는 것이 하나의 문제이다. 같은 책, 41쪽 참조.

32 헉슬리는 다음의 예를 들어 설명하고 있다. 고생물학은 우리에게 다음과 같이 생각할 확실한 이유를 제공하고 있다. 만일 하등의 토착 식물에서 모든 조상의 계통상의 각 단계가 보존되어 있어 우리가 볼 수 있다면, 모든 계통은 점차로 복잡성이 감소되어 동류의 형태로 나아가는 계열로 나타날 것이며, 우리가 지금까지 발견한 생물의 유적보다 더 먼 어떤 지구의 역사 시기까지 나아간다면, 그것은 동물과 식물의 경계가 불분명한 어떤 하등 생물의 부류로 합해질 것이다. 같은 책, 4쪽.

33 같은 책, 59~60쪽.

34 헉슬리는 칸트의 성운(星雲) 가설을 언급하면서, "칸트가 말했듯이, 새로운 세계로 변화할 것으로 예정된 우주의 마그마는 이미 사라진 이전 것의 예정된 결과에 불과할 가능성이 높다"고 말했다. 같은 책, 5~6쪽.

35 Spencer, *Synthetic Philosophy*, vol. I(New York: D. Appleton and Company, 1890), pp.3~7.

36 Talcott Parsons, "Introduction," in Herbert Spencer, *The Study of Sociology*(Ann Arbor: The University of Michigan Press, 1961), pp.5~6.

37 Stanislav Andreski, "An Introductory Essay," Herbert Spencer, Structure, *Function and Evolution*(London: Thomas Nelson and Sons Ltd., 1971),

pp.8~10.

38 같은 책, pp.11~13.

39 Benjamin Schwartz, 앞의 책, 47쪽.

40 Thomas Henry Huxley, 앞의 책, 52~54쪽.

41 『天演論』, 8~9쪽.

42 朱伯崑, 『易學哲學史』上冊, 北京大學出版社, 1986, 5쪽.

43 『天演論』, 8~9쪽.

44 같은 책, 9쪽.

45 '역학'에서 효변(爻變)과 변괘(變卦)는 점치는 일과 관련된다. 어떤 괘의 괘사의 내
   용은 제한적이며, 괘사만 보고서는 점치고자 하는 일에 대응하기에 충분하지 않고
   다시 효사를 보아야 한다. 그런데 한 괘의 효사는 여섯 가지이며, 그 내용은 각각 다
   르며, 길흉에 대한 점이 상반되는 경우도 있기 때문에, 그중의 한 효를 선택해서 판
   단의 주된 근거로 삼는다. 이 효는 변할 수 있는 효이며, 즉 괘 중에서 9, 6의 수 혹
   은 노음(老陰), 노양(老陽)의 상(象)을 지닌다. 효변은 ══과 ── 두 획이 서로 변하여
   또 다른 괘 즉 지괘(之卦)를 만드는 것이다. 이렇게 해서 추가된 또 한 괘의 괘사와
   효사는 점치게 된 일을 판단하는 복잡한 상황이 된다. 이것이 괘변설의 유래이다.
   괘변설은 점을 칠 때 『주역』에서 괘사와 효사를 취사하는 것에서 출발하였지만, 하
   나의 중요한 관점을 제시하고 있다. 점치는 일의 길흉이 변하는 효에서 결정된다는
   것이다. 효변은 『주역』의 점서법에서 중심 개념이 되었다. 이것은 곧 후대에 『계사
   전』에 서술된 "효는 변화를 말하는 것이요"(爻者言乎變者也) "강함과 부드러움이
   서로 섞여 변화를 일으킨다"(剛柔相推而生變化)는 것이다. 朱伯崑, 『易學哲學史』
   上冊, 22쪽.

46 『天演論』, 9쪽.

47 이 점은 헉슬리의 견해와 완전히 일치한다. 그는 일찍이 식물의 성장을 예로 들어
   종자에서 식물, 다시 종자로 돌아오는 과정이 모든 생명의 진화에 적합하다고 지적
   하였다. "우리가 세계의 다른 지역을 보더라도, 모든 곳에서 순환적인 진화가 드러
   난다. 예컨대 물이 흘러서 대해로 들어갔다가 다시 원래의 수원으로 되돌아오거나,
   천체 중에 달이 차거나 지며 그 위치가 이동하거나, 사람이 어쩔 수 없이 나이가 들
   거나, 왕조나 국가가 줄곧 흥성하다가 몰락하는 일 등에서도 나타난다. 이는 문명사
   에서 두드러진 주제이다." Thomas Henry Huxley, 앞의 책, 34쪽.

48 『天演論』, 5쪽.

49 『天演論』, 7~8쪽.

50 李歐梵, 『知識源考: 中國人的 '現代' 觀』, 『天涯』, 1996년 3期, 101쪽.

51 『天演論』, 8쪽.

52 헉슬리는 영국의 식민 개척자가 타스마니아(Tasmania)에 상륙한 것을 형용해서
   다음과 같이 말하고 있다. 그들은 '자연 상태'에 처한 자신을 발견하고 이러한 상태
   를 소멸시키는 일에 착수하였다. 그래서 영국의 동물과 식물, 사람을 데려와서 이
   전의 자연 상태의 범위에서 새로운 식물군과 동물군, 새로운 인종을 형성하였다.
   Thomas Henry Huxley, 앞의 책, 11~12쪽.

53 같은 책, 8~9쪽.

54 같은 책, 31쪽.

55 헉슬리는 다음과 같이 말했다. "진화의 원리를 인류 사회에 적용하는 엄밀한 과학적 방법은 실제의 정치 영역에서 이용하기가 매우 어렵다는 점을 우리가 인정하지 않을 수 없다. 이는 대다수가 원하지 않기 때문이 아니라, 하나의 이유, 즉 인류가 스스로의 힘으로 최적의 생존자를 선택할 수 있는 지적 능력을 가질 수 있다는 것을 기대할 수 없기 때문이다." 같은 책, 24쪽.

56 같은 책, 31쪽.

57 같은 책, 29~30쪽.

58 Spencer, *Principles of Sociology*(Hamden, Connecticut: Archon Books, 1969), p.19.

59 안드레스키(Stanislav Andreski)는 스펜서의 진화론적 윤리는 선악을 판단하는 지침을 제공하지만, 인간이 어떻게 윤리를 말하는가에 관한 언어철학자의 논의는 그러한 지침을 제공하지 못한다고 말했다. 스펜서가 옳든 그르든 간에, 그는 대체적으로 자신의 거대 이론의 역량을 운용하여 중요한 문제를 처리하고 있으며, 우리가 동의할 수는 없지만 경시할 수 없는 관념을 제출하였다. *Herbert Spencer: Structure, Function and Evolution*, ed. Atanislav Andreski. p.32.

60 파슨스는 다음과 같이 말했다. "기본적으로 스펜서는 경제학자의 원칙을 총체적 사회에 운용하고 있다. 이는 특히 그의 『사회학 원리』에 충분히 표현되어 있다. 이 시기의 방임주의 경향은 이러한 맥락 속에서는 확실히 유효하였다. 비록 그런 방임주의 경향이 그 자신에게 적용되기를 바라지는 않았던 개념이지만 말이다. 그 속에서 방임주의의 경향은 인간의 행위 목표를 결정함으로써 간단히 인간의 사회적 행위를 통제할 수 있다고 하는 유치한 신념에 반대하였다. 이러한 연관 속에서 그는 매우 분명한 공식을 갖고 있었다. 즉 계획은 실패할 수도 있는 방식이라는 공식이며, 또한 계획적 행위가 예기할 수 없는 결과의 중요성에 관한 공식이다." Parsons, "Introduction", in Herbert Spencer, *The Study of Sociology*(Ann Arbor: The University of Michigan Press, 1961), p.6.

61 같은 책, pp.7~8.

62 이러한 문제에서 스펜서의 관점은 매우 급진적이다. "스펜서의 입장 중에서 가장 극단적인 부분은 아마도 그가 교육에 대한 국가의 재정 지원을 근본적으로 비판한 점일 것이다. 가장 비판적인 관점에서 보면서, 그는 이러한 지원이 개인 책임의 원칙을 무너뜨린다고 여겼다. 개인적인 차원에서 보자면, 결혼과 자식을 낳는 것보다 중요한 결정은 없다. 이런 결정을 내린 개인은 반드시 그 결과에 대해 책임을 져야 한다. 따라서 그가 곤경에 부딪혔을 때 그러한 곤경에서 벗어나도록 도울 수 있는 어떠한 공공의 권위도 있을 수 없다. 만일 교육에 대한 스펜서의 관점이 이와 같다면, 지난 몇 년 동안 영국과 미국의 복지국가 형식은 무덤 속의 스펜서를 편히 쉬지 못하도록 만들었을 것이다." 같은 책, p.9.

63 *Herbert Spencer, Structure, Function and Evolution*, ed. Stanislav Andreski, p, 28.

64 『天演論』, 10쪽.

65 같은 책, 4~5쪽.

66 같은 책, 4~5쪽.

67 『천연론』에서 '천연'에 관한 서술은 노자의 '도'에 대한 설명과 자못 유사하다. "그러므로 자연의 운행(天運)은 결코 변하지 않는 것이라 할 수 없다. 유구한 세월을 거치면서 사물이 형성되어 가는 이치는 오로지 이러한 끊임없는 변화에 있다." "자연의 운행은 변하지만 그 가운데 변하지 않는 것이 있다. 변하지 않는 것은 무엇인가? '천연'이라고 부르는 것이다." 같은 책, 2쪽.

68 같은 책, 2~3쪽.

69 같은 책, 35쪽.

70 Benjamin Schwartz, 앞의 책, 54쪽.

71 李强,「嚴復與中國近代思想史的轉型-兼評史華兹 "尋求富强: 嚴復與西方"」,『中國書評』, 香港, 1996년 2월 총제9기, 105~106쪽. 리창(李强)은 대량의 스펜서 저작을 조사했지만, 슈워츠의 그러한 주장의 논거를 찾아내지 못했다고 한다. 그는 "이러한 설법은 전통 유가 사상의 이해에서 유래하는 점이 더 많고 스펜서와의 관계는 크지 않은 것 같다"고 단언하였다.

72 『天演論』, 7쪽.

73 嚴復,「原强 修訂稿」,『嚴復集』 제1책, 16쪽.

74 Benjamin Schwartz, 앞의 책, 88쪽.

75 嚴復,「原强」,『嚴復集』 제1책, 6쪽 참고.

76 옌푸는 다음과 같이 말한다. "여기에서 스펜서와 헉슬리 두 사람의 정치를 보는 시각의 차이를 볼 수 있다. 정치에 관한 담론에서 스펜서는 자유방임(任天)을 중시하고, 인간의 작위(人事)를 보조적 역할로 간주한다. 이는 스스로 그러함(自然)을 밝히고 세상을 있는 그대로 두어야 함(在宥)을 잊지 말아야 한다고 주장한 황로 사상과 유사하다. 헉슬리는 …유독 이 책에서 자유방임을 비판하고 있다. 이는 대체로 앞에서 말한 자유방임 이론을 지나치게 주장하는 자들을 위해서 마련한 것이다. … 생물은 모두 자식을 사랑하기 때문에 종이 다음 세대에 전해지게 된다. 여기에서 자식을 사랑하는 자연스러운 정을 제거하게 되면, 세대를 이어가고 종족을 보존하는 중요성을 아무리 가르치고 타이르더라도 인류는 벌써 멸망했을 것이다. 이것은 매우 분명하고 확실한 일이다. 이를 통해 미루어 보면, 대체로 인간이 생명을 보존하고 종족을 유지하고 사회를 이루고 발전하는 일(合群進化)에서 당연히 해야 할 일은 보이지 않는 곳에서 자연의 이치가 작용하도록 하는 것이다. 중요한 일일수록 더욱 더 자연스러운 감정에 맡겨야 한다." 『천연론』, 16쪽.

77 하증우(夏曾佑)는 『사회통전』 서문에서 다음과 같이 말했다. "변법을 주장하는 자는 국가의 위망을 구제하자는 것이요, 변법을 반대하는 자는 군신과 부자의 질서가 무너진다고 비판한다. 위망을 구하는 것과 군신부자의 질서가 무너지는 것은 전혀 관련 없는 이야기인데, 논자들이 자주 이를 혼동하고 있다. …… 인류의 초기로부터 지금에 이르기까지 진화의 역사는 무수한 단계를 거쳐 왔다. 매 단계에서 그때마다 각각 그러한 유래를 천리와 인정의 극치로 여겼으며, 이를 어기게 되면 인간의 도리는 끝이 나게 된다." 嚴復 譯,『社會通詮』, 北京: 商務印書館, 1981, vi.

78 같은 책, 65쪽.

79 같은 책, 15~16쪽.

80 왕징웨이는 「민족적 국민」이라는 글에서 유럽 민족주의의 역사를 분석하면서, 민족 동화의 네 가지 원리를 도출하였다. 그는 옌푸에 대해 다음과 같이 말했다. "옌푸는 명철한 학자이다. 그가 번역한 『사회통전』에는 다음과 같은 말이 있다. '종법 사회'에서는 처음에 나약한 종족(屛族)을 엄격히 금지했지만, 오늘날의 사회는 광대한 토지와 많은 국민을 중시하며 종족의 구별을 그다지 엄격하게 하지 않는다.' 이 말은 참으로 옳은 이야기이지만, 이에 대한 그의 설명 속에 숨어 있는 뜻은 놀랄 만하다. 그 말을 보면 '중국 사회는 종법이면서 군국을 겸한 단계이다. 그러므로 정치에 관한 논의는 국가가 아니라 종족을 중심으로 하고 있다. (중략) 그래서 오늘날 신구 당파의 차이가 있기는 하지만, 민족주의에서는 모두 견해를 같이한다. 오늘은 사회의 결합을 말하고, 내일은 외세 배척을 말하고 심지어는 만주족을 배척하자고 말한다. (중략) 그렇지만 민족주의가 장차 우리의 종족을 강하게 할 수 있을까? 나는 결코 그럴 수 없다고 생각한다.' 옌푸의 이 말은 결국 민족주의는 반드시 중시해야 할 필요는 없고, 만주도 반드시 배척해야 하는 것은 아니라는 이야기와 같다. 이는 참으로 일반 규칙이라고 할 수는 있지만, 우리 민족의 일반 규칙상의 위치를 제대로 살핀 것이라고 말할 수는 없다." 『민보』제1기.

81 『천연론』, 92쪽.

82 같은 책, 92쪽.

83 Jürgen Habermas, *Communication and the Evolution of Society*, trans. Thomas McCarthy, Boston: Beacon Press, 1976, p. 180.

84 Benjamin Schwartz, 앞의 책, 69~70쪽.

85 Habermas, 앞의 책, 189~190쪽.

86 嚴復, 「憲法大義」, 『嚴復集』제2책, 241쪽.

87 嚴復, 「駁英'太晤士報'論德據膠澳事」, 『嚴復集』제1책, 55쪽. 옌푸는 「의상황제서」(擬上皇帝書)에서 다음과 같이 말했다. "오늘날 각국의 형세는 고대의 전국시대와 다르다. 고대의 전국시대에는 겸병에 힘썼지만, 오늘날 각국은 평등을 지킨다. … 중국이 일단 자강한 국가가 되고 다른 나라와 힘을 비견할 정도가 되면, 그들은 침략을 엿보던 마음을 감출 것이며, 우리에게 요구하는 것은 통상의 이익에 불과하지만, 우리의 토지와 인민을 이롭게 하는 것은 아닐 것이다." 『嚴復集』제1책, 62쪽.

88 옌푸도 극단적 배외주의는 일관되게 반대하였다. 그는 「여외교보주인서」(與外交報主人書)에서 두 가지 '배외'를 구별하였다. "도광 함풍 연간 이후로 국가의 권위가 점차 쇠락하여 오늘날의 국면에 이르게 된 것은 모두 자초 자멸한 까닭이 아니겠는가? 그래서 이때를 당하여 그냥 외세의 배척을 주창하고 생존경쟁의 치열함에서 벗어나고자 해도 아무런 보탬이 되지 않는다. 외세의 배척을 말하기보다는 문명화에 힘쓰는 것이 좋을 것이다. 문명에 이르게 되면 외세의 배척을 말하지 않더라도 반드시 생존경쟁의 세계에서 자신을 보전할 수 있을 것이다. 주로 외세 배척을 의도하고 문명의 방책을 부수적으로 행하고자 한다면, 외세의 배척이 불가능할 뿐만 아니라 결국 문명의 큰 장애가 될 것이다." 『嚴復集』제3책, 558쪽.

89 슈워츠는 스펜서가 『사회학 연구』 중에서 진화 과정을 간섭하는 입법을 맹렬하게 비판한 대표적인 이야기를 다음과 같이 전하고 있다. "열등한 정치 모리배는 입법 기관의 적당한 설계와 적절한 지적 작업은 국가에 유익한 작용을 산출할 것이며 어떠

한 부작용이 없다고 생각한다. 그는 어리석은 사람이 총명한 사람으로 바뀌고, 저열한 사람이 점차 고상한 품성을 갖추게 될 것을 기대하였다." 옌푸는 이 글을 다음과 같이 의역하였다. "그러므로 국가 사회〔國群〕의 흥망과 쇠퇴는 모두 법제로 말미암는다. 우리의 기존 법제에 의존하면서 약한 국민으로 하여금 강국을 만들고, 가난한 국민으로 하여금 부국을 만들고, 어리석은 국민으로 하여금 지혜로운 국가를 만든다는 것은 마치 꿈속에서 음식을 먹으며 배부르기를 바라는 것과 무엇이 다르겠는가?"『群學肄言』,『嚴譯名著叢刊』제4책, 4쪽. Benjamin Schwartz, 앞의 책, 89쪽 참조.

90 폴라니의 분석에 의하면, 전국적 시장의 조성은 어떤 건국 책략의 부산물이며, 이러한 책략 중에서 경제 발전은 국력의 기초로 간주된다. 그러나 전국적 시장이 출현했다 하더라도, 시장 사회의 충분한 발전을 촉진하기에는 여전히 부족하다. 시장 사회의 충분한 발전은 기타 방면의 변혁, 즉 토지·화폐·노동력의 상품화 등에 달려 있다.『巨變: 當代政治經濟的起源』13장 및 옮긴이가 이 책의 서론으로 실은 Fred Block and Margaret R. Somers의 글 참조. 黃樹民·石佳音·廖立文 譯, 臺北: 遠流出版事業股分有限公司, 1989, 255~270, 13쪽.

91 Benjamin Schwartz, 앞의 책, 105~121쪽.

92 이 두 가지 점에 관해서는 리창이「嚴復與中國近代思想史的轉型－兼評史華玆『尋求富強: 嚴復與西方』」에서 비교적 자세하게 분석하고 있다. 나는 이 문제에 대한 그의 서술이 설득력이 있다고 본다.『中國書評』, 香港, 1996년 2월 總第9期, 109~115쪽.

93 嚴復,「論世變之亟」,『嚴復集』제1책, 2~3쪽.

94 嚴復,『群己權界論』「譯凡例」,『嚴復集』제1책, 132쪽.

95 같은 책, 133쪽.

96 같은 책, 133쪽.

97 嚴復,『老子評語』,『嚴復集』제4책, 1090쪽.

98 嚴復,「致夏曾佑」(3),『嚴復合集』5, 臺北: 財團法人辜公亮文敎基金會, 1998, 86~87쪽.

99 嚴復,『老子評語』,『嚴復集』제4책, 1082쪽.

100 같은 책, 1082, 1080쪽.

101 이는 "明白四達, 能無爲乎? 生之畜之, 生而不有, 爲而不恃, 長而不宰, 是謂玄德"의 구절 위에 붙여진 옌푸의 간단한 주석이다.『老子評語』,『嚴復集』제4책, 1079쪽.

102 郭慶藩,『莊子集釋』제1책, 中華書局, 1985, 294~295쪽.

103 蘇功秦,「當代中國新保守主義的思想淵源」,『二十一世紀』(香港), 1997년 4월호, 總第40期, 126~135쪽.

104 嚴復,「民約平議」,『嚴復集』제2책, 340쪽.

105 같은 책, 337쪽.

106 같은 책, 336~337쪽.

107 같은 책, 337쪽.

108 같은 책, 339쪽.

109 Spencer, *The Study of Sociology*, pp. vi~vii 참조. 이는 파슨스가 이 책에 쓴 서문

에서 한 이야기이다. 그는 계속해서 다음과 같이 말했다. "스펜서는 상당할 정도로 경제학자와는 달랐다. 예를 들면, 그는 전통적 신념과 사건의 적극적인 의의, 그리고 급격하고 무분별하게 전통을 변혁하는 위험성을 잘 알고 있었다. 이성을 구성하는 어떤 계획적 행위라는 오래되었으나 언제나 새로운 시각에서 보면, 그는 각종 역량의 총체적 평형이 진지하게 고려되어야 한다는 점을 시종 일관되게 견지하였다. 그는 가장 일반적인 오류는 어떤 인소(因素)를 고립시켜서 다루면서 그 결과가 발생하기를 기대하고 예상하는 것이라고 하였다."

110 파슨스는 다음과 같이 비판하였다. "여기에서 관건은 정치적 태도가 아니라 그 배후에 숨어 있는 사회학적 사고이다. 스펜서의 용어를 빌려서 말하자면, 이는 우선 사회 인구의 능력이 최대한 발전하면서 생겨나는 긍정적인 사회 이익을 소홀히 다루고 있다. 이는 또 다음과 같은 사실을 경시하고 있다. 즉 산업화된 사회에서 가정은 자신의 영역 안에서 충분한 책임을 지니고 있다. 민간 기업이 제공할 수 있는 것과 비교해 보더라도, 부단히 제고된 생산력은 제한적이나 우선적으로 유효하고도 보편화된 교육에 사용된다. 보다 중요한 것은 분명 공공 교육의 기회 평등에 대한 암시이다." 여기에는 사회가 공동의 가치 및 그것을 개인의 인격 방면에 내재화한다는 생각이 배후에 놓여 있다. 스펜서는 이러한 두 가지 점을 고려하지 못했다. 일단 이렇게 되면, 스펜서가 어느 정도 개인 책임의 비이성적 방기로 간주한 것은 대부분 동일한 가치의 운용상의 자연적 확장으로 간주될 수 있다. 이러한 가치는 빅토리아 시대에 개인주의가 더욱 분화되고 더욱 복잡화된 사회 조건하에서 지니는 의의를 드러내고 있다." 같은 책, 앞의 책, pp.ix~x.

111 Spencer, 앞의 책, pp. viii~ix.

112 『천연론』 16쪽. 감정과 이성의 평형을 유지하고자 하는 옌푸의 이러한 노력은 스펜서와 상반된다. 스펜서가 더 이상 받아들이지 않은 것은 사회학과 심리학의 변경이다. 여기에서 관건이 되는 것은 스펜서가 '감정적' 요소와 '이성적' 요소를 대체적으로 대립하는 것으로 보았다는 점이다. 즉 그는 인간의 행동 동기에서 정감적 혹은 감정적 요소를 주로 이지적이고 정확한 합리적 행동을 방해하는 것으로 보았다. 이는 그가 인지와 감정의 결합이 이성적 선택의 기초를 형성한다는 점을 이해하지 못했다는 것을 명백히 말해 주고 있다. 비록 그가 행위 동기에서 감정의 중요성에 대해서는 모호한 견해를 보이고 있지만, 각 방면의 문제를 고려해 보면, 스펜서 이래로 가장 진보한 영역의 하나는 '사회심리학'이었다. 이는 사회의 구조와 각 개인의 인격을 연계시키는 것이다. 이 점에서 옌푸의 관점은 도리어 체계 평형의 관점과 더 일치한다.

113 Parsons, "Introduction," in Spencer, *Study of Sociology*, Ann Arbor: The University of Michigan Press, 1961, p. vii.

114 같은 책, p. vii.

115 嚴復, 「原强 修訂稿」, 『嚴復集』 제1책, 22쪽.

116 嚴復, 「原强 修訂稿」, 『嚴復集』 제1책, 23쪽.

117 슈워츠는 이 부분에서 다음과 같은 결론을 내리고 있다. "옌푸는 다윈주의를 초보적으로 해설하면서 이미 사회진화론의 용어를 사용하고 있다. … 여기에서 과학이 진귀한 가치를 지니고 있다 하더라도, 다윈의 생물학적 진화론이 지니는 과학적 가치

는 옌푸에게 많은 흥미를 돋우지 않았다. 분명한 것은 옌푸가 강조한 것은 경쟁(의심할 여지없이 확실한 활력)의 가치관이었으며, 경쟁의 상황에서 잠재 능력의 충분한 발휘를 강조하였다. 따라서 '손톱과 발톱을 사용하여 무기가 난무하는 살벌한 살육이 이루어지는' 형상의 묘사는 옌푸를 낙담시키지 않았을 뿐만 아니라, 오히려 그를 흥분하게 하였다." Benjamin Schwartz, 앞의 책, 41쪽.

118 옌푸는 『군학이언』의 해설에서 다음과 같이 말하고 있다. "중국에서 말하는 천(天) 자는 논리학에서 말하는 다의성을 지니고 있어, 사유 논리로서 매우 문제가 많고 논쟁의 단서를 불러일으킨다. 신묘한 이치로서는 상제(上帝)를 말하고, 형이하로서는 푸른 하늘을 말하고, 작위가 없으면서도 인과의 형기(形氣)가 있고, 인과가 있으면서 파악할 수 없다는 점에서 우연히 부딪힌 상황(適偶)이라고 말한다. 서양에서는 각각 이름이 다르지만 중국에서는 일상적으로 천(天)이라고 부른다. 이 책에서 천이라는 글자의 의미는 첫 번째 의미이다. '천연'이라고 할 때의 천 자는 세 번째의 의미이다. 모두 절대로 서로 도모할 수 없고, 반드시 혼동하지 말아야 한다." 『嚴復集』 제4책, 921~922쪽.

119 嚴復, 「原强」, 『嚴復集』 제1책, 6쪽.

120 嚴復, 「原强」, 『嚴復集』 제1책, 7쪽.

121 嚴復, 『群學肄言』 「譯餘贅言」, 『嚴復集』 제1책, 126쪽.

122 같은 책, 125~126쪽. 그는 문자학의 각도에서 중국 개념이 서양 개념과 일치함을 논증한다. "서양에서의 사회에 대한 정의를 보면, 인민이 모여 역할을 나눠(部勒, 일본의 학계에서는 '조직'이라고 한다) 함께 지향해 나가는 것을 사회라 하는데, 중국 자서(字書)에서는 읍(邑)은 사람들이 모인 것을 칭했으며, 그 안에 있는 '口' 자는 구역이라는 뜻이고, '㔾' 자는 법도라는 뜻이다. 서양에서 '나라'(國)에 대한 정의를 보면, 토지의 구역이 있고 그 인민이 전쟁과 방어의 임무를 지니는 것을 나라라고 하는데, 자서에서는 '國'은 고문(古文)에 '或'이라고 썼으며, '一' 자는 땅을 뜻하고, '口'(성곽)를 '戈'(창)를 가지고 지킨다는 뜻이다. 이를 보면 중국과 서양의 자의가 묘하게도 일치한다는 것을 알 수 있다." 같은 책, 126쪽.

123 嚴復, 「原强 修訂稿」, 『嚴復集』 제1책, 22~23쪽.

124 嚴復, 「西學門徑功用」, 『嚴復集』 제1책, 94쪽.

125 같은 책, 95쪽.

126 Immanuel Wallerstein 等著, 劉鋒 譯, 『開放社會科學: 重建社會科學報告書』, 香港: 牛津大學出版社, 1996, 16~17쪽.

127 嚴復, 「原强 修訂稿」, 『嚴復集』 제1책, 18~19쪽.

128 스펜서의 이론이 최초로 중국에 소개된 것은 1890년이다. 그해 기독교 선교사가 교과서를 편집하고 출판한 기구(1877년 상해에 설립)인 익지서회(益智書會, School and Textbook Series Committee)가 교과서 98종을 출판 심의했는데, 그중에 안영경(顔永京)이 번역한 스펜서의 『교육학』 일부분이 『이업요람』(肄業要覽)이란 제목으로 포함되어 있다. 이는 스펜서 저작에 대한 최초의 중국어 번역이며, 교육과 관련된 내용을 다루고 있다.

129 Immanuel Wallerstein 等著, 앞의 책, 26쪽.

130 嚴復, 「原强」, 『嚴復集』 제1책, 6쪽.

131 嚴復, 『群學肄言』 「自序」, 『嚴復集』 제1책, 123쪽.

132 嚴復, 「原强 修訂稿」, 『嚴復集』 제1책, 16~17쪽.

133 위의 글, 17~18쪽.

134 嚴復, 『政治講義』, 『嚴復集』 제5책, 1248쪽.

135 옌푸의 과거제에 대한 공격과 도학(道學)에 대한 비판은 밀접히 관련되어 있다. 왜냐하면 도학은 사람을 책 속의 지식에 얽매이게 할 뿐만 아니라, 기본적인 분과 학문의 지식을 결여하고 있기 때문이다. "학술의 목적은 과거에 달려 있으며, 과거제는 팔고문을 기준으로 삼고 있다. 팔고문의 의미는 집주(集注)에서 나오고, 집주를 지은 것은 송대 유학자이다. 송대 유학은 도학이라는 이름으로 미화되었다." "중국에서 2천 년 동안의 정교와 풍속은 이러한 인재들을 양성할 뿐이었다! 그 방법이 치밀하고, 그 시기도 오래되었다." 「道學外傳」, 『國聞報』, 1898년 6월 5일, 광서 24년 4월 17일.

136 舒新城, 『中國近代教育史資料』 上冊, 北京人民教育出版社, 1961, 30쪽.

137 같은 책, 34쪽.

138 嚴復, 「救亡決論」, 『嚴復集』 제1책, 48쪽.

139 옌푸는 다음과 같이 말했다. "한 나라의 정교와 학술은 유기물과 같다. 머리와 몸통이 있은 뒤에야 육부와 사지가 있고, 뿌리와 줄기가 있은 뒤에야 가지와 잎, 꽃, 열매가 있다." 「與外交報主人書」, 『嚴復集』 제3책, 559~560쪽.

140 嚴復, 「救亡決論」, 『嚴復集』 제1책, 49쪽.

141 嚴復, 「與外交報主人書」, 『嚴復集』 제3책, 559쪽.

142 같은 책, 559쪽.

143 그는 전통 교육의 특징이 학문의 연구와 정치적 행위를 구분할 수 없다는 점인데, 이로 인해 지식의 진보와 정치의 발전에 영향을 끼쳤다고 생각했다. "야만의 국가에서는 사업은 지극히 간단하지만 사람들의 활동은 매우 복잡하고 분업화되어 있지 않다. 국가가 개화하면 할수록 분업이 더 많이 이루어진다. 학문과 정치는 지극히 중요한 일인데 어찌 나누지 않을 수 있으리오!" 그는 사회 분업에 적절한 각종의 전문 학문을 진정으로 건립하고, 동시에 전문 학문에 종사하는 사람도 특정한 사회 영역의 활동가가 아니므로 학문과 정치 사이에 일종의 유효한 분화 관계를 만들고자 하였다. 「論治學治事宜分二途」, 嚴復, 『嚴復集』 제1책, 88~90쪽.

144 옌푸는 명학(논리학)과 기타 분과 학문의 관계에 대해 다음과 같이 말한다. "명학은 처음과 끝, 추론과 결론 사이를 상세하게 탐구하여 일반 규칙과 원리를 정하는 것이다. 이 둘 사이가 서로 연계되어 있고 의심의 여지가 없고 어긋날 수 없는 일반 규칙과 원리가 그 가운데 있다면, 모든 분과 학문과 이치를 분석하는 서적은 그 사람의 말과 행동, 이 일반 규칙과 원리와 일치하게 된다. 일치하지 않는다면 참이 아니라 거짓이며, 끝과 결론은 사실과 어긋나게 된다." "이름(名)은 언어와 문자이다. 언어와 문자는 사상의 도구이다. 이치를 궁구하든 사람들에게 설명을 하든 이로부터 벗어날 수는 없다. 이로 인해 정의를 내리거나, 분류를 하는 것도 가능한 것이다." 「穆勒名學」 部首 引論, 9, 10쪽.

145 Immanuel Wallerstein 等, 앞의 책, 27쪽.

146 嚴復, 『國計學 甲部(殘稿)』 按語, 『嚴復集』 제4책, 847쪽.

147 嚴復, 『政治講義』, 『嚴復集』 제5책, 1244~1245쪽.

148 嚴復, 「譯群學肄言 自序」, 『嚴復集』 제1책, 123쪽.

149 슈워츠는 정확하게 다음과 같이 말하고 있다. "옌푸는 과학이 반드시 스펜서의 종합적 형이상학 체계를 가리키는 것으로 생각했다. 밀 또한 과학적 논리적 방법을 분명하게 말했지만, 스펜서의 종합 철학이 가장 엄밀한 귀납 논리의 원칙을 통해 만들어졌다는 옌푸의 신념을 바꿀 수는 없었다.", 심지어 그는 옌푸가 1895년에 쓴 논문에서 스펜서주의와 중국 현학의 주류인 범신론을 함께 논한 것을 지적했다. Benjamin Schwartz, 앞의 책, 191쪽.

150 같은 책, 177쪽.

151 『穆勒名學』 部乙, 按語, 『嚴復集』 제4책, 1050쪽.

152 嚴復, 『政治講義』, 『嚴復集』 제5책, 1243~1244쪽. 이 책은 1906년(광서 32) 상무인서관에서 출판되었다.

153 옌푸는 정치성과 법률에 관해 언급하면서 다음과 같이 말했다. "정치적 권력이 실행된 것은 사실을 통해 알 수 있다. 그래서 총명한 자는 저술을 하면서 반드시 역사 속에서 드러난 것을 기본으로 삼는다. 그 가운데서 일반 규칙을 추출하기 위해서는 반드시 귀납과 연역의 방법을 사용해야 한다. 만약 벽면을 향해 앉아 상상하거나 이전부터 있었다고 가정하는 방법(서양인의 논리학에서는 a'priori라고 한다)을 사용하여 원리를 정하고 이를 연역해 간다면, 결국에는 폐해가 생겨나게 된다." 『民約評議』, 『嚴復集』 제2책, 337쪽.

154 嚴復, 「論今日教育應以物理科學爲當務之急」, 『嚴復集』 제2책, 283, 281쪽.

155 옌푸는 다음과 같이 말했다. "경자, 신축, 임인년 사이에 밀의 『명학』 절반을 번역하여 금릉(金陵, 남경)의 금율재(金栗齋)에서 간행했다. 나머지 부분을 계속해서 번역하고자 했지만 세상일에 쫓기고, 또 나이가 들어 힘에 부치고 머리가 따라가지 못했다. 밀의 서적은 내용이 깊고 넓어 마음을 쏟아 깊이 생각하지 않으면 제대로 번역할 수 없다. 그래서 아직 끝내지 못했다. …그래서 제번스의 『천설』(淺說)을 취해 날마다 번역하고 강의하면서 두 달에 걸쳐 완성하였다." 『名學淺說』 序, 『嚴復集』 제2책, 265쪽.

156 옌푸가 콩트를 상당히 이해하고 있었다고 할 수 있는 증거가 있다. 예를 들면, 그는 초기의 번역인 『국계학 갑부』에서 다음과 같이 말했다. "군학은 서양에서 소시올러지(梭休洛支)라고 한다. 이 명칭은 프랑스의 철학자 콩트에서 비롯되었다. 그는 인륜을 말하는 학문은 때로는 한쪽만을 주장한다고 할지라도, 분리될 수는 없으며 전체적으로 모아서 군학이라는 말로 통괄되어야 한다고 생각했다. 경제학과 같은 경우에도 콩트는 따로 독립된 분과로 간주하지 않았다. 물론 이는 이치상으로 보면 진실로 그럴 수 있다. 다만 분업의 일은 분화될수록 복잡해지지만, 학문의 길은 결코 이와 같지는 않다. 만일 이치상으로 보아 앞으로 날로 발전한다면, 경제학도 어찌 더 나눌 수 없겠는가? 화폐, 세금 등은 나중에 하나의 학문 분과가 될 수 있을 것이다. 학자들의 마음가짐은 당연히 전문적이고 치밀해야 한다. 대상이 하나의 큰 테두리 안에 통괄되어야 한다는 것은 잘 알고 있지만, 논의를 전개할 때 나누는 것이 편리하기 때문이다." '과학' 개념이 콩트의 분과 학문의 계보에서 나온 것이지만, 옌푸는 분과의 문제에서 콩트가 여전히 정밀하지 못하다고 생각했다. 「國計學 甲部(殘

稿)」, 按語, 『嚴復集』 제4책, 847~848쪽.

157 Stanislav Andreski, "Introductory Essay: Sociology, Biology and Philosophy in Herbert Spencer," in Spencer, *Structure, Function and Evolution*, ed. Stanislav Andreski, London: Thomas Nelson and Sons LTD, 1971.

158 실제로 밀의 이 저작은 콩트로부터 높은 평가를 받았다. 콩트는 『논리학 체계』의 "실증적 방법이 지니는 특유한 깊이와 작용"에 대해 높이 평가하면서 "귀중한 저술"이라고 말하였으며, 귀납논리학에 대한 밀의 이론적 서술이 "심원하고 신묘하다"고 칭찬하였다. August Conte, *Discours sur L'esprit Positif*, 1884. 歐力同, 『孔德及其實證主義』, 上海社會科學院出版社, 1987, 165쪽에서 재인용.

159 穆勒, 『三段階論邏輯和歸納邏輯的體系』, 歐力同, 같은 책, 166쪽에서 재인용.

160 「'穆勒名學'出版說明」, 嚴譯名著叢刊 『穆勒名學』, 北京: 商務印書館, 1981, v.

161 "무릇 연역은 귀납과 대립하는 것이 아니라 실제로는 귀납의 한 가지 방법이다." 『穆勒名學』 部乙, 229~230쪽.

162 밀은 다음과 같이 말했다. "만일 어떤 과학이 실험적이라면, 이는 각종의 특수한 면모를 드러내는 새로운 정황은 반드시 새로운 관찰과 실험 방식, 즉 일종의 새로운 틀의 귀납을 반드시 필요로 한다는 것을 말한다. 만일 어떤 과학이 연역적이라면, 결론은 귀납을 기초로 하여 일종의 새로운 정황을 끌어내는 과정이며, 또한 이러한 새로운 정황을 논의하여 결정하는 것은 직접적으로 관찰될 수 없는 표기의 표기가 있어야 한다는 것을 말한다." *A System of Logic: Ratiocinative and Inductive, Being a Connected View of the Principles of Evidence and the Methods of Scientific Investigation, in Collected Works of John Stuart Mill*, volume vii (University of Toronto Press & Routledge & Kegan Paul, 1974), pp. 219~220. William Thomas, 『穆勒』, 李河 譯, 中國社會科學出版社, 1992, 74~75쪽. 【역주】이 책의 원저는 William Thomas, *Mill*(Oxford University Press, 1985)이다.

163 William Thomas, 앞의 책, 74쪽.

164 같은 책, 75쪽 참조. 밀은 필연적 진리가 수학에 있다고 말하는 것도 또한 전적으로 환상이라고 했다. "모든 수는 반드시 어떤 사물에 대한 수치이며, 추상으로서의 수치는 존재하지 않는다. 숫자 10은 10개의 물체 혹은 10가지 음성 혹은 10번 뛰는 맥박을 의미한다." *A System of Logic: Ratiocinative and Inductive, in Collected Works of John Stuart Mill*, vol. vii, p. 254. 밀의 결론은 이른바 '정밀과학'의 고도의 정확성은 실재하는 대상(왜냐하면 자연계 안에는 직선이 존재하지 않으며, 수치 또한 실재의 대상이 아니기 때문이다)을 정확하게 묘사했기 때문이 아니라, 정확히 추리해 냈기 때문에 가능했다는 것이다.

165 밀은 "최소한의 그리고 가장 간단한 가정은 무엇인가? 만일 그것이 있다고 한다면, 그것은 자연은 모든 존재의 질서로부터 온 것이 아닌가?"라고 반문하고 있다. 같은 책, 317쪽. William Thomas, 앞의 책, 76~77쪽 참조.

166 밀은 "우리의 의지가 우리의 신체 활동을 끌어내는 것은 마치 추위가 얼음을 만들어내고 혹은 불이 화약을 폭발시키는 것과 같을 뿐이다. 일종의 정신 상태로서 의지는 선행 사건이며, 의지에 따라 움직이는 사지의 활동은 그 결과이다. 이러한 선후의 순서는 직접적으로 의식의 문제는 아니라고 나는 생각한다"라고 말했다. *Collected*

Works of John Stuart Mill, vii, p. 355. William Thomas, 같은 책, 80쪽 참조.

167　William Thomas, 같은 책, 80~81, 83쪽.

168　밀은 이러한 직관주의자의 이론적 가설은 '순수한 허구'이며, "하나하나씩 이론적 가설을 이용하여 현상과 부합하는 것에 이르지 않는다면, 이는 근본적으로 귀납으로 간주할 수 없다고 생각했다." *Collected Works of John Stuart Mill*, vii, p. 355. William Thomas, 같은 책, 83쪽 참조.

169　Mill, *A System of Logic, in Collected Works of John Stuart Mill*, volume vii, p.6.

170　『穆勒名學』部首 引論, 4쪽.

171　『穆勒名學』部首 引論, 5쪽. 옌푸의 번역은 분명 인식의 문제와 도덕의 문제를 한 문제의 두 측면으로 간주하여 토론하고 있다. 예를 들면, 그는 밀의 원문을 번역하면서 "성(誠)이라는 것은 다름이 아니라 진실무망(眞實無妄)의 지식일 뿐이다"라고 말했다. 또 옌푸는 이를 해설하면서 "밀이 이를 거론한 의미는 사람들로 하여금 추론된 지식(推知)을 근본 지식(元知)으로 생각하지 않도록 한 것이니, 이 일은 참과 거짓에 관련하는 바가 가장 크다"라고 했다. 『嚴復集』제4책, 1028쪽.

172　Mill, *A System of Logic, in Collected Works of John Stuart Mill*, volume vii, p.6.

173　『穆勒名學』部首 引論, 4~5쪽.

174　이학(理學)적 맥락에서 '성'(誠)은 '인간의 도'와 관련되고 또한 '하늘의 도'와도 관련된다. 예를 들면 포회(包灰)의 『삼륙선생사당기』(三陸先生祠堂記) 권36에는 육구연(陸九淵)의 학설을 밝히면서 "성을 이루려고 하는 것은 인간의 도이다. 그것이 커지면 성(聖)이 되어 불가지한 입신(入神)의 경지에 들어가게 되니, 이 성(誠)이 바로 하늘의 도이며, 이는 곧 맹자의 실학(實學)"이라고 말했다.

175　『穆勒名學』部首 引論, 5쪽.

176　嚴復, 「論世變之亟」, 『嚴復集』제1책, 2쪽.

177　嚴復, 「原强」, 『嚴復集』제1책, 6쪽.

178　옌푸는 1897년 스펜서의 『사회학 연구』(The Study of Sociology)의 앞부분 두 장을 번역하여 「어리석음을 경계함」(砭愚), 「학문의 제창」(倡學)이란 제목을 달았고, '권학편'(勸學篇)이라는 제목으로 『국문보』에 발표할 준비를 하고 있었다. 그렇지만 1897년 말에서 1898년 초에 『국문휘편』(國聞彙編)에서 「어리석음을 경계함」이란 글을 연재한 뒤에 「학문의 제창」이란 글을 계속해서 게재하지는 않았다. 1901년에서 1902년 사이에 옌푸는 이 책의 전부를 번역했으며, 1903년에 『군학이언』이라는 제목으로 출판하였다.

179　嚴復, 「原强」, 『嚴復集』제1책, 6~7쪽.

180　「原强」의 수정 원고에서 옌푸는 스펜서의 '군학'이 "최근 격치의 이론과 방법을 이용하여 수신제가치국평천하의 일을 드러내는 것이며, 깊이가 있고 매우 내용이 풍부하며…" 나아가 "학문의 일은 군학을 목표로 삼는다. 오직 군학을 분명히 한 뒤에야 치란과 성쇠의 원인을 알아 수신제가치국평천하의 공을 이룰 수 있다. 아, 이는 참으로 대인의 학문이다"라고 생각했다. 『嚴復集』제1책, 16, 18쪽.

181　『嚴復集』제1책, 126쪽.

182　『穆勒名學』, 229~230쪽.

183　『穆勒名學』按語, 『嚴復集』제4책, 1050쪽.

184 같은 책, 1050쪽.

185 『穆勒名學』部首, 引論, 5쪽.

186 옌푸는 다음과 같이 번역하고 있다. "그러므로 논리학이 다루는 것은 추론된 지식이다. 이 학문은 진리를 구하는 학문이라고 말할 수 있다. 그렇지만 여기에서 중시하는 것은 오로지 추구하는 과정이다. 이미 알고 있는 것에 의거하여 아직 모르는 것을 추론하고, 이미 그러한 것을 통해 아직 그러하지 않은 것을 예측한다. 이미 알고 있는 것, 이미 그러한 것은 일반 규칙으로 삼을 수 있고(이는 연역법이다), 개별 사례로 삼을 수 있다(이는 귀납법이다). 논리학이 논의하는 것은 믿음이 아니라 증거와 논증을 통해 믿을 수 있는 것이다. 하나의 이치 혹은 하나의 언술을 믿는 것은 단순히 믿는 것이 아니라 반드시 믿을 수 있는 근거가 있어야 한다. 믿을 수 있는 근거라는 것은 바로 논리학에서 정밀하게 사고하고 세밀하게 증거를 따지는 것이며 소홀하게 처리할 수 없는 것이다."『穆勒名學』部首, 引論, 7쪽.

187 『穆勒名學』部首, 引論, 9쪽 참조. Mill, *A System of Logic, in collected Works of John Stuart Mill*, pp. 10~11.

188 『穆勒名學』按語, 部(甲) 篇二, 論名, 36쪽.

189 『嚴復集』제4책, 1047쪽.

190 옌푸는 이학을 방술·감여·의학·점성술 등의 각종 자연학과 비교하지 않았으며, 이학 내의 두 유파를 비교하였다. 이는 결코 우연한 계기로 소홀하게 다룬 것이 아니라, 『밀의 명학』에 붙인 주석에서 이에 대해 설명했다. 밀의 논리학에 따르면, 과학 인식의 과정은 실험으로부터 연역으로 전향한 것이지만, 이로 인해 연역이 귀납과 무관한 것이라고는 할 수 없다. 반대로 귀납이 보다 근본적이다. 중국의 구(舊)학문이 "보탬이 되지 않는 것이 많은 까닭은 연역을 하고 또 그것도 규칙에 맞게 하였지만, 다만 최초의 근본이 마음에서 만들어진 주장이었기 때문이다. 근거가 있는 것 같고 논리적인 것 같을 뿐이다. 이에 만족하는 자는 옛 경전의 근거를 끌어와 치밀하게 하고자 하지만, 처음부터 일반 규칙을 취하여 추론된 것의 참과 거짓을 하나하나 따진 적이 있는가? 이는 학술상에 오류가 많은 원인이요, 국가 경제와 민생이 병들게 된 까닭이다. 중국의 아홉 종류의 학술, 즉 감여·의약·별자리점 등은 계통상으로 보면 순서가 있지만, 최초의 근거를 궁구해 보면 오행과 간지의 배치, 아홉 별자리가 주관하는 길흉 등은 아무리 생각해 봐도 그 까닭을 말할 수 없다. 이는 다름이 아니라 이 법칙이 억측에 근거하여 만들어진 것이요 실측을 통해 종합된 것이 아니기 때문이다."『嚴復集』제4책, 1047쪽.

191 嚴復,「論世變之極」,『嚴復集』제1책, 1, 3쪽.

192 같은 책, 4쪽. "사대부가 오늘날에 태어나 서양의 부강한 효과를 보지 못한다면, 이는 눈먼 사람이다. 부강을 말하지 않고도 중국은 스스로 안정을 누릴 수 있다고 말하거나, 서양의 방법을 사용하지 않더라도 부강에 이를 수 있다고 말하거나, 서양의 방법을 이용함에 시무에 통달한 참된 인재를 기다릴 필요가 없다고 말한다면, 이는 모두 제정신이 아닌 사람들이 하는 말일 것이다."

193 「原强」및 그 속편의 관련된 논술 참조.

194 嚴復,「原强」修訂稿,『嚴復集』제1책, 24쪽. 옌푸는 다음과 같이 말하고 있다. "옛날에 언급된 이상적 정치는 집집마다 풍족하고, 집집마다 덕행을 행하고, 형벌이 필

요 없는 것이었다. 이러한 모습은 서양의 나라에서도 불가능하다. 어찌 불가능할 뿐이겠는가? 서양의 사회학자의 말에 의하면, 오히려 이와 배치된 모습이며, 점점 이와 멀어져 가고 있다. 세상이 태평에 이른다는 것은 너무 부유한 백성도 없고 너무 가난한 백성도 없고, 너무 귀한 자도 없고 너무 천한 자도 없어야 한다. 빈부귀천의 차이가 너무 벌어지면 불평의 소리가 들리고 장차 남과 싸우고자 하는 마음이 생기며, 이로 말미암아 큰 혼란이 발생할 것이다. 200년 사이에 서양에서는 측량 계산 격물의 학문이 크게 행해져 제작의 정밀성은 실로 전에 없던 일이었다. 민간의 일상생활에 어디서나 그러한 기계를 사용하고 있다. 전보, 기선, 철로 이 세 가지는 능히 거대한 육합(六合: 온 천하―역자)을 거두어들일 수 있지만, 한두 사람의 손아귀에 넣어도 남음이 있다. 이는 민생의 왕래와 소통에 유익하지만, 간웅의 농간에도 크게 유리하다. 농단이 일어나면, 백성의 빈부귀천의 차이가 점점 크게 벌어진다. 다행히 그들 나라가 정치를 시행하면서 평등과 자유를 종지로 삼고 있기 때문에 강호들이 성하지만 아직 남을 부리거나 불법을 행하는 풍조는 없다. 그렇지만 빈부의 차이는 아무리 없애고자 해도 결국 방법이 없다."

195 Benjamin Schwartz, 앞의 책, 64쪽.

196 1906년 옌푸는 「양명선생 집요삼종 서문」(陽明先生集要三種序)에서 여전히 실험과 귀납의 관점을 견지하고 있으며, 이에 의거하여 양명학을 비판했다. "지식은 사람의 마음에 함께 갖추고 있는 것이다. 원리는 반드시 사물과의 관계가 있고 나서야 비로소 드러나는 것이다. 그러므로 나의 마음으로 느낀 것은 반드시 사물의 현상에 징험해 보아야 비로소 그것이 부합하는지 알 수 있다. … 왕수인은 '내 마음이 곧 원리이며 천하에는 마음 밖의 사물은 없다'라고 말하고, 또 이를 설명하여 '아버지를 섬김에 아버지에게서 효의 원리를 얻는 것이 아니요 임금을 섬김에 임금에게서 충의 원리를 얻는 것이 아니다'라고 했다. 이 말은 만물이 모두 나에게 갖추어져 있다고 한 맹자의 주장으로 인해 잘못을 범한 것이요, 그 말이 잘못이 있음을 스스로 모르고 있는 것이다." 『嚴復集』 제2책, 228쪽.

197 嚴復, 「穆勒名學」 按語, 『嚴復集』 제4책, 1049쪽.

198 嚴復, 「原强」 修訂稿, 『嚴復集』 제1책, 29쪽.

199 嚴復, 「求亡決論」, 『嚴復集』 제1책, 43쪽.

200 같은 책, 43쪽.

201 같은 책, 44쪽.

202 같은 책, 44~45쪽.

203 같은 책, 45~46쪽.

204 嚴復, 「西學門徑功用」, 『嚴復集』 제1책, 93쪽.

205 같은 책, 93쪽.

206 옌푸는 다음과 같이 말하였다. "사회학에는 일반 규칙이 있고 일반 규칙은 반드시 믿을 수 있다. 내 생각으로는 심지(心志)의 자유로부터 비롯된 것이다. 만일 자유로부터 말미암은 것이 아니라면 자연의 작용이 드러나지 않고 그 결과는 이와 상반될 수 있다. 대체로 인간의 일은 예측하기 어렵다. 그 가운데 인과관계가 없는 것이 아니라 원인이 복잡하여 그것을 다 알기가 어려운 것이다. 만일 사람에게 무한한 지혜가 있다면, 예컨대 『중용』에서 말하는 지성(至誠), 부처가 말한 천안통(天眼通: 부처

가 지닌 여섯 가지 신통력 가운데 하나로, 미래를 내다보거나 육안으로 볼 수 없는 것을 보는 능력을 말함—역자)이 있다면, 이전의 일에 근거하여 미래를 추론할 수 있을 것이다."『國計學 甲部(殘稿)』, 按語, 『嚴復集』 제4책, 848쪽.

207 Benjamin Schwartz, 앞의 책, 189쪽.

208 예를 들면, 슈워츠는 다음과 같이 단언하고 있다. 옌푸가 "세계의 관계 구조에 관한' 밀의 불가지론을 받아들였는지는 여전히 의문이다. 스펜서는 그의 『제1원리』에서 우리가 알 수 있는 세계는 밀이 믿게 만들고 싶어 했던 그런 세계와는 같을 수 없으며, 불가지(스펜서의 말로는 불가사의)의 세계와 완전히 분리된 것이라고 말했다. 스펜서는 오히려 반대로 알 수 있는 세계는 다만 공간, 시간 그리고 자연 규율과 같은 범주에 의거해야만 비로소 이해될 수 있으며, 이러한 범주는 이미 객관적이며 보편적으로 간주되지만 그 자체는 또한 이해할 수 없는 것이라고 지적했다. 부단히 변화하는 현상은 합리적 질서 안에 조직되며, 이러한 합리적 질서는 궁극적인 불가사의인 '도'에서 발원한 것이다. 따라서 옌푸의 철학적 스승은 스펜서이지 밀이 아니다." Benjamin Schwartz, 186~187쪽.

209 嚴復, 『穆勒名學』 按語, 『嚴復集』 제4책, 1027~1028쪽.

210 嚴復, 『穆勒名學』 按語, 『嚴復集』 제4책, 1033쪽. 옌푸는 다음과 같이 말하고 있다. "천하에 절대 독립한 것은 없다. 옛날 붓다는 진여(眞如)가 절대적이라고 했으며, 경교(景教: 본래 기독교의 일종이며 지금은 이로써 이 교파 전체를 지칭한다. 명가 名家에도 원래 이러한 방법이 있다)에서는 상제를 절대로 간주한다. 그러나 이러한 학설은 끝까지 추론해 보면 서로 모순되는 점이 있다. 그러므로 불이(不二)의 법문과 문자·언어가 끊어진 것을 불가사의의 출발점으로 삼았다."

211 嚴復, 『穆勒名學』 按語, 『嚴復集』 제4책, 1034~1035쪽. 『밀의 명학』 부수(部首) 인론(引論)의 마지막 일절에서는 '이학'(즉 철학, 형이상학)과 '명학'(즉 논리학)의 관계를 다음과 같이 설명하고 있다. "명학은 이학에서 독립할 수 있지만, 이학은 논리학에서 독립하고자 하더라도 불가능하다. 이학이 명학에서 독립할 수 있는 것은 오직 각성(覺性), 원지(元知)를 말하면서 내적 관조를 취하는 일로서 변증이 불가능한 경우일 뿐이다. 그 밖의 일에 대해서는 처음과 끝을 말하고, 논증과 결론을 논할 수 있으며, 반드시 명학의 기준을 따라 해결하며, 전적으로 명학의 결정을 따른다." 이 단락의 번역은 대체로 밀의 원의를 반영하고 있으며, 형이상학이 다루는 각성, 원지는 논리적 방식으로 얻어질 수 없다는 것을 인정하는 것이다. 『穆勒名學』 部首 引論, 12쪽.

212 嚴復, 『穆勒名學』 按語, 『嚴復集』 제4책, 1035쪽.

213 嚴復, 『穆勒名學』 按語, 1035쪽.

214 嚴復, 『穆勒名學』, 部(甲) 篇三, 59~60쪽

215 嚴復, 『天演論』 下, 按語, 『嚴復集』 제5책, 1378쪽.

216 嚴復, 『穆勒名學』 按語, 『嚴復集』 제4책, 1039~1040쪽. "『주역』에 태극과 무극을 언급하고 있는데 자정(子靜: 육구연의 자字—역자) 육구연이 이를 이해하지 못한 것은 바로 이 때문이다. 무극을 말하지 않으면 본체를 밝히지 못하고, 태극을 말하지 않으면 그 쓰임을 충분히 할 수 없다고 한 주희의 설명이 더 나은 것 같다."

217 嚴復, 『穆勒名學』 按語, 『嚴復集』 제4책, 1036쪽.

218 嚴復, 『穆勒名學』 按語, 『嚴復集』 제4책, 1037~1039쪽. 옌푸는 다음과 같이 말했다. "그렇지만 '재'(在)는 실제로 '유'(有)와 같은 의미이다. 이미 있다(有)고 한다면 이는 감각에 의해 파악될 수 있다. 이미 감각되었다면 있다고 할 수 있는데, 어찌 그것을 부정할 수 있을까?" 또 그는 "내가 생각의 주체이고 대상 사물은 생각의 원인이므로, 원인에 의거하지 않고 결과를 말한다면 그 생각은 결코 참되지 않다"고 말했다.

219 嚴復, 『穆勒名學』 按語, 『嚴復集』 제4책, 1039쪽.

220 嚴復, 『穆勒名學』 按語, 『嚴復集』 제4책, 1051~1052쪽.

221 옌푸는 『노자도덕경』 제1장에 다음과 같이 해석을 달고 있다. "사물이 없다고 하지 않고 의욕이 없다고 한다. 사물이 생겨나는 것에는 반드시 의욕이 있다. 사물은 결과이며 의욕이 원인이다. 결과를 버리고 원인을 말하는 이러한 곳에서 노자의 정묘함을 볼 수 있다. 이는 일반적 지식이 미칠 수 있는 것이 아니다." 嚴復, 『老子 評語』, 『嚴復集』 제4책, 1075쪽.

222 같은 책, 1077쪽.

223 같은 책, 1087쪽.

224 Benjamin Schwartz, 앞의 책, 98~99쪽. 옌푸가 늘 중국의 역사에서 예증을 찾는 방법에 대해 슈워츠는 다음과 같이 말했다. "그의 부분적인 목적은 아마 교육적인 것이었는데, 익숙한 것으로 익숙하지 않은 것을 설명한 것이다. 사실상 이러한 교육적 목적은 그의 언어 속에도 포함되어 있다. 그가 사용하고 있는 대다수의 중국식 술어 자체는 선진 사상과 송명 사상의 각종 유파와 관련되어 있었다." 그는 또한 "논의 중인 문제는 확실히 시간, 장소, 그리고 문화적 한계를 뛰어넘고 있다. 아울러 어떤 문제에서 헉슬리, 순자, 유종원을 연계시킴으로써 스펜서, 노자, 주희를 반대하는 것이 선험적으로 옳지 않다고 할 어떠한 이유도 없다"라고 말했다. 같은 책, 102쪽.

제9장 도덕 실천의 방향과 공리의 내재화

1 Benjamin Schwartz, 『尋求富强: 嚴復與西方』, 葉鳳美 譯, 江蘇人民出版社, 1989, 48쪽.

2 汪暉, 「塞先生在中國地命運」, 『學人』 第11輯, 江蘇文藝出版社, 1992.

3 Joseph R. Levenson, 『梁啓超與中國近代思想』, 四川人民出版社, 1986.

4 량치차오는 『청대학술개론』(淸代學術概論)에서 이렇게 말했다. "나 량치차오와 캉유웨이의 가장 상반되는 점은, 캉유웨이는 선입견이 너무 많고, 나 량치차오는 선입견이 너무 없다는 점이다." 『梁啓超論淸學史二種』, 上海: 復旦大學出版社, 1985, 73쪽.

5 천두슈(陳獨秀)와 후스(胡適)의 『科學與人生觀』(上海亞東圖書館, 1923)의 서문 참조.

6 이 세 시기는 '『시무보』(時務報) 시기', '『청의보』(淸議報) 및 『신민총보』(新民叢報) 시기', '학자 시기'로 나누기도 한다.

7 梁啓超,「三十自述」,『飮氷室合集·文集』(이하『文集』으로 간칭) 11, 16~17쪽.

8 康有爲,『康南海自編年譜(外二種)』「光緖14年(1888)」條, 北京: 中華書局, 1992, 16쪽.

9 蕭公權,『康有爲思想硏究』, 汪榮祖 譯, 臺北: 聯經出版公司, 1988, 46쪽.

10 蕭公權, 같은 책, 52쪽.

11 캉유웨이는 이렇게 말했다. "공자가 제도화하려고 했던 예(禮)는 삼대의 구제도와 다르며 유흠(劉歆)의 위체(僞體)와도 상반된다. 고금이 뒤섞여 절충하기 쉽지 않고 고증하기도 심히 어렵다. 따라서 고금의 예에 관한 설들을 간취하여 사례를 들어 개괄했다." 그는 이 책의 내용을 '공자정설'(孔子定說), '삼통설'(三統說), '존구'(存舊), '벽위'(辟僞), '전류'(傳謬) 등의 다섯 항목에서 논했다.『康南海自編年譜(外二種)』, 光緖18年(1892), 20~21쪽.

12 蕭公權, 같은 책, 59쪽.

13 梁啓超,「讀『春秋』界說」,『文集』 3, 15쪽.

14 康有爲,『孔子改制考』, 北京: 中華書局, 1988, 285쪽.

15 康有爲, 같은 책, 283~284쪽.

16 康有爲,「春秋筆削大義微言考自序」,『康有爲文集』 卷5, 臺北: 文海出版社, 1972, 11~12쪽.

17 康有爲,『禮運注』,『孟子微·禮運注·中庸注』, 北京: 中華書局, 1987, 240쪽.

18 梁啓超,『南海康先生傳』,『文集』 6, 71쪽.

19 歐榘甲,「論中國變法必自發明經學始」,『知新報』 第38冊, 1897年 11月 24日(光緖 23年 11月 初1日).

20 梁啓超,「地理與文明之關係」,『文集』 10, 113쪽.

21 梁啓超,『變法通議』「論科擧」,『文集』 1, 27~28쪽.

22 梁啓超,『變法通議』「論變法不知本原之害」,『文集』 1, 10쪽.

23 梁啓超,『變法通議』「學校餘論」,『文集』 1, 62쪽.

24 蕭公權, 같은 책, 182~183쪽.

25 朱執信 等,『井田制度有無之硏究』, 上海: 華通書局, 1930. 이 책에는 후스(胡適), 후한민(胡漢民), 랴오중카이(廖仲凱), 주즈신(朱執信), 지룽우(季融五), 뤼쓰몐(呂思勉) 등의 글이 수록되어 있다.

26 趙翼,『廿二史劄記』 卷2,「漢初布衣將相之局條」, 北京: 中國書店, 1987, 21쪽.

27 楊伯峻 篇,『春秋左傳注』, 北京: 中華書局, 1981, 1283~1284쪽에서 인용.

28 王夫之,『讀通鑑論』 卷19,『船山遺書』本, 16쪽.

29 胡漢民,「民報之六大主義」,『民報』 第3號.

30 劉師培,「悲佃篇」,『民報』 第15號.

31 汪兆銘,「滿洲立憲與國民革命」,『民報』 第8號.

32 黃遵憲,「黃公度廉訪南學會第一二次講義」,『湘報』 1898年 3月 11日 第五號(光緖二十四年二月十九日).

33 봉건이란 개념은 보편적으로 신문화 운동 이후 종법(宗法) 개념과 함께 아주 통렬한 비판을 받았다. 그러나 미조구치 유조(溝口雄三) 교수가 이미 지적했듯이, '봉건'이란 낱말은 중국 명말 청초에서 청말까지 황제의 전제에 대한 반대와 지방자치의

의미를 담고 있는 개념으로, 매우 적극적으로 활용된 개념이라고 보는 것이 낫다. 그리고 안으로는 군벌이 득세하고 밖으로는 해외 열강들이 간섭해 들어오는 복잡한 역사적 추이 때문에, 한때 흥기했던 지방자치와 지방분권화는 거의 성숙하지 못했기에, 차라리 반대로 관료제의 중앙집권 국가로 귀속되었다고 보는 것이 낫다. 이 점은 우리의 주목을 끄는 대목이다."『中國的思想』, 中國社會科學出版社, 1995, 118쪽.

34 黃宗羲,『明夷待訪錄』,『黃宗羲全集』, 第1冊, 10쪽.

35 康有爲,『敎學通義』,『康有爲全集』(1), 81, 90쪽.

36 梁啓超,『變法通議』,『文集』1, 14쪽.

37 梁啓超,「讀書分月課程」,『飮冰室合集·專集』(이하『專集』이라 약칭) 69, 3쪽.

38 梁啓超,『變法通議』「論科擧」,『文集』1, 21쪽.

39 梁啓超,『變法通議』「學校總論」,『文集』1, 14~15쪽.

40 캉유웨이와 량치차오 둘 다 권력은 지방으로 내려보내야 한다고 여겼다. 하지만 중국이 맞닥뜨린 문제는 공교롭게도 중국인의 정치에 대한 준비가 결핍되어 있다는 점이었다. 예를 들어 1898년 캉유웨이는 문인(門人)인 마이멍화(麥孟華)가 북경 안팎에서 민권 사상을 퍼트리고 있을 때, 다음과 같은 자신의 느낌을 토로한 적이 있다. "중국의 백성은 아직 스스로의 일을 챙길 수 없으니 스스로의 권리를 가질 수 없다. 자기 일을 챙길 수 없으니 권력을 줘 봤자, 그 권력은 엘리트가 아닌 미천한 백성들이 쥐게 될 것이다." 麥孟華,「論中國宜尊君權抑民權」, 翦伯贊 等編,『戊戌變法』第3冊, 上海: 上海人民出版社, 1957, 13쪽.

41 왕안석(王安石)의『임천선생문집』(臨川先生文集) 권39「상인종황제언사서」(上仁宗皇帝言事書)에서는 고대의 학제에 대해 다음과 같이 기술하고 있다. "옛날엔 천자나 제후가 국읍(國邑)에서 향(鄕)이나 당(黨)에 이르기까지 모두 학교를 두었고, 사람들을 가르치고 이끌 관리를 두루 배치해 두었는데 그들을 뽑는 기준은 엄격했습니다. 조정의 예악(禮樂), 형벌, 정치에 관한 일들을 모두 학교에서 다뤘습니다. 선비들이 보고 익히는 것은 모두가 선왕(先王)들의 예법에 맞는 말씀과 덕을 갖춘 행동들과 천하를 다스리셨던 마음에 대한 것이었습니다. 그렇다 보니 이러한 선비들의 자질 역시 천하와 국가에 쓰일 정도가 될 수 있었던 것입니다. 만약 천하와 국가에 쓰일 정도가 아닌 자라면 아예 가르치지 않았고, 만약 천하와 국가에 쓰일 만한 자라면 반드시 학교에 있게 했던 것입니다." 왕안석은 과거 제도와 학교 제도를 개혁하면서, 제도적 측면과 내용적 측면을 모두 포함시켰다. 그는 태학(太學)과 지방 학교를 재편하면서, 중앙엔 태학 내에 외사(外舍)·내사(內舍)·상사(上舍)를 마련해 두고 지방에는 적극적으로 지방 학교를 설립하도록 했다. 직분에 어울리지 않는 스승들을 모두 물러나게 하고 어려운 선정 과정을 거친 스승들을 파견했다. 동시에 과거 제도를 개편하여 경의(經義)와 논책(論策)으로 시험을 쳐서 선비를 뽑고, 시부(詩賦)와 번쇄한 경서(經書)의 전주(傳注) 암기(暗記)를 폐기했다. 경의국(經義局)을 설치해『시경』(詩經)·『서경』(書經)·『주례』(周禮)를 새로 풀이해 삼경신의(三經新義)를 짓게 하고,『자설』(字說)을 편찬하여 신법(新法)에 이론적인 근거를 제시했다. 왕안석의 제도 개편 내용은 侯外廬,『中國思想通史』第4卷 上册, 434~441쪽 참조.【역주】왕안석은 태학을 확대하고 제도를 개편하면서 삼사법(三舍法)을 시행

했다. 30명을 수용할 수 있는 서재를 80채 지은 뒤 이를 등급별로 외사(外舍), 내사(内舍), 상사(上舍)로 나누었다. 외사(外舍)는 2천 명을, 내사(内舍)는 300명을, 상사(上舍)는 100명, 이렇게 총 2400명을 수용했다.

42 華偉·于鳴超, 「我國行政區劃改革的初步構想」, 『戰略與管理』 1997年 第6期(總25期), 2~3쪽.

43 梁啓超, 「商會議」, 『文集』 4, 1쪽.

44 같은 책, 1쪽.

45 같은 책, 4~6쪽.

46 康有爲, 「海外亞美歐非澳五洲二百埠中華憲政僑民公上請願書」, 『不忍』 第4期, 1913年 5月, 3~4쪽.

47 모두 華偉·于鳴超, 「我國行政區劃改革的初步構想」, 『戰略與管理』 1997年 第6期(總25期), 3쪽 참조.

48 蕭公權, 『康有爲思想硏究』, 211~212쪽.

49 孫文, 「中國必先革命而後能達共和主義」, 『孫中山全集』 第1卷, 北京: 中華書局, 1981, 172~173쪽.

50 梁啓超, 「說群序」, 『文集』 2, 4쪽.

51 梁啓超, 「變法通議」 「論學會」, 『文集』 1, 31쪽. 「說群序」, 『文集』 1, 3쪽.

52 梁啓超, 「說群一」 「群理一」(1897), 『文集』 1, 5쪽.

53 上海時務報館石印線裝一冊(光緖二十二年), 北京圖書館藏 『質學叢書』 冊8~冊9에 이 책이 수록되어 있다.

54 梁啓超, 「『西學書目表』序例」, 『文集』 1, 122~126쪽.

55 梁啓超, 「『西學書目表』序例」, 『文集』 1, 123쪽.

56 「『西學書目表』序例」에서는 이렇게 말했다. "형태와 실질을 갖춘 학문도 모두 형태가 없고 실질도 없는 데에서 생겨난 것이다. 그래서 수학, '역학'(力學)을 우선으로 하고, 전기학, 화학, 음향학, 광학, 증기학 등을 그다음에 두고, 천지자연·인간·동식물에 대한 학문을 그다음에 두는데, 의학이나 제도학(製圖學)은 인간의 일에 속하기에 말미에 둔다. 서양의 정치란 사방의 국가들에 대해 두루 아는 것을 으뜸으로 치기에 역사 기록을 우선으로 하고, 관제(官制)나 학교에서 나온 것을 그다음으로 하고, 법률이 천하를 다스리는 것을 그다음으로 한다. 부유해진 뒤에야 강해질 수 있기에 농업, 광업, 산업, 상업을 그다음으로 하며 군사(軍事)는 말미에 둔다." 『文集』 1, 124쪽.

57 「西學書目表後序」, 『文集』 1, 129쪽.

58 Friedrich August von Hayek, 『個人主義與經濟秩序』, 贾湛·文跃然 譯, 北京: 北京经济学院出版社, 1989, 6쪽.

59 梁啓超, 「十種德性相反相成義」, 『文集』 5, 44쪽(원래는 1901年 6月 16日·7月 6日 『淸議報』 第82·84冊에 수록).

60 J. Habermas, "Struggles for Recognition in the Democratic Constitutional State", in Multiculturalism: Examining the Politics of Recognition, edited with an introduction by Amy Gutmann(Princeton, N. J.: Princeton University Press, 1994), p. 118.

61 Alasdair MacIntyre, 『德性之後』(After Virtue, pp. 236~237), 298쪽. 중역본(中譯本)에서는 단수의 덕성(virtue)과 복수의 덕성들(virtues)에 대해 주석을 달았는데 이 문제에 대한 이해에 도움을 준다. "덕성(virtue)과 각종 덕성들(virtues) 중, 전자는 이 시대의 사상가, 특히 공화주의자들이 강조하던 공익과 관련된 시민의 덕성(Civil Virtue) 혹은 공공의 덕성(Public Virtue)을 가리키고, 후자는 고대와 중세로부터 계승한 덕성으로 이런 덕성들은 그저 개인의 삶과 관련이 있을 뿐이라는 점에서 구분된다.

62 같은 책, 298~299쪽.

63 같은 책, 299~300쪽.

64 장하오(張灝)는 이렇게 말했다. "량치차오는 민족국가의 이상을 염두에 두고서 사회진화론을 핵심으로 하는 새로운 세계 질서관의 지지를 얻었다. 전통 중국의 세계 질서관이 유교(儒敎)의 신사(紳士)를 통해 설계되어 나왔던 시기를 고찰할 때에는, 일반적으로 두 개의 층차로 구별해야만 한다. 철학적인 층차에서 말하면, 중국인을 지배했던 세계 질서관은 왕수인이 말한 '천하가 한 집안'(天下一家)같이 천하대동(天下大同)이라는 유토피아적 이상이었다. 그러나 정치적인 층차, 혹은 일반적인 층차에서 말하면, 중국인의 세계 질서관은 중국 중심론이라는 이미지에 지배되고 있었다. 중국 중심론이라는 이미지 속에서는 중국이 무수히 많은 유형의 부속국들에 의해 둘러싸여 있는 세계의 중심이라고 가정하고 있었다. 이 두 가지 층차 간에 얼마나 큰 차이가 있는가와는 상관없이, 이 두 층차의 공통점은 바로 대일통(大一統) 사상이다. 전자는 천하를 통일하고자 했고, 후자는 등급을 통일하고자 했다." "청말의 사상의 흥미로운 특징은 바로, 서양의 확장으로 인해 조성된 신세계의 현실에 적응하기 위해 노력하는 와중에, 중국 신사들은 천하대동 철학관을 끌어와 도움을 받으려는 경향을 확연하게 드러냈다. …19세기 말 량치차오가 사상계에서 중요한 인물이 되었을 때에 그가 국가를 '최상의 단체'로 인정하는 것을 막아섰던 것은 일찌감치 서양의 확장에 의해 타파된 중국 중심론의 세계관이 아니라 천하대동의 도덕관이었다." 張灝, 『梁啓超與中國思想的過渡(1890~1907)』, 111~113쪽.

65 『신민설』 중에서 량치차오는 등급화된 종족도를 그려냈다. "이를 살펴보니 오늘날 세계에서 가장 우월한 민족이 누군지 알 수 있다. 다섯 인종을 비교해 보면 백인이 가장 우월하다. 백인들 안에서 비교해 보면 튜턴(Teutones)이 가장 우월하다. 튜턴 안에서 비교해 보면, 앵글로 색슨(Anglo-Saxon)이 가장 우월하다. 이는 내가 시류를 쫓아 내뱉는 말이 아니다. 진화론적인 세계 속에서 불가피한 보편적인 법칙이 실로 이와 같은 것이다." 『新民說』, 『專集』 4, 9쪽. 【역주】 여기서 '다섯 인종'이란 백인(白人), 황인(黃人), 흑인(黑人)과 홍인(紅人)과 종인(棕人)을 가리킨다. 여기서 홍인이란 지금의 황인 중 붉은 피부의 부류를 따로 분류한 것으로 아메리카 인디언이 대표적이다. 종인이란 지금의 황인 중 갈색 피부의 부류를 따로 분류한 것으로 오세아니아나 동남아시아의 원주민이 대표적이다.

66 쑨중위(孫仲愚)의 『일익재일기』(日益齋日記)에 근거해 보면, 량치차오와 담사동(譚嗣同) 등이 1896년에 "과감하게 격치학이 불교의 이치와 암암리에 부합한다고 말하자 사람들이 불교 서적을 중시하기 시작했고, 이에 격치가 드디어 불교와 함께 세상에 유행하게 되었다." 『梁啓超年譜長編』, 丁文江·趙豊田 編, 上海: 上海人民出

版社, 1983, 57쪽.

67 梁啓超,「自由書」「惟心」,「專集」2, 46쪽.

68 邵雍,「觀物內篇」,「道藏」本「觀物篇」, 上海: 上海古籍出版社, 1992年 影印, 23~24쪽.

69 梁啓超,「自由書」「慧觀」,「專集」2, 47~48쪽.

70 李翶,「復性書」上,「李文公集」卷2. 라오쓰광(勞思光)은 이렇게 말했다. "이고는 『중용』이 자사(子思)가 지은 것이라고 여겼다. 그래서 『중용』의 이 단락을 인용하면서 '자사가 말했다'란 표현을 앞에 달아 둔 것이다. 『중용』의 이 단락은 이후 송유의 이론 중 '본성론'의 근거가 된다. 이고의 '타고난 본성을 다한다'는 주장은 『중용』과 『역전(易傳)과 뜻이 통한다. 『역전』은 비록 '이치를 궁구하고 타고난 본성을 다하면서 천명의 경지에 다다랐다'라는 주장이 있지만, 사실 그 말뜻은 그다지 명확하지 않다. 그리고 『중용』의 이 단락은 확실하게 사람과 사물에게 각자 '타고난 본성'이 있고 '본성을 다하는 것'이야말로 가치가 있는 것이다. 중국의 경적(經籍) 중 최초로 '본성론'을 언급한 자료다." 勞思光,「新編中國哲學史」(三上), 臺北: 三民書局, 1983, 29쪽.

71 이고(李翶)는 이렇게 말했다. "혹자가 말했다. 감히 묻건대, '치지는 격물에 있다'는 말은 무슨 말입니까? 난 이렇게 답했다. 격물의 '물'은 '만물'이란 뜻이다. 격물의 '격'은 '온다', '다다르다'라는 뜻이다. 만물이 다다를 때 그 마음은 명료하게 변별할 수 있게 되지만 그 만물에 응하지 않는 것이 바로 치지이고, 앎(知)이 다다른 것이다. 앎(知)이 다다랐기에 그 생각이 성실해진다. 그 생각이 성실해지기에 마음이 올바르게 되고, 마음이 올바르게 되기에 몸이 수련하게 되고, 몸이 수련하게 되기에 집이 가지런하게 되고, 집이 가지런하게 되기에 나라가 다스려지고, 나라가 다스려지기에 천하가 평온해진다. 이 까닭에 천지의 조화에 참여할 수 있게 되는 것이다." (曰, 敢問致知在格物何謂也? 曰, 物者萬物也. 格者來也、至也. 物至之時, 其心昭昭然明辨焉, 而不應於物者, 是致知也, 是知之至也. 知至故意誠, 意誠故心正, 心正故身修, 身修而家齊, 家齊而國理, 國理而天下平. 此所以能參天地也.; 李翶,「復性書」中,「李文公集」卷2) 여기서 "만물에 응하지 않는다"(不應於物)로 격물치지를 해석한 것은 도가(道家)의 '되는 대로 내맡김'(任自然)이나 불가(佛家)의 '집착하는 바 없음'(無所執着)과 긴밀하게 연관되어 있다. 량치차오의 혜관(慧觀) 역시 여시관(如是觀)이라 할 수 있다.

72 「大藏經」卷46, 473쪽.

73 梁啓超,「自由書」「惟心」,「專集」2, 45쪽.

74 梁啓超,「保敎非所以尊孔論」,「文集」9, 56쪽.

75 량치차오는 캉유웨이에게 보낸 편지에서 유학(儒學)을 대하는 캉유웨이의 태도에 대해 이렇게 반대했다. "제자가 생각건대, 오늘날의 중국을 구하려 한다면, 새로운 학설로 중국의 사상을 변화시키는 것보다 급한 일이 없습니다. 그렇게 하려면 초기의 파괴는 불가피합니다. 유학에는 새로운 세계에 적합하지 않은 부분이 많습니다. 그런데 오히려 유학 옹호를 제창하는 것은 이런 흐름을 완전히 역행하는 것입니다." 丁文江,「梁啓超年譜長編」, 277~278쪽.

76 옌푸(嚴復)가 말년에 쓴 평론을 보면, 부정적인 입장에서 이를 해설하고 있다. "량

치차오의 뛰어난 재주는 한번 붓을 들면 멈출 수 없다는 것이다.『시무보』가 생겨난 이래 그가 주편을 맡은 잡지가 수십 종이다. 견지하는 주장이 앞뒤로 바뀐 경우도 매우 많지만, 이에 대해서는 여전히 양지(良知)가 발전해 가는 것이라는 주장으로 스스로를 변호하고 있다. 돌아보면 암살과 파괴를 위주로 하고 있는데, 그 필치는 마력을 가진 듯 사람들을 감동시킨다. 암살을 위주로 하기에 사람들을 그의 주장에 의지해 성난 듯 암살을 저지른다. 파괴를 위주로 하기에 사람들은 벌떼처럼 무리지어 앞다퉈 파괴를 저지른다. 함부로 평범하지 않은 사람들이 좋아하는 주장을 하고 있긴 하지만, 이로 인한 재앙이 무궁무진함은 모른다."량치차오가 해외로 도망간 이래로, 늘 청나라 정부 정벌을 재촉하는 것을 유일한 능사로 삼고 있다.『청의보』·『신민총보』·『국풍』의 논조는 갈수록 난폭해져서, 종국에는 청나라 정부를 극악무도하다고 비난하니 마치 불공대천의 원수를 대하는 듯했다. 자기 자신의 새로운 학문에 대한 개략적인 지식을 가지고, 옛것은 일절 용납하질 않는다. 그의 이런 글들이 엄존하니, 내 어찌 그를 모함하려 거짓말을 꾸며내겠는가!" 몇 달 뒤 슝춘루(熊純如)에게 보낸 편지 중 옌푸가 량치차오에게 편지를 보내, 나중에 후회하지 않으려면 글을 너무 많이 쓰지 말라고 권했더니, 량치차오는 "당시 그 편지를 받고 자못 심경의 변화를 보이며 '난 그때그때 나타나는 양지에 근거해 행동할 것입니다'라고 말했다." 옌푸는 특히 이 문장 뒤에 다음과 같은 각주를 달아 두었다. "량치차오는 송학 중에서도 육왕 심학(陸王心學)을 추종하는데, 이는 지극히 위험한 노릇이다."『嚴復集』第3冊, 北京: 中華書局, 1986, 632, 648쪽.

77 장하오는 캉유웨이가 어떻게 대승불교와 유학을 결합시키려 했는지를 논한 적 있는데, 그 과정에서 일원론적 세계관의 문제를 언급했다. 그는 다음과 같이 말했다. "캉유웨이가 가장 흥미를 가졌던 불교 교의는 화엄종(華嚴宗)이다. 대승불교의 전체적인 경향은 일원론적 세계관으로 소승불교의 이원론적 세계관을 대체하는 것이다. 즉 윤회와 열반 사이에는 틈이 존재하지 않으니 윤회란 실제로 열반의 현시(現示)이므로, 열반을 윤회 바깥에서 구할 필요가 없다는 것이다. 이러한 일원론은 화엄종에 의해 계승되었다. 화엄종 교의에 따르면, 현상과 본체는 상호 관통하고 동화하여, 그 결과 양자는 하나의 유기적 총체로 융합된다. 따라서 화엄종 세계관의 주요한 교지는 전부가 곧 하나고 하나가 곧 전부라는 것이다." "캉유웨이가 불교 초기의 이원론적 세계관을 알았을지는 모르나, 그의 불교 연구는 최종적으로 일원론적 세계관으로서 정신계와 현상계 사이에 존재하는 분리를 부정한다. …캉유웨이는 유가가 곧 불교의 화엄종이라고 말했다." 張灝,『梁啓超與中國思想的過渡(1890~1907)』, 28쪽.

78 康有爲,「康氏內外篇(外六種)」「理氣篇」.

79 Alfred N. Whitehead,『學與近代世界』, 北京: 商務印書館, 1959, 173쪽.

80 梁啓超,「論支那宗敎改革」『文集』3, 55쪽.

81 張灝,『梁啓超與中國思想的過渡(1890~1907)』, 81쪽.

82 梁啓超,「復友人論保敎書」『文集』3, 9~10쪽.

83 梁啓超,「書學書目表後序」『文集』1, 126~127쪽.

84 梁啓超,「格致學沿革考略」『文集』11, 3쪽.

85 『자유서』(自由書)에서 량치차오는 「가토 박사의『천칙백화』」(加藤博士『天則百話』)

라는 글을 번역해 소개했는데, 그 내용에 과학에 대한 이해가 포함되어 있었다. 그 중 첫 번째가 "실학과 공리의 변별"(實學空理之辨)이다. 사람들이 철학, 심리학, 사회과학 등을 '응용'할 수 있는 '공허한 학문'(空學)이라 조롱하는 것을 비판했던 가토 히로유키(加藤弘之)는 "학문의 허실과 진위 여부는 연구하는 객체(즉 연구 대상)에 달려 있지 않고, 연구하는 주체(즉 연구자)에게 달려 있으며"(學科之虛實眞僞, 不在其所研究之客體, 而在其能研究之主體), 또한 "오늘날… 이런 학문들을 연구하는 자들은 …종종 엄격한 과학적 방법에 의거하여 참(是)을 구한다"(今日… 治此等學科者, …往往依嚴格的科學法式, 以求其是)고 지적했다. 그는 또 이렇게도 말했다. "'군치'(群治)를 정착시키려면 헛되이 유형의 물질에만 의지해서는 절대 안 되고, 무형의 정신에도 의존해야만 한다. 무형과 유형은 서로 사용되어야만 비로소 완전하고 원만한 진짜 문명을 갖게 된다."(群治開化, 決非徒恃有形之物質也, 而更賴無形之精神, 無形有形, 相需爲用, 而始得完全圓滿之眞文明)『專集』2 92~93쪽.

86 梁啓超, 「論學術之勢力左右世界」, 『文集』6, 112쪽.

87 梁啓超, 「近世文明初祖二大家之學說」, 『文集』13, 4쪽.

88 위의 글, 10쪽.

89 위의 글, 7쪽.

90 梁啓超, 「近世文明初祖二大家之學說」, 『文集』13, 8쪽.

91 『孟子正義』, 北京: 中華書局, 1987, 792~795쪽 참조.

92 梁啓超, 「近世文明初祖二大家之學說」『文集』13, 9쪽.

93 량치차오는 훗날 「유가 철학」을 쓰면서 주(朱)·육(陸) 양파에 "각기 장점이 있어서, 둘 다 학문 연구에 빼놓을 수 없는 좋은 방법론"(各有好處, 都不失爲治學的一種好方法)이라 여겼다. 「儒家哲學」, 『專集』103, 47쪽.

94 梁啓超, 「近世文明初祖二大家之學說」, 『文集』13, 10쪽.

95 賀麟, 「康德黑格爾哲學東漸記」, 『中國哲學』第2輯, 三聯書店, 1980.

96 梁啓超, 「論近世第一大哲康德之學說」『文集』3. 51쪽.

97 위의 글, 52쪽.

98 위의 글, 53~56쪽.

99 梁啓超, 「新民義」, 『文集』7, 104쪽.

100 위의 글, 104쪽.

101 梁啓超, 「近世第一大哲康德之學說」, 『文集』13, 57쪽.

102 위의 글, 58쪽.

103 위의 글, 60쪽.

104 위의 글, 62쪽.

105 위의 글, 59쪽.

106 위의 글, 63쪽.

107 위의 글, 63쪽.

108 같은 글에서 량치차오는 칸트가 "양지로 본성을 말하고, 의무로 윤리를 말하고" 있는데 "그가 주장하는 현실이 모두 헛되다는 공리(空理)는 석가모니와 같고, 그가 주장하는 실천은 공자와 같다. 공리로 실천을 관통하는 점은 왕수인과 같다"고 말했다 (위의 글, 49~50쪽). 또한 『신민설』「논사덕」(論私德)에서 그는 칸트와 왕수인이 "북

채와 북처럼 서로 어울리고, 부절(符節)처럼 꼭 들어맞는다"느니, "동양의 성인과 서양의 성인이 품고 있는 마음도 같고 주장하는 이치도 같다"고 했다(『專集』 4, 139쪽).

109 일상 윤리의 입장에서 종교 문제를 고려하는 것은 근대 중국 사상의 중요한 특징 중 하나이다. 불교에 대한 장빙린(章炳麟)의 태도가 그 예이다. 량치차오의 생각은 그의 스승 캉유웨이와 가까워서 유가적 입장에 있었다고 할 수 있다. 그러나 양자 모두 특정 종파나 특수한 교리를 중시하기보다는, 도덕 실천의 결과에 주목했다. 캉유웨이는 『강자내외편』(康子內外篇) 「성학편」(性學篇)에서 이렇게 말했다. "오늘날의 세상에는 종교가 많다. 중국엔 공자교가 있고… 인도엔 불교가 있고… 유럽엔 예수가 있고… 이슬람교 지역엔 마호메트가 있다. 우리 쪽과 이교의 상통하는 점은 일일이 셀 수도 없을 정도로 많다. 그러나 내가 말하는 종교는 오로지 두 가지만 있을 뿐이다. 국가를 세우고 백성을 다스려 임금과 신하, 아비와 아들, 부부, 형제 간의 윤리가 생기고 사농공상(士農工商)의 일이 생기며 귀신무축(鬼神巫祝)의 풍속이 생기고 시서예악(詩書禮樂)의 가르침이 생기며 채소·과일·생선·고기의 음식이 생기는 것, 이 모두는 공자의 가르침이다. …고기를 금기시하여 먹지 않고, 장가드는 것을 금하고, 아침저녁으로 부처를 받들고, 사농공상의 일을 멈추고, 네 가지 학문을 근거로 삼고, 귀신을 쫓아내고, 인정(人情)으로부터 벗어나도록 하는 것은 모두가 불교의 가르침이다. 기독교나 이슬람교 같은 모든 잡다한 종교는 모두 불교에서 나온 것이다. …그러한즉 이 두 종교 중 어느 것이 옳고 어느 것이 그른가, 어느 것이 이기고 어느 것이 졌는가? 난 이렇게 말한다. …공자가 만든 윤리와 민속은 하늘과 땅의 이치이니, 종교의 시작이다. 불교는 인륜(人倫)을 제거하고 욕망을 끊은 것으로 인학(人學)의 극치이다. …공자교가 처음에 만물의 도리를 개창하고 힘쓸 바를 성취하지 않았다면, 불교는 세상에 이름을 알리지도 못했을 것이다. …부처는 너무 어짊과 부드러움만으로 백성을 교화하니, 백성은 곧 다시 우매해진다. 우매해지면 성인이 나오는바, 공자교가 다시 일어나는 것이다. …이에 두 종교는 시종 상승효과를 내며 상생한다. 동서와 상하로 서로 번갈아가면서 세상의 법도가 된다. 『康子內外篇(外六種)』, 北京: 中華書局, 1988, 13쪽.

110 梁啓超, 「論學術之勢力左右世界」(1902), 『文集』 6, 111쪽.

111 위의 글, 114쪽.

112 梁啓超, 「論宗敎家與哲學家之長短得失」(1902), 『文集』 9, 48쪽.

113 梁啓超, 「保敎非所以尊孔論」(1902), 『文集』 9, 52~53쪽.

114 梁啓超, 「論宗敎家與哲學家之長短得失」(1902), 『文集』 9, 44~45쪽.

115 위의 글, 46쪽.

116 위의 글, 49쪽.

117 위의 글, 49쪽.

118 梁啓超, 『墨經校釋』 「自序」, 『專集』 38, 1쪽. 량치차오는 1920년대에 선진 시대 제자학(諸子學)을 서로 비교하면서 이렇게 말했다. "묵가는 앎(知)의 측면을 극히 중시하여, 지식을 그 발판으로 삼았으니, 다른 학파들이 따라잡을 수가 없었다. …묵가는 객관 사물에 대해서 매우 정확한 견해를 가지고 있었다." 또 이렇게도 말했다. "순자는 묵가의 영향을 매우 많이 받아서 지식에 조리와 체계를 갖추는 것을 필수

적이라고 여겼다. 순자의「해폐」(解蔽)·「정명」(正名) 등 여러 편에서 논의한 내용은 '논리의 근거가 무엇인가'와 같이 모두 지식의 문제였다."「儒家哲學」,『專集』103, 25~26쪽.

119 梁啓超,『墨子學案』「墨子之知識論」,『專集』39, 37쪽.

120 량치차오가 1904년『자묵자학설』(子墨子學說)과「묵자지논리학」(墨子之論理學)을 별도로 저술한 것은 이에 대한 명확한 예증이다.【역주】「묵자지논리학」은 별도로 저술한 것이 아니라,『자묵자학설』말미에 부록되어 있는 글이다.

121 梁啓超,「墨子之論理學」,『專集』37, 70~71쪽.

122 梁啓超,『墨子學案』「墨子之知識論」,『專集』39, 36~37쪽·40쪽.

123 梁啓超,「子墨子學說」,『專集』37, 10쪽.

124 梁啓超,「子墨子學說」,『專集』37, 11쪽.

125 梁啓超,『墨子學案』,『專集』39, 25쪽.

126 梁啓超,「子墨子學說」,『專集』37, 12쪽.

127 梁啓超,「子墨子學說」,『專集』37, 6쪽. 량치차오에 따르면 '천지'(天志)는『시경』에서 말한바 "천제(天帝)께서 주(周) 문왕(文王)에게 말씀하시네. '내 (너의) 밝은 덕을 생각하니, 내가 큰 소리에 엄한 낯빛을 보여 주거나, 회초리나 채찍을 때리지도 않았지만, 너는 부지불식간에 나 천제의 법칙에 순응했구나.'"(帝謂文王, 予懷明德. 不大聲以色, 不長夏以革. 不識不知, 順帝之則)의 '법칙'(則)처럼 주체적인 것이라, "하늘이 백성을 낳으시니, 만물에는 법칙이 갖춰졌네"(天生烝民, 有物有則)에서의 객체적인 '법칙'과는 다르다. 따라서 '천지'(天志)란 '겸애'(兼愛)로부터 연역된 것이라고도 할 수 있다.【역주】앞의 인용문은『시경』대아(大雅)「황의」(皇矣) 편의 구절이고, 뒤의 인용문은『시경』대아「증민」(烝民) 편의 구절이다.

128 Bertrand Russell,『西方哲學史』(下), 商務印書館, 1976, 253쪽.

129 梁啓超,「子墨子學說」,『專集』37, 10쪽.

130 梁啓超,「子墨子學說」,『專集』37, 41쪽.

131 梁啓超,『墨子學案』,『專集』39, 30쪽.

132 梁啓超,「子墨子學說」,『專集』37, 47쪽.

133 위의 글, 48쪽.

134 胡適,『中國哲學史大綱』卷上, 上海, 1935, 158쪽.

135 胡適, 같은 책, 154~158쪽.

136 梁啓超,「樂利主義泰斗邊沁之學說」,『文集』13, 31~32쪽.

137 梁啓超,「子墨子學說」,『專集』37, 29쪽.

138 위의 글, 19쪽.

139 梁啓超,『墨子學案』「墨子之實利主義及其經濟學說」,『專集』39, 20쪽.

140 위의 글, 21쪽.

141 康有爲,『中庸注』,『孟子微·禮運注·中庸注』, 北京: 中華書局, 1987, 197쪽.

142 康有爲,『大同書』, 北京: 古籍出版社, 1956, 9쪽.

143 같은 책, 5~6쪽.

144 러셀은 이렇게 말했다. "칸트의 준칙이 제기한 것은 미덕의 한 필요조건이지 충분조건이 아니다. 충분조건을 얻으려면 어쩌면 칸트의 순수형식이라는 관점을 포기하고

행위의 효과에 대해 생각해 봐야 할 것이다." 『西方哲學史』(下), 北京: 商務印書館, 1976, 254쪽.

145 梁啓超, 「天然學初祖達爾文之學說及其略傳」, 『文集』 13, 18쪽. 일찍이 그는 말하기를, "다윈이 나온 이래 …그로부터 무릇 인류 지식이 볼 수 있게 된 현상 중 진화라는 큰 원리로 관통하지 않은 바가 없게 되었다." 「論學術之勢力左右世界」, 『文集』 6, 114쪽 참조.

146 「中國專制政治進化史論」에서 량치차오는 이렇게 말했다. "진화란 하나의 목적을 향해 앞으로 나아가는 것을 말한다. 매일 매달 걸어 쉼 없이 나아가면 반드시 극점에 다다른다. 무릇 천지 고금의 사물에는 진화의 일반 규칙을 뛰어넘는 것이 없다." 『文集』 9, 59쪽.

147 梁啓超, 「進化論革命者頡德之學說」(1902), 『文集』 12, 80쪽.

148 위의 글, 80쪽.

149 위의 글, 81쪽.

150 위의 글, 82쪽.

151 량치차오는 「論支那宗教改革」이라는 글에서 중국이 낙후한 원인이 "육경(六經)의 정수를 오해하고 공자교의 본지를 상실"(誤六經之精義, 失孔敎之本旨)한 데 있다고 생각했다. 그리고 공자교의 본지란 첫째는 '진화주의'라고 보았다. 그는 이렇게 말했다. "『춘추』에서 확립한 역사 서술 방법에는 삼세(三世)의 구분이 있다. 첫째는 거란세(據亂世), 둘째는 승평세(升平世), 셋째는 태평세(太平世)이다. …이는 서양인 다윈과 스펜서가 제창한 진화론이다." 『文集』 3, 55, 58쪽.

152 梁啓超, 「進化論革命者頡德之學說」, 『文集』 12, 79쪽.

153 위의 글, 84, 86쪽.

154 량치차오는 이렇게 말했다. "스펜서가 완전히 미래를 망각했던 것은 아니다. 일찍이 그는 이렇게 말했다. '인류의 진화는 사실 현재의 이익과 과거의 제도가 상호 투쟁하여 후자가 전자를 이긴 결과입니다.' 그리고 또 이렇게도 말했다. '국가라는 경계는 모두 무너질 것이고, 세계라는 경계가 대동(大同)을 이루어야 합니다.' 이는 모두 그의 이상이 미래까지 미치고 있음을 보여 준다. 그러나 그가 근거하고 있는 것은 여전히 현재였다. 그는 대체로 현재의 국가라는 사상을 인류가 통일된 사회 전체로 확장하려고 한 것이라, 이를 진정한 미래주의라고 하기는 부족하다." 같은 글, 85쪽.

155 량치차오는 이렇게 말했다. "키드는 사람이란 다른 동물과 매한가지로 경쟁하지 않으면 진보할 수 없다고 여겼다. 개인과 개인이 경쟁하거나 한 인종과 다른 인종이 경쟁하면서, 경쟁의 결과가 열등하여 패배한 쪽은 멸망하고 우등하여 적응한 쪽은 번창한다. 이는 변치 않을 일반 규칙이다. 그러니 이러한 진화의 움직임은 개인을 희생하여 사회(즉 사람의 무리(人群)를 이롭게 할 수밖에 없으며, 현재를 희생하여 장래를 이롭게 할 수밖에 없다. 그러므로 현재의 이기심을 고집하면서 이를 진화론에 잘못 가져다 붙인다면 실로 진화론에 죄를 짓는 사람이 되고 말 것이다. 왜 그럴까? 현재의 이기심은 진화라는 대법칙과는 아무런 상관이 없기 때문이다. 상관이 없을 뿐 아니라, 실로 서로 용납하지 않기 때문이다. 이러한 현재의 이기심은 '자연성'(天然性)이라 칭한다." 같은 글, 79~80쪽.

156 梁啓超, 「新民議」, 『文集』 7, 104쪽.

157 량치차오의 자유 관념에 대한 다양한 차원을 세밀한 정리한 장하오의 결론은 이렇다. "량치차오의 자유사상은 발전도상에 있는 국가의 많은 사람에게서 매우 전형적으로 발견되는 것이다. 그들은 국가 독립의 자유와 참여의 자유를 똑같이 우선적으로 중시한다. 그러나 상황이 요구할 때 그들은 종종 전자를 위해 후자를 희생한다. 이러한 자유사상이 어떻게 유행했는지 간에, 근대 자유주의 사상의 주류와는 무관하다. 근대 자유주의 사상의 주류는 공적 통제에서 벗어난 독립된 자유를 핵심으로 한다. 물론, 이런 사상은 고대 그리스 정치사상이 생각했던 자유와 유사하다." 張灝, 『梁啓超與中國思想的過渡(1890~1907)』, 144쪽.

158 Carl J. Friedrich, *Man and His Government: An Empirical Theory of Politics*, New York: Mcgraw-Hill, 1963, pp.253~255

159 梁啓超, 「新民說」, 『專集』 4, 36·39쪽.

160 위의 글, 16~23쪽.

161 梁啓超, 「論近世國民競爭之大勢及中國前途」, 『文集』 4, 59쪽.

162 Perry Anderson, 『絶對主義國家的系譜』, 郭方·劉健 譯, 上海: 上海人民出版社, 2001, 399쪽.

163 Alasdair MacIntyre, 『德性之後』(After Virture, p.255), 321쪽.

164 梁啓超, 「論中國與歐洲國體異同」, 『文集』 4, 66쪽.

165 위의 글, 67쪽.

166 梁啓超, 「論近世國民競爭之大勢及其中國前途」, 『文集』 4, 59쪽.

167 梁啓超, 「二十世紀之巨靈托辣斯」, 『文集』 14, 38쪽.

168 위의 글, 33~34쪽.

169 위의 글, 34쪽.

170 위의 글, 35쪽.

171 위의 글, 36쪽.

172 위의 글, 52·54쪽.

173 『신사학』(新史學)에서 량치차오가 역사와 인종의 관계를 논하는 것을 보면 유럽 민족주의 서술의 기본적인 관점을 받아들이고 있다. 그는 "역사를 지닌 인종과 역사를 지니지 못한 인종"으로 구별한 다음 인종학자의 관점에 근거하여 백인종과 황인종을 '역사적 인종'으로 간주하고 그로부터 다시 세계사적 인종과 비세계사적 인종을 구별한다. 이러한 위계적 종족 분류학은 명백하게 사회진화론적 관점을 내포하고 있다. 『文集』 9, 11~20쪽 참조.

174 梁啓超, 「論政府與人民之權限」, 『文集』 10, 3쪽.

175 블룬칠리의 국가주의는 일본에 먼저 전파되었는데, 량치차오는 일본에서 그의 학설을 접한 것이 분명하다. 메이지 32년(1899), 도쿄의 선린역서관(善鄰譯書館)에서 블룬칠리의 『국가학』(총5권)이 번역되었다.

176 梁啓超, 「政治學大家伯倫知理之學說」, 『文集』 13, 74~75쪽.

177 량치차오는 「상섭정왕서」(上攝政王書)에서 이렇게 말했다. "각 나라의 자치는 둘로 구분될 수 있습니다. 첫째는 자연적으로 발달한 것이고 둘째는 정부가 조장한 것입니다. …우리 중국은 두 번째에 속합니다." 『梁啓超選集』, 上海: 上海人民出版社, 1982, 82쪽.

178 汪精衛,「駁"新民叢報"最近之非革命論」중 첫 부분인「關于波倫哈克學說之評說」,『民報』第4期 참조.

179 汪精衛, 같은 글.

180 汪精衛,「再駁『新民叢報』最近之非革命論」,『民報』第6~7期.

181 1918년 초, 량치차오와 장쥔마이(張君勱)는 송사(松社)란 모임을 발기했었는데, "독서(讀書), 정신수양(養性), 품성함양(敦品), 실천(勵行) 등을 종지로 삼았다." 『梁啓超年譜長篇』, 859~860쪽 참조.

182 梁啓超,『歐遊心影錄』「科學萬能之夢」,『專集』23, 11쪽

183 그는 『구유심영록』「과학만능지몽」 말미에서 이렇게 자주(自注)를 달았다. "독자들은 그렇다고 해서 과학을 박대해도 된다고 절대 오해하지 말라. 나는 결코 과학이 파산했다고 생각하지 않는다. 그저 과학 만능주의를 인정하지 않을 뿐이다."「선진정치사상사」(先秦政治思想史)에서도 이렇게 말했다. "과학 발명의 진보는 우리가 거부할 수도 없고 거부해서도 안 되는 것이다." "우리가 오늘날 신경 써야 할 것은 '우리 선철(先哲)의 가장 뛰어난 인생관을 어떻게 응용하여 현재에 실현할 것인가' 하는 것이다."『專集』50, 182쪽.

184 梁啓超,「人生觀與科學」,『人生觀之論戰』(中), 上海: 泰東圖書局印行, 1923, 90쪽.

185 위의 글, 88쪽

186 梁啓超,「科學情神與東西文化」,『文集』39, 3쪽.

187 梁啓超,「美術與科學」,『文集』38, 7쪽.

188 위의 글, 12쪽.

189 梁啓超,「美術與生活」,『文集』39, 22~23쪽.

190 梁啓超,「歐遊心影錄」,『專集』23, 18쪽.

191 이전에 량치차오는 '지리학'을 "여러 학문 분과의 기초"로 생각했다. 그러나 이제 그는 '생물학'이 그 역할을 해야 한다고 생각한다. 梁啓超,「地理與文明的關係」,『文集』10, 106쪽.「生物學在學術界之位置」,『文集』39, 21쪽 참조.

192 梁啓超,「甚麼是文化?」(1922),『文集』39, 98~100쪽.

193 梁啓超,「研究文化史的幾個重要問題.」,『文集』40, 1~7쪽.

194 梁啓超,「先秦政治思想史·結論」(1922),『專集』50, 182~184쪽

195 위의 글, 184쪽

196 梁啓超,「儒家哲學」,『專集』103, 2쪽

197 위의 글, 3쪽

198 위의 글, 10쪽

199 주희와 육구연 사이에서 량치차오는 '본심을 밝히는'(發明本心) 육구연 쪽으로 기울어 있다. 그는 주희가 "다소 현학적 색채를 띠고 있다"고 여겼다. 특히 주희의 '태극무극지변'(太極無極之辨)의 경우 더욱 그렇다.

200 錢穆,「陽明良知學評述」,『中國學術思想史論叢』(七), 東大圖書公社, 1986, 72쪽.

201 梁啓超,「王陽明知行合一之敎」,『文集』43, 34쪽.

202 위의 글, 35쪽

203 위의 글, 36쪽

204 Bertrand Russell,『西方哲學史』(下), 北京: 商務印書館, 1976, 374쪽.

205 William James, 『實用主義』, 北京: 商務印書館, 1989, 159쪽.

206 William James, 『徹底的經驗主義』, 上海: 上海人民出版社, 1965, 「編者序言」, 4쪽.

207 William James, 『實用主義』, 159쪽.

208 같은 책, 159쪽.

209 William James, 『徹底的經驗主義』, 2~3쪽

210 같은 책, 「編者序言」, 4~5쪽.

211 William James, 『實用主義』, 103쪽. Alfred J. Ayer, 『二十世紀哲學』, 上海: 上海譯
     文出版社, 1987, 93~95쪽.

212 梁啓超, 「王陽明知行合一之敎」, 『文集』 43, 40쪽.

213 William James, 『實用主義』, 159쪽.

214 梁啓超, 「王陽明知行合一之敎」, 『文集』 43, 39~48쪽.

215 위의 글, 49쪽

216 위의 글, 49쪽

217 위의 글, 30쪽.

218 梁啓超, 「顔李學派與現代敎育思潮」, 『文集』 41, 3쪽.

219 梁啓超, 「明淸之交中國思想界及其代表人物」, 『文集』 41, 33쪽.

220 梁啓超, 「淸代學術槪論」 第7節, 『專集』 34, 16~17쪽

221 안원·이공과 양명학의 관계에 대해서는 학술사에서 지금껏 논의가 일치하지 않
     는다. 『사고전서총목』(四庫全書總目) 97권, 완원(阮元)의 『국사유림전』(國史儒林
     傳), 전림(錢林)의 『문헌징존록』(文獻徵存錄) 2권에서는 모두 안원의 학문이 "대체
     로 요강(姚江) 왕수인에게서 나왔"으면서도 "스스로 일가를 이루었다"고 여겼다.
     후스(胡適), 허우와이루(侯外廬), 천덩위안(陳登原) 등은 모두 안원을 철저한 '반
     이학'(反理學) 사상가로 보았다. 장광후이(姜廣輝)는 안원의 학문이 위로는 왕수인
     이 아닌 호원(胡瑗), 왕안석(王安石), 장재(張載)를 계승했으며, 계통으로 보면 '이
     학'(理學)이 아닌 실무를 중시하는 '사공지학'(事功之學)의 계열에 속한다고 보았
     다. 내 생각으로는 사상사에서의 계승 관계는 고증학으로 확인되는 계승 관계와는
     다르다. 상술한 서로 다른 견해에 대해서는 다른 차원에서 고려할 수 있다. 고증학
     적 의미에서 나는 장광후이의 의견을 취한다. 姜廣輝, 『顔李學派』, 中國社會科學
     院, 1987 참조.

222 William James, 『實用主義』, 13~14쪽.

223 천두슈(陳獨秀)는 '과학과 현학(玄學) 논쟁'에서 량치차오가 취한 입장을 '애매하게
     양다리를 걸친 태도'(騎墻態度)라고 보았다. 후스는 량치차오가 변법유신(變法維
     新) 이래 과학을 공공연히 비방한 첫 번째 '신인물로 자처하는 인사'(自命爲新人物
     的人)라고 말하고 다녔다. 『科學與人生觀』(上海亞東圖書館, 1923)에 실린 천두슈
     의 서문과 후스의 서문 참조.

224 William James, 『實用主義』, 7~8쪽.

제10장 무아의 자아와 공리의 해체

1 Charles Taylor, *"Sources of the Self", The Making of the Modern Identity*, Cambridge: Harvard University Press, 1989, p.27.

2 위의 글, p.27.

3 위의 글, p.28.

4 Alasdair MacIntyre, *After Virtue*, p.217, 宋繼杰 中譯, 『追尋美德』, 南京: 譯林出版社, 2003, 274쪽.【역주】국역본은 이진우 옮김, 『덕의 상실』, 문예출판사, 1997.

5 Alasdair MacIntyre, 위의 책, p.217, 宋繼杰 中譯, 『追尋美德』, 南京: 譯林出版社, 2003, 274쪽.

6 매킨타이어는 다음과 같이 우리를 일깨운다. "자아가 자신의 도덕적 정체성을 가족, 이웃, 도시, 부족과 같은 공동체의 구성원 자격 속에서 또는 이 구성원 자격을 통해 발견된다는 사실이, 자아가 이러한 공동체 형식들의 도덕적 한계들을 수용해야 한다는 것을 포함하지 않는다는 것을 주목할 필요가 있다. 이러한 도덕적 한계들 없이 거기에서 시작한다는 것은 어느 곳에서도 시작하지 않는다는 것을 의미한다. 그러나 그러한 특수성으로부터 시작하여 앞으로 나아가는 운동 속에 바로 선과 보편적인 것에 대한 탐구가 있다. 그럼에도 불구하고 특수성은 간단히 극복되거나 제거될 수 없다. 특수성으로부터 벗어난 철저하게 보편적인 준칙의 영역으로의 도피에 관한 사상, 그리고 이런 보편 준칙이 인간 자체의 모든 것이라고 여기는 관념은, 18세기의 칸트 철학 틀에서든, 현대의 분석철학적 도덕철학자의 서술에서든 하나의 착각이다. 그것도 아주 고통스러운 결과를 가져다줄 착각인 것이다." Alasdair MacIntyre, 위의 책, p.221, 宋繼杰 中譯, 279쪽.

7 Lucian W. Pye, *The Spirit of Chinese Politics*, Cambridge, Mass: The MIT Press, 1968, p.xviii.

8 Frederic Jameson, "Third World Literature in the Era of Multinational Capitalism," *Social Text*, No.15(Fall 1986), 65~88, 69.

9 Frederic Jameson, 위의 글, 85~86쪽.

10 Charles Taylor, *"Sources of the Self", The Making of the Modern Identity*, p.28.

11 Jaroslav Prusek, *The Lyrical and The Epic: Studies of Modern Chinese Literature*, ed. Leo Oufan Lee(Bloomington: Indiana University Press, 1980), p.1.

12 Charles Taylor, *"Sources of the Self", The Making of the Modern Identity*, p.29.

13 Friedrich Nietzsche, *On the Genealogy of Morality*, ed. Keith Ansell-Pearson(Cambridge: Cambridge University, 1994), 周紅譯, 『論道德的系譜』, 北京: 三聯書店, 1992, 37쪽 참조.【역주】국역본은 김정현 옮김, 『도덕의 계보』, 『니체전집』 14, 책세상, 2002, p.390.

14 Wilhelm Windelband, 羅達仁 譯, 『哲學史教程』下, 北京: 常務印書館, 1993, 688쪽.

15 章太炎, 「明獨」, 『章太炎全集』 第3卷, 上海: 上海人民出版社, 1984, 53~54쪽.

16 章太炎, 「明群」, 『章太炎全集』 第3卷, 52쪽.

17 위의 글, 51~52쪽.

18 湯志鈞,『章太炎年譜長編』上冊, 北京: 中華書局, 1979, 101쪽 재인용.

19 章太炎,「明群」,『章太炎全集』第3卷, 52쪽.

20 章太炎,「變法箴言」,『經世報』第1冊, 光緖 23년 7月 출판, 湯志鈞 編,『章太炎年譜長編』上冊, 北京: 中華書局, 1979, 47쪽.

21 嚴復,「譯『群學肄言』自序」,『嚴復集』第1冊, 北京: 中華書局, 1986, 123쪽.

22 嚴復,「『群學肄言』譯余贅語」,『嚴復集』第1冊, 北京: 中華書局, 1986, 125쪽. 옌푸는 특별히 중국, 일본과 서방의 사회 관념을 종합적으로 관찰했다. "일찍이 육서의 내용을 살펴보고 고인의 학설이 서학과 일치함을 알았다. 어떻게 그렇게 이야기할 수 있는가? 서양에서의 사회에 대한 정의를 보면, 인민이 모여 역할을 나눠(部勒, 일본 학계에서는 '조직'이라고 한다) 함께 지향해 나가는 것을 사회라 하는데, 중국 자서(字書)에서는 읍(邑)은 사람들이 모인 것을 칭했으며, 그 안에 있는 '口' 자는 구역이라는 뜻이고, '卩' 자는 법도라는 뜻이다. 서양에서 '나라'[國]에 대한 정의를 보면, 토지의 구역이 있고 그 인민이 전쟁과 방어의 임무를 지니는 것을 나라라고 하는데, 자서에서는 '國'은 고문(古文)에 '或'이라고 썼으며, '一' 자는 땅을 뜻하고, '口'(성곽)를 '戈'(창)를 가지고 지킨다는 뜻이다. 이를 보면 중국과 서양의 자의가 묘하게도 일치한다는 것을 알 수 있다." "일본의 학문에서는 '사회'라는 것에 대응하여 하나의 백성을 '개인'이라 칭하는데, 사회는 사회의 천직이 있고, 개인은 개인의 천직이 있다. 혹자는 '개인'이라는 명칭이 경서에 보이지 않는 것을 보면 중국에서 말하는 통치는 국가에 편중되었고 개인의 사적인 이익을 동정하지 않음을 알 수 있다고 말하는데, 그 말이 그럴듯하다. 하지만 내가 보건대, 사마천이『시경』소아는 소기(小己)의 이해득실을 비방하여 그 흐름이 위에까지 도달했다'고 말했는데, 여기서 이른바 '소기'는 바로 개인이다. 대체로 만물은 '총'(總)과 '분'(分)을 갖지 않은 게 없다. '총'은 '토탈'(total)이라고 하고, '전체'로 번역한다. '분'은 '유닛'(unit)이라고 하는데 '단위'로 번역한다. 붓은 토탈이고 터럭은 유닛이다. 밥은 토탈이고 밥알은 유닛이다. 국은 토탈이고 민은 유닛이다. 사회의 변화상은 끝이 없지만 하나하나는 '소기'의 성질에 기초한다. 그래서 군학은 그 부분에 신중하다. 이른바 '(군자는) 이름(명분)을 붙이면 반드시 말할 수 있다'는 것이다."

23 孫文,「『民報』發刊詞」,『辛亥革命前十年間時論選集』第2卷, 上冊, 北京: 三聯書店, 1963, 81쪽.

24 梁啓超,『新民說』,『專集』4, 北京: 新華書局, 1989, 40쪽.

25 梁啓超,『新民說』「論自由」,『新民叢報』第7·8號, 1902년 5月,『專集』4, 北京: 新華書局, 1989, 44쪽.

26 陳天華,「論中國宜改創民主政體」,『民報』第1號, 1905年 11月.

27 Michel Foucault, "What is Enlightenment?" in *The Foucault Reader*, ed. Paul Rabinow, New York: Pantheon Books, 1984, p.38.【역주】국역본은 정일준 편역,『계몽이란 무엇인가』,『자유를 향한 참을 수 없는 열망』, 새물결, 1998.

28 개체와 보편성 문제에 대한 장빙린의 생각은 니체와 꽤 가깝다. 니체는『권력의지』에서 다음과 같이 말한다. "만약에 일체의 통일성이 동일성을 이루게 된다면 어떻게 되겠는가? 하지만 우리가 믿는 '사물'이라는 것은 그저 서로 다른 술어의 증거로 가

정된 것일 뿐이다. 가령 그 사물이 '작용을 일으킨다면' 그것은 다음과 같은 사실을 말해 준다. 우리가 모든 다른 특성, 즉 여기 늘상 존재하는 일시적인 잠재적 특성이 바로 지금 출현한 개별 특성의 원인이라고 여긴다는 것을 말이다. 즉 우리는 사물 특성의 총화인 x가 바로 x 특성의 원인이라고 여기는 것이다. 하지만 이 얼마나 어리석고 황당한 일인가! 일체의 통일성은 그저 조직과 배합으로서의 통일성일 뿐이다. 인간 군체가 모종의 통일성의 상황과 마찬가지임에 다름 아니다. 이는 또한 바로 원자론적 무정부 상태의 다른 이면이며, 통일이라는 통치 산물이야말로 오히려 불(不)통일임을 의미한다." Friedrich W. Nietzsche, 張念東·凌素心 中譯, 『權力意志』, 商務印書館, 1991, 208~209쪽.

29   章太炎, 「章太炎釋眞」, 『國粹學報』 "撰錄欄", 乙巳年 第2號 出版, 1905年 3月 25日.

30   章太炎, 「辨性」, 『章氏叢書』, 『國故論衡』, 148쪽.

31   章太炎, 「國家論」, 『章太炎全集』 4권, 457쪽.

32   위의 글, 같은 곳.

33   Thomas H. Huxley. *Evolution and ethics and other essays*, New York: D.Appleton and company, 1925, p.6. Benjamin Schwartz, 葉鳳美 中譯, 『尋求富强』, 江蘇人民出版社, 1989, 94쪽 재인용.

34   章太炎, 「俱分進化論」, 『章太炎全集』 第4卷, 386쪽. 유사한 관점이 다른 글에서도 여러 차례 보인다. 아울러 진화론과 목적론의 시간관념에 대한 비판을 전체 계몽주의 이데올로기, 특히 인도주의에 대한 비판과 연결시켰다. 예를 들어 장빙린이 「오무론」(五無論)에서 다음과 같이 말한 경우다. "혹 헤겔이 말한 존재·비존재·완성의 견해를 표절해서, 우주의 목적은 완성에 있다고 생각하고, 그래서 오직 그 목적에 부합하는 것만 옳다고 여기는 사람이 있을지도 모르겠다. 하지만 만약 우주가 인식이 없다면 근본적으로 목적은 존재하지 않을 것이다. 만약 우주가 인식이 있다면 이 안온한 신체를 가벼이 여겨 문득 만물을 낳아 스스로 좀먹는 셈이니 (중략) 그렇다면 우주의 목적은 스스로 그 완성을 후회하는 데 있을지도 모른다. 어떻게 완성을 즐거워할 수 있겠는가? 조어장부(調御丈夫: 부처의 10대 별호 가운데 하나―역자)는 우주의 참회자는 될 수 있어도, 우주에 의해 표류되는 자는 될 수 없다. 또한 인류는 이 세계에서 만약 신체에 한정해서 말하면 청정과 오염은 자신의 의지에 따를 뿐이다. 어찌 우주의 목적에 충실한가를 효용으로 삼겠는가? 만약 신체를 초월해서 말하면 우주는 오히려 존재하지 않는데 무슨 목적이 있겠는가? 세상의 논자들은 삶에 집착하면서 결국 살생을 하게 되니, 어찌하여 삶과 살생 양 극단은 더욱 심해지는가? 이른바 인도(人道)라는 것을 보자면, 우주의 목적을 표준으로 삼는지 아니면 인류의 천성을 표준으로 삼는지 알지 못하겠다. 만약 우주의 목적을 표준으로 삼는다면 앞서 논박한 것과 같다. 만약 인류의 천성을 표준으로 삼는다면 인류의 천성은 음탕함이 없을 수 없고, 오히려 그 천성은 살생이 없을 수 없다. 음탕을 인도로써 끊을 수 없는데, 어떻게 살생을 인도로써 끊을 수 있겠는가?", 章太炎, 「五無論」, 『章太炎全集』 第4卷, 439~440쪽.

35   章太炎, 「俱分進化論」, 『章太炎全集』 第4卷, 386~387쪽.

36   위의 글, 387쪽.

37   위의 글, 387쪽. "이런 것으로 보면 하등의 포유동물에서 인류에 이르기까지 선도

진화하고 악도 진화한다.”

38 위의 글, 389쪽. 장빙린의 견해에 따르면 종자는 본유종자와 시기(新薰)종자 두 가지가 있다. “本有”종자는 선악이 없고, “始起”종자는 선악이 있다.

39 위의 글, 389쪽.

40 章太炎, 「四惑論」, 『章太炎全集』第4卷, 443쪽.

41 위의 글, 444쪽.

42 위의 글, 같은 곳.

43 위의 글, 같은 곳.

44 이사야 벌린은 자유를 소극성과 적극성의 두 가지 함의로 구분했다. 그는 자유의 가장 중요한 정치 함의를 “소극적 자유”라고 불렀다. 그는 이 개념이 다음 문제의 대답이라고 풀고 있다. “어떤 영역에서 주체—개인 혹은 개인이 형성하는 집단—는 자신이 옳다고 여기는 것을 옳다고 하는 데 대해 다른 사람으로부터 간섭받지 않을 수 있는가? 혹은 자신이 할 수 있는 일을 할 때 간섭받지 않을 수 있는가?” 그리고 적극적 자유(positive liberty)가 요구하는 회답은 오히려 이런 거다. “뭐가? 혹은 누가?는 제어나 간섭의 근원이다. 이런 간섭은 어떤 사람이 이것은 하고 저것은 하지 않거나, 이것이지 저건 아니라고 결정할 수 있다.” Isaiah Berlin, *Four Essays On Liberty*, Oxford University, 1989, pp.121~131.

45 章太炎, 「四惑論」, 『章太炎全集』第4卷, 444쪽.

46 위의 글, 447쪽.

47 위의 글, 446쪽.

48 위의 글, 445쪽.

49 위의 글, 448~449쪽.

50 위의 글, 449쪽.

51 위의 글, 449쪽.

52 위의 글, 452쪽.

53 위의 글, 454~455쪽. 중국 사상에서 ‘본연의 모습’이란 의미인 자연 개념은 ‘공’(公) 관념과 내재적 관련을 맺고 있다. 장빙린은 자성의 관념을 사용해서 자연 관념을 배척했다. 이는 공(公) 관념에 대한 비판이기도 했다. 그가 「무신론」(無神論)에서 “비록 그렇지만 상수(向秀)나 곽상(郭象)의 자연설은 아니다. 이른바 자연은 자성으로부터 그러한 것을 말한다. 그런데 만유가 발생하기 전에 본래 자성은 존재하지 않는다. 자성이 그 자신이 존재하지 않는 마당에 그러함이 존재하겠는가?”라고 한 것과 같다.

54 章太炎, 「四惑論」, 『章太炎全集』第4卷, 453쪽. 장빙린은 특별히 과학과 유물론을 구별했는데, 그 이유는 과학이 인간 존재 바깥에 존재하거나 나아가 개인을 압박하는 무엇이 되지 않도록 하기 위해서였다. 그는 흄을 인용하여 다음과 같이 말했다. “과학 이론에서는 현상을 확인하면 반드시 본질을 탐구한다. 흄의 이론에서는 현상은 인정하지만 본질은 인정하지 않는다. 원자의 의미는 자연 붕괴되고 만다. 이런 것으로 보면 유물론이 성립하면 과학은 어쩔 수 없이 무너지고 만다. 세상 사람들이 자랑스럽게 이야기하는 물질문명은 과학을 표지로 삼고 우습게도 유물에 자신의 이름을 내맡긴다. 얼마나 한심한가?” 장빙린은 아마도 감각론의 방식을 사용하여 정

신과 물질의 이원 대립을 해소하려는 듯하다. 실제는 명상으로부터 출현한 허망과 등급을 소멸시키고자 한다. "사실대로 이야기하자면 유물론은 유심론과 그 표현과 내용에서 비록 완전히 상반되지만 진정한 유물론은 유심론의 일부이다. 왜냐하면 인과나 본질을 인정하지 않고 오직 현전에서 감각되는 것만으로 징험을 삼는다면 이것은 이른바 '현상의 활동은 별도로 진행된다. 모든 종류, 명언, 가립을 완전히 벗어나며 각각의 상이한 분별적 인식이란 존재하지 않는다'(大域龍菩薩(陳那),『因明正理門論本』, 大正藏 32, p.3중)인데, 이것이 바로 유심론의 현량이다."

55 章太炎, 「四惑論」,『章太炎全集』第4卷, 452쪽.

56 Ernst Cassirer, *The Philosophy of the Enlightenment*, translated by Fritz C.A.Koelln and James P.Pettegrove, Boston Press, p.27.【역주】국역본은 박완규 옮김,『계몽주의 철학』, 민음사, 1995.

57 章太炎, 「四惑論」,『章太炎全集』第4卷, 451쪽.

58 위의 글, 452쪽.

59 위의 글, 456~457쪽.

60 장빙린이 진화론과 자연 관념을 비판한 방식은 바론 홀바흐(Baron D'Holbach)의 『자연의 체계』에 대한 프리드리히 대제의 대응과 유사하다. 프리드리히 대제는 다음과 같이 반박한다. "작자가 모든 증거를 나열해서 인간의 모든 활동이 일종의 숙명을 받아들인 필연성의 지배를 받는 것임을 표명하고 나서 그는 어쩔 수 없이 이런 결론을 낼 수밖에 없다. 우리는 단지 하나의 기계이며 단지 맹목적인 역량에 의해 견인된 나무 인형일 뿐이다. 하지만 그는 연이어 180도로 방향을 바꿔 갑자기 목사, 정부 그리고 우리의 모든 교육 체계를 반대하는 열정을 쏟아냈다. 그는 심지어 이렇게 할 수 있는 사람이야말로 자유라고 여겼다. 이와 동시에 그는 또 끝내 그들 자신에게 그들이 단지 노예임을 증명한다. 얼마나 어리석은가. 이런 헛소리가 또 어디 있겠는가? …만약 만물이 필연 원칙으로 추동되는 것이라면 충고나 교육 그리고 상벌은 쓸데없는 짓이며 이해할 수 없는 일이 아니겠는가?" Ernst Cassire, *The Pilosophy of Enlightenment*, p.71쪽 참조.

61 章太炎, 「答鐵錚」,『章太炎全集』第4卷, 374쪽.

62 위의 글, 369~372쪽.

63 위의 글, 374~375쪽.

64 장빙린은 다음과 같이 말한다. "그래서 도덕을 하는 방법은 순수하게 자신에게 의지해야 하며, 남에게 의지해서는 안 된다. …오늘날의 고승(宿德)은 공리주의에 분노하여 정토로써 그것을 대체하려 한다. 이것으로 저들 욕심부리는 자들을 유혹하면 어찌 아무런 효과가 없겠는가만은 용맹무외의 기상은 반드시 여기서부터 쇠퇴해서 점점 약해질 것이다. 혹은 기독교에서 천신에 기도하는 것과 비슷하다. 내생의 복전으로 금생의 쾌락을 교환한다. …사회에서 서로 교류하는 과정에 조금이나마 신앙이 있으면 오히려 아무런 믿음이 없는 것보다 낫다. 지금 지향하는 것은 중국인들이 자각하게 하는 데 있지 종교를 기치로 서로 능멸하거나 싸우자는 데 있는 게 아니다." 章太炎, 「答鐵錚」,『章太炎全集』第4卷, 374~375쪽.

65 위의 글, 369~370쪽. 이미 전문가가 지적한 대로이다. 장빙린은 완전히 법상종의 입장에서 선종을 취급한다. 그는 나아가 이론상에서 두 가지 차이를 무시했다. 법상

종과 선종은 비록 모두 『능가경』(楞伽經)을 주된 경전으로 하지만 지향하는 바는 완전히 다르다. 법상종이 『능가경』에서 취한 점은 '오법(五法), 삼자성(三自性), 팔식(八識), 이무아(二無我)'인데 비해 선종은 오히려 종설이통(宗說二通), 불설일자(不說一字) 및 선(禪)에 관한 사상을 취했다. 선종은 '진심일원'(眞心一元)론에 속하고 법상종은 '아뢰야연기론'(阿賴耶緣起論)에 속한다. 하나는 진심(眞心)으로 본원을 삼고, 하나는 망심(妄心)으로 본원을 삼는다. "스스로 자신의 마음을 귀중히 여기고, 다른 힘에 의지하지 않는다"는 말을 보면 선종의 중시하는 점은 진심이고 법상종이 중시하는 점은 아뢰야식이다. 전자는 '의자력'(依自力), '직지인심'(直指人心), '견성성불'(見性成佛)의 이른바 돈문(頓門)이다. 후자는 반드시 삼대아승지겁(三大阿僧祇劫)을 거쳐야 비로소 성불할 수 있다는 이른바 점교(漸教)이다. 둘은 대단히 다르다. 郭朋·寥自力·張新鷹, 『中國近代佛學思想史稿』, 成都: 巴蜀書社, 1989, 361쪽.

66 章太炎, 「人無我論」, 『章太炎全集』第4卷, 419쪽.

67 위의 글, 같은 곳.

68 위의 글, 같은 곳. 『성유식론』 권1에서는 '구생아집'(俱生我執)을 다음과 같이 푼다. "구생아집은 무시이래의 허망훈습력(虛妄熏習力)의 내재적 힘 때문에 늘 육신과 함께하고 사특한 가르침이나 사특한 분별에 의지하지 않고서 마음대로 작동한다. 그래서 구생(俱生)이라고 했다."(護法等菩薩造, 玄奘 譯, 『成唯識論』卷1, 『大正藏』31, p.2상) 『유가사지론』 권73에서 '의타기자성'(依他起自性)을 다음과 같이 풀고 있다. "의타기자성은 무엇인가? 온갖 인연으로 발생한 자성이다." "의타기자성은 무엇 때문에 의타인가? 답: 인연 때문이다."(彌勒 説, 玄奘 譯, 『瑜伽師地論』卷73, 『大正藏』30, p.73중, p.706중) 장빙린이 이 두 개념에 대해서 행한 토론에 관해서는 이미 학자들의 연구가 있다. 郭朋·寥自力·張新鷹, 『中國近代佛學思想史稿』, 成都: 巴蜀書社, 1989, 373~375쪽. 姜義華, 『章太炎思想研究』, 上海: 上海人民出版社, 1985, 369쪽.

69 章太炎, 「無神論」, 『章太炎全集』第4卷, 395쪽.

70 위의 글, 같은 곳.

71 Wilhelm Windelband, *Lehrbuch Der Geschichte Der Philosophie*, 14. Ausg, revidiert von Helnz Heimsoeth, Tubingen, 1950, p.488. Wilhelm Windelband, 羅達仁 譯, 『哲學史教程』下, 北京; 商務印書館, 1993, 778쪽.

72 Wilhelm Windelband, 羅達仁 譯, 『哲學史教程』下, 北京: 商務印書館, 1993, 799~800쪽.

73 W. Windelband, 羅達仁 譯, 『哲學史教程』下, 北京: 商務印書館, 1993, 810~811쪽.

74 章太炎, 「無神論」, 『章太炎全集』第4卷, 395~396쪽.

75 章太炎, 「人無我論」, 『章太炎全集』第4卷, 424쪽. 장빙린은 『도한미언』(菿漢微言) 2쪽에서 동일한 문제를 다루었다. 그는 이렇게 말한다. "불교에서 비록 무아라고 말하지만 단지 아뢰야식의 생멸을 말할 뿐이다. 여래장(如來藏)의 자성은 불변인데, 그것은 불성이고, 진아이고, 진실이고, 보편이고, 항상이다. 하지만 사람들은 스스로 깨닫지 못했기 때문에 다만 생멸하는 것을 자아로 여기는데, 자아를 어떻게 얻을 수 있겠는가? 응당 이렇게 말해야 한다. '진아(여래장, 진실, 보편, 항상)에 의지해서 거짓 자아(아뢰야식, 비진실, 비보편, 비항상)를 일으킨다. 거짓 자아에 근거해서 무아

를 말한다. 무아에 근거해서 진아를 말한다.'" 청말 사상계에서도 늘 자아, 진아, 진여에 관한 불교의 논의를 서구 사상과 비교했다. 량치차오는 「근세제일대철강덕지학설」(近世第一大哲康德之學說)에서 다음과 같이 말한다. "불교에는 진여라고 말하는 것이 있다. 진여는 칸트가 말한 진아이다. 자유의 본성을 가진 것이다. 이른바 무명(無明)도 있다. 무명은 칸트가 말한 현상의 자아인데 불가피한 리(理)의 속박을 받는데 자유의 본성이 없다." 梁啓超, 「論佛敎與群治之關係」, 『中國佛敎思想資料選編』 第3卷 第4冊, 北京: 中華書局, 1990, 68쪽.

76 章太炎, 「建立宗敎論」, 『章太炎全集』 第4卷, 414~415쪽. 동일한 견해가 「人無我論」에도 보인다. "아뢰야식은 유정 세계(情界)와 기 세계(器界)의 근본이 되지만 한 사람에 국한되지 않는다. 나중에 말라식의 집착 때문에 아상을 형성한다. 만약 아뢰야식이 체 가운데 국한된다면 비록 온갖 말로써 무아를 성립시킨다고 하더라도 언사의 같고 다름에 지나지 않으며 사실은 이미 자아가 존재한다고 인정하고 있다." 章太炎, 「人無我論」, 『章太炎全集』 第4卷, 427쪽.

77 郭朋·寥自力·張新鷹, 『中國近代佛學思想史稿』, 成都: 巴蜀書社, 1989, 378쪽.

78 章太炎, 「人無我論」, 『章太炎全集』 第4卷, 427쪽. 이 문제는 윤회 관념에까지 연관된다. 장빙린은 다음과 같이 말한다. "무아와 윤회는 서로 충돌하지 않을뿐더러 호응하여 구성된다. 왜냐하면 아는 항상성, 고정성, 변화 불가능성을 말하는데 만약 자아가 있다면 결코 유전되어 윤회하지 않는다. 오직 무아라야 육도(六道)에서 윤회한다." 장빙린은 무영혼과 무아의 상황에서 누가 윤회의 담당자인가 하는 문제에 대답하지 않았다. 하지만 실제 윤회는 단지 무아의 조건하에서 나타난다. 또한 무아의 자아라는 관점 위에서야 발견된다. 【역주】 육도(六道)는 모든 중생이 선악의 업보로 인해 사후에 지옥도, 아귀도, 축생도, 수라도, 인간도, 천상도 등의 여섯 가지의 각기 다른 세계에서 살게 된다는 불교 사상을 가리킨다.

79 章太炎, 「人無我論」, 『章太炎全集』 第4卷, 425쪽.

80 위의 글, 428쪽.

81 위의 글, 427쪽.

82 章太炎, 「建立宗敎論」, 『章太炎全集』 第4卷, 406쪽.

83 章太炎, 「五無論」, 『章太炎全集』 第4卷, 436쪽.

84 장빙린은 개인과 그 자유에 대한 논술에서 기본적으로 사회라는 범주를 언급하지 않는다. 이 때문에 그의 개인 관념은 단지 정치적 의의를 가지더라도 오히려 일반적인 정치 이론 가운데서 정의된 개인 개념은 아니다.

85 章太炎, 「國家論」, 『章太炎全集』 第4卷, 457쪽.

86 위의 글, 457~458쪽.

87 위의 글, 459쪽. 이른바 '표색'(表色)은 장빙린의 해석대로라면 "색은 세 가지로 나눌 수 있다. 청황적백(靑黃赤白)은 현색(顯色)이고, 곡직방원(曲直方圓)은 형색(形色)이다. 취사굴신(取捨屈伸)은 표색이다. 모든 사물은 현색, 형색에 속하고 모든 사건들은 표색에 속한다. 표색이 이루어지고 나면 그것이 남긴 작용은 끊어지지 않는다. 이것을 무표색이라고 한다."

88 章太炎, 「國家論」, 『章太炎全集』 第4卷, 459쪽.

89 위의 글, 459쪽.

90   위의 글, 460쪽.

91   위의 글, 461쪽.

92   위의 글, 462쪽.

93   王爾敏, 『中國近代思想史論』, 臺北: 臺灣商務印書館, 1977, 209~210쪽.

94   司馬遷, 『史記』「夏本紀」, "천자의 통치 지역 오백 리 바깥은 전복(甸服)"이고 "전복 바깥으로 오백 리는 후복(侯服)이다." "후복 바깥 오백 리는 수복(綏服)이다." "수복 바깥 오백 리는 요복(要服)이다.", "요복 바깥 오백 리는 황복(荒服)이다." 『史記』卷 1, 北京: 中華書局, 1982, 75쪽.

95   王爾敏, 「'中國'名稱溯源及其近代詮釋」, 「淸季學會與近代民族主義的形成」, 『中國近代思想史論』, 209~232쪽, 441~480쪽.

96   馮桂芬, 『顯志堂稿』卷1, 11쪽.

97   康有爲, 「公車上書」, 『戊戌變法文獻匯編』第2冊, 臺北: 鼎文書局, 140쪽. 유사한 견해는 쉬친(徐勤)의 『총론아주』(總論亞洲)에서도 볼 수 있다. "여러 나라가 병렬하면 백성이 지혜로워서 나라가 부강해지고, 나라가 하나로 통일되면 백성은 어리석어져서 국가가 약해진다."(麥仲華 輯, 『皇朝經世文新編』卷1하, p.18하) 그리고 왕강년(汪康年)의 『중국자강책』(中國自强策) 중에도 볼 수 있다. "중국은 예부터 아시아의 중앙에 우뚝 서서, 그 외 지역은 모두 오랑캐로 보았으며, 군권을 위주로 하여 방대한 영토를 보전하는 것을 중심으로 삼았다. 그래서 그 통치 방식에 있어서 금지하고 억제하는 경우는 많았지만 개척 확장하려는 의지는 적었다."(麥仲華 輯, 『皇朝經世文新編』卷1하, p.3하)

98   梁啓超, 「愛國論」, 『文集』3, 上海: 上海中華書局, 1947, 66쪽.

99   梁啓超, 「中國弱化原因」, 『文集』5, 15~16쪽, 22~23쪽.

100   梁啓超, 『新民說』, 『專集』第3冊 4, 上海: 上海中華書局, 1947, 16쪽.

101   민족주의 즉 국족주의에 관한 견해는 다음에서 보인다. 孫中山, 『三民主義』, 『孫中山全集』第9卷, 北京: 中華書局, 1981, 184~185쪽. 「『民報』週年記念大會上的演說」, 張檟·王忍之 編, 『辛亥革命前十年間時論選集』第2卷, 上冊, 北京: 三聯書店 1978, 535~536쪽.

102   章太炎, 「章太炎癸卯獄中漫筆」, 『國粹學報』第8期 撰錄, 上海: 國學保存會, 1905, 5쪽.

103   王緇塵, 『國學講話』, 上海: 世界書局, 1935, 제1~3쪽.

104   黃節, 「國粹學報敍」, 『國粹學報』第1期, 上海: 國學保存會粹, 1905, 3쪽.

105   위의 글, 같은 곳. 같은 글에서 황제는 또 이렇게 말한다. "자신들의 나라를 자주적으로 운영하지 못하고 다른 나라의 사람에 의해 예속됐다면 국노(國奴)라고 부른다. 자신의 학술을 자주적으로 연구하지 못하고 다른 사람의 학술에 의해 예속됐다면 학문의 노예라고 부른다."

106   許守微가 말한 것처럼, "국수는 한 나라의 정신이 의지하는 바다. 그 학술의 역사는 풍속을 교화함에 기인하며, 인심을 가지런히 하기 때문에 실로 국가 건립의 근본이 되고 원천이 된다. 그래서 국수가 보존되면 그 국가가 존속하고, 국수가 사라지면 그 국가가 망하고 만다." 許守微, 「論國手無阻於歐化」, 『國粹學報』第7期, '社說', 上海: 國學保存會粹, 1905, 2쪽. 또 덩스(鄧實)는 "국학은 무엇인가? 한 나라가 가

진 학문이다. 땅이 있어서 사람들은 그 위에 살고 그래서 국가를 이룬다"고 말하고 "국학은 국가가 있은 이후로 함께했고, 그 지리에서 기인한 민족성의 뿌리가 되는 것이기에 잠시라도 떨어질 수 없다"고 말했다. 鄧實, 「國學講習記」, 『國粹學報』第 19期, '社說', 上海: 國學保存會粹, 1906, 4쪽.

107 章太炎, 「東京留學生歡迎會演說辭」, 『民報』第6期, 東京: 民報社, 1907, 4쪽. 湯志均 編, 『章太炎政論選集』上冊, 北京: 中華書局, 1977, 272~276쪽.

108 梁啓超, 「政治學大家伯倫知理之學說」, 『文集』13, 上海: 上海中華書局, 1947, 72~76쪽.

109 梁啓超, 「政治學大家伯倫知理之學說」, 『文集』13, 上海: 上海中華書局, 1947, 68쪽. 량치차오 관점의 배후에는 그의 정치 태도와 정치적 믿음의 중대 전환이 있다. 『梁任公先生年譜長編初稿』가운데 아래와 같이 기록돼 있다. "기존에 굳게 믿었던 파괴주의와 혁명 배만의 주장은 완전히 포기됐다. 이것이 선생 정치사상의 일대 전환이다. 이후 몇 년 내의 언론과 주장은 완전히 이런 기초 위에 서 있었다." 丁守和 主編, 『辛亥革命時期期刊介紹』第1冊, 北京: 人民出版社, 1982, 162쪽 재인용.

110 梁啓超, 「政治學大家伯倫知理之學說」, 『文集』13, 上海: 上海中華書局, 1947, 70쪽.

111 위의 글, 69쪽. 77~86쪽.

112 위의 글, 86~88쪽.

113 위의 글, 88~89쪽.

114 梁啓超, 「開明專制論」, 『文集』17 참조. 장하호(張灝)는 다음과 같이 지적한다. "량치차오가 가장 관심을 가진 것은 '개명전제'가 아니라 훨씬 광범위한 문제, 즉 '국가 이성'이다. 바꿔 말해 량치차오는 서방 정치사상 가운데 마키아벨리로부터 헤겔에 이르는 사상 경향과 완전히 일치한다. 그들의 가장 큰 관심은 정부가 국가 생존과 안전을 확보하는 것과 관련한 이성 행위이다. 그것이 도덕과 의식상에서 어떤 결과를 빚는지는 고려하지 않았다. '국가 이성'은 정부라는 최고 정치 목적의 이성 행위의 합리성을 명확하게 증명했다. 량치차오의 '개명전제'에 대한 흥미는 '국가 이성'에 대한 관심의 자연스런 발전이다. 하지만 이 방면에서 반드시 지적해야 할 점은 그는 개명전제 자체에 대한 관심이 아니라 그것을 제국주의 시대에 중국의 국가 안전과 생존 문제를 해결하는 이상적이고 유효한 방법으로 삼았다는 점이다. 이것은 또한 군주입헌과 개명전제에 대한 량치차오의 모순된 심리를 설명해준다. Chang Hao, *Liang Ch'i-ch'ao and Intellectual Transition in China, 1890~1907*, Cambridge: Harvard University Press, 1971. 여기서는 張灝, 崔志海·葛夫平 中譯, 『梁啓超與中國思想的過渡(1890~1907)』, 南京: 江蘇人民出版社, 1993, 181~183쪽을 참조했다.

115 Rupert Emerson, *State and sovereignty in modern Germany*, New Haven, London: Yale University press, 1928, pp.1~4. 張灝, 崔志海·葛夫平 中譯, 『梁啓超與中國思想的過渡(1890~1907)』, 南京: 江蘇人民出版社, 1993, 189쪽 재인용.

116 朱執信, 「心理的國家主義」, 『民報』第21期, 東京: 民報社, 1908, 22~33쪽.

117 章太炎, 「中華民國解」, 『章太炎全集』第4卷, 253쪽. 그가 비판한 대상은 "금철주의 (金鐵主義)를 말하는 자들"이다. 실제 가리키는 것은 양두가 『중국신보』에 발표한

「금철주의설」 등이다. 양두는 부국강병, 군사입국은 "단지 그것으로써 외세와 대적하려는 것이지 국내를 어쩌겠다는 게 아니며" "경제적 군국주의"를 실행해야 한다고 생각했다. 군주입헌을 언급하면서 만한(滿漢) 문제를 다뤘는데 "군주와 백성 사이에 오랫동안 이른바 만주족(滿)·한족(漢) 문제라는 게 없었다. 황실에 미칠 수가 없었고 황실은 만주족·한족 문제 바깥에 위치할 뿐이다." 그의 견해는 군주는 하나의 국가 기관일 뿐이고 단지 전제정체 군주와 입헌정체 군주의 차별이 있을 뿐이지 만한 문제는 존재하지 않는다고 생각했다. "군주는 일국의 대표이지 일족의 대표는 아니다." 그의 "군민일체, 만한평권"(君民一體, 滿漢平權)의 구호 배후에는 국가 문제로 종족 문제를 덮어 버리려는 의도가 있었다. 楊度, 「國會與旗人」(『國民新報』 第7號), 「金鐵主義說」(『中國新報』 第2號).

118 章太炎, 「中華民國解」, 『章太炎全集』 第4卷, 256쪽.

119 「宣示預備立憲先行厘定官制論」, 故宮博物院明清檔案部滙編, 『清末籌備立憲檔案史料』 上冊, 北京: 中華書局, 1979, 44쪽.

120 청 조정이 '예비입헌'을 선포하고 나서 캉유웨이나 량치차오는 매우 흥분했다. 캉유웨이는 "이 조칙(詔勅) 하나로 수천 년 동안 국가는 군주의 사유재산이었음에도 하루아침에 그것을 모두 내놓았다. 나라의 신민이 공유하도록 했다. 이 조칙 하나로 수천 년 동안 무한의 군주 권력을 하루아침에 버리고 입법권을 국회에 넘겼고 행정권을 내각에 넘겼다."(「救亡論」, 丁守和 主編, 『辛亥革命時期期刊介紹』 第1冊, 北京: 人民出版社, 1982, 178쪽) 량치차오는 오히려 "이것으로 정치 혁명 문제는 일단락을 고한다"고 했다(丁守和 主編, 『辛亥革命時期期刊介紹』 第1冊, 178쪽).

121 Prasenjit Duara, *Culture, Power, and the State: Rural North China, 1900~1942*, Stanford, Calif.: Stanford University Press, 1988, pp.3~4. 杜贊奇, 王福明 中譯, 『文化·權力與國家: 1900~1942年的華北農村』, 南京: 江蘇人民出版社, 1994, 2~3쪽.

122 梁啓超, 「十種德行相反相成義」. 원래 1901년 6월 16일, 7월 6일 『清議報』 第82·84號에 실렸다. 나중에 『文集』 5, 44쪽에 수록됐다.

123 章太炎, 「四惑論」, 『章太炎全集』 第4卷, 446~448쪽.

124 章太炎, 「國家論」, 『章太炎全集』 第4卷, 458쪽.

125 章太炎, 「五無論」, 『章太炎全集』 第4卷, 435쪽.

126 장빙린의 대의제 비판의 주요한 관점은 다음을 참조할 수 있다. 王汎森, 『章太炎的思想及其對儒學傳統的衝擊』, 臺北: 時報文化出判有限公司, 1985, 제5장 3절. 나는 여기서 청조 정부든 입헌파 관리든 상관없이 그들은 모두 매우 자각적으로 대의제가 국가 권력의 확장과 침투 그리고 공고화에 역할을 할 것임을 간파했음을 중요하게 지적하고 싶다. 가령 「御史徐定超請速設議院保互華僑以維人心彌民變折」에서 지적하고 있듯이, 하의원과 각급 자의국咨議局의 편리함에는 여섯 가지가 있다. 서로 다른 지역에 대해 그 지역에 적합한 통제를 가하는 데 편리하고, 관료와 신사가 연락하며 상호 감독하기 편리하고, 입법·행정·사법을 서로 분리하는 데 편리하고, 지방자치 기초를 토대로 현지의 문제를 해결하기에 편리하고, 국회 인가의 형식을 통해 행정 법령을 확정 및 개정하기에 편리하고, 하층의 사정에 통달하여 안정적으로 지방 사회 문제에 대처하기에 편리하다. 『清末籌備立憲檔案史料』 下冊,

603~604쪽.

127 章太炎,「代議然否論」,『章太炎全集』第4卷, 300쪽.

128 위의 글, 301~302쪽.

129 章太炎,「五無論」,『章太炎全集』第4卷, 431쪽.

130 위의 글, 303쪽.

131 章太炎,「代議然否論」,『章太炎全集』第4卷, 307~308, 430~431쪽.

132 趙靖·易夢虹 主編,『中國近代經濟思想史』下冊, 北京: 中華書局, 1985, 488~502
쪽.

133 章太炎,「五朝法律索隱」,『章太炎全集』第4卷, 84쪽. 이 글은 원래『民報』第23號
에 실렸고,『太炎文錄』에 실릴 때 약간 고쳤다.

134 李潤蒼,『論章太炎』, 成都: 四川人民出版社, 1985, 32~60쪽. 趙靖, 易夢虹 主編,
『中國近代經濟思想史』下冊, 北京: 中華書局, 1985, 488~502쪽.

135 章太炎,「五無論」,『章太炎全集』第4卷, 431~432쪽.

136 鄭觀應,「商務二」,『鄭觀應集』上冊, 上海: 上海人民出版社, 1982, 608쪽.

137 康有爲,「公車上書」,『康有爲全集』2, 上海: 上海古籍出版社, 1990, 92쪽.

138 中國史學會 主編,『戊戌變法』第2冊, 上海: 神州國光社, 1953, 399~400쪽.

139 金賢采,「宣統元年頌辭」,『華商聯合報』第1期, 虞和平,『商會與中國早期現代化』,
上海: 上海人民出版社, 1993, 85~86쪽. 재인용 및 참조.

140 梁啓超,「變法通議」「論學會」,『文集』1, 31쪽.

141 Chang Hao, *Liang Ch'i-ch'ao and Intellectual Transition in China, 1890~1907*,
Cambridge: Harvard University Press, 1971, pp.107~109. 張灝, 崔志海·葛夫
平 中譯,『梁啓超與中國思想的過渡(1890~1907)』, 南京: 江蘇人民出版社, 1993,
76~77쪽.

142 章太炎,「代議然否論」,『章太炎全集』第4卷, 309쪽.

143 湯志均,『章太炎年譜長編』上冊, 北京: 中華書局, 1979, 352~360쪽.

144 章太炎,「五無論」,『章太炎全集』第4卷, 432쪽.

145 위의 글, 432쪽.

146 위의 글, 434쪽.

147 章太炎,「『社會通詮』商兌」,『章太炎全集』第4卷, 331~332쪽.

148 위의 글, 332쪽.

149 위의 글, 331~333쪽.

150 장빙린은 이렇게 말한다. "민족주의는 정치와 서로 연관되어서 이름이 만들어진 것
이다. 정치를 벗어나서 이른바 민족주의라는 것은 존재하지 않는다." 章太炎「『社會
通詮』商兌」,『章太炎全集』제4권, 331쪽.

151 비교적 빨리 이런 관점을 제시한 것은 다음 글이다. 王汎森,「'群'與倫理結構的破
壞」,『章太炎的思想』, 臺北: 時報文化出判有限公司, 1985, 243~249쪽.

152 故宮博物院明淸檔案部滙編,『淸末籌備立憲檔案史料』下冊, 北京: 中華書局,
1979, 711~712쪽.

153 Prasenjit Duara, *Culture, Power, and the State: Rural North China,
1900~1942*, Stanford, Calif.: Stanford University Press. 1988, p.4. 杜贊奇, 王福

明 中譯,『文化·權力與國家: 1900~1942年的華北農村』, 南京: 江蘇人民出版社, 1994, 3쪽.

154 蛤笑,「論地方自治之亟」,『東方雜誌』5卷 3期, 1908년 4월. "우리나라는 본래 종법 사회이지 시민사회가 아니다. 그래서 종족 제도는 극히 발달했지만 도시나 마을 자치는 극히 미약했다. 논자는 종법은 백성이 최초 결합하여 이룬 근원체이지만 사회 진화에는 커다란 장애가 된다고 생각한다. 이런 학설은 서구 역사를 가지고 증명하면 대단히 확실하다. 하지만 우리 민족의 자치 능력은 면면히 이어져 2천 년 전제정의 모진 탄압을 받아 한 갈래만 남겨 이 종법 제도만을 의지했겠는가? 향약(鄕約) 제도는 시정부 의회의 규모였고, 군현(郡縣)의 공국(公局)은 한 도읍(都邑) 의회의 형세였다. 선당공소(善堂公所)는 민간 의회와 위생국의 운영이었고, 마을 수비대〔市鎭〕는 민병과 의용대의 축소된 형상이었고, 폐허의 묘당에서 행하는 의례는 교당에서 행하는 의례였다. 전통적인 예절과 도덕을 잃어버리면 민간에서 그것을 구해야 한다. 마을에서 그것이 전해지니 진실로 지방자치의 성질을 갖추지 않은 것이 없다. 하지만 그 조직은 정밀한 데까지 발전하지 못했고 진화는 이내 멈추고 말았다. 이 때문에 곧바로 우리 민족이 다른 민족과 경쟁할 자질이 없다고 말하는 것은 괴이하지 않겠는가?" 張枬·王忍之 編,『辛亥革命前十年間時論選集』第3卷, 北京: 三聯書店, 1978, 9~10쪽.

155 攻法子,「敬告我鄕人」,『浙江潮』第2期, 1903년 3월 출판. 주의할 만한 것은 작자 공파즈가 글에서 자치를 국가의 간접 관리로 간주했다는 점이다. 그는 "자치는 관치(官治)에 대립해서 한 말이다. 근세 국가의 행정기관은 크게 관부(官府)와 자치체(自治體) 둘로 나뉜다. 관부는 국가의 직접적인 행정기관으로 직접적으로 국가 권력을 보호하는 것을 목적으로 삼는다. 외교, 군사, 재정 등의 부류가 모두 관부가 담당하는 정무이다. 자치체는 국가의 간접적인 행정기관으로 그 지방 사람으로 하여금 그 지역의 사무를 다스리게 하여 간접적으로 국가 행정의 목적에 도달한다. 교육, 경찰 그리고 지방 인민의 안녕과 행복에 관련된 모든 것이 이런 것이다. 직접적인 행정을 관치(官治)라고 하고, 간접적인 행정을 자치(自治)라고 한다. …자치 제도는 대개 관치의 부족한 부분을 보충하는 방식이고 관치와 서로 보완하여 행해진다. …자치의 정신은 국가의 공무를 지방 생존의 목적으로 삼고 지방의 역량으로 그것을 행하는 것이다. 그래서 자치체는 지방 입장에서 말하면 지방의 행정기관이고, 국가 입장에서 말하면 오히려 여전히 국가 행정기관의 일부이다. …자치체라는 것은 국가 공공의 사무를 지방 고유의 사무로 간주하여 시행하는 공공단체인 것이다." 張枬·王忍之 編,『辛亥革命前十年間時論選集』第1卷, 下冊, 北京: 三聯書店 1978, 497~501쪽.

156 Prasenjit Duara, Culture, Power, and the State: Rural North China, 1900~1942, Stanford, Calif.: Stanford University Press. 1988, pp.74~77. 杜贊奇, 王福明 中譯,『文化·權力與國家: 1900~1942年的華北農村』, 南京: 江蘇人民出版社, 1994, 66~68쪽.

157 章太炎,「五無論」,『章太炎全集』第4卷, 429~430쪽.

158 민족주의 문제에서 이런 '공'(公)의 사상의 체현은 묵자식의 "사랑은 차등이 없지만 베풂은 친한 사람에서 시작한다"라는 '공' 윤리를 민족 간의 관계로 확장한 것이다.

"우리가 집착하는 대상은 한족에 한정되지 않는다. 다른 약소민족이 강한 민족에게 정복당해 정부를 뺏기고 국민이 노예가 되는 일이 있다면, 우리에게 여력이 있다면 반드시 구원자가 되어 그들을 회복시킬 것이다." 章太炎, 「五無論」, 『章太炎全集』 第4卷, 429~430쪽.

159 章太炎, 「五無論」, 『章太炎全集』 第4卷, 436~437쪽.

160 章太炎, 「膏蘭室札記」, 『章太炎全集』 第1卷, 292쪽.

161 위의 글, 243쪽.

162 章太炎, 『訄書初刻本』, 『章太炎全集』 第3卷, 19쪽. 또 장빙린은 「유술진론」(儒術眞論)과 「시천론」(視天論, 1899)에서 천을 자연으로 간주하고, 명(命)을 조우(遭遇)로 보았는데, 분명 순자 사상을 발휘한 것이다. 湯志均 編, 『章太炎政論選集』 上冊, 北京: 中華書局, 1977, 118~125, 125~127쪽.

163 章太炎, 「菌說」, 湯志均 編, 『章太炎政論選集』 上冊, 北京: 中華書局, 1977, 131쪽.

164 章太炎, 「五無論」, 『章太炎全集』 第4卷, 435쪽.

165 章太炎, 「菌說」, 湯志均 編, 『章太炎政論選集』 上冊, 北京: 中華書局, 1977, 131쪽.

166 중국 근대 과학과 자연관의 물활론적 특징은 장빙린의 논적인 우즈후이(吳稚暉)에게서도 매우 뚜렷하게 보인다. 우즈후이는 20년대 중국 근대 우주론과 과학관의 중요한 논자이다. '과학과 인생관' 논전에서 커다란 역할을 했다. 1906~1908년 사이에 그의 과학과 자연 사상은 중국 무정부주의 사상의 기초가 되었다. 장빙린이 공리, 진화, 자연 등 근대성 세계관을 공격한 것은 부분적으로 우즈후이가 프랑스에서 편집에 참여한 무정부주의 간행물인 『신세기』를 겨냥한 것이다. 상세한 내용은 본서 제12장 제4절을 보라.

167 湯志均 編, 『章太炎政論選集』 上冊, 北京: 中華書局, 1977, 134쪽. 장빙린 초기 무신론 사상과 관련해서는 다음을 참조할 수 있다. 肖萬源, 『中國近代思想家的宗敎與鬼神觀』 第6章, 合肥: 安徽人民出版社, 1991.

168 章太炎, 「無神論」, 『章太炎全集』 第4卷, 395~396쪽.

169 章太炎, 「革命道德說」, 『章太炎全集』 第4卷, 277~284쪽.

170 위의 글, 276쪽.

171 章太炎, 「建立宗敎論」, 『章太炎全集』 第4卷, 478쪽.

172 章太炎, 「東京留學生歡迎會演說辭」, 湯志均 編, 『章太炎政論選集』 上冊, 272쪽.

173 章太炎, 「答夢庵」, 湯志均 編, 『章太炎政論選集』 上冊, 394쪽.

174 위의 글, 395쪽. 장빙린은 만청 중국의 맥락에서 불교를 제외하고는 이미 기타 사상 자원으로는 혁명 도덕을 배양할 수 없다고 생각했다. 그는 「종교 건립론」에서 "오늘날은 주(周), 진(秦), 한(漢), 위(魏)의 시대도 아니다. 당시는 순박하고 사회가 복잡하지도 않았다. 공자나 노자의 일상적인 말로도 백성과 풍속을 교화할 수 있었다. 지금은 그렇지 않다. 육도윤회(六道輪廻)나 지옥변상(地獄變相)의 이론으로도 오히려 다스리기 힘들다. 무생(無生)을 이야기하지 않으면 죽음에 대한 두려운 마음을 없앨 수 없고, 아와 아소(我所)를 부정하지 않으면 배금주의(拜金心)를 제거할 수 없다. 평등을 이야기하지 않으면 노예심(奴隷心)을 제거하지 못하고 중생이 모

두 부처임을 보이지 않으면 퇴굴심(退屈心)을 제거할 수 없다. 삼륜청정(三輪清淨)을 거론하지 않으면 덕색심(德色心)을 제거할 수 없다"라고 말한다. 章太炎, 「建立宗教論」, 『章太炎全集』 第4卷, 418쪽.

175 章太炎, 「佛法與宗教·哲學以及現實之關係」, 『中國哲學』 第6輯, 北京: 三聯書店, 1981, 299~300쪽.

176 章太炎, 「建立宗教論」, 『章太炎全集』 第4卷, 418쪽.

177 章太炎, 「駁建立孔教議」, 『章太炎全集』 第4卷, 194, 198쪽.

178 章太炎, 『訄書重訂本』, 『章太炎全集』 第3卷, 283쪽.

179 장빙린은 기독교를 비판할 때, 기독교의 상제관과 창조설은 "평등과는 절대적 거리가 있"고 또한 제국주의에 의해 이용된다고 지적한 것 외에 특별히 그것은 "물리학자들이 인정하지 않고" "각종 과학이 인정하지 않는 점"이고 "일부분을 싹둑 잘라서 사람의 지혜와 사고를 방해하여 공언(公言)의 지극함을 알지 못하게 하면 진화의 시스템은 이로부터 작동하지 않는다"고 지적하였다. 『訄書初刻本』, 『訄書重訂本』, 『章太炎全集』 第3卷, 92쪽, 292쪽, 15쪽.

180 章太炎, 「論佛法與宗教·哲學以及現實之關係」, 『中國哲學』 第6輯, 北京: 三聯書店, 1981, 300쪽.

181 장빙린이 법상종(法相宗)을 가장 숭배한 주요 원인 가운데 하나는 법상(法相)의 엄밀한 논리 체계와 근대 학술이 상당히 가까웠기 때문이다. 그는 "내가 유독 법상학을 존숭하는 까닭은 할 말이 있다. 근대 학술은 점차 실사구시의 길을 걷고 있다. 한학가(漢學家)들의 분석 능력은 명유(明儒)들이 도저히 미칠 수가 없다. 과학의 맹아에 가까우며 사고가 더욱 엄밀해졌다. 그래서 법상학은 명대에는 호응받지 못하였지만 근대에는 오히려 매우 적합하다. 학술의 추세가 그러하다." 章太炎, 「答鐵錚」, 『章太炎全集』 第4卷, 370쪽.

182 章太炎, 「建立宗教論」, 『章太炎全集』 第4卷, 408쪽.

183 章太炎, 「答鐵錚」, 『章太炎全集』 第4卷, 369, 369~370, 371, 374, 370쪽.

184 章太炎, 「建立宗教論」, 『章太炎全集』 第4卷, 403쪽.

185 周叔迦, 『周叔迦佛學論著集』 上集, 北京: 中華書局, 1991, 323~326쪽.

186 章太炎, 「建立宗教論」, 『章太炎全集』 第4卷, 403쪽.

187 周叔迦, 『周叔迦佛學論著集』 上集, 北京: 中華書局, 1991, 324쪽.

188 章太炎, 「建立宗教論」, 『章太炎全集』 第4卷, 403쪽.

189 변계소집자성에 대한 장빙린의 해석과 『성유식론』 8권의 해석은 다소 차이가 있다. 궈펑(郭朋) 등의 연구에 따르면 주된 차이는 다음과 같다. 첫째, "의식이 주변계탁하는" 중의 의식은 제7식, 즉 말라식을 응당 포함한다. 하지만 장빙린의 지적은 오히려 제6식일 뿐이다. 둘째, 색과 공 등은 본래 변계소집이 결코 아니다. 그것들을 망집(妄執)해서 실유(實有)라고 여길 때야 변계소집이다. 셋째, 의식이 인식한 영상인 상분(相分)은 의식을 떠나 있다고 말할 수 있다. 우주 만유의 본질 상분은 오히려 제8 아뢰야식의 변현(變現)이지 제6식의 변현은 아니다. 특히 "본체인 듯 작용인 듯"의 본체는 결코 "의식을 떠나면 존재하지 않는 게" 아니다. 넷째, 이런 범주는 모두 "이름은 비록 있지만 그것의 내용은 전혀 없다"고 말하면 아주 곤란한 문제가 된다. 절대 존재하지 않는 것은 단지 변계집이지 결코 의타기(依他起)일 수 없다(더구

나 원성실圓成實일 수는 없다). "약색"(若色) 등등의 자체는 오히려 대부분 의타기 이지 변계집이 아니다(郭朋·寥自力·張新鷹,『中國近代佛學思想史稿』, 成都: 巴蜀 書社, 1989, 374쪽 참조). 본문에서 논의하고 있는 개체 문제에 대해서 장빙린의 해 석은 이해하기에 곤란한 문제를 일으켰다. 왜냐하면 자아와 타자라는 범주가 의타 기자성의 입장과 변계소집자성의 입장에서 상이하였기 때문이다. 이런 상이함은 간 단하게 절대무(絕無)와 환유(幻有)의 차이로 개괄될 수 있는데 환유는 결코 절대무 가 아니다.

190 章太炎,「建立宗教論」,『章太炎全集』第4卷, 403쪽. 내가 보기에 이곳에서는 제6 의식을 의타기성에서 배제하는 것도 논의 내용에 어긋나는 점이 있다. 장빙린이 행 한 제2 의타기자성 해석에도 개념적으로 불분명한 점이 약간 있다. 장빙린이 의타 기자성 해석상에서 보인 혼란은 궈펑 등,『중국근대불학사상사고』, 375쪽을 참조할 수 있다.『성유식론』에서 의타기자성에 대해 행한 정의는 다음과 같다. "온갖 연(緣) 이 일으킨 심(心)과 심소(心所)의 체(體), 상분(相分), 견분(見分), 유루(有漏), 무루 (無漏) 모두 의타기이다. 다른 온갖 연을 의지해야 일어날 수 있기 때문이다." 이른 바 심과 심소에 대해서는 슝스리(熊十力)가『불가명상통석』(佛家名相通釋)에서 매 우 분명하게 해석했다. 불가는 심리를 온전한 사물로 해석하는 관념에 겨냥해서 마 음을 여덟 개의 식(識)으로 나눈다. 이런 마음은 이미 온전한 사물이 아니다. 그러고 나서 다시 각각 하나의 마음을 심과 심소로 구분한다. 심은 하나이고 심소는 훨씬 많다. 심소가 비록 많지만 모두 하나의 심에 의지하고 그것과 상응하고 함께 작동한 다. 심은 하나이기 때문에 여러 심소에 대해서 주인 노릇을 한다.『불가명상통석』, 17~18쪽을 보라.

191 周叔迦,『周叔迦佛學論著集』上集, 北京: 中華書局, 1991, 324~325쪽.

192 章太炎,「建立宗教論」,『章太炎全集』第4卷, 403~404쪽.

193 위의 글, 403~404쪽.

194 熊十力,『佛家名相通釋』, 中國大百科全書出版社, 1985, 18~19쪽.

195 위의 글, 20쪽. 유식가는 "피계제행(彼計諸行: 하나가 아니기 때문에 '諸'라고 했다) 각각 자신의 종자를 가지고서 생인으로 삼는다." 아울러 종자를 건립하여 우주 만상 을 설명한다. 그래서 슝스리는 유식가의 종자설은 "대개 다원론과 가깝다"고 했다. 장빙린은 나중에 유식학으로 장자「제물론」을 해석하면서 특별히 우주의 다원 현상 을 강조했는데 이것은 이론 논리상의 원인 가운데 하나이다.

196 章太炎,「建立宗教論」,『章太炎全集』第4卷, 413쪽. 아뢰야식과 종자의 관계에 관 해서 장빙린은「인무아론」(人無我論)에서도 이야기한 바가 있다. "그래서 아뢰야식 건립 이후로 아상의 근거, 즉 근본장식(根本藏識)을 안다. 이 식은 만유를 간직하고, 일체의 견분과 상분은 모두 이 식의 부분으로 귀속된다. 그래서 이 아뢰야식과 전전 (展轉)하여 조건(緣)을 이루는 것을 의근(意根)이라고 하고, 또한 말라식이라고 이 름하고 생각마다 이것을 집착해서 아뢰야식을 자아라고 한다."「建立宗教論」,『章 太炎全集』第4卷, 424~425쪽.

197 章太炎,「建立宗教論」,『章太炎全集』第4卷, 413쪽.

198 周叔迦,『周叔迦佛學論著集』上集, 北京: 中華書局, 1991, 325쪽.

199 章太炎,「東京留學生歡迎會演說辭」,『章太炎政論選集』上冊, 中華書局, 1977,

414

274쪽. 장빙린은 이 글에서 칸트의 12범주를 상분과 비교했고, 쇼펜하우어의 '의식설'을 12연생(緣生)과 비교했다. 이 점에서 시작해서 우리는 그의 법상 유식학과 종교 건립론의 관계를 이해할 수도 있다.

200 章太炎,「建立宗敎論」,『章太炎全集』第4卷, 404쪽.

201 궈펑 등은 여기서 장빙린이 한 말에 약간 문제가 있음을 지적했다. 우선 진여·실상은 본래 원성실자성이다. 그래서 "실상·진여가 저절로 형성됐다"는 말은 정확하지 않다. 하지만 문장 뒷부분의 표현으로 보면 그의 이해는 진여나 실상을 원성실자성과 동일한 것으로 이해하고 있다. 다음으로 "아뢰야식의 환멸(還滅)로 형성된다"에서 '환멸'은 응당 '전의'(轉依)라고 해야 한다. '형성된다'는 '깨닫는다'(證)로 해야 한다. 郭朋·廖自力·張新鷹,『中國近代佛學思想史稿』, 成都: 巴蜀書社, 1989, 375~376쪽 참조.

202 周叔迦,『周叔迦佛學論著集』上集, 北京: 中華書局, 1991, 325쪽 참조.『성유식론』8권에서는 원성실자성을 다음과 같이 풀고 있다. "아공(我空, 즉 인공人空)과 법공(法空)이 드러낸 원만하고 성취된 제법의 실성을 원성실이라고 이름한다. 이것이 편재하고 항상하며 그 체성이 거짓이 아님을 나타낸다. …이는 곧 저 의타기의 존재에서 변계소집의 실체성을 영원히 벗어나고, 아공과 법공이 드러낸 진여를 본성으로 한다."

203 章太炎,「建立宗敎論」,『章太炎全集』第4卷, 414~415쪽.

204 위의 글, 415~416쪽.

205 위의 글, 406쪽.

206 위의 글, 406쪽. 장빙린 초기 종교 사상의 핵심은 유신론 비판에 있었다. 이때 그의 비판은 특별히 유물론을 지향한다. 이 점과 근대성에 대한 그의 회의, 특히 과학주의에 대한 의문은 관련이 있다.「論佛法與宗敎·哲學以及現實之關係」에서 그의 삼성설 해석은 주로 유물론을 겨냥하고 있다. 이른바 "최초의 출발지를 추궁해 보면 오직 하나의 진심이 있을 뿐이다." "유물론이 궁극까지 이야기가 미치면 어쩔 수 없이 유심으로 귀착한다."(章太炎,「論佛法與宗敎·哲學以及現實之關係」,『中國哲學』第6輯, 北京: 三聯書店, 1981, 304쪽)『신세기』를 규정한다(規『新世紀』)에서 그는『신세기』의 과학 선전을 겨냥해서 과학은 "사물을 관찰하여 평균화하고 그것을 계통화하는 것을 말한다" 하지만 "만상의 다양함은 정말 과학이 완전히 장악할 수가 없다"고 지적하고 있다. 그는 서방 과학의 결함을 평가하면서 철학 연구의 중요성을 제기했다. 실제 그는『신세기』를 대표로 하는 과학 신앙에 대해 비판했다(『민보』24호, 44~47쪽 참조).

207 章太炎,「建立宗敎論」,『章太炎全集』第4卷, 406~407쪽.

208 위의 글, 407쪽. 장빙린은 동시에 칸트의『실천이성비판』과『순수이성비판』의 내재 모순을 분석했다. 즉 칸트는 자연의 의의에서 시공을 무로 이해했다. 나아가 상제의 존재를 긍정할 수 없었다. 하지만 다른 한편 자연계와 자유계를 구별했고 내생 존재의 가능성을 배제할 수 없다고 생각했다. 유식학의 입장에서 "의타기자성을 이야기하지 않으면 미래를 완벽하게 완성할 수 없고 또한 주재를 완성할 수도 없다"고 보았다. 같은 글, 408쪽.

209 章太炎,「佛法與宗敎·哲學以及現實之關係」, 301쪽. 장빙린의 이런 견해는 당연히

불교의 업보 윤회설과 상충된다. 하지만 그가 여기서 관심 두는 점은 불교 이론의 문제가 아니라 제물 평등의 문제이다. 이 강연 원고에서 그는 이미 불법은 종교가 아니라서 시야를 확대하여 자유롭게 연구할 수 있고 아울러 일문 일파에 구속될 필요가 없음을 제기했다.

210 章太炎,「建立宗敎論」,『章太炎全集』第4卷, 415쪽.

211 章太炎,「菿漢微言」,『章氏叢書』本, 45쪽.

212 章太炎,「建立宗敎論」,『章太炎全集』第4卷, 415쪽.

213 章太炎,「佛法與宗敎·哲學以及現實之關係」,『中國哲學』第6輯, 北京: 三聯書店, 1981, 308~309쪽. 장빙린은 세간 법 가운데 "만약 불법만을 사용해서 현실을 만난다면 계획이 주도면밀하지 못할 것이다. 만약 무정부주의를 사용한다면 이론은 유물에 쏠려 있는데도 방법은 사실 전혀 완성되지 않는다. 오직 불법과 노장을 결합해야만 '선교 방편의 보살'이며 시대를 구하고 현실을 해결하는 제일의 방법임"을 강조했다. 章太炎,「論佛法與宗敎·哲學以及現實之關係」,『中國哲學』第6輯, 北京: 三聯書店, 1981, 310쪽.

214 불가는 역대로 도가의 자연을 공격했다. 하지만 장빙린은 이 문제에서 도리어 종파의 입장을 초월해서 자연을 긍정했다. 그는 "노장에서 여러 차례 자연을 말했고 불가에서는 언제나 자연을 논박했다. 도는 본래 자성이 없는데 하물며 자연이겠는가? 그렇다면 나는 불가의 한 마디를 살피기를 청한다. 불법에도 '법이'(法爾)라는 두 글자가 있다. 본래 법성이 없거늘 하물며 법이(法爾)이겠는가? 인간은 본래 무아이고 자성이 없다. 법은 본래 무아인데 법성도 성립하지 않는다." 章太炎,「論佛法與宗敎·哲學以及現實之關係」,『中國哲學』第6輯, 北京: 三聯書店, 1981, 301쪽.

215 章太炎,「齊物論釋」,『章太炎全集』第6卷, 4쪽.

216 章太炎,「齊物論釋」의 기본 경향에 대해서는 이미 몇몇 학자가 정리했다. 王汎森, 『章太炎思想及其對儒學的衝擊』第5장 제7절; 姜義華,『章太炎思想研究』제6장 제4, 5절.

217 章太炎,「齊物論釋」,『章太炎全集』第6卷, 4쪽.

218 위의 글, 4쪽.

219 위의 글, 4쪽.

220 위의 글, 8쪽.

221 馮友蘭,『中國哲學史』上冊, 北京: 中華書局, 1961, 288쪽.

222 章太炎,「原道」上,『國故論衡』, 上海: 大共和日報館, 1912, 159쪽.

223 章太炎,「齊物論釋」,『章太炎全集』第6卷, 42~43쪽.

224 莊子,「秋水篇」, 郭慶藩,『莊子集釋』第3冊, 北京: 中華書局, 1985, 577쪽. 재인용.

225 章太炎,「齊物論釋」,『章太炎全集』第6卷, 4쪽.

226 馮友蘭,『中國哲學史』上冊, 北京: 中華書局, 1961, 298쪽.

227 章太炎,「齊物論釋」,『章太炎全集』第6卷, 11~12쪽.

228 馮友蘭,『中國哲學史』上冊, 北京: 中華書局, 1961, 302쪽.

229 章太炎,「齊物論釋」,『章太炎全集』第6卷, 40쪽.

230 위의 글, 40쪽.

231 William James, *A Pluralistic universe*, New York: Longmans, Green, and Co.,

1909. 威廉, 詹姆士, 吳棠 譯,『多元的宇宙』, 北京: 商務印書館, 1999.

232   焦竑,『老子翼』卷7. 浙西村舍刊本, 38쪽.

233   郭慶藩,『莊子集釋』第1冊, 北京: 中華書局, 1985, 294~295쪽.

422

양일모 8장 번역

서울대학교 철학과를 졸업하고, 동대학원에서 석사학위, 도쿄대학 대학원에서 박사학위를 받았다. 한림대학교 철학과 교수를 거쳐 현재 서울대학교 자유전공학부 교수로 재직 중이다. 공저로 『일본 학문의 근대적 전환』, 『성리와 윤리』, 『동아시아 근대 지식과 번역의 지형』 등이 있고, 개인 저서로 『옌푸嚴復: 중국의 근대성과 서양 사상』이 있다. 논문으로 「한국적 철학사상을 찾아서─한국의 1세대 철학교수 박종홍」, 「한학에서 철학을─20세기 전환기 일본의 유교 연구」, 「유교적 윤리 개념의 근대적 의미 전환」, 「중국철학사의 탄생」, "Translating Darwins's Metaphors in East Asia" 등이 있다. 공동 역서로 『천연론』, 『관념사란 무엇인가』(전2권) 등이 있다. 동아시아의 근대성과 번역의 문제, 서양 철학의 수용을 통한 동양 철학의 근대적 전환, 개념사 등을 연구하고 있다.

백지운 9장 번역

연세대학교 중어중문학과를 졸업하고 동대학원에서 「近代性 담론을 통한 梁啓超 啓蒙思想의 재고찰」(2003)로 박사학위를 받았다. 일본 게이오대학, 베이징 칭화대학, 대만 텅하이대학에서 수학했다. 현재 서울대학교 통일평화연구원 HK부교수이다. 『창작과비평』, 『人間思想』, 『文化硏究』 등 국내외 학술지의 편집위원을 역임하고 있으며, 동아시아 탈/냉전의 관점에서 평화 연구의 방법론을 모색하고 있다. 최근의 대표 저서로 『항미원조』, 「미중 패권경쟁시대, 다시 돌아보는 동아시아론」, 「포스트혁명의 사상무의을 넘어─허자오텐의 『혁명─포스트혁명: 중국 굴기의 역사·사상·문화적 성찰』과의 대화」, 「시아누크빌을 통해 본 아시아 냉전의 역설」, "Atopic Moments in the Square: a Report on Despair and Hope after the Candlelight Revolution in South Korea", "'One Belt One Road' and the Geopolitics of Empire" 등이 있다.

김영진 10장 번역

동국대학교 불교학과를 졸업하고 동대학원에서 박사학위를 받았다. 현재 동국대학교 WISE캠퍼스 불교학부 교수로 재직 중이다. 주요 저서로 『중국근대사상과 불교』, 『공空이란 무엇인가』, 『근대중국의 고승』, 『불교와 무無의 근대』, 『중국 근대불교학의 탄생』 등이 있고, 역서로 『대당내전록』大唐內典錄(공역), 『근대중국사상사약론』, 『제물론석』 등이 있다. 제3회 대원학술상(저서 부문)과 제29회 불이상(학술 부문)을 받았다. 사상사와 학술사 맥락에서 동아시아 근대 불교를 연구 중이다.